SUR

LA SOCIÉTÉ

ET

L'ÉTAT

PAR LE Dr PANAYOTTI ISAGORAS.

PARIS
AUGUSTE FONTAINE, LIBRAIRE
35, PASSAGE DES PANORAMAS, 36.

—

1871.

ÉTUDE

SUR

LA SOCIÉTÉ ET L'ÉTAT.

(C.)

Vannes. — Imp. de L. Galles, rue de la Préfecture.

ÉTUDE

SUR

LA SOCIÉTÉ

ET

L'ÉTAT

PAR LE Dr PANAYOTTI ISAGORAS.

PARIS
AUGUSTE FONTAINE, LIBRAIRE
35, PASSAGE DES PANORAMAS, 36.

—

1871.

AVANT-PROPOS.

Ami lecteur, les pages qui suivent, extraites pour la plupart d'un livre qui, enfoui depuis plusieurs années dans mon portefeuille, n'en eût peut-être pas dû sortir, sont ce qui m'en a paru le moins indigne de voir le jour. Le reste est condamné à la nuit éternelle

illacrymabiles
Urgentur ignotique longa
Nocte.

Ici l'usage permet de parler de soi. Souffrez donc que je vous présente, avec toute la révérence voulue, ma personne. J'exerce dans un village où la santé est bonne en général, et en dépit de mes soins assidus à l'effet de paralyser les Sœurs de charité, et de réserver au corps auquel j'ai l'honneur d'appartenir le juste privilége que la loi lui départit, d'autant plus précieux à mes yeux qu'il est le dernier débris d'un ordre social disparu, étant philanthropique, vous en conviendrez, que dix meurent faute de soins plutôt qu'un seul mal soigné, la pratique de mon état me laisse quelques loisirs que j'emploie de mon mieux à réfléchir dans le commerce des vieilles muses, mes premières et dernières amours.

Prosit mihi vos dixisse puellas (Juv. IV. 35).

Sur le très modeste théâtre où la destinée a relégué mon existence, dénué de toute autre relation intellectuelle que celle de mon curé et de mon instituteur primaire, tous deux, je dois le dire, hommes fort remarquables, avec lesquels je ne suis pas toujours d'accord, l'un taxant mes idées de révolutionnaires, l'autre de rétrogrades, je vous demande grâce pour la forme un peu absolue qu'une longue solitude, dont je suis loin de me plaindre, a dû donner à mes idées, et les allures un peu sauvages qu'elle a dû communiquer à ma plume fort inexpérimentée, vous ne le verrez que trop. Je m'inquiète peu des incorrections de style, pourvu que la pensée ne soit pas sans valeur. Mais c'est ici précisément le point difficile, et malgré l'indulgence naturelle que l'on a toujours pour soi, j'ai dû faire justice et sacrifier une grande portion de mon travail; puissiez-vous ne pas trouver mes exécutions trop parcimonieuses. Si, après de longues hésitations, pénétré du sentiment de ma faiblesse, contraint de renoncer à la force que, dans un livre, chaque partie retire de sa connexion avec un ensemble plus général, comme l'arbre du sol où ses racines sont engagées, je me détermine à vous présenter ces tronçons d'une œuvre incomplète dont l'idée, je le confesse, dépassait de beaucoup mes forces, et où, pour rattacher ces fragments les uns aux autres à travers de trop nombreuses lacunes, il sera nécessaire que votre intelligence supplée à l'insuffisance de la mienne, que mon excuse soit le désir de produire quelques idées de la justesse desquelles je suis profondément convaincu, tout en regrettant amèrement de n'avoir pas mieux su les mettre en lumière, et qui, je me le persuade, sortent du domaine commun. Ces idées, je le confesse encore, forment un mince faisceau, et, réduites à leur plus simple expression, tiendraient à l'aise dans un bien petit nombre de pages. Le besoin de les motiver et de les appuyer a fait le reste.

Je proteste contre l'idée d'avoir voulu faire une œuvre de circonstance. Ceux qui me prêteraient une arrière-pensée de politique présente se méprendraient étrangement sur le sens et l'intention d'une œuvre à laquelle, à défaut d'autre mérite, je me rends ce témoignage que l'on ne reprochera pas de manquer de sang-froid. Combien que mes forces aient trahi mon espérance, en l'écrivant j'ai visé, on me permettra de le dire, plus haut qu'à la forme des pouvoirs politiques, rien moins qu'à leur nature. Si ces pages renferment quelque parcelle de vérité, je prétends que toutes les formes de pouvoirs s'en peuvent accommoder, et ce que j'écris sous un Napoléon, je n'en eusse pas retranché une ligne sous une autre dynastie quelconque. Rebelle à la haine comme à l'enthousiasme, mais non au respect ni à la reconnaissance, partout où ces sentiments me semblent être de mise,

οὔ τοι συνέχθειν, ἀλλὰ συμφιλεῖν ἔφυν (1),

je ne juge ici nul fait; mais je n'accepte nulle idée sans la soumettre au préalable au criticisme de mon intelligence. La méthode est bonne, et je la recommande aux gens dont le souci dominant sera de sauvegarder la dignité et l'indépendance de leur caractère, plutôt que de se mettre sous le vent et jouer, à tout prix, ce que l'on appelle un rôle dans le monde.

Un mot résumera toutes mes idées. Je ne suis pas de l'école de Rousseau ; en politique comme en philosophie, je m'en tiens à la méthode spiritualiste, trop peut-être, au gré de quelques-uns. Si l'on reproche à ces pages de pousser en bien des choses le culte de l'idée jusqu'à une certaine indifférence relative des formes extérieures et de l'organisme légal, d'appartenir en un mot à ce que l'on appelle l'école latitudinaire, je ne m'en défends pas. Je tâche, au contraire, de demeurer étranger à tout sentiment de morpholatrie politique. D'une part, je ne crois pas à la souveraineté du nombre, à ce que notre vieil Homère, dans son langage incomparable, appelle fièrement le *remplissage :*

Πληθὺν δ'οὐκ ἂν ἐγὼ μυθήσομαι οὐδ' ὀνομήνω (2)

(1) Sophocl. Antig. 523.

(2) Iliad. II. 488.

et en somme, je suis assez de l'avis d'Hésiode disant à son frère :

Ὤρη γάρ τ'ὀλίγη πέλεται νεικέων τ'ἀγορέων τε
ᾧ τινι μὴ βίος ἔνδον ἐπηετανὸς κατάκειται (1),

« on ne doit se mêler de politique que lorsqu'on a chez soi de quoi vivre. » Pratiquement, comme expédient temporaire, j'accepte le droit politique du peuple tel que nous l'avons, hélas ! par impossibilité trop évidente de trouver dans l'état actuel des esprits une autre base quelconque sur quoi l'on puisse rien asseoir, *propter nequitiam sæculi,* dit mon curé, par le danger trop évident de laisser cette arme à des rivaux. Philosophiquement, je n'y crois pas, et l'on ne me fera pas, non, l'on ne me fera pas adorer cette grossière idole. Je ne crois pas davantage au droit d'un nom, ou d'une race quelconque, ou d'une forme politique déterminée, vieille ou nouvelle, quelle qu'elle soit. A quel droit croyez-vous, me dira-t-on ? Au droit de la vérité, au droit de la justice, au droit de la raison maintenue dans de justes bornes; à la raison et à sa conséquence, la liberté. Je crois au droit de tout ce qu'il y a d'idées vraies et d'intérêts légitimes dans le monde, droit pour idée et selon ce qu'elle vaut, mesure pour mesure. Si ces paroles sont obscures, qu'on me lise. Quel que soit, ami lecteur, le jugement que vous porterez sur ces modestes pages, j'espère que vous rendrez justice aux sentiments de sincérité et d'honnêteté qui les ont inspirées, et suis avec respect votre très humble,

PANAYOTTI ISAGORAS.

Docteur-Médecin.

(1) Opp. 30.

ÉTUDE

SUR

LA SOCIÉTÉ ET L'ÉTAT.

CHAPITRE PREMIER.

DES PRINCIPES.

> *Οὔ γάρ τι νῦν γε κἀχθὲς, ἀλλ' ἀεί ποτε*
> *ζῇ ταῦτα, κοὐδεὶς οἶδεν ἐξ ὅτου 'φάνη.*
>
> Soph. Antig. 456.

En toute connaissance, il faut commencer par les principes, car rien n'existe que par eux. Ce que nous savons, nous le savons par eux. Ce que nous sommes, nous le sommes par eux. Tout être y est ou en vient. Toute science en émane et y repose.

Ceux qui nient tout, qui ne croient pas même à leur propre pensée, à leur propre doute, ce n'est pas ici le lieu de les combattre. Cette question est celle de la philosophie elle-même. Je les renvoie à Descartes.

« Les grandes erreurs, les grandes maladies d'une époque, dit M. Guizot dans un de ses livres, ce sont les erreurs et les maladies des gens de bien ; c'est à celles-là surtout qu'il faut regarder et pourvoir, car là est le danger méconnu. » A ce point de vue, si je ne me trompe, le mal présent serait non pas absence, mais plutôt abus et profusion de principes. Qui n'a le sien, et combien n'en entendons-nous pas retentir autour de nous? Monarchie, république, suffrage universel, nationalités, souveraineté nationale, passions, intérêts, systèmes, formes périssables, tout se produit sous le nom de principes. En d'autres termes, l'homme se pose son principe à lui-même. Etrange erreur et péril extrême.

Il importe d'écarter toute logomachie, toute ambigüité, d'aller au fond des choses, et d'aborder l'idée de principe dans son essence, dans son austérité. Mais ici, chacun de nous ressemble à ces héros du Tasse qui tentent l'aventure de la forêt enchantée. Une foule de spectres se dressent devant nous, et tout-à-coup apparaît le fantôme de l'objet de nos amours.

M'hai tu, Tancredi, offeso! or tanto basti.
Gli cadi il ferro. . . . .
. . . . *presente aver gli è avviso*
L'offesa donne sua chi plori e gema (1).

La plupart reculent donc et sont vaincus. En pareille matière, pour manier sans hésitation l'épée de la raison, il faut, je le confesse, un certain courage.

Qu'est-ce qu'un principe? à quel signe le reconnaître?

Un principe, en général, est une vérité d'ordre absolu possédant le quadruple caractère de l'absolu : l'immuabilité, l'universalité, la nécessité, et l'irréductibilité. Pour emprunter les termes de la vieille école : *quod semper, quod ubique, quod omnibus.* Ainsi, en mathématiques, « le tout est plus grand que sa partie, » est un principe. En philosophie, « il n'y a pas d'effet sans cause. La même chose dans le même

(1) L. XIII, st. 41 à 45.

temps, et considérée sous le même rapport, ne peut pas à la fois être et ne pas être, » sont des principes. Ces vérités-là sont principes, parce qu'elles ne sont ni transitoires, ni locales, ni particulières, ni soumises aux caprices de l'homme, et qu'elles ne sont pas réductibles à une idée plus générale. La raison ne saurait les méconnaître sans se renier elle-même. Mais ce n'est pas elle qui leur donne naissance. Elle les conçoit, mais ne les engendre pas. Sans elles, la société, le monde sont impossibles. Tel est le caractère essentiel de toute vérité-principe : elle ne peut pas ne pas être. Je n'admets pas de quasi-principes, principes de complaisance, de courtoisie, comme les titres nobiliaires. En cette matière, pas d'à-peu-près ; ou tout-à-fait principe, ou pas du tout. Les vérités particulières, celles qui passent, celles qui peuvent ne pas être, ne sont pas des principes. Je suppose qu'il fasse beau temps en cet instant, ce n'est pas là un principe. Pourquoi ? parce que cela passe.

Toutefois, deux sortes de principes : principes inconditionnels, principes de rapport. Premièrement, ceux qui sont absolument inconditionnels, qui existent par eux-mêmes ; secondement, ceux qui ne sont pas absolument inconditionnels, qui supposent l'existence d'un ou de deux termes contingents et ne comportent l'inconditionnalité que dans le rapport intervenant entre les deux termes. Je m'explique : l'homme est contingent, mais le rapport qui le lie à Dieu n'a d'autre condition que l'homme lui-même ; donc il est inconditionnel pour l'homme. C'est un principe de rapport.

Principes absolument inconditionnels : Il n'en est qu'un seul, lequel renferme tous les autres, Dieu. Principes inconditionnels pour l'homme : toutes les vérités que Dieu, l'homme et le monde étant donnés, demeurent universels, immuables, nécessaires, irréductibles dans leur expression à une forme plus générale.

CHAPITRE II.

DES PRINCIPES SOCIAUX.

νόμοι πρόκεινται
ὑψίποδες, οὐρανίαν δι᾽αἰθέρα
τεκνωθέντες, ὧν Ὄλυμπος
πατὴρ μόνος, οὐδέ νιν θνατὰ
φύσις ἀνέρων ἔτικτεν, οὐδὲ
μὴν ποτε λάθα κατακοιμάσει
μέγας ἐν τούτοις θεὸς,
οὐδὲ γηράσκει.

(Soph. Œdipe roi. 865-872.)

Est igitur hæc, judices, non scripta, sed nata lex quam non didicimus, accepimus, legimus, verum ex natura ipsa adripuimus, hausimus, expressimus, ad quam non docti, sed facti, non instituti, sed imbuti sumus.....

(Cicero pro Milone, 10.)

Ces préceptes immuables, ces décrets émanés de la divinité même, des hommes coupables les ont tellement corrompus..... qu'il devient nécessaire d'examiner, séparément de toute autre considération, ce qui nait purement des conventions humaines, soit que ces conventions soient exprimées par des lois, soit que l'utilité commune en suppose l'établissement.

(Beccaria. — Traité des délits et des peines. — Préface.)

Tels sont au vrai les principes : principes inconditionnels, principes de rapport. Proprement, il n'en est pas d'autres. Toute chose y a son être et son dernier fond.

Je rencontre ici une phrase de Rousseau. « Il n'y a, dit-il au 7e chapitre du 1er livre de son Contrat social, il ne peut y avoir nulle espèce de loi obligatoire pour le corps du peuple, pas même le Contrat social. » Qu'on y prenne garde ! Ceci n'est rien moins que proclamer l'absence totale de principes. Je ferai voir plus tard que cette courte formule recèle en ses flancs le socialisme de nos jours, πῆμα βροτοῖσιν. Toute loi, dites-vous, procède du peuple, et en ce qui concerne les rapports des hommes entre eux, il n'y a pas de vérité émanant de plus haut que le caprice de leur volonté. Rien d'immuable, rien d'universel, pas de principe. Oui, mais pas de société ; l'anarchie du plus sinistre des sophistes modernes. Je me trompe ; supprimez les principes, il pourra exister un autre fond : la force brutale, le despotisme d'un ou de plusieurs hommes. Le système de Rousseau y aboutit en dernière analyse, et mène à l'esclavage (1). Celui de Hobbes aussi, et plus droit encore, et pour la même cause. Comme il faut un fond à l'humanité, une garantie à ses intérêts, si on ne le prend pas dans les idées, il le faudra chercher dans la violence. La société ne saurait se maintenir suspendue en l'air. Si elle ne se pose pas sur l'absolu des principes, tenez pour certain qu'elle se posera sur l'absolu du pouvoir. Entre ces deux alternatives, pas de milieu ; et vous remarquerez que, partout où les principes s'affaiblissent, la société doit, sous peine de mort, se réfugier dans la contrainte, et tout ce qu'a perdu l'idée, en faire hommage au despotisme. L'homme est libre sans doute, et sa liberté peut aller jusqu'à mettre l'erreur ou la passion au-dessus des vérités les plus nécessaires. Mais sitôt qu'elle transgresse la vérité, cette liberté effrénée de l'intelligence se paie d'un

(1) « Comme la nature donne à chaque homme un pouvoir absolu sur tous ses membres, le pacte social donne au corps politique un pouvoir absolu sur tous les siens. » (*Contr. soc.* liv. IV. ch. 4). « Quoi ! la liberté ne se maintient qu'à l'appui de la servitude ! Peut-être ! » (*Ibid.* liv. III, ch. 15). Tout ce passage est infiniment curieux.

prix terrible : l'esclavage de la volonté. L'homme cesse d'être homme et devient une chose. On a remarqué que, dans toute l'Éthique de Spinosa, l'homme n'est appelé que de ce nom.

Contrat social, dit Rousseau ! Ce titre seul est tout un système, et quel système, grand Dieu ! Comme par exemple : la vérité est un contrat, le carré de l'hypoténuse est un contrat. Non, la société ne repose pas sur un contrat. Son existence, la vérité, la justice ne sont pas livrées à la merci d'un pacte variable qui, s'il a le droit de la créer, a aussi le droit de l'anéantir. Elle s'appuie sur un fond supérieur à la volonté humaine, et, partant, étranger à ses vicissitudes.

Comment se fait-il que cette grossière doctrine se rencontre sous la plume de l'auteur de la belle et spiritualiste profession de foi du vicaire savoyard ? Inconséquence humaine ! Deux hommes dans Rousseau : nature généreuse, caractère faussé et dépravé. Malheureusement il a fait école par ses vices plus que par ses vertus. D'où résulte qu'il vaut infiniment mieux que la plupart de ses disciples. Cependant, à mes yeux, dans notre société française contemporaine, il est le père du mal.

Tous les principes, sans doute, sont nécessaires, et il n'en est pas un seul dont le monde puisse se passer. En ce sens, tous les principes sont sociaux. Toutefois, l'esprit humain, qui ne saurait tout embrasser du même regard, chaque fois qu'il envisage un ordre d'idées déterminé, une connaissance particulière, rencontre des aspects qui lui sont propres, et de même que les mathématiques ont leurs principes propres, de même la société a les siens.

Je voudrais définir nettement ce que j'entends par société; mon esprit étant ainsi fait que chaque idée nouvelle qui se présente à lui réclame sa formule caractéristique.

Il me suffira de modifier ici légèrement une définition célèbre de Montesquieu. La société est, je pense, ce qui résulte des rapports nécessaires de l'homme à ce qui existe.

Soit donc l'homme; qu'y a-t-il en dehors de lui?

Au-dessus de lui, Dieu dans les sphères de l'infini; au-dessous de lui, la création matérielle; autour de lui et à son niveau, ses frères en humanité : trois groupes entièrement distincts.

J'en conclus que la société repose sur trois principes, trois vérités nécessaires, trois rapports : l'un de l'homme à Dieu, l'autre de l'homme à la [création matérielle, le dernier de l'homme à ses semblables.

Le premier est la vérité religieuse qui rattache l'homme à Dieu.

Le second est la vérité dans les rapports de l'homme à la création matérielle, qui, dans le langage usuel, a reçu le nom de propriété.

Le troisième a pour fonction de former le faisceau humain, de rattacher les unes aux autres les molécules du corps social et de les retenir agrégées. En philosophie proprement dite, c'est la morale; au point de vue spécial politique, c'est l'autorité.

Ce sont ici les trois principes sociaux qu'il conviendrait d'examiner chacun à part, en se plaçant en dehors de toute croyance particulière, chacun gardant les siennes, au point de vue général philosophique.

On conçoit qu'en ce qui concerne les principes, les deux principales écoles philosophiques obéissent à des tendances fort différentes. Le spiritualisme a pour méthode de s'élever de type en type jusqu'au type suprême, jusqu'aux idées éternelles. De ces idées aux principes, le passage est de plain-pied. Il est clair que cette école aura de très grandes affinités vers les principes, une très grande propension à les admettre, peut-être même à les exagérer, à méconnaître au-delà de la juste mesure l'individuel, le concret, le phénomène, pour ne tenir compte que du général, de l'abstrait.

Le sensualisme, au contraire, ayant pour méthode de faire dériver la connaissance de toute vérité du témoignage des sens, par là-même a pour écueil l'individualisme. Sa pente n'est guère vers les idées générales; c'est à toute peine s'il se résigne à les admettre comme un mode de l'intelligence elle-même qui les conçoit. Au fond, ces idées sont pour lui des mots à peu près vides, des formes dénuées d'existence, *nomina* disaient nos pères, des contrats disait Rousseau. Il faut convenir que ce sol est peu propre à la vigoureuse végétation des principes.

Quand, à une époque dont le défaut ne fut certes pas l'exagération de l'idéalisme, Montesquieu commence son livre par proclamer les lois des rapports nécessaires, je suis fort loin sans doute d'accepter son idée tout entière. Je fais mes réserves. Je regarde même que sa définition est fausse, en ce qu'elle s'applique aux principes, non aux lois humaines où l'élément conventionnel intervient pour beaucoup. Mais j'admire l'essor de génie qui, du premier bond, alors même qu'il dépasse le but, enlève ce grand homme au-dessus de tous ses contemporains sans exception. « Faible et obscure métaphysique » s'écrie à ce propos l'auteur du Livre de l'esprit.

Une observation fort essentielle m'est suggérée par les lignes suivantes d'une lettre de Bossuet à Leibnitz. « Pour être constante et perpétuelle, la vérité catholique ne laisse pas d'avoir ses progrès; elle est connue en un lieu plus que dans un autre, plus clairement, plus distinctement, plus universellement. »

Ce que Bossuet dit ici du principe religieux, je crois qu'on le peut également dire des deux autres principes sociaux. Pour les uns comme pour les autres, il convient de distinguer l'essence des principes, qui est immuable et indéfectible, de leur application soumise à des phases et des vicissitudes. Leur forme extérieure elle-même, dans une certaine mesure, déterminée par des circonstances extérieures et des conditions pratiques, appartient au domaine de la contingence.

Il me semble que cette distinction entre les principes eux-mêmes et leur application répond à l'objection suivante : « Les vérités sociales ne sont pas absolues parce qu'elles ont varié, elles varient chaque jour de peuple à peuple, d'époque à époque. Vérité en deçà du Rhin, dit Pascal, erreur au-delà ! » Pardonnez-moi ; la vérité sociale ne varie pas ; elle est immuable ; elle est ce qu'elle a toujours été, ce qu'elle sera toujours. C'est la connaissance par l'homme, c'est l'application de cette vérité qui ont varié ; malheureusement, il n'y a rien là de fixe.

CHAPITRE III.

DU DROIT.

Des trois principes sociaux, le premier a sur les deux autres un très grand avantage, en ce qu'il est l'expression complète des rapports de Dieu à l'homme, tandis que les deux autres n'ont pas, je dois l'avouer, assez de largeur pour embrasser dans leur sphère la plénitude des rapports dont ils sont l'expression. Ils en sont le point central et décisif, le nœud, et c'est pourquoi, laissant le reste dans l'ombre, il importerait d'y concentrer la lumière. Mais je reconnais qu'aux yeux d'une analyse complétement rigoureuse, la propriété, par exemple, n'est pas assez compréhensive pour enserrer en soi tous les rapports de l'homme à la création matérielle. L'usage qui ne donne pas lieu à la valeur en échange de certains économistes (1), le bien-être distinct de la richesse, sont des rapports qui, à vrai dire, n'entrent pas dans la sphère du principe de propriété, qui en sont en quelque sorte les satellites, mais lui sont extérieurs. Sur le

(1) La plupart rejettent cette notion.

principe d'autorité, j'aurais à faire les mêmes réserves, et plus encore. Qu'est-ce à dire? Que l'homme n'enserre pas ce qui lui est extérieur dans l'unité d'un principe, comme Dieu enserre l'homme lui-même et toute la création. J'accuse ici cette lacune de classification à laquelle je ne crois pas qu'il soit possible de porter remède, en faisant observer que souvent le procédé des sciences exactes, dans l'étude du mouvement des corps et de la direction des forces, est de faire abstraction des points de la circonférence pour n'envisager que le centre de gravité.

Je dois aborder le droit de propriété. Mais, tout d'abord, je m'arrête encore une fois devant une idée nouvelle. Qu'est-ce que le droit en général? Qu'est-ce qui le constitue? Quelle est son essence? Question si haute, si générale, si difficile, qu'un des plus grands esprits de l'humanité, Kant, a déclaré quelque part qu'une définition régulière du droit lui semble impossible.

Les vieux théologiens ont été plus hardis : ils ont défini le droit, « la puissance d'agir conformément à ses fins. » A défaut de la vigueur et de la profondeur kantienne, cette définition a le mérite d'être parfaitement claire, parfaitement simple. Il est certain que droit implique puissance. Les juristes, je le sais, dérivent le mot *jus* de *jussum*, à moins que toutefois, selon la belle idée de Vico, ce mot ne viennent de *Zeus*, en latin *Jous, Jovis*. (1) Elle me satisfait, sauf en

(1) Je préfère cette étymologie comme tout à la fois plus haute et plus vraie; elle implique également, et au suprême degré, l'idée de puissance :

Reges in ipsos imperium est Jovis.

Jus de *jussum*, c'est la loi présente, telle qu'elle est matérialisée et figée à tout jamais dans sa rédaction, quelle qu'elle soit, l'ombre de justice dont parle Platon. (Polit. liv. VII.)

Jus de *Zeus*, c'est l'idée générale et spiritualisée du droit; c'est la loi naturelle, source et fondement de la loi écrite, qui lui est antérieure et parfois, hélas! opposée. Dans les pays d'esclavage légal, *jus* de *jussum* c'est l'esclavage, *jus* de *Zeus*, c'est la liberté. « La iustice en soy, naturelle et universelle,

ce que les dernières expressions ont, pour notre goût moderne, une saveur scholastique et cléricale un peu trop prononcée, — uniquement affaire de goût. — Le principe des

est autrement et plus noblement que n'est cette aultre iustice spéciale, nationale, contraincte du besoin de nos polices; si que le sage Dardanus, (*) oyant réciter les vies de Socrates, Pythagoras, Diogenes, les iugea grands personnages en toute aultre chose, mais trop asservis à la révérence des loix. » *(Montaigne,* l. III, ch. Ier.)

Ai-je besoin d'avertir que c'est de Zeus que je parle ici? Je demande à conserver pour lui mes préférences. Je me persuade que les grands législateurs ont tous été comme Minos, fils de Zeus, inspirateur :

μητιέτα Ζεὺς,

θέμισται

πρὸς Διος (Iliad. I. 238.)

Hésiode *(Opp.* 256) nous dit que la déesse Thémis est fille de Zeus :

Ἡ δέ παρθένος ἐστὶ Δίκη, Διὸς εκγεγαυῖα.

avec lequel, ajoute le fragment homérique de l'hymne à Jupiter

ἐγκλιδὸν ἑζομενη πυκινοὺς ὀαρους ὀαρίζει.

Zeus, gardien de la propriété, ερκεῖος, ὁρίος, (Hegesip. de Halonneso) du serment, patron de l'hospitalité, ἱκεταιος, a montré aux mortels la route de la sagesse, et a consacré cette loi : la science au prix de la souffrance. *(Eschyl. Agam.* 170.)

Cette croyance est fort antique, fort antérieure à Homère et Hésiode, puisqu'au rapport de Démosthènes *(Aristogiton* I, 11) elle remonte à Orphée (dont le nom n'est pas mentionné une seule fois dans les poëmes homériques), fondateur du rituel hellénique :

τάς αγιωτατας ἡμῖν τελετὰς καταδεἱξας Ὀρφευς.

Ici l'on peut saisir en très petit objet tout à la fois la grande pénétration d'esprit et la petite science de Vico. Il dérive *jus* de *jous*, qui n'existe pas, et ne semble pas connaître Zeus. Son idée est parfaitement juste et profonde, son étymologie vicieuse. Il ne savait pas même le grec, et n'a pas su reconnaître Zeus sous la forme de Ζεὺς πατὴρ, Jupiter, *Diespiter*.

Ce qui tranche la question, c'est que l'on sait maintenant que l'origine du droit, comme de toutes les institutions humaines primitives, est purement hiératique, que le premier droit a été un ensemble de formules saintes non écrites, et même d'abord secrètes. Les Rhêtres sont la seconde phase. Les lois écrites et susceptibles d'être lues, *lex*, ne sont que la troisième.

(*) Gymnosophiste indien dont parle Plutarque. (Alex. XLV.)

causes finales est d'ailleurs de nos jours fortement battu en brèche, et tout le monde se rappelle les plaisanteries de Goëthe sur les *finalistes ;*

Lumina ne facias oculorum clara creata
Prospicere ut possis.

(*Rer. nat.* IV, 823.)

a dit le poëte.

« La recherche des causes finales, a dit Bacon, est une recherche stérile, et, comme une vierge consacrée à Dieu, elle ne peut donner aucun fruit. »

A ces termes donc : « conformément à ses fins, » je substituerais volontiers ceux-ci : « dans l'ordre; » ce qui revient au même.

Mais n'est-il pas possible de pénétrer plus avant dans l'idée du droit? Avec une très grande hésitation, j'irai jusqu'au bout de ma pensée.

οὐδὲ μὲν οὐδὲ ἔοικε,
δῆμον ἐόντα παρὲξ ἀγορευέμεν, ...
νῦν δ' αὖτ' ἐξερέω, ὥς μοι δοκεῖ εἶναι ἄριστα. (1)

Vous dites que le droit est la puissance d'agir dans l'ordre, d'accord. Je vous demande qui a cette puissance, où réside-t-elle? Est-ce dans la matière? nullement. La matière est

De tout ceci résulte que, non-seulement le mot *jus* est une forme de *Zeus*, mais que l'idée même en procède :

νόμῳ καλὸν, νόμῳ κακὸν,

disaient les sophistes, dénaturant une expression de Démocrite

νόμῳ γλυκὺ, νόμῳ πικρὸν,

où νόμος est pris dans le sens d'usage, croyance.

Socrate, au contraire, proclamait la conscience du juste et de l'injuste, et l'appelait loi de Zeus. (*Voir le* Gorgias *de Plutarque. De repugn. stoïc. philos.* § 9.) Cette opinion de Socrate me semble fort voisine de celle de Vico.

Quesnay donne pour épigraphe à son livre sur le droit naturel : *Ex natura jus.*

(1) Iliad. XII, 212.

inerte par elle-même. Les forces dont elle subsiste ne lui appartiennent pas; elles lui sont simplement communiquées, prêtées, pourrais-je dire. Toute force résulte d'une loi, et toute loi est un acte de l'esprit. Ainsi la pesanteur appartient à la gravitation, celle-ci au domaine de l'intelligence. La matière elle-même, M. Paul Janet nous en a dernièrement donné une démonstration singulièrement heureuse et élégante, la matière au fond n'a d'autre élément constitutif que l'esprit, et n'existerait pas sans l'esprit. Elle ne se constitue pas d'étendue, puisque l'étendue subsiste pour le vide comme pour le plein. « Ce qui la constitue essentiellement, dit donc en concluant M. Janet, dans son introduction aux œuvres philosophiques de Leibnitz, c'est la solidité (1) ou la pesanteur. Mais ni la solidité, ni la pesanteur ne sont des modifications de l'étendue, et l'une et l'autre dérivent de la force. C'est donc véritablement la force et non l'étendue qui constitue l'essence du corps. » Or, encore un coup, toute force résulte d'une loi, réside dans une loi, et à prendre son sujet d'inhérence, dans l'être. L'être seul, où qu'il soit, a force et puissance d'agir. Si Dieu a droit sur tout, c'est qu'il est la perfection de l'être, et cette perfection est la cause efficiente, l'équation de son droit. Si l'homme a droit sur la matière, c'est qu'il a sur elle supériorité d'être, et que sa personnalité domine la nature physique. Considérez tous les degrés de la série des êtres : partout vous constaterez que le droit du terme supérieur sur son inférieur est proportionnel à la position respective des deux termes considérés, à leur ordre dans l'échelle de l'être, et leur quantité d'intelligence, (2)

(1) *Namque officium quod corporis exstat*
Officere atque obstare (*Rer. nat.* I. 337.)

Nec sentimus eum tactu, verum magis ipsam
Duritiem penitus saxi sentimus in alto. (IV, 268.)

(2) Ai-je besoin d'avertir que ce terme doit être ici entendu dans son sens le plus extensif, l'ensemble des facultés qui constituent l'être intellectuel, y compris la volonté, dont l'être est dans le bien et le non-être dans le mal, de la même façon que, pour ce qui concerne l'intelligence proprement dite, l'être est dans le vrai, le non-être dans le faux.

d'être moral, si l'on me permet cette expression. Ceci me conduirait à proposer, non à titre de définition régulière, ce qui serait de ma part outrecuidance insigne, mais de simple notion approximative, la formule suivante : Le droit est l'ordre dans le rapport des êtres entre eux ; car ils n'ont puissance d'agir qu'en raison directe de leur être intellectuel.

Dès-à-présent, si ma notion est vraie, je recueille cette conséquence nécessaire : qu'il n'y a de droit permanent que là où les rapports eux-mêmes sont permanents ; en d'autres termes, qu'en dehors des principes, il n'y a pas de droit invariable et indéfectible.

Dans la préface de son *Codex diplomaticus*, Leibnitz définit la justice, laquelle n'est que la manifestation du droit (1) « la charité réglée suivant la sagesse. » Il explique sa définition en déterminant qu'il entend par charité la bienveillance universelle, par bienveillance l'habitude d'aimer, et que l'amour lui-même est le sentiment qui fait trouver du plaisir dans le contentement de l'objet aimé.

De cette définition il est peu difficile de passer à celle que je viens de proposer, et les réduire l'une à l'autre. Qu'est-ce en effet que cette sagesse qui doit régler la charité pour produire la justice, sinon l'intelligence, et quelle est la règle de l'intelligence, sinon ses propres conceptions, d'où qu'elles viennent, d'elle-même ou d'ailleurs, c'est-à-dire sa mesure d'être ? A considérer l'homme soit isolé, soit groupé en société, la quantité de cet être est-elle permanente ou variable ? Si variable, n'en faut-il pas tenir compte dans la mesure où elle existe ? et quelle est cette mesure sinon l'ordre, (2) c'est-à-dire l'appréciation adéquate des résultats obtenus ?

(1) Le juge est en quelque sorte le droit personnifié. (*Aristot. Moral. Nicomaq.* — Liv. v, ch. 4.)

(2) Voir ch. xv.

Me permettra-t-on de faire observer que la définition déterminant le droit par l'ordre dans l'intelligence a sur l'autre l'avantage d'être plus compréhensive, et d'embrasser toute l'échelle de l'être, de Dieu à la matière inerte ?

Reste l'identification de la justice et de la charité, à quoi l'on a fort justement, ce me semble, objecté que la justice n'est pas la charité, ni réciproquement. Dans Dieu, où toutes les perfections se rencontrent et se résument dans l'unité, il est vrai que les deux attributs se confondent. Dans l'homme, il faut convenir que les deux idées se distinguent. Et c'est précisément pourquoi Aristote dit que, si tout le monde s'aimait, il n'y aurait plus besoin de justice, parce qu'il n'y aurait plus de tien ni de mien (1).

Tout en refusant d'admettre l'identité de la justice et de la charité, j'ai hâte de reconnaître que c'est là une très belle pensée, et tout-à-fait digne de la grande âme de Leibnitz, chez lequel le caractère marche de pair avec l'intelligence, cette intelligence prodigieuse douée, comme celle d'Aristote, du privilége de l'universalité, qui embrassa toutes les questions, toutes les sciences de son temps, sur toutes dit le dernier mot, métaphysique, érudition philosophique, mathématiques pures, astronomie, histoire, jurisprudence, archéologie, théologie, linguistique, s'occupant jusque du bas-breton, sur lequel il a eu des vues très pénétrantes, qui dans toute l'Europe de son temps ne laissa pas le mouvement intellectuel produire un seul acte, manifester une seule pensée sans la connaître immédiatement et la juger, qui créa des sciences nouvelles : l'analyse mathématique et la philologie comparée, dont il a très nettement déterminé les méthodes et les applications, qui partout a laissé sa trace, marquée de l'empreinte profonde et fécondante du génie.

Blonde Germanie, fille de Leibnitz, Kant, Goëthe, Schiller,

(1) Morale à Nicomaq. VIII, 1.

de ces grands hommes qui vous enfantèrent en vous donnant la conscience de vous-même, qu'avez-vous fait de leur esprit? Le tentateur, vous enlevant sur la montagne, vous a montré l'empire du monde, cette chimère qui a toujours perdu ceux qui l'ont voulu saisir, et nouvelle Ériphyle, pour un collier d'or trahissant l'humanité, reniant la doctrine et les nobles exemples de vos grands aïeux, ces âmes si hautes, si larges, si sereines, si pures de ceux auxquels vous devez le jour, vous vous êtes livrée au tentateur.

> Πῇ δὴ συνθεσίαι τε καὶ ὅρκια βήσεται ἡμῖν;
> ἐν πυρὶ δὴ βουλαί τε γενοίατο, μήδεά τ' ἀνδρῶν,
> σπονδαί τ' ἄκρητοι καὶ δεξιαὶ ᾗς ἐπέπιθμεν! (1)

Êtes-vous, n'êtes-vous pas la fille légitime de ces héros de la pensée, ou plutôt le lait qui vous a nourri était-il infecté d'un venin secret qui circule maintenant dans vos veines et fait de vous une vipère enragée? Votre âme rêveuse, tournée vers l'infini par les harmonies mystérieuses de la musique, semblait planer dans l'Empyrée de la raison pure ou se baigner dans l'éther de la substance, ou si, immaculée, vous descendiez sur la terre et y posiez le pied, ce n'était que pour y révéler la poésie de la nature. Vous promettiez au monde de lui découvrir de nouvelles sources de vie, et voici que vous le repoussez violemment vers la barbarie; vous amassez contre vous, jusque dans le plus petit hameau, dans la plus pauvre chaumière, des orages de haine qui certainement, à vos heures difficiles, éclateront un jour sur votre tête. Vous ramenez l'Europe au chaos.

> *Quantos tum gemitus ipsi sibi quantaque nobis*
> *Volnera, quas lacrymas peperere minoribu' nostris!*
> (*Rer. nat.* III. 1105.)

Pour nous, notre châtiment est mérité et nous le subirons, s'il plaît à Dieu, comme il convient à des hommes, et bénie

(1) Iliad. II. 339.

soit la coupe amère de nos malheurs si nous y retrempons nos âmes dans des énergies nouvelles, si nous y retrouvons la puissance d'initiative individuelle qui nous manquait, si nous y perdons l'engourdissement inerte et le culte routinier du concret qui fut toujours le vice et la faiblesse des races latines (1). Si profondes que soient nos blessures, nous les cicatriserons, nous referons notre fortune avant que vous ne fassiez la vôtre, parce que nous représentons dans le monde des idées que vous ne représentez pas et dont la fécondité est sans rivale; parce que, dans la pratique des choses, socialement et politiquement, nous sommes plus avancés que vous, et qu'après tout, même battus à la guerre, nous avons un instrument de civilisation et de production plus parfait que le vôtre, l'égalité sociale et politique que vous n'avez pas (2); parce que, par notre forte et puissante bourgeoisie, dont vous n'avez pas et n'aurez de longtemps la similaire, nous sommes plus près de la liberté que vous ne l'êtes (3); parce que notre propriété est plus large, mieux assise, mieux répartie que la vôtre; parce que, comme vous, nous n'avons pas à supporter le fardeau de cette petite noblesse besoigneuse, traîneuse de sabre, dans laquelle vous êtes gothiquement emmaillottée et qui vous oppresse, qui fait votre force dans la guerre, votre faiblesse dans la paix, paralyse vos facultés de travail, vous souffle ses fureurs, ses convoitises, ses rapacités, vous pousse aux aventures, ravie de vous compromettre avec elle dans ses mauvaises actions, fausse vos voies, et se fera payer cher, croyez-le, non par nous seulement, mais par vous-même le laurier dont elle

(1) Je parle ici du caractère. Leur esprit est facilement et naturellement généralisateur, à ce point que son défaut serait plûtot le radicalisme.

(2) Il est clair que je ne parle pas ici des provinces qui, un moment rattachées à la France, ont conservé ses lois civiles.

(3) « Il ne peut y avoir d'État bien administré, dit Aristote, (Pol. IV. IX. 8) que celui où la classe moyenne est nombreuse et puissante. »

couronne votre tête. Elle vous a donné un canon de guerre meilleur que le nôtre. Mais notre canon social est très supérieur au vôtre, et par lui l'avantage que nous avons perdu à la guerre, quoi que vous fassiez, cruelle, pour nous anéantir, nous le regagnerons à la paix. Alors, dans dix ans, un siècle s'il le faut, (les peuples ont la mémoire longue) viendra le jour de la vengeance. Et en attendant, vous qui annonciez tant de bien et qui faites tant de mal,

quæ Curios simulas et Bacchanalia vivis (Juv. II. 3),

sirène homicide à la voix mélodieuse,

πολὺς δ᾽ ἀμφ᾽ ὀστεόφιν θὶς
ἀνδρῶν πυθομένων, περὶ δὲ ῥινοὶ μινύθουσιν, (1)

que l'exécration des hommes soit sur vous ! *Ultimi barbarorum.*

(1) Odyss. XII. 45.

CHAPITRE IV.

DE LA PROPRIÉTÉ-DROIT ET DE LA PROPRIÉTÉ-VALEUR.

D'éminents esprits, et parmi eux il me suffira de citer le nom respecté de M. Thiers, se proposant de substituer en de tristes jours la conviction réfléchie au vieux respect instinctif de nos pères, et de déterminer les titres du droit de propriété en recherchant ses origines, ont adopté l'idée que ce droit dérive du travail. Si je mentionne cette opinion, c'est parce qu'elle est celle d'à peu près tout le monde.

Cependant, je soupçonne qu'elle pourrait n'être pas fondée. Il me semble que la propriété-droit ne dérive pas du travail, ou, comme on le dit en termes figurés, qu'elle n'est pas fille du travail, et qu'il serait plus exact, prenant les choses à l'inverse, de dire qu'elle en est la mère.

Je soupçonne que cette notion générale repose sur une confusion : celle du droit et du fait de la propriété, de la propriété-droit et de la propriété-valeur. Je ne possède nulle propriété ; je travaille, et par le fait de mon travail, voici que j'acquiers une propriété. Cela est incontestable. Pionnier solitaire, je suis premier occupant d'une terre vacante, je me l'approprie par la culture, y imprime en quelque sorte le sceau de ma personnalité et y dépose comme le prolongement de ma personne. Cela est encore incontestable. Mais pourquoi ai-je travaillé ? parce que je savais, fût-ce par une révélation spontanée de conscience, je savais que le fruit de mon travail me devait appartenir, n'appartiendrait à nul autre qu'à moi, que les lois sociales viendraient plus tard consacrer le sentiment intime du droit de propriété, cause efficiente de mon travail. Ce que j'ai fait, croyez-le, je l'ai fait sous l'impulsion secrète et toute puissante de ce *Zeus* toujours antérieur au *jussum*. Sans ce sentiment, sans cette connaissance, sans cette complète certitude, sans l'existence de ce *Zeus* divin et l'impulsion que j'en ai reçue, croyez-vous que je me fusse volontairement et gratuitement imposé tant de fatigues ? non certes ! La propriété-droit, écrite ou non écrite, est donc antérieure au travail ; c'est même elle, elle seule, qui le détermine et lui donne naissance. Le fait de la propriété, la propriété-valeur, au contraire, n'est autre chose que la récompense de ma peine ; elle lui est postérieure, et c'est celle-là seulement que l'on peut considérer comme sa fille. Entre la propriété-droit et la propriété-valeur, le travail s'interpose comme intermédiaire nécessaire, engendré par la première et qui engendre la seconde.

En général, le droit se transforme en fait par un acte de volonté. Le droit, qui est la vérité dans les rapports, est l'élément préexistant, l'instrument de l'opération, la volonté; le travail est la force qui opère; le fait est le résultat obtenu. Peut-être se souviendra-t-on que, plus haut, parlant des principes en général, j'ai distingué leur existence de leur application. Notons, toutefois, qu'ici je n'entends plus parler de l'application générale, mais bien d'une application individuelle.

L'origine du droit de propriété, je ne dis pas l'occasion première, je dis l'origine philosophique du droit de propriété n'est donc pas à mes yeux dans le travail. Où donc est-elle ?

Plus loin je dirai là-dessus mes idées ; pour le présent, je me borne à constater où elle n'est pas.

Si c'est une méprise de confondre la propriété-droit et la propriété-valeur, nul doute qu'il n'en résulte des conséquences fâcheuses, comme il s'en produit chaque fois que, méconnaissant les natures essentiellement diverses du fait et du droit, on attribue à l'un ce qui appartient à l'autre.

Pour signaler tout-à-l'heure la différence essentielle, vous remarquerez que le droit de propriété peut être égal ou inégal. En soi il est indifférent à l'un de ces deux modes plutôt qu'à l'autre. Le fait de la propriété, au contraire, est essentiellement inégal, et ne peut se produire autrement qu'inégal.

Le droit de propriété, ai-je dit, est indifféremment égal ou inégal, n'a rien en soi qui répugne absolument soit à la première forme, soit à la seconde. Il suffit ici de jeter les yeux sur l'histoire de l'humanité, sur la nôtre propre, sur notre état présent. Considérant le droit de propriété comme l'instrument à l'aide duquel se crée la propriété-valeur là où elle n'existe pas, se met en œuvre et se transmet d'une génération à l'autre là où elle existe, presque partout j'aperçois deux sortes de droits manifestement divers : le droit *quiritaire* et le droit *bonitaire* des *Romains* de Vico, le *jus mancipi* et le *jus nec mancipi*, le droit noble et le droit roturier du moyen-âge. Que serait-ce si l'on comparait à l'ancien *jus optimum*, le droit des esclaves qui, n'ayant pour objet que le pécule, et même pas toujours, était à peu près nul? Voilà, certes, assez de marge, assez d'écart pour y placer toutes les nuances possibles du droit inégal. Et d'autre part, sans examiner si la chose existe ou n'existe pas, ni sur quel théâtre elle se produit, j'aperçois très clairement la possibilité d'un droit de propriété égal pour tous, fournissant à tous un moyen identique de parvenir au fait de la propriété, lorsqu'ils n'en sont pas nantis, de la transmettre par héritage, d'augmenter celle qu'ils possèdent, à savoir : le travail, l'ordre, l'entente, le commandement de soi-même; investissant tous aussi d'un domaine identique sur leur propriété, sitôt qu'ils l'ont créée. Or, là où ces deux conditions sont réunies, le droit de propriété est égal pour tous.

Le fait de la propriété, au contraire, est essentiellement inégal, et la nature humaine ne comporte pas qu'il soit autre qu'inégal. S'il faut démontrer une thèse si claire, si évidente par elle-même, je la démontrerai par l'absurde, en rappelant que la propriété-valeur est un résultat qui exige tout à la fois une force, la volonté individuelle, et un instrument, le droit, qu'elle est un produit composé de deux facteurs dont l'un, la volonté individuelle, est essentiellement subjectif et inégal. Chaque personne humaine en a sa dose différente, et rien de plus divers que les valeurs morales. Vous voulez que la propriété-valeur soit égale pour tous, que le produit soit le même pour tous. A cela les mathématiques vous répondent qu'il n'y a qu'un moyen, c'est de faire varier le second facteur en raison inverse du premier ; c'est-à-dire de donner un droit divers à chaque homme, d'avoir autant de droits qu'il y a d'individus et de départir à chacun une dose de droit exactement inverse de sa valeur morale : très peu de droit à ceux très pourvus de cette valeur, immensément à ceux très dépourvus, et moins ils auront de valeur, plus vous leur donnerez de droit. Charmant système dont je vous fais compliment et qu'à juste titre on pourrait dénommer une kakocratie.

Ou, si vous le préférez, prenez un parti plus radical, plus infaillible, plus simple ; car celui-ci est d'exécution passablement complexe, et j'ai bien peur qu'une machine aussi embrouillée n'ait peine à fonctionner. Extirpez la volonté humaine et l'intelligence jusqu'en leurs plus profondes racines, tarissez toutes les sources de l'âme, de telle sorte que, cet embarrassant et inutile facteur, la valeur morale, étant supprimé, votre théorie puisse désormais s'épancher sur un niveau qui ne soit plus exposé à aucun soulèvement, et qu'il vous soit ainsi loisible, avec le droit égal, idole de vos esprits, de posséder le fait égal, idole de vos cœurs.

C'est, en effet, à cette ingénieuse solution plus ou moins déguisée, qu'en sont arrivés les plus sensés, les plus logiques, les plus honnêtes partisans de la propriété-valeur égale pour tous : la bestialisation de l'humanité. Il y a des époques où les hommes en général ont un goût prononcé pour cette solution, et où le courant y pousse

ut amica luto sus.

CHAPITRE V.

DU DROIT DE PROPRIÉTÉ.

Plus une question est difficile, plus il importe d'en circonscrire soigneusement les limites. C'est pourquoi, avant d'aborder le droit de propriété, j'avertirai encore de ne pas le confondre avec l'appropriation, qui n'est autre chose que la dévolution des biens aux individus, la règlementation, la police du fait, qui, par conséquent, relève à juste titre des lois humaines, et n'a rien d'absolu en soi. Le droit de propriété est seul absolu, seul il est principe.

Le terrain est déblayé. Parlons donc maintenant du droit de propriété, et tout d'abord efforçons-nous de déterminer sa base philosophique.

Pour moi, je ne crois pas que cette base soit autre que la morale elle-même dans son essence la plus pure. Je place le droit de propriété sous l'abri tutélaire et la sauvegarde de cette belle loi de Kant, formulée par lui comme le résumé et le critérium de sa théorie morale, et considérée par M. Cousin, comme ce qu'il y a de plus nouveau, de plus ingénieux et de plus sûr dans tout le livre de Kant.

« Lorsque vous voudrez voir si une action est conforme à la morale, interrogez-vous vous-même, et voyez si cette action généralisée peut-être considérée comme une loi de l'ordre général dont vous faites partie. »

« La législation positive, (*jussum*), a dit Quesnay, doit consister dans la déclaration des lois naturelles (*Zeus*) constitutives de l'ordre évidemment le plus avantageux pour les hommes réunis en société. » A mes yeux c'est précisément parce que le système de la propriété est évidemment l'ordre le plus avantageux pour les hommes réunis en société, que le droit de propriété a été reconnu et déclaré par les lois positives; c'est par-là précisément qu'il se constitue et se justifie.

Si je parviens à établir que le droit de propriété individuel, constitué comme loi générale de l'humanité, est pour elle une condition essentielle d'ordre et de civilisation, si j'établis que le bien général, auquel, d'après cette même formule, le bien particulier doit partout et toujours se subordonner, comporte, comme condition nécessaire, le droit de propriété individuelle; en d'autres termes, le domaine matériel de l'homme étant donné tel que le Créateur le lui a départi, si j'établis que le mode d'exploitation de ce domaine le plus fructueux et en somme le plus apte à développer ses produits, le plus conforme tout à la fois à la nature de l'homme et au bien de l'humanité en général, est celui résultant du droit de propriété; arrivé à ce point, et cette démonstration faite, le droit de propriété ainsi rattaché aux entrailles, si je puis ainsi parler, de la morale elle-même, et pénétrant par ses racines jusqu'aux derniers fonds de l'âme humaine, et y adhérant par des attaches indissolubles, ou il faudra l'admettre comme une des grandes lois de la morale éternelle, de l'ordre général dont nous faisons partie, sacrée au même titre que toutes les autres lois générales de cette morale, ou, faisant table rase, il faudra, en même temps que le droit de propriété, renier la morale tout entière qui philosophiquement n'a d'autre fondement que ce même bien général (1), du même coup la métaphysique, puisque toute métaphysique engendre nécessairement une morale,

> νῦν ὤλετο πᾶσα κατ' ἄκρης
> Ἴλιος. . . . .
> *(Iliad.* XIII, 772.)

il faudra abrutir l'espèce, éteindre en elle la dernière étincelle de cette

divinæ particulam auræ,

et ainsi, tristement réduit à ses équivoques aptitudes physiques, faire de l'homme je ne sais quelle bête malfaisante inférieure au singe, son parent.

Je place le droit de propriété non dans l'occupation, comme quelques-uns de ceux que j'accepte et considère comme mes maîtres, ni dans le travail, comme quelques autres, ni dans le consentement universel; (2) — je m'in-

(1) Aristote envisage comme objet de la morale le plus grand bien possible déterminé par un acte de raison.

« On peut donc considérer la vertu comme l'art de pratiquer tout le bien possible, et de diriger vers ce bien nos sentiments de plaisir ou de peine. » *(Moral à Nicomaq.* l. II, ch. 3.)

« La vertu est une habitude de se déterminer, conformément au milieu convenable à notre nature, par l'effet d'une raison exacte. » *(Ibid.* l. II, ch. 6).

« La société civile ne semble-t-elle avoir été établie dans le principe et ne se maintenir qu'en vue de l'*intérêt commun*. Il est le but que se proposent les législateurs, et ils déclarent *juste* ce qui y est conforme. » *(Ibid.* l. VIII, ch. 9.)

Cette notion ne diffère pas essentiellement de celle de Kant, et peut également supporter la construction que je me propose de faire ici.

Sur plusieurs points que je n'ai pas à indiquer, un philosophe de profession ne serait pas embarrassé de signaler des rapprochements d'idées et des analogies entre Aristote et Kant, tous deux analystes incomparables. L'allemand n'est pas moins profond que le grec; mais il n'a ni le même sentiment de la réalité, ni la même fermeté de génie, ni la même ampleur d'horizon intellectuel.

(2) Faible raison puisqu'elle ne peut venir qu'à la suite d'une autre meilleure.

cline mais ne me rends pas.—Je ne dis pas que toutes ces causes ne concourent pas occasionnellement à le constituer. Je dis que, philosophiquement, le droit dérive de plus haut; je le place sous l'égide de cette grande et simple loi de Kant, et vais m'efforcer d'établir que la propriété est le mode d'exploitation de notre domaine naturel le plus conforme au bien général de l'humanité, le plus apte à promouvoir le plus grand bien de tous, et si j'y parviens, j'en aurai fait une loi d'ordre moral nécessaire et absolue, obligatoire pour tous, pour ceux-là mêmes qui, déshérités du fait, n'apercevraient pas les motifs capables de contraindre leur volonté à donner au droit son assentiment.

Cette tâche, veuillez le remarquer, est simplement un problème d'économie politique, car il s'agit de création de richesses. L'équation s'est transformée en une autre infiniment plus facile à résoudre, et qui cependant renferme intégralement la première.

II.

Tel est donc le problème : déterminer le mode d'exploitation de cette terre, domaine de l'homme, qui développe au plus haut degré sa fécondité et multiplie le plus la somme de ses produits. Car, puisque l'humanité ne peut vivre que des produits de cette terre,

Nos numerus sumus, et fruges consumere nati,

le libre échange n'existant pas entre les diverses planètes, ce que nous avons de mieux à faire pour le plus grand bien de notre espèce, est de tirer le meilleur parti possible de celle-ci. Veuillez la considérer comme un domaine que nous serions chargés de faire valoir : n'est-il pas vrai que son exploitation, la meilleure possible, si nous venons à la connaître, ne sera rien moins qu'une des lois morales de l'humanité, et que, quand bien même quelques-uns devraient en souffrir, si surtout, sauf quelques cas particuliers, cette souffrance n'existe que pour ceux qui n'auraient pas su faire bon usage de leur raison et de leur liberté, n'est-il pas vrai, dis-je, que ce plus grand bien du plus grand nombre sera le droit juste, vrai, naturel, dont nos lois humaines devront émaner, et dont elles devront se proposer la consécration et la garantie?

Or, je dis que cette exploitation, la meilleure possible, non-seulement du sol, de la terre, mais de toutes les choses appropriables, est la reconnaissance du droit de propriété, et sa consécration par les lois civiles.

Il faut ici envisager la nature de cette terre, et la nôtre propre, puisque la propriété n'est que le rapport de l'une à l'autre.

La nature de notre domaine terrestre est d'être borné, de n'être pas infini, pas même indéfini, et dès-lors son possesseur

Æstuat infelix angusto in limite mundi.

Livrée à elle-même et réduite à ses propres énergies, la terre produit peu de choses utiles; sollicitée par le travail, elle en produit indéfiniment.

Si le domaine de l'homme ouvrait à ses appétits des espaces sans limites, peu importerait en somme que l'exploitation en fût dépourvue d'intelligence et superficielle; chacun n'y ferait tort qu'à soi-même; la solidarité n'existerait pas.

Mais la terre est limitée, et de cette nature, des conditions mêmes de sa fécondation, il résulte que, si les hommes demeurent oisifs, ils seront très pauvres, très dénués; que s'ils travaillent, ils augmenteront indéfiniment leurs moyens de subsistance; qu'ils sont intéressés à ce que la terre, limitée dans sa surface, produise, sur un espace donné, le plus possible de valeurs, afin de nourrir un plus grand nombre d'hommes, ou de mieux nourrir un même nombre.

La terre n'est pas le seul agent naturel nécessaire à notre vie. Il en est d'autres aussi indispensables : l'air, par exemple. Notre économie animale s'en fait un besoin de chaque instant ; dans une foule de productions, l'air atmosphérique est un agent nécessaire, qui souvent joue un rôle considérable. Mais entre la terre et l'air je remarque une grande différence. Ceux qui, ayant l'air à leur disposition, n'en usent pas ou en usent mal, ou en abusent, n'empêchent pas qu'il n'en reste en quantité illimitée pour ceux qui s'efforceront d'en tirer meilleur parti. La société ne perd donc rien à ce que l'air soit de domaine commun, et n'a aucun intérêt solidaire dans sa bonne jouissance. Il en est autrement de la terre dont les produits sont plus que tous autres indispensables à la vie humaine. Cet agent est limité. La société a donc intérêt à y constituer le mode d'exploitation qui, sur un espace borné, lui fera rapporter la plus grande masse de produits.

Je suppose que l'air atmosphérique devienne tout-à-coup en quantité limitée, et que la société ait faculté d'en disposer, que par sa fluidité il n'échappe pas aux prises légales, que devra-t-elle faire? La réponse est évidente. Je reconnais qu'en ce cas elle devra le partager également entre tous. Le droit naturel de tous est identique, et l'on ne conçoit pas en quoi le bon emploi de nos facultés individuelles, la raison et la liberté, pourra réagir pour le plus grand avantage de tous sur la quantité donnée de cet agent naturel.

Je suppose qu'au lieu de se nourrir des fruits de la terre, l'homme soit condamné à se nourrir de la terre elle-même comme d'un gâteau dont chaque convive rongerait les bords, réduisant d'autant la substance de ceux qui viendront après lui. Dans ce cas encore, la société, si elle veut faire justice, devra faire l'égalité absolue, parce qu'alors encore les facultés naturelles de l'homme sont impuissantes à réagir sur la matière pour améliorer sa propre condition. Notre nature ne suggère aucun mode de jouissance préférable à l'égalité absolue. L'homme et la bête sont dans une condition identique.

Mais en est-il ainsi? Est-ce la terre que nous mangeons, comme la chenille adhérente à une feuille la dévore avec ses compagnes? Ne sont-ce pas plutôt les fruits de la terre? Et la quantité de ceux-ci n'est-elle pas proportionnelle à la quantité de travail que nous consacrons à les produire? Et chaque homme doué de raison et de liberté n'a-t-il pas, grâce à cette nature, la faculté de travailler peu ou beaucoup, avec ou sans intelligence, avec ou sans prévoyance? Et la société n'est-elle pas intéressée à ce que l'on travaille beaucoup, avec intelligence et dans un esprit de prévoyance?

La nature de la terre est donc d'être limitée dans son étendue, susceptible dans son exploitation d'une extension illimitée de produits.

III.

Cette exploitation, la plus intelligente, la plus énergique, susceptible de donner une extension illimitée aux produits du sol, sera celle s'appropriant le mieux à la nature de l'homme lui-même, et faisant l'appel le plus énergique à ses deux grandes facultés : la raison et la liberté. Ici intervient la théorie économique du capital, corrélative à la théorie philosophique de la liberté. Je me bornerai à quelques observations sur le rôle des capitaux dans la production, parce que, d'une part, les capitaux sont l'expression de la prérogative humaine sur la matière, et que, de l'autre, en économie politique, la raison fondamentale du droit de propriété est dans la formation des capitaux.

Le capital, dans son sens le plus général et le plus exact, est l'outil dont l'homme se sert pour produire. Combien de formes diverses il est susceptible de recevoir, ceux qui ne sont pas familiarisés à cette sorte de recherches auraient peine à se le persuader. Depuis les machines puissantes que l'industrie met en œuvre jusqu'à la modeste charrue du laboureur, depuis les somptueux magasins des *Prince-merchants*, jusqu'aux humbles fossés qui entourent le domaine du fermier, tout ce que le travail de l'homme a ajouté de valeur au sol nu et sauvage sur lequel le Créateur l'a déposé, tout ce que l'éducation lui a donné de valeur à lui-même, les routes, les canaux, les constructions utiles, les réserves de valeurs, les assolements, les bestiaux, la domestication des animaux, la science immatérielle de l'homme lui-même, son habileté acquise, en un mot tout ce qui distingue Rome d'une savane, un pays et un homme civilisés d'un pays et d'un homme barbares, est un capital.

Combien il a fallu de temps et d'efforts aux premiers pères du genre humain pour créer, dépourvus de tout,

. . . . *Ut sævis proscetus ab undis*
navita . . .

l'énorme masse de capitaux que la terre contient et représente aujourd'hui, qui pourrait le dire et qui, à cette pensée, ne se sent pénétré d'étonnement et de reconnaissance?

Robinson, jeté sur son île déserte, recueillit sur son navire naufragé des armes, des vêtements, des provisions de bouche, une scie, une hache, des clous. Qu'était-ce que cela? un capital. Et la portion de son histoire, qui passionne le plus les jeunes intelligences, est tout entière consacrée à faire voir comment, avec ce capital primitif, il réussit à en créer un nouveau plus considérable. S'il n'eût rien recueilli, croyez-vous qu'il eût vécu?

A quelque chose que vous tentiez de l'appliquer, le travail humain est quasi-impuissant par lui-même ; pour agir sur la matière, il a besoin d'un instrument; sa puissance est proportionnelle à celle de cet instrument. Sur toutes ces propositions économiques tous les bons esprits sont d'accord, même ceux de certains grands ennemis de la propriété qui, forcés d'admettre l'existence des capitaux et leur rôle essentiel dans l'œuvre de la production, n'échappent aux conséquences de ce système, qu'en déclarant les capitaux de formation collective, et partant, propriété sociale.

Avant d'examiner cette thèse, il importe, je crois, de constater que cette faculté de capitaliser, de mettre en réserve un produit déjà obtenu pour le consacrer à une production future, est un apanage propre de l'homme. La fourmi, direz-vous, capitalise. Non; elle prend simplement ses quartiers d'hiver, ce qui suffit à l'élever fort au-dessus de la cigale. La fourmi de nos jours est-elle mieux pourvue que celle antique? Celle d'Europe est-elle plus puissante que celle d'Afrique? Non. Une épargne implique une privation, et celle-ci une certaine somme de raison et de liberté. Sous le rapport de ses intérêts matériels, c'est par ce côté précisément que l'homme est homme et que sa nature propre se révèle. Lorsqu'elle accumule, il ne m'est nullement prouvé que la fourmi se prive; aussi ses réserves, qui suffisent à la faire vivre, sont-elles impuissantes à améliorer ses conditions de vie.

IV.

Maintenant est-il vrai que le capital soit de formation collective, et partant de propriété sociale? On aperçoit les conséquences. Si le capital est propriété sociale, la rémunération le sera aussi, et dans le produit final, la société réclamant sa part dira : Voici un hectolitre de blé valant 20 francs; dans ce chiffre la part du capital est, je suppose, de moitié; or, comme ce capital, c'est moi qui l'ai formé, je réclame les dix francs qui lui reviennent, dont je fais, si vous avez répugnance pour le mot de communisme, ce que nous appellerons par euphémisme, conformément au vocabulaire administratif de M. le ministre de l'Intérieur, un *fonds commun*. Le reste se partagera entre le propriétaire, — vous voyez que je respecte profondément la propriété, — le propriétaire du sol, dis-je, et le travailleur. Remarquez seulement, pour ne pas conserver de fâcheuses illusions, que le sol, absolument affranchi de toute action du capital circulant ou engagé, sous quelque forme que ce soit, ne conserve plus qu'une valeur infime. Sa juste rémunération se renferme donc dans des chiffres modestes : un franc tout au plus, ou peut-être cinquante centimes par hectolitre de blé. Ainsi voilà le partage : dix francs au fonds commun social, neuf francs au travailleur, un franc au propriétaire du sol, et vive la propriété *for ever!*

Tout ceci est incontestable. Le produit devra se partager entre les éléments qui auront concouru à le former dans la proportion de l'importance de leur rôle dans l'opération. C'est incontestable, dis-je, à cette seule condition : que le capital soit lui-même un produit social et collectif appartenant à la société tout entière. Or, ici je m'inscris en faux. Je dis au contraire : le capital est un produit créé par l'individu et lui appartenant.

Le capital, avons-nous dit plus haut, est l'outil employé à la production. Mais cet outil, quelle est sa substance? De quels éléments se compose-t-il? L'analyse scientifique répond avec la plus ferme assurance : de produits antérieurs accumulés et mis en réserve. Or, toute somme est de même nature que les éléments dont elle se compose, ceci est axiome mathématique. Quiconque donc voudra raisonner et se piquera de logique, s'il veut que le capital soit de formation collective et de propriété sociale, devra commencer par admettre, par prouver que le produit du travail individuel l'est aussi, n'appartient pas au travailleur lui-même, mais bien à la société. Ou il faut ne pas se lancer sur cette voie, ou, une fois parti, il faut aller jusque-là ; et cette observation suffit pour mettre hors de combat le groupe de l'école socialiste voulant la coexistence du capital social et du produit propriété exclusive du travailleur. La même chose, disent les philosophes, ne peut pas être et ne pas être.

Allons jusqu'au bout, et voyons si, à tout bien considérer, le produit lui-même du travail individuel ne serait pas, à un certain point de vue, le résultat d'efforts collectifs et d'une action sociale. Que l'on veuille bien me permettre de m'arrêter quelques instants sur cette idée autour de laquelle on a entassé une masse de sophismes, et d'y porter, si je le puis, quelque lumière, puisque c'est ici la dernière équation de la thèse socialiste, et, à ce qu'il semble, sa racine irréductible. Car, si le produit est d'œuvre collective, le capital le sera aussi, et dès-lors, la propriété se justifiant moralement par cette seule raison qu'elle est le mode le plus énergique de provoquer la fécondité du sol en y appelant tout à la fois l'action la plus intense du travail et l'infusion la plus copieuse du capital, puisque, subordonnée à la nature et au mode de formation du capital, la propriété conjuguera, si je puis ainsi parler, ses destinées avec celles du capital ; si le capital est social, la propriété du sol le sera aussi ; le droit individuel de posséder quoi que ce soit n'aura plus de raison d'être. La propriété mobilière et l'immobilière ne se séparent pas l'une de l'autre ; ce sont les deux sœurs de la tragédie antique

τί γὰρ μόνῃ μοι τῆσδ' ἄτερ βιώσιμον

(*Ant.* 566).

Sachons donc une bonne fois si le produit est le résultat d'efforts collectifs et d'action sociale. Voici ce que l'on dit à l'appui de cette thèse.

Soit un produit quelconque, et puisqu'il est bon de préciser pour être clair, par exemple une paire de bottes. De combien de producteurs ne représente-t-elle pas le travail réuni ? L'éleveur qui a nourri l'animal, le tanneur qui en a préparé la peau, le bottier qui l'a mise en œuvre, pour n'envisager que les principales phases de l'élaboration, tout ce qui a concouru, sous une infinité de formes diverses, à l'outillage, l'alimentation, le vêtement de l'éleveur, du tanneur et du bottier durant le cours de l'opération, sont, à bien considérer les choses, autant de producteurs différents nécessaires à la confection du produit, et j'aperçois une série sans limites de productions se servant toutes les unes aux autres de fin et de moyen. Car cette paire de bottes que le bottier m'a vendue me sert à moi-même à gagner ma vie. Est-ce tout? non, certes. Dans l'agriculture, dans la préparation du cuir, n'y a-t-il pas une part de science, d'expérience accumulée, une part très considérable? et cette expérience, cette science incorporée dans la paire de bottes, dans le fer du moindre clou dont elle est garnie, qui l'a produite? Est-ce le tanneur? N'est-ce pas plutôt la société elle-même? N'est-ce pas elle qui, dans la longue série de son existence, a élaboré et arrosé de ses sueurs, de son sang, ce trésor de science délégué, prêté en quelque sorte au producteur, lequel en profite et le met en œuvre souvent, — car nos tanneurs ne sont pas tous des savants et des chimistes, nos fermiers pas davantage, — très souvent sans en avoir conscience. Et vous, vous voulez que le produit de cette science sociale, manœuvrée par un rustre ignorant, ingrat et cupide, soit individuel et lui appartienne exclusivement!

Barbarus has segetes metet!

Cette science elle-même, vous l'appeliez tout-à-l'heure un capital. Vous êtes médecin, avocat, etc. Qui a produit cette science dont vous vous parez et que vous exploitez à votre profit? la société. Il est donc juste qu'elle garde hypothèque sur son produit et que ce soit elle qui émolumente.

Tel est, je crois, le résumé fidèle des raisons sur lesquelles on appuie la thèse que tout produit est de formation sociale. J'y trouve un peu de vérité, beaucoup d'erreurs, une analyse défectueuse, et en somme une confusion de mots.

Que toutes les productions se servent les unes aux autres de fin et de moyen, que nulle ne puisse être isolée de la série des opérations dont se forme l'œuvre sociale, rien de plus vrai, je le confesse, et de plus certain. Ainsi, dans la paire de bottes, j'admets pleinement, outre le travail du bottier, celui du tanneur, du fermier, du savant, etc., etc., j'admets qu'autant il y a de coopérateurs, autant il y a d'hypothèques sur le produit. Mais prenez garde que le travail de ces coopérateurs n'a pas été collectif et simultané, mais bien successif, et c'est là précisément que gît votre confusion. En cas d'efforts collectifs et simultanés, il est juste sans doute que tous aient hypothèque sur le produit. Mais ce n'est pas ainsi que les choses se passent. Votre paire de bottes, le cuir dont elle est faite a passé des mains de l'éleveur dans celles du corroyeur, des mains de celui-ci dans celles du bottier. Cet objet a subi trois transformations successives. Il a été peau d'un animal vivant, cuir et enfin botte. Le fermier a vendu la peau de son bœuf au corroyeur; cette vente faite, son bœuf payé, quelle hypothèque conserve-t-il sur le cuir du corroyeur? J'appliquerai le même raisonnement du corroyeur au bottier. Chacun de ceux-ci, en payant le produit au précédent, lève son hypothèque.

Mais la société, direz-vous, qui leur a procuré à tous leur habileté, celle de tous ceux participant à ce produit par une préparation antérieure ou un usage postérieur, en un mot cette atmosphère intellectuelle, industrielle et politique dans laquelle nous vivons tous et puisons la meilleure part de nos forces, a bien droit aussi elle sur le produit et sur l'épargne qu'en peut faire le propriétaire, sur le capital enfin. Assurément : telle est la source et la raison de l'impôt. L'impôt est sa juste rémunération qui, comme pour les précédents, dégage son hypothèque. Voulez-vous aller au-delà, et prétendre qu'en raison de ce que vous lui devez, la société est fondée à exiger le service gratuit du capital, de la même façon qu'en de certains cas elle exige celui de la personne? Le résultat d'une telle loi est clair comme le jour. Dénué de cause finale, le capital cessera de se créer. Car personne n'épargne, ne s'impose de privations qu'en vue du profit que son épargne lui procurera plus tard. Et comme il n'est pas de production qui s'en puisse passer, si vous parvenez à faire disparaître le capital, du même coup vous ferez disparaître la production et vous aurez tué la poule aux œufs d'or.

Loi fatale et inique en même temps. Je prends l'exemple du médecin, du savant, comme celui où la masse de connaissances constituant le trésor social ait le plus de part. Mais prenons garde que lui enlever le lucre de sa science, c'est encore un sophisme. En effet, le père qui, pour élever son fils, dépense 40,000 francs, lesquels ne peuvent provenir que de ses revenus ou, si vous le voulez, de ses capitaux, c'est-à-dire de ses épargnes, dégage l'hypothèque sociale au moyen de cette somme, et dès-lors le talent de celui-ci, dont la rançon économique consiste dans les 40,000 francs, devient son bien propre. Si l'on insiste, si l'on dit : les 40,000 francs ont payé les leçons des maîtres, mais non la société, soit. Établissez, au nom de celle-ci, une certaine taxation sur les médecins et les savants. Logiquement, restreinte en de certaines bornes, la taxe sera peut-être juste. Pratiquement, ce sera un impôt détestable, vu qu'il découragera la plus excellente de toutes les productions, et d'une utilité telle qu'il est d'une bonne politique de lui assurer quelques avantages, dût-on pour cela se départir de la stricte rigueur du droit.

La science ne doit pas se comparer à la terre. L'une est limitée, l'autre ne l'est pas. L'une est donc appropriable, l'autre dans son essence ne saurait l'être. Elle est à tous comme l'air, comme la lumière. Son caractère propre est celui-ci : chacun jouit de l'atmosphère, du soleil sans effort, sans travail. Il n'en est pas ainsi de la science, laquelle ne donne un produit utile qu'à l'aide d'un instrument, le savant lui-même, préparé par une longue suite de travaux et d'efforts personnels; et quand vous payez le savant, ce n'est pas la science que vous payez, c'est l'instrument. C'est à ce titre qu'il a droit à rémunération, tout autant que le producteur de blé. Ainsi le vent est à tous; mais celui qui, par son travail, construit un moulin et crée un instrument mû par la force du vent, n'a-t-il pas droit au salaire?

Ainsi, la lumière est à tous; mais celui qui, au moyen de préparations coûteuses et d'appareils à lui propres, l'emploie à produire ces images aujourd'hui populaires, sur lesquelles je m'étonne que notre alerte fiscalité n'ait pas encore songé à asseoir un impôt, n'a-t-il pas droit à un salaire?

Telle est la science, tel est le savant. Et celui-là seul que la société aurait élevé à ses frais pourrait en toute rigueur être tenu de lui rendre un service rémunéré par le simple entretien alimentaire. Triste conclusion! qui, pour être logique, n'en serait pas moins dans son application le comble de la démence. Il est beaucoup de choses dans la vie où le grand art est de ne pas compter.

Résumons ce qui concerne le capital, sa nature et se fonctions dans les quatre propositions suivantes :

1° Le capital est un instrument nécessaire de production, sans lequel nulle production ne peut exister, qui fixe et règle les limites de la puissance de chaque homme, de chaque industrie, de chaque peuple. Plus les capitaux augmentent, plus la production s'accroît; plus ils diminuent, plus elle décline. Un ouvrier sans outils n'a que ses ongles pour gratter la terre.

2° Nul capital ne se peut former que par l'épargne; c'est un produit mis en réserve. Celui qui dépense moins que son revenu, homme ou gouvernement, crée un capital. Celui qui dépense davantage détruit un capital. Il n'est pas d'autre moyen de leur donner naissance.

3° Si le produit est individuel, si la possession est admise. en ce qui concerne les fruits du travail, le capital ne saurait être autre.

4° Enfin, l'utilité et la nature appropriable des capitaux étant ainsi mises en évidence, par une action réciproque, cette même appropriation des capitaux devient la cause la plus active de leur création. Nul ne fera d'épargnes, ne s'imposera de privations, s'il n'a la certitude d'en être indemnisé par un revenu futur. C'est ainsi que, par une suite de lois naturelles dignes de notre admiration, l'avantage de chacun vient en aide à l'avantage de tous, et que l'homme isolé se rattache à la société.

V.

La propriété du sol a besoin, pour être bien vue, d'être regardée à travers une saine théorie de la formation des capitaux, et c'est pourquoi nous en avons esquissé les traits principaux. Revenons au droit de propriété en général.

L'humanité ne vit que du produit de son travail, et celui-ci n'est productif qu'en raison du capital qui le défraie. L'intérêt commun est donc de provoquer la plus grande création possible de ces capitaux, et de tous les modes d'exploitation possibles des agents naturels mis par le Créateur à notre disposition, celui-là sera le meilleur, le plus social, le plus juste, qui encouragera le mieux la formation de cet élément nécessaire sans lequel les autres perdent en quelque sorte leur fécondité.

Parvenue à ce point, la question a fait un grand pas. La terre, séjour de l'homme, est limitée ; mais le développement des capitaux, par conséquent celui de la production, par conséquent celui de l'humanité, sont indéfinis. Quel est le mode le plus propice à la formation des capitaux ? Telle est, en nous tenant au vrai sens des choses, la dernière équation du problème social. Cette question résolue, vous pourrez vous poser un second problème, à savoir : quelle est, selon la justice et pour le plus grand avantage de tous, la meilleure répartition du produit social (1)? Mais ici prenez garde, et souvenez-vous que, si vous arrivez à une solution incompatible avec celle du premier problème, lequel est nécessairement antérieur, vous disserterez sur des zéros et commencerez par tarir les sources où vous voulez abreuver l'humanité. Ayez donc les yeux toujours fixés sur la théorie fondamentale de la formation des capitaux. Acceptez toutes les conséquences qui ne lui seront pas antipathiques ; mais n'allez pas au-delà.

Je ne dirai rien du second problème, dont je n'ai pas à m'occuper ici. Mais, envisageant le premier, je dirai avec la plus ferme certitude : le mode d'exploitation le plus favorable au développement des capitaux et, par suite, à la fécondation de la terre et de tous les agents naturels limités, est l'institution légale du droit de propriété.

Quelques lignes du docteur Quesnay ont été, en quelque sorte, le fondement de ce travail. Quelques autres lignes en seront le couronnement.

« Que la propriété des biens-fonds et des richesses mobilières soit assurée à ceux qui en sont les possesseurs légitimes, car la sûreté de la propriété est le fondement de l'ordre économique de la société. C'est la sûreté de la possession permanente qui provoque le travail et l'emploi des

(1) Ici Aristote est, ce me semble, bien près d'avoir dit le dernier mot. Après avoir (*Pol.* II. IV), dans un de ses meilleurs chapitres, examiné le communisme de Phaléas de Chalcédoine : « Je prétends, ajoute-t-il, que les biens ne sont pas communs comme l'ont voulu quelques personnes, mais qu'ils le deviennent, en quelque sorte, par la manière obligeante et généreuse d'en faire usage, et qu'enfin aucun citoyen ne manque des moyens de subsister (*Pol.* VII. IX. 6). » Aujourd'hui encore, même pour un chrétien, est-il possible de mieux dire?

richesses à l'amélioration et à la culture des terres, et aux entreprises du commerce et de l'industrie (1). »

Vers le même temps, Montesquieu écrivait : « Le bien public est toujours que chacun conserve irrévocablement la propriété que lui donnent les lois civiles (2). »

Cette proposition, il suffit de la formuler. Les démonstrations abondent, éclatantes de talent et d'évidence, et, plus évidentes que toutes les démonstrations, la conscience intime de nos âmes. Qui soutient le père de famille dans cette série de travaux et de privations qui ne se terminent qu'à sa dernière heure? le droit de propriété. Qui aiguise son esprit, ranime ses forces, élève son cœur au-dessus des inspirations de l'égoïsme? le droit de propriété.

Le cycle du raisonnement philosophique sur lequel se fonde le droit de propriété se résume donc dans les deux propositions admirablement formulées par le père de l'économie politique.

La propriété est une loi morale « parce qu'elle constitue l'ordre évidemment le plus avantageux pour les hommes réunis en société. »

Et, d'autre part, elle constitue cet ordre le plus avantageux, parce qu'elle développe le travail d'une part et la production de l'autre au moyen d'un agent exclusivement humain qui leur est indispensable à tous deux, et qui ne peut se créer, ne possède son énergie suprême qu'en elle et par elle, le capital, et c'est « la possession permanente qui provoque le travail. »

C'est parce que l'homme est seul capable d'élever son intelligence à l'idée et sa volonté à la création du capital, qu'il

(1) Maximes générales du Gouvernement économique d'un royaume agricole. — 4e Max.

(2) Esprit des lois, XXV. 15.

est seul apte à en recueillir les conséquences, c'est-à-dire le droit de propriété, et c'est ainsi que la théorie de la formation du capital justifie le droit de propriété et en fait une loi d'ordre moral.

Des hommes très éminents ont eu, je l'ai déjà reconnu, sur les fondements du droit de propriété, des idées un peu différentes. Quelques-uns ont posé ces fondements dans l'occupation, d'autres dans le travail, d'autres dans le consentement universel. En toutes ces vues il y a du vrai, et si j'essayais d'indiquer une formule synthétique, je dirais que le droit de propriété a sa cause efficiente dans la morale, son origine dans l'occupation, son but dans le travail, son signe visible et son drapeau dans le consentement universel, sa sanction dans la loi civile.

CHAPITRE VI.

DE LA TRADITION EN MATIÈRE DE PRINCIPES.

Il est fort difficile de bien parler de la tradition, n'y ayant pas d'idée qui ait été, semble-t-il, plus surfaite par les uns au-dessus du vrai, plus dépréciée au-dessous par les autres, et cela seul montre que l'on marche ici sur un terrain brûlant. Qu'elle joue un grand rôle dans les choses humaines, cela est clair comme le jour ; nul esprit honnête et sincère ne saurait s'y méprendre.

γνωτὸνδὲ, καὶ ὅς μαλα νήπιὸς ἐστιν (1)

Nous en sommes tous pétris plus que nul ne le saurait dire. Ceux-là même qui s'insurgent contre elle et s'efforcent de la mettre au ban de l'esprit humain, s'ils savaient se voir d'un œil pénétrant, reconnaîtraient qu'ils lui doivent la meilleure partie d'eux-mêmes. A la renier absolument et à juste titre, je n'aperçois que l'homme de Deucalion. Son fils déjà pouvait revendiquer la tradition, et dans notre grand fabuliste, nous voyons Jean Lapin, sitôt qu'il songe à se poser dans le monde, se réfugier sous les plis de son drapeau.

(1) *Iliad.* VII. 401.

Oui, la tradition est une force dont l'action est évidente, considérable dans les choses humaines (1) ; et cependant, combien de gens font école de n'en tenir compte en rien, et gloire de s'intituler radicaux. Combien, d'autre part, lui demandent, et à elle seule, la consécration de toute institution humaine, remettent entre ses mains la sainte ampoule de toute légitimité,

Miranturque nihil nisi quod libitina sacravit (2),

et en font le principe par excellence, juge et générateur de tous les autres (3).

Il ne serait pas malaisé de rattacher ces deux opinions à leurs racines philosophiques, et peut-être plus loin en toucherai-je quelque chose. Pour le présent, qu'il me suffise de constater l'immense écart entre les opinions de ceux qui, de la tradition, les uns font tout, les autres rien.

Pour moi, ni si haut, ni si bas. J'ai pour elle le plus profond respect, la plus filiale tendresse, autant qu'il sied à un whig de profession. Je la tiens pour une des bienfaitrices du genre humain (4). Mais quand je considère sa nature, son caractère, ses fonctions, je ne me résigne pas à en faire un principe. Je serais plutôt disposé à en faire une méthode, et en ce sens, l'opposé et l'antagoniste de la raison. Indiquons immédiatement mes deux raisons principales.

Premièrement, dans le domaine de l'idée, elle ne crée rien, elle est stérile.

(1) Sur l'éducation successive des générations les unes par les autres, il est impossible de ne pas se rappeler une grande page de Pascal.

(2) Épist. II, I, 49.

(3) Voyez l'opuscule de M. de Maistre : *Du principe générateur des sociétés humaines.*

(4) Il vaudrait la peine d'approfondir l'idée des rapports entre la tradition et le progrès, et le dernier mot en serait peut-être que le progrès ne peut subsister que par la tradition, la tradition elle-même n'a de valeur sérieuse que dans le progrès et pour lui, de sorte que celui-ci serait la matière et l'objet de celle-là, celle-là l'instrument de celui-ci.

Secondement, les principes sont indéfectibles. Il n'est jamais licite de les transgresser absolument, de les enfreindre de face, seulement d'en tempérer l'application dans une certaine mesure, comme dans notre loi d'expropriation forcée, par exemple, moyennant indemnité préalable, et de biaiser quelque peu, en décrivant autour du principe lui-même ce que le poëte hindou appelle un Prâdâkshina (tour d'honneur accompagné de révérences continues (1) La tra-

(1) Je ne saurais songer à notre loi d'expropriation forcée et du motif qui l'a inspirée, sans faire retour vers l'anecdote mentionnée par le bon Plutarque dans ses vies de Thémistocle et d'Aristide. (Thémist. XXIV. — Arist. XXII.) « Thémistocle ayant dit un jour dans l'assemblée du peuple qu'il avait conçu un projet qui serait utile et salutaire à la Grèce, mais dont l'exécution demandait le plus grand secret, le peuple lui ordonna d'en faire part à Aristide et d'en délibérer avec lui. Thémistocle ayant déclaré à Aristide qu'il avait pensé à brûler tous les vaisseaux des Grecs afin de donner par-là aux Athéniens une très grande puissance et de les rendre maîtres de la Grèce, Aristide rentra dans l'assemblée et dit que rien n'était plus utile que le dessein formé par Thémistocle, mais que rien aussi n'était plus injuste :

τῆς πράξεως ἣν Θεμιστοκλῆς πράττειν διανοεῖται, μή τε λυσιτελεστέραν ἄλλην, μήτ' ἀδικωτέραν εἶναι.

Sur ce rapport, les Athéniens ordonnèrent à Thémistocle d'abandonner son projet.

Prenant cette anecdote pour ce qu'elle est (adoptée en général, elle ne résiste pas, paraît-il, à la critique,) je ne puis m'empêcher de penser qu'en France on a raisonné comme Thémistocle, en Angleterre comme les Athéniens. Il ne m'est pas prouvé que nos voisins n'aient pas eu raison, et que l'hommage rendu par eux au principe, en fortifiant l'énergie de son ressort, ne rende pas au corps social un avantage indirect supérieur au profit direct de son infraction.

Si je me borne à un doute en ce qui concerne la loi d'expropriation forcée moyennant indemnité préalable dans son application la plus usuelle, je vais plus loin en ce qui concerne certains règlements administratifs (sur les alignements de voirie, par exemple), certains procédés de travaux publics autorisés par des lois (celles des 11 septembre 1790, 6 octobre 1791, 16 septembre 1807, 28 juillet 1824, 21 mai 1836), sur les extractions de matériaux pour routes.

Ces lois sont décidément mauvaises et impies; d'autant que ceux qui les appliquent, — MM. les fonctionnaires, — sont assez disposés à se dispenser de la cérémonie du Prâdâkshina. Il est certain qu'Aristide protesterait. L'exemple de nos voisins prouve, ce me semble, que le respect absolu de la propriété n'empêche pas les routes de se faire, et je suis disposé à croire qu'il y a moins d'inconvénients à les payer un peu plus cher qu'à énerver, si peu que ce soit, le droit de propriété.

dition n'a pas ce caractère ; elle est défectible. Je professe qu'il y a des rencontres où il est non-seulement licite, mais salutaire de l'enfreindre de face et d'y déroger. « Car la raison, dit Aristote (*Pol.* VII, XIII, 7), fait faire aux hommes bien des choses qui sont contraires à la coutume, quand ils sont convaincus qu'il leur est plus avantageux d'agir ainsi. »

Elle est stérile, ai-je dit, et défectible. Procédons ici comme en mathématiques pour dégager une inconnue. Éliminons tout ce qui n'est pas elle ; considérons-la seule, abstraction faite de son objet.

Je saisis l'instant précis où la vérité se manifeste ; à ce moment la tradition n'existe pas encore. Immédiatement elle s'en empare et s'en constitue gardienne. Désormais toute altération quelconque qui y surviendra n'y surviendra qu'en dépit d'elle et attestera sa défaite. Elle en est la gardienne et possède ce noble et précieux privilége de conserver et transmettre à travers les siècles le dépôt de la vérité.

Mais elle en paie la rançon en ce qu'elle est aussi fidèle à l'erreur qu'à la vérité. Elle n'a par elle-même nul discernement pour les distinguer l'une de l'autre, elle est indifférente à toutes deux, et cette indifférence n'est pas sans occasionner de très fâcheuses méprises. En somme, elle ressemble à cet estimable et inintelligent animal qui, croyant son maître endormi, ne gardait plus que son cadavre. Elle est donc fort exposée au mécompte des Hébreux de Moïse conservant d'un jour à l'autre la manne du désert.

Au demeurant, pour tout dire, ne nous exagérons pas ses mérites. Elle est sans doute incapable d'une infidélité volontaire, à laquelle elle répugne par nature et qui d'ailleurs ne saurait lui profiter puisqu'elle est de genre neutre aussi bien que le Mesrour des contes arabes. La chose est inouie et ne s'est pas vue depuis que le monde existe. Mais, faute d'esprit, ses défaillances involontaires ne sont pas rares, et lorsqu'elle n'a pas reçu d'organisation, il n'est pas très malaisé de la battre et d'entrer malgré elle. Son histoire est un peu celle de Sosie à la porte d'Amphitryon (1).

Si, la vérité une fois connue, vous vous proposez de la perpétuer, la tradition est sans prix ; elle est souveraine. C'est là proprement sa mission ; sa fonction est de conserver les minutes de ce qu'on lui confie à garder, sans y rien ajouter, sans en rien retrancher. Elle est le coffre qui renferme la vérité, elle n'est pas la vérité elle-même ; elle ne crée rien ; elle est passive. L'invariabilité lui appartient par essence, mais non pas l'universalité ; encore moins la nécessité. Je n'admets pas qu'elle soit principe, ni cette locution vulgaire « le principe traditionnel. »

Pas plus que la tradition la raison n'est principe, et à ce point de vue, tout ce que j'ai dit de l'une se doit appliquer à l'autre. Toutes deux sont l'organe par lequel nous parvient la vérité ou l'erreur, mais ne sont pas elles-mêmes la vérité. Elles sont instrument, non objet de connaissance. Elles peuvent ne pas être et s'appliquer à ce qui n'est pas. Elles ne possèdent pas cet être qui caractérise et constitue les principes.

Querelle de mots, dira-t-on ; moins qu'il ne semble. En matière philosophique, la justesse et la sûreté des notions fondamentales est d'importance capitale, et toute déviation du vrai, si petite qu'elle apparaisse au début, peut y entraîner à des écarts incalculables. A poursuivre la lecture de ce travail on en verra les conséquences.

Je considère la raison et la tradition comme les deux organes par lesquels nous entrons en contact avec le monde immatériel, de même que par les sens avec le monde matériel. Qui s'est jamais avisé de poser les yeux, l'oreille ou le nez comme principes ? La tradition pas davantage.

(1) Plaut.

Prenez garde qu'il existe deux sortes de vérités : les nécessaires et les contingentes, les absolues et les relatives, et que celles du premier ordre sont seules invariables.

J'en conclus, et pour le moment je ne vais pas au-delà, que, lorsqu'il s'agit de vérités immuables, de principes, la tradition est à sa place ; je dirai plus : elle est de rigueur, elle immobilise et affermit le sol sur lequel reposent les fondements. Elle est le procédé nécessaire pour s'assurer la perpétuelle possession des vérités absolues. Elle s'identifie avec les principes qui lui ont été confiés à ce point qu'en matière d'absolu, il n'y a peut-être pas grand inconvénient à lui donner leur titre, ce à quoi elle est fort sensible, ce qui lui fait un plaisir extrême. Elle fournit le moyen, en remontant d'antérieur en antérieur, dans l'actuel de retrouver le primitif : tout le primitif dans l'actuel, tout l'actuel dans le primitif.

Aussi toute religion sera-t-elle nécessairement traditionnelle. La protestante l'est comme la catholique, inférieure en ce point que l'organisme de la tradition y est plus défectueux, et parmi les protestants, ceux qui n'admettent plus la tradition n'ont plus une religion, mais simplement une philosophie. Chaque dogme religieux se justifie en faisant appel à la tradition. Celle-ci attire sur son terrain toute guerre de controverse, et devient ainsi juge du camp. On conçoit que l'importance extrême de ce rôle ait dû donner le change aux esprits et prêter à l'illusion. En la voyant souveraine en quelque sorte des principes, on a pu penser qu'elle était principe elle-même ; pourtant au fond il n'en est rien. Elle est méthode et rien de plus. C'est déjà beaucoup, puisque méthode est force.

C'en est assez, lorsque le dépôt confié à sa garde sera celui des vérités essentielles à la vie sociale, pour qu'il y ait intérêt, non-seulement à la respecter, mais encore à lui donner une organisation puissante et active, et la mettre ainsi en état de résister aux attaques qui ne manqueront pas de venir l'assaillir.

Comme elle ne se pique pas d'esprit, elle ne discute pas, elle commande et veut qu'on lui obéisse. Autant sa nature est l'empire, autant son besoin est un organisme qui le lui procure. De même que la raison, son éternelle rivale, a pour élément et pour corrélatif nécessaire la liberté, de même la tradition a pour élément et pour corrélatif nécessaire l'autorité; et des deux parts les affinités sont indissolubles. Ceci explique pourquoi les esprits très rationnalistes et les âmes très libérales ont peine à se ployer à la tradition, pourquoi les esprits traditionnalistes s'accommodent facilement à un système autoritaire, même nouveau, pourquoi enfin les autoritaires s'accommodent facilement des traditionnalistes. La raison et la tradition sont deux sœurs qui ne s'aiment pas, et vivent difficilement de bon accord, leurs caractères différant du tout au tout. Cela est cependant bien désirable, peut-être pourrait-on dire nécessaire, vu qu'il n'y a de maison bien ordonnée et prospère que celle où les deux sœurs ont assez d'égards et de déférence mutuels pour se souffrir l'une l'autre, et cohabiter. Pour ce qui est de se confondre, jamais.

Prenez garde encore que, même en matière de principes, il faut distinguer ceux-ci qui sont invariables de leur application qui ne l'est pas. Comme toutes les méthodes, celle-ci a donc besoin d'être maniée, même s'agissant de principes, par une main habile et discrète qui ne prenne pas le change et, croyant sauvegarder l'idée, ne sauvegarde pas sa forme périssable.

Que sera-ce lorsqu'il s'agira de rapporter la méthode, toujours excellente lorsqu'elle est maniée avec tact, à l'ordre des vérités contingentes ! Mais ce n'est pas ici le lieu d'examiner ce point extraordinairement complexe et difficile. Le titre que j'ai donné à ces pages m'en dispense. Si cependant, pour résumer dès maintenant mon idée par une comparaison peut-être un peu vive, mais qui ressort de ce qui précède, on me permet de considérer la vérité comme l'épouse et la tradition comme sa gardienne, les esprits et les sociétés où la tradition se pose et est acceptée comme principe régulateur de la politique, ressemblent à ces empires d'Orient dont le souverain, enfoui au fond du gynécée, livre le gouvernement et le pouvoir à son eunuque.

CHAPITRE VII.

DU SOCIALISME.

« Qu'en parlez-vous, me dira-t-on? Vieille histoire. Il est mort et paix à sa cendre. Le mauvais s'entend. Car il en est un bon, vous ne le nierez pas, consistant simplement à rechercher, à la lumière de la raison, en tenant un juste compte de tous les droits, les conditions les plus équitables du pacte social. Convenez que l'état actuel n'est pas sans désordre et que l'on peut, comme au temps de Fénélon, rêver Salente.

» Est-ce un Etat bien équilibré, celui où la plus extrême misère coudoie la plus extrême opulence? Devrait-il même y avoir un seul pauvre, et la misère n'est-elle pas une lèpre à extirper? Votre idéal est-il ce

Δημοβόρος βασιλεὺς (1)

s'engraissant des sueurs du peuple?

(1) Iliad. I, 231.

» Il est visible que nous gémissons sous la tyrannie du capital, que notre but soit d'émanciper le travail, d'élaborer selon la justice le problème de son organisation, et non d'enlever à chacun ce qui lui appartient. Cessez donc de nous représenter comme les ennemis du droit sacré de la propriété ; cessez de vous faire peur d'une ombre, de l'ombre d'un mot parfaitement inoffensif. Aidez-nous plutôt à revendiquer les droits imprescriptibles de tous à la liberté, à la vie elle-même. Si les besoins des hommes sont égaux, leurs droits le sont également, car le droit nait du besoin, etc., etc. »

Et ainsi de suite à perte de vue. En amalgamant au hasard deux ou trois idées générales fausses, deux ou trois théories vagues et élastiques pouvant, grâce à de certaines complaisances de mots, signifier à volonté peu ou beaucoup, deux ou trois protestations en faveur de la famille et de la propriété,

aspersi
di soave liquor gli orli del vaso,

une harangue socialiste est promptement faite et coûte peu de frais d'invention. Il n'en faut pas davantage pour éblouir d'honnêtes ignorants qui souffrent ou d'heureux sots qui veulent se produire. Les théories creuses sont le canon, les idées fausses la poudre dont on le charge, les protestations d'innocence la bourre qu'on met par-dessus, les passions la mitraille, et pour y mettre le feu on se fie aux circonstances.

Pour moi, j'ai le malheur de croire que le socialisme n'est pas mort, seulement endormi, et que nous le verrons reparaître aux premières circonstances propices. J'ai le malheur de croire qu'il n'y a pas de bon socialisme, qu'il n'y en a pas plusieurs mais un seul, et que celui-là est mauvais, πῆμα βροτοῖσιν (1). On est socialiste tout-à-fait ou on ne l'est pas du

(1) Odyss. XII, 125.

tout. Si on l'est, rien à dire ; arrivé à ce point où le bien est mal, on est perdu. Si on ne l'est pas, c'est un très grand tort que de se revêtir niaisement d'un nom dont on ne comprend pas la portée, et d'innocenter en quelque sorte par l'exemple d'une honnête personne une chose détestable. C'est un très grand tort, ou tout au moins un très grand malheur, que de servir d'appât pour attirer autrui dans un mauvais lieu.

Croyez-vous aux principes? Vous n'êtes pas socialiste, vous ne l'êtes en aucune sorte, à aucun degré.

Croyez-vous, au contraire, que tout ce qui régit les sociétés soit le résultat d'un pacte humain qu'un autre pacte a le droit de modifier, d'anéantir (1), que les principes sont, non la condition nécessaire de toute civilisation, mais l'expression transitoire d'un certain état social qu'un autre état social plus parfait pourra quelque jour supplanter, et que, de perfectionnement en perfectionnement, nous pourrons bien arriver ainsi à la perfection ; oh ! alors, que vous le sachiez ou non, vous êtes socialiste.

Le socialisme ne consiste pas à vouloir réformer les abus, dont il est malheureusement certain que la société ne sera jamais exempte. Le socialiste est celui qui nie les principes, ou professe les théories destructrices des principes, telles que naguères celle du droit au travail, plus près de nous celle de la gratuité du capital, et telles autres moins mal famées qui ne valent pas mieux. On dit socialiste par antiphrase. Ramenez tout à cette pierre de touche des principes ; c'est là que vous éprouverez les hommes. Il n'est pas rare d'en rencontrer qui sont socialistes sans s'en douter, d'autres qui croient l'être et ne le sont pas.

De ceux qui se disent socialistes sans l'être, et de ceux qui le sont sans le dire, lesquels sont les pires? S'il s'agit d'esprits

(1) « S'il plait à un peuple de se faire mal à lui-même, dit Rousseau, qui a le droit de l'en empêcher ? »

réfléchis et de bonne trempe, nul doute que ce ne soit ceux de la dernière sorte, parce qu'ils ont la conscience de leur perfidie. Leur âme est cette eau dormante, sombre, profonde, qui recouvre les abîmes

ἀκαλαῤῥείταο βαθυῤῥόου Ὠκεανοῖο. (1)

S'il s'agit d'esprits grossiers et superficiels, je redouterai davantage ceux de la première espèce, ceux qui acceptent le mot sans se rendre compte de la chose. Ces gens-là n'aperçoivent en tout que la cocarde, et dès-lors qu'ils ont appris à braver de certains mots et boire de certaines hontes, c'en est fait d'eux. Vous leur prouverez qu'ils n'ont pas idée de la chose, qu'ils ne sont pas socialistes, ils le deviendront tout exprès pour vous prouver qu'ils le sont.

Autant il y a de principes, autant de formes différentes de socialisme, mais une seule et même nature, qui est la négation de l'absolu. Et comme il est de règle que tout ce que perd l'idée, il en faille faire hommage à la force, le socialisme a la prérogative d'être par essence ennemi de la liberté. Plus il attente aux principes, plus il attentera à la liberté, et sa dernière conséquence est d'anéantir la personnalité humaine.

Pour reconnaître le socialisme latent d'un système, ce signe est infaillible : tout ce qui méconnaît la liberté et la dignité de la personne humaine méconnaît les principes, et toute dose de despotisme correspond à une dose équivalente de socialisme, soit chez ceux qui le subissent, soit chez ceux qui l'imposent.

Toutefois, ce n'est pas la liberté qui engendre les principes et leur est antérieure. Ce serait plutôt l'inverse, et je préférerais dire que les principes sont le but de la liberté, que la vérité est l'objet de la liberté. La destruction de la liberté est donc simplement le caractère dérivé, en quelque sorte extérieur, du socialisme. Son caractère primordial est la négation de l'absolu.

(1) Iliad. VII, 422.

Puisque le groupe socialiste est un, le groupe non socialiste le devrait être aussi, et ne pas prendre souci de divergences qui, pour apparentes qu'elles soient, tenant à choses de surface, n'en sont pas moins au fond minimes et insignifiantes. Ce serait fort souhaitable et augmenterait les forces de résistance,

> εἰ δὲ ποτ' ἔς γε μίαν βουλεύσομεν, οὐκέτ' ἔπειτα
> Τρωσὶν ἀνάβλησις κακοῦ ἔσσεται, οὐδ' ἠβαιόν. (1)

Et si l'asile du socialisme est le despotisme (2), que l'asile de ce qui ne l'est pas soit la liberté.

(1) Iliad. II, 379.

(2) Soit d'une assemblée, soit d'un homme ; l'un vaut l'autre.

CHAPITRE VIII.

DE L'ÉTAT.

La société étant ce qui, dans les institutions humaines, est ou doit être permanent, universel, absolu, indépendant des circonstances de temps et de lieux, l'État est ce qui, dans ces institutions, dépend ou doit dépendre de ces circonstances de temps et de lieux, ce qui varie avec elles, distingue les nations les unes des autres, et forme l'individualité de chacune.

Je ne conçois pas plus la société sans organes que le sujet sans attributs.

L'organe de la société, c'est l'État, ils existent l'un avec l'autre et l'un par l'autre.

. . . . . . *mortale quod est immortali atque perenni*
Junctum in concilio sævas tolerare procellas.

L'État ne peut donc pas se tourner contre la société, puisque sa fonction est, au contraire, de la garder et de la servir; il n'existe que pour cela.

Que lui doit-on? dans sa fonction, tout : vies et fortunes; hors de sa fonction, rien.

La difficulté de lire les anciens philosophes vient de ce que, fort souvent, nous n'entendons pas les mêmes choses par les mêmes mots, et que, par suite, pour ne pas prendre le change, il faut une attention continue. Ainsi, voici Aristote nous disant : « le Gouvernement est en quelque sorte la vie d'un État. » (*Pol.* IV, IX, 3.)

Si l'on veut bien remarquer que ce qu'il entend par *Gouvernement* (III, I, 1), est précisément ce que j'entends par *État*, et ce qu'il appelle *État* ce que j'appelle *Société*, la pensée qu'il exprime, traduite dans notre langage moderne, est que « la société vit par l'organe de l'État ; » pensée identique à celle que j'exprime ici.

Les lois qui président à l'existence de l'État sont d'une vérité relative, et dans la société la vérité est d'ordre absolu.

Non certes qu'en politique la vérité en elle-même cesse d'être vraie et devienne erreur, ce qui ne saurait être ; mais le rapport des citoyens au gouvernement étant chose contingente, la vérité qui exprime ce rapport à un instant donné est également contingente, et toujours vraie en elle-même, toujours applicable aux circonstances qui lui ont donné naissance, elle cesse d'être applicable à des circonstances étrangères.

Le Contrat social, qui n'admet pas de loi sociale absolue, admet naturellement des vérités politiques absolues, et je tiens son huitième chapitre du troisième livre pour un curieux spécimen des sophismes et extravagances, — j'en demande pardon à la mémoire de Jean-Jacques, — qu'une plume très habile, très éloquente, peut entasser en quelques lignes. La substance de son raisonnement est celle-ci : Partout et toujours, la république démocratique est le gouvernement le plus juste, le moins coûteux, le plus propre à enrichir une nation. Elle est donc de vérité absolue. Mais il y a des contrées tellement fertiles que leurs habitants auraient le malheur de devenir trop riches s'ils jouissaient de ce gouvernement modèle. « En ce cas, dit-il, il vaut mieux que l'excès de richesses soit consommé par le gouvernement que par les particuliers. » Et c'est pourquoi, étant bon qu'en de certains cas, l'État pille les particuliers pour les empêcher d'être trop riches, bien que la vérité politique soit absolue, nous ne l'appliquerons pas, et donnerons aux bons pays une mauvaise politique, aux mauvais une bonne.

Rousseau reconnaît donc les différences de contrée à contrée, et peut-être les exagère-t-il. Je ne vois pas qu'il en admette d'homme à homme, et sa doctrine implique pour chaque territoire une politique invariable, quel que soit l'état social de ses habitants. Ce système lui-même est un corollaire de la souveraineté du nombre qui envisage l'homme comme unité politique, constante et identique à elle-même. Parmi les incroyables aberrations de ce déplorable livre, que Voltaire, on le sait, appelait le Contrat insocial, celle-ci est capitale. Les différences de formes gouvernementales dépendent surtout de causes morales ayant leur siége dans le peuple lui-même, dans l'état des esprits et non dans des circonstances matérielles. Ces causes morales constituent de nation à nation, d'homme à homme, des différences telles que la politique ne saurait les méconnaître, et si ses formes ne sont pas absolues, cela ne vient pas de la différence de fertilité des sols ni des climats, mais de la différence de valeur des hommes. En politique, cette valeur est cause première et immédiate ; tout le reste, cause seconde, circonstance plus ou moins propice ; mais nulle dont la volonté humaine, force suprême, ne puisse, avec plus ou moins d'efforts, triompher. Ne doutez pas que la valeur des gouvernements ne soit adéquate à la somme des valeurs individuelles. Faites les hommes, vous ferez l'État.

CHAPITRE IX.

DE LA POLITIQUE.

« L'honnête et le juste sont l'objet des considérations de la politique, » dit Aristote (1).

Pour moi, je confesse que l'honnête et le juste me semblent plutôt constituer le domaine de la morale universelle, et qu'à mes yeux, la politique proprement dite, reléguée dans la sphère plus humble des choses qui passent, du phénomène, dit l'école, se réduit à trois objets spéciaux : la forme du pouvoir exécutif, la confection des lois et la dévolution des biens. Je n'aperçois pas que son domaine s'étende au-delà.

Je ne crois pas que la sûreté des personnes et des biens lui appartienne ; car la politique est essentiellement relative ; elle a pour objet de traiter des rapports entre les gouvernés et le gouvernement, qui varient sans cesse et n'ont rien de permanent ni d'universel. Or, la sûreté des biens et des personnes est chose de nécessité universelle et permanente. « Là où les lois et la puissance tutélaire n'assurent point la propriété et la liberté, dit Quesnay, il n'y a ni gouvernement ni société

(1) Morale à Nicomaq, I. 3.

profitables, il n'y a que domination et anarchie sous les apparences de gouvernement....... L'état de pure nature est alors plus avantageux que cet état violent de société. » La sûreté des biens et des personnes est donc la police nécessaire de toute société régulière, très supérieure tout ensemble et très inférieure à la politique proprement dite. Très supérieure ; car nul doute que cette sûreté ne soit en quelque sorte l'objet des formes politiques, et que celles-ci ne lui soient subordonnées, condamnées par cela seul qu'elles seraient inefficaces à la garantir. Très inférieure cependant ; car elle dérive du jeu d'un mécanisme administratif, gendarmes, procureurs, etc., mécanisme qui, par cela même que son résultat est déterminé d'avance, a peu de latitude dans la constitution de ses organes ; tandis que la politique, dans les étroites limites où elle se renferme et a droit de se mouvoir, embrasse des combinaisons aussi vastes que l'intelligence humaine, et relevant d'elle, participe à sa mobilité, subit ses défaillances. Par où la politique diffère des principes sociaux, astres gravitant dans le ciel de la vérité, illuminant et vivifiant tout homme venant en ce monde, qui, plus indomptables que le soleil de Josué, n'ont jamais subi le commandement d'aucune voix mortelle.

La forme du pouvoir exécutif est contingente ; rien de plus évident. Il suffit d'ouvrir les yeux pour apercevoir que cette forme est ici monarchique, plus loin républicaine, que tous les modes de l'hérédité et de l'élection y ont été essayés tour-à-tour, et que chacun a eu son jour où il a répondu aux besoins de quelque portion de l'humanité. Que l'on veuille bien ne pas s'arrêter ici à considérer quels sont les caractères constitutifs de la légitimité d'un pouvoir. Présentement il ne s'agit pas de cela, mais de savoir s'il existe une forme de pouvoir qui réunisse les conditions de l'absolu ; or, cela n'est pas.

Le mode de confection des lois est aussi chose contingente. De grandes et glorieuses sociétés ont reconnu ce pouvoir à un seul homme, d'autres au corps sacerdotal, d'autres enfin ont admis la participation des gouvernés au gouvernement, dans des mesures variées à l'infini. Chaque époque, chaque nation présente à cet égard des combinaisons différentes, et toutes peuvent être vraies d'une certaine vérité relative. Car, encore une fois, si le rapport qu'il s'agit d'exprimer est contingent, la vérité qui l'exprime l'est aussi, et relative.

Je rattache également à la politique la dévolution des biens. N'en serait-ce pas même le dernier fond, et y aurait-il exagération à dire que souvent les luttes politiques et les révolutions ont eu pour objet une certaine forme dans la possession des biens? Ici apparaissent les deux grands systèmes qui, partout où il y a eu des hommes réunis en société, ont donné à chacune sa forme et sa figure, qui non-seulement ont pétri et modelé ses institutions, mais, lorsqu'on pénètre à l'intérieur, en semblent en quelque sorte le ressort vital, l'âme inspiratrice de leur politique, *vis animaï*, l'âme de ses fureurs. Tantôt les sociétés se sont proposé de concentrer les fortunes dans quelques mains, de les immobiliser dans quelques familles, et alors tout a été coordonné vers ce but, et le privilége politique, l'inégalité du droit, l'organisation des castes, l'hiératisation des sciences, etc., ont été la conséquence, le rempart et la garantie du privilége fondamental constitué dans la dévolution des biens. Tantôt, au contraire, elles se sont proposé de répandre les biens dans la masse, d'y disséminer les fortunes, d'y généraliser l'aisance et les lumières, et dès-lors toute l'institution politique a procédé du type égalitaire. La loi de partage égal a été la clef de voûte d'un système comportant de certaines conditions, ou entraînant après soi de certaines conséquences dans le régime politique et dans les mœurs. D'où l'on voit que la dévolution des biens est le fondement de deux politiques opposées : celle du privilége, celle du droit égal.

« Tout beau, me dira-t-on ; il y a sans doute un nombre infini de mauvaises politiques, à quoi bon en parler ? mais une seule bonne : celle du droit égal. J'invoque ici le témoignage du langage humain. Équité, n'est-ce pas justice, et quelle différence faites-vous entre ce qui est inique, *in æquum*, et ce qui est injuste ? » Voilà qui est bientôt dit. Heureux les esprits sachant ainsi trancher d'un seul coup-d'œil et d'un seul mot les questions les plus complexes. Pour moi, je le confesse humblement, j'ai le malheur de penser que celle-ci a plusieurs faces, qu'elle comporte un certain nombre de considérations préalables. Je ne suis pas convaincu que la grande et noble politique du droit égal, bienfaisant asile de tous les peuples de l'Europe moderne, n'ait pas pour condition essentielle une certaine atmosphère morale et intellectuelle en dehors de laquelle elle ne saurait vivre, une certaine tenue d'esprit et de caractère dans la masse elle-même. Je ne suis pas convaincu que, dans des circonstances différentes, il n'y ait pas, pour de certaines sociétés, pour un certain état de civilisation, avantage à remettre, pour un temps du moins, leur destinée et leur fortune aux mains d'une aristocratie fortement constituée, même par voie de privilége héréditaire, même par voie de caste, comme les pères âryens dans l'Inde, lorsque, par exemple, à la suite d'une grande conquête, quelques gouttes de sang vainqueur, perdues en quelque sorte et noyées dans des flots de sang barbare (1) ont eu charge de transmettre, en même temps que leur propre pureté, celle du trésor d'idées et de rites, précieux apanage d'une race très supérieure, et qu'une dégénérescence physique eût promptement dissipé et délayé dans la barbarie. De grands esprits se sont représenté l'humanité sous la figure d'un homme universel traversant les divers âges de la vie ; idée profonde et vraie, surtout si, au lieu de considérer l'humanité tout entière, l'on envisage chacune des sociétés apparues sur la scène du monde. Je ne suis pas convaincu que certaine période de l'existence de ces grands personnages collectifs n'ait pas

(1) Rajah Brooks à Sarâwak.

profit à subir de certaines disciplines, comme notre enfance à tous celle d'un père ou d'un tuteur. En un mot, je ne suis pas convaincu que l'aristocratie ne soit pas la mère et l'éducatrice des nations du monde ;

Salve, magna parens......

Arrêtons-nous ; je retrouverai peut-être ces idées plus tard. Pour le présent, je n'ai voulu que définir et circonscrire le domaine propre de la politique. Elle a pour objet, me semble-t-il, la détermination d'un droit, sans doute, mais d'un droit appliqué à trois choses seules : la forme de l'exécutif, la confection des lois, la dévolution des biens. Je n'y comprends pas la guerre, fonction distincte et où la politique n'intervient que par la confection des lois. Constituer l'organisme militaire d'un peuple et alimenter financièrement ses armées, est œuvre politique. Manœuvrer celles-ci et tirer un coup de fusil ne l'est pas.

La société a des principes,

Fundamenta quibus nixatur vita salusque (IV, 508),

la politique n'en a pas, mais seulement des convenances, résultant des définitions que, dès-lors qu'une idée a les caractères de ce qui constitue l'idée-principe (1), son objet est social, non politique.

(1) Voir chapitre Ier.

CHAPITRE X.

DE LA CIVILISATION.

J'ai parlé des formes gouvernementales et de leur différence dont Rousseau, poussant à l'extrême et dénaturant la pensée de Montesquieu, rapporte les causes aux différences de fertilité et de climat. J'ai dit qu'à mes yeux les vraies causes ne sont pas matérielles, mais surtout morales. A mon sens, toutes se résument dans une seule : la civilisation. Je m'explique.

Quoique d'une vérité universelle et constante, les principes ne sont pas partout également connus, également appliqués. La somme de vérité possédée par les divers peuples n'est rien moins qu'identique. Il y a en ceci des écarts extrêmes de nation à nation, je dirai surtout d'homme à homme. Même pour ceux adhérents aux mêmes idées, les intelligences ne pénètrent pas à une égale profondeur dans la connaissance de la vérité. Tels s'arrêtent à la surface, tels scrutent d'un œil plus hardi la philosophie du système; et ceci n'est qu'une faible part de la diversité humaine : en dehors des idées, il y a les actes.

Soit, par exemple, la propriété. La vérité dans le rapport de l'homme à la nature matérielle est plus ou moins connue, et certes l'on ne peut dire qu'en ceci l'erreur ait été épargnée à l'esprit humain. Tantôt l'objet du droit a été élargi jusques à y comprendre l'homme lui-même, et son sujet démesurément rétréci. L'on a vu la plus nombreuse portion de l'humanité réduite à n'être que le bétail d'un petit nombre de privilégiés. Ici du moins le principe de la propriété héréditaire n'a pas été formellement méconnu, mais souillé de monstrueux et détestables abus. Que dire de la république idéale du divin Platon? Nul socialisme moderne n'a formulé plus nettement la théorie du communisme. C'est un rêve, dira-t-on. Un mauvais rêve, à coup sûr. Vous voulez du réel : et la σεισάχθεια des législateurs antiques, comment la qualifierez-vous? Et combien y a-t-il d'États modernes où le principe de la propriété soit dégagé de tout alliage d'erreur? serait-ce l'Angleterre des Tudor? serait-ce la France d'aujourd'hui? Il y aurait illusion à le penser.

Divers degrés également dans l'application du principe, à savoir : la création de la propriété-valeur. Et dans cette création, qu'est-ce que le capital? le résultat de la volonté.

Fidèle à notre doctrine spiritualiste, nous signalerons ici combien est mensongère l'influence qu'une théorie matérialiste accorde à la douceur du climat et à la fécondité du sol; à ce point que, si cette influence existe, je serais tenté de la croire inverse de ce qu'on la pense, et le spectacle de tant de nations opulentes sur un sol stérile et sous un ciel rigoureux, de tant de savanes désertes sous un ciel trop doux, confirmerait peut-être mon opinion. Le sol et le climat le plus propice à l'humanité, à son bonheur matériel, est celui où les âmes ont le plus de vigueur, où les volontés ont le plus de ressort vers la vérité. La vraie fertilité est dans l'âme humaine et non ailleurs. C'est elle, elle seule,

Quæ mare navigerum, quæ terras frugiferaces
Concelebrat (1)

(1) Luc. I. 3.

« Les pays, dit Montesquieu (1), ne sont pas cultivés en raison de leur fertilité, mais en raison de leur liberté. » Cette pensée est fort belle; mais, comme beaucoup d'autres du grand publiciste, je me persuade qu'elle cotoie la vérité, et n'y entre pas à fond.

C'est beaucoup, à coup sûr, d'avoir vu que la valeur étant subjective par essence, toute production émane d'une cause morale résidant en l'homme lui-même, et non dans une cause extérieure quelconque. Est-ce tout, et cette cause morale, est-ce la liberté? je ne le pense pas.

S'il en était ainsi, toutes les portions d'un pays gouverné par les mêmes lois, jouissant de la même liberté politique (car c'est de celle-là que parle Montesquieu), seraient également productives. La culture serait la même en Flandre, par exemple, et en Gascogne. Or, cela n'est pas.

Non; la liberté politique n'est elle-même qu'une circonstance extérieure comme toutes les autres, comme la fertilité naturelle du sol. Elle facilite l'œuvre de la production, mais ne la détermine pas. La vraie cause de la production agricole, de toutes les productions possibles, est ailleurs que dans la liberté politique. Elle est dans la liberté morale bien dirigée, dans le commandement de soi-même, cause efficiente de la formation des capitaux, lesquels à leur tour déterminent la formation de toutes les valeurs. Que la liberté politique soit essentiellement favorable à cette double création, je ne le nie pas, et à Dieu ne plaise qu'un mot tombé de ma plume ait pour effet de diminuer le prestige de cette bienfaisante liberté, à qui appartient l'hommage de mon cœur. Elle est leur atmosphère naturelle, et cela se conçoit puisque la liberté politique dérive du même fonds, de la liberté morale bien dirigée. Je ne dis pas que la pensée de Montesquieu soit fausse, mais incomplète.

(1) Liv. XVIII, 3.

Partout où l'homme saura faire bon usage de sa liberté morale, sa puissance en capital donnera la mesure de sa puissance sur lui-même. A ce point de vue, la terre est le miroir des populations. Là où vous apercevez lacune dans les cultures, voyez-y lacune dans les volontés. Toute agriculture, comme toute industrie, est principalement question de conduite morale. La matière se dompte par l'esprit, et si rebelle qu'elle soit, demeure façonnée à l'image de l'homme. Mais l'esprit lui-même n'a de puissance positive que dans le sens du bien. Dans le sens du mal, sa puissance est négative; elle détruit. La volonté et l'intelligence humaines peuvent transformer en Édens des steppes arides ; elle peuvent également transformer en désert un Paradis terrestre. L'esprit est une force indomptable qui remonte et descend toutes les pentes.

Les principes donc sont diversement connus, diversement appliqués. Ce n'est pas tout. Après les vérités absolues viennent les vérités relatives, expression de rapports transitoires, conditionnels. Comme les premières, celles-ci sont susceptibles de développements variés à l'infini; leur connaissance s'acquiert par degrés, à chacun desquels correspond un nouveau degré de puissance. Les sociétés diverses suivent leur route soulevant avec effort le triste fardeau de l'ignorance et des passions, et chaque pas elles l'arrosent de la sueur du corps, de la sueur du cerveau, de la sueur du cœur, et dans cette lice commune les places sont fort diverses. Plusieurs demeurent comme assoupies au point de départ.

Ces degrés divers dans la connaissance de la vérité par l'intelligence, dans sa possession par la volonté, sont précisément ce que j'entends par le mot de civilisation. Je me la représente comme le développement de la vérité dans la société, de la vérité absolue et de la vérité relative. Bien des gens prennent ici le signe pour la chose, et voient la civilisation elle-même dans ce qui n'est que son effet : les merveilles de l'industrie et des arts, l'accumulation des richesses, la force des armées et la puissance matérielle. Le bon sens général, (si admirablement personnifié avec ses bons instincts, ses élans et ses défaillances dans les chœurs de la tragédie antique) ne s'y trompe cependant pas, et l'honnête Jacques Bonhomme de même que John Bull ont la parfaite conscience de la supériorité de l'Europe chrétienne sur le reste du monde.

Pour montrer combien cette idée de civilisation est récente, combien elle suppose d'idées antérieures, combien elle était étrangère même à la génération du XVIIIe siècle, je noterai un seul fait : le mot civilisation est omis dans l'Encyclopédie. Le mot civiliser s'y trouve à la vérité, mais comme terme de procédure. Les philosophes du XVIIIe siècle ont su comment se civilise un procès, et ne se sont pas demandé comment se civilise un peuple.

En présentant ma définition de la civilisation, je n'ignore pas qu'elle s'écarte par une nuance de celle donnée dans un livre célèbre par l'illustre et respecté maître de notre génération. Je dois essayer de me justifier.

« La civilisation, dit M. Guizot (1), consiste essentiellement dans deux faits : le développement de l'état social et celui de l'état intellectuel, le développement de la condition extérieure et générale et celui de la nature intérieure et personnelle de l'homme. En un mot, la civilisation est le perfectionnement de la société et de l'humanité. »

Je ferai une observation sur la terminologie de M. Guizot. Il appelle état social ce que j'appelle état politique ; chacun, sans doute, choisit et emploie ses termes comme il l'entend ; mais je n'accorderai pas que la condition extérieure, que

(1) Civilis. en France. Leç. 1.

l'ordre politique soit, objectivement parlant, général par rapport à l'autre ; c'est plutôt l'inverse. Le général est dans l'ordre intellectuel et moral, le particulier dans la politique.

La définition de M. Guizot a le grand mérite de comprendre et d'indiquer l'idée de progrès dans la civilisation. Elle se prête d'ailleurs à l'analyse et se manie aisément. Je lui reproche de laisser en dehors l'idée fondamentale, la base nécessaire de toute civilisation : la vérité. « Partout, dit-il (1), vous verrez le mensonge se reformant peu à peu, le droit et la vérité prenant place dans la civilisation. Cette introduction du droit et de la vérité....... » Si elle y prend place, elle n'y était donc pas à l'origine, elle n'en est donc pas le point de départ, le fondement nécessaire ; si elle s'y introduit en quelque sorte accidentellement, elle n'en fait donc pas partie intégrante. Avant qu'elle y pénètre, sur quoi repose la société ? sur une convention, je présume. Ne vous y trompez pas ; cette légère déviation à l'origine peut entraîner tout un système.

Du reste, M. Guizot, bien différent de Rousseau qu'il combat dans plusieurs beaux passages de son livre des Origines du gouvernement parlementaire, esprit digne et honnête autant qu'élevé et profond, reconnaît ailleurs que la civilisation émane essentiellement de la vérité. « Quand nous voudrons savoir en quoi un système a contribué au développement de l'homme et de la société, il faudra bien que nous sachions quel est le vrai développement de la société et de l'homme, quels développements seraient trompeurs, pervertiraient au lieu d'améliorer, entraîneraient un mouvement rétrograde au lieu d'un progrès (2). » Et encore pouvons-nous remarquer ceci : l'on peut tirer des conséquences justes d'un principe faux, raisonner et marcher droit dans une

(1) Civilis en Europ. Leç. 3.

(2) Civilis. en Europ. Leç. 5.

direction vicieuse, et les lignes précédentes impliquent la vérité dans le développement, non dans le principe.

Ainsi, M. Guizot n'a pas donné une base suffisante à son édifice, ou du moins, car je ne doute pas qu'au fond sa pensée ne soit identique à la mienne, je lui reproche de ne l'avoir pas suffisamment exprimée. En matière de pensée philosophique il est certain que toute lacune dans une définition produira des conséquences, que toute vue incomplète est une porte par où s'envolera infailliblement quelque jour tout un essaim d'erreurs, étrangères, peut-être odieuses, au père du système.

L'on ne saurait aborder l'idée de civilisation sans toucher quelque chose du livre et des idées de Vico. Il est fort difficile d'en parler. Je n'essaierai pas de juger ici ce livre étrange et prodigieux ; la tâche dépasserait mes forces; ni de le résumer, œuvre depuis longtemps accomplie avec supériorité par M. Michelet. Je voudrais seulement expliquer pourquoi, nonobstant de trop nombreuses puérilités dont on ne peut se défendre de sourire, nonobstant la bizarrerie de sa forme, ce livre, si longtemps méconnu et devançant de si loin toutes les idées du temps où il fut écrit, exerce tant de prestige sur toutes les intelligences de notre âge; pourquoi sa pensée apparaît si souvent à l'état fragmentaire dans les livres contemporains, si rarement à l'état systématique dans l'intégrité du système, sauf dans les productions les plus hardies des écoles philosophiques modernes; pourquoi, même ainsi mutilée, elle a réformé chez nous l'étude et la connaissance de l'histoire; pourquoi enfin ce petit volume, qui renferme tant de substance en si peu de pages, possède tout ensemble tant de crédit et de discrédit.

Ce prestige de Vico est très grand, très profond, très certain. Toute l'école moderne, depuis *Niebuhr* jusqu'à MM. *Grote* et *Mommsen*, en témoigne, et il est bien peu

d'œuvres historiques sérieuses où un œil un peu clairvoyant ne puisse reconnaître l'empreinte plus ou moins accentuée des idées, de quelqu'une des idées, émises dans la Science nouvelle.

La première cause de ce prestige est, je crois, en ce que le livre de Vico est, à part Hégel, l'application la plus hardie, la plus complète, qui ait jamais été faite de la philosophie à l'histoire, et en même temps la première. Car j'ai bien de la peine à considérer le discours justement illustre de Bossuet comme philosophique ; théologique, à la bonne heure. Qu'on se rappelle ici combien l'idée même de civilisation est postérieure à Vico.

Il n'y a de science que du général, dit Aristote. A ce point de vue, quoi de plus scientifique que de ramener toutes les histoires particulières à un type d'histoire universelle, et d'en dégager, par une audacieuse synthèse, la loi de l'évolution humanitaire! Que la philosophie historique de Vico soit irréprochable, qu'elle soit vraie, c'est autre chose. Mais que ce soit ici de la philosophie appliquée à l'histoire, et de la très grande, très compréhensive philosophie, la plus grande qu'il soit possible de concevoir en dehors des idées hégéliennes ; que cette opération par laquelle il prétend ramener le phénomène historique à sa loi générale, que cette recherche de la loi générale dans la série des aventures humaines soit une induction philosophique des mieux caractérisées, voilà ce qui me semble impossible à méconnaître. Or, la philosophie est une si grande chose qu'elle communique à tout ce qu'elle touche un cachet de grandeur et de majesté incomparables. Telle est, je crois, la première cause du prestige de Vico.

Il y en a une seconde : le parti qu'il a tiré de la philologie pour établir, en l'absence de documents positifs, les faits historiques primitifs servant de base à la spéculation philosophique.

Ici encore, Vico devance son siècle de fort loin, et c'est un grand mal pour lui et pour son livre. Car, au moment même où par un prodige de pénétration il pressentait avec tant de justesse le rôle de la philologie comparée pour éclaircir la connaissance des origines des hommes, et le parti infiniment fécond en résultats curieux et imprévus non moins que certains que notre génération tire aujourd'hui de la science de Bopp, cette science n'existait pas; l'aurore n'en apparaissait même pas.

Il n'en subsiste pas moins que l'idée de Vico est proprement un trait de génie, que la méthode à laquelle il nous a initiés, d'emprunter à la philologie les faits humains que la spéculation philosophique aura plus tard mission de coordonner pour en dégager, si elle le peut, des idées générales, que cette méthode, dis-je, est aussi sûre et excellente que grandiose. Je parle de la méthode elle-même, non de l'emploi qu'il en a fait. Cette méthode subsiste intacte, inattaquable, et chaque jour nous la voyons étendre ses conquêtes. Tous les grands esprits, toutes les intelligences cultivées y sont aujourd'hui ralliés. Là est la source du prestige de Vico, là est le titre de sa grandeur. Il a doté l'esprit humain d'une méthode, c'est-à-dire d'une force nouvelle.

Sa faiblesse est dans le système de philosophie particulier qu'il a appliqué à l'histoire et dans sa méconnaissance de la philologie comparée, science créée un siècle après lui. De là ses erreurs d'une part, ses puérilités de l'autre.

Sa philosophie est spiritualiste, je l'avoue, mais incomplète. Il y supprime à peu près la liberté humaine. Qu'est-ce, je vous prie, que cette histoire universelle, cette unique et constante et nécessaire évolution de l'humanité, sinon la négation de la liberté morale? C'est par là que sa théorie encourt et mérite le reproche de pencher vers le fatalisme. Qu'il y ait des lois générales humanitaires, des forces attirant les sociétés humaines dans de certaines directions et selon de certaines formules, cela pourrait encore s'admettre; mais à condition qu'il soit bien entendu que chaque société possède en elle-même des forces propres suffisantes à combattre, à neutraliser, à vaincre toutes les attractions; que, partant, les lois d'évolutions humanitaires constituent non pas un cycle constant, unique, invariable, mais des tendances, modifiées en puissance et en acte dans le cas de chaque société particulière par son caractère propre, l'usage qu'elle fait de sa liberté morale; qu'il y a des personnes sociales comme des personnes individuelles; qu'ainsi l'on obtient non pas une courbe unique mais des courbes diverses, autant de courbes et de formules que de sociétés. Voilà ce que Vico a eu le tort de méconnaître. Sa doctrine, d'ailleurs, maniée par des mains peu sûres, dérive facilement à des conséquences très périlleuses, et je lui appliquerai quelques observations fort justes, ce me semble, d'un des esprits les plus distingués de ce temps (1).

« Elle peut aisément se figurer, qu'il n'existe au monde rien de plus qu'une succession de générations changeantes dont la loi d'évolutions est tout ce que nous pouvons connaître. Les opinions, les croyances, les systèmes ..... ne sont que les témoignages des divers états ...... La science ne peut que les retrouver et les décrire; elle s'aventure lorsque, sortant de ces limites, elle recherche à quelles vérités absolues correspondent ces idées ..... Ainsi entendue et réduite à la revue des faits que l'histoire a rendus visibles, elle confine au positivisme. » D'autre part, si l'on considère non les faits, mais la loi elle-même, on peut aussi réduire la science « à n'observer que le moi successif des nations, et toute vérité historique consiste à établir que telle ou telle chose a été pensée. Avec un peu de hardiesse, si la science est l'observation de la marche de l'humanité, on conclura que celle-ci est tout ce qui est à connaître, » et ainsi entendue, la méthode devient hégélienne.

(1) M. de Rémusat.

Plus encore que sa philosophie, la philologie de Vico est défectueuse; il faut même dire quelle est de fantaisie, et qu'il erre à peu près au hasard, sans fil conducteur et sans guide, dans une nuit profonde νὺξ ἀϐρότη. Certes, il y déploie des prodiges d'esprit et de sagacité, et souvent ses yeux percent les ténèbres. Mais rien n'y supplée la science qui lui manque et qu'il est sans doute excusable de ne pas connaître puisqu'elle n'existera que cent ans après lui. De là, de ses efforts pour atteindre, de raccroc, des résultats de hasard; de là, dis-je, ses étymologies forcées, ses puérilités. Comme connaissance scientifique des premiers faits humanitaires, la base lui manque entièrement; cette partie de son livre est entièrement à refaire. Mais cela n'implique pas que, maniée par un vrai philologue, la méthode qu'il a eu la gloire d'indiquer soit défectueuse; au contraire, elle est excellente, et les conquêtes que, chaque jour, la science moderne fait sur le passé, lui sont toutes dues. Comment donc ne pas admirer cette intuition d'un grand esprit déterminant la méthode, l'emploi et les résultats d'une science encore inconnue ! Il a eu bien d'autres intuitions. Si défectueux que soient ses instruments d'observation, il en a tiré un parti inconcevable. Par la seule clairvoyance de son esprit, aidé par l'excellence de sa méthode, il est arrivé à pressentir et à proclamer, plutôt, il est vrai, qu'à démontrer, une foule de résultats partiels dont la science moderne tire aujourd'hui trophée. Je ne m'arrêterai pas à les démontrer, la tâche serait infinie. Plusieurs appartiennent déjà au domaine commun : telle, par exemple, l'antériorité des vers par rapport à la prose. D'autres n'ont encore pris pied que dans le domaine scientifique ; telles les origines hiératiques du droit, le mode de formation des religions par l'animation des forces naturelles

'Ωκεανόν τε, θεῶν γένεσιν. (1)

(1) Iliad. XIV.

Sur ce point les idées de Vico marchent de pair avec les dernières conclusions de la symbolique. Quel parti un tel homme, s'il les eût connus, eût tiré des Védas et du sanscrit!

Je demande que l'on me permette de m'arrêter quelques instants sur deux points spéciaux : Ses premiers hommes et son Homère ; l'un pour y prendre sur le fait les perfidies de sa trop vive imagination, l'autre pour signaler sa merveilleuse sagacité.

Dans le tableau, admirable à tant de titres, que Vico a tracé des premiers temps de l'homme sur la terre, il est visible qu'il s'est fortement inspiré de Lucrèce. La sombre et profonde poésie du grand poëte latin respire toute vive dans ces pages où il nous montre les premiers hommes rampant à travers la grande forêt de la terre. Il lui emprunte non-seulement les traits, souvent les idées, quelquefois, hélas! comme dans la formation du langage pour amoindrir, par quelque exagération saugrenue, la prescience et la vigueur scientifique empreintes dans le magnifique et austère langage du poëte latin (1)

...... *Utilitas expressit nomina rerum.*

Cette partie du livre de Lucrèce est merveilleuse de beauté, et peut-être même, le début à part, absurde, je l'avoue, comme son système, de vérité et d'exactitude, et Vico a eu fort raison de s'en inspirer. Mais à quel propos, se séparant en ceci de l'esprit de son grand modèle, nous fait-il de ses premiers hommes des Cyclopes? Géants, passe encore, Cyclopes, à quoi bon? Pourquoi des monstres? à quel propos l'œil unique et rond au milieu du front, condition essentielle du Cyclope, comme le nom l'indique? Il est visible qu'ici son imagination napolitaine l'entraîne et le trahit, que nous ne sommes plus sur le terrain de la science, mais du roman.

(1) V. 72. — 1028. — 1040 et seq. — 1055 et seq.

L'esprit moins large mais plus sobre et plus sûr de Lucrèce s'est bien gardé d'un tel excès. Une fois ses types créés tant bien que mal (je suis forcé de convenir que sa création de l'homme est une des plus fortes absurdités qui aient jamais été produites), une fois, dis-je, ses types créés, il les maintient et la perpétuation des espèces. Il n'est pas de l'école de M. Darwin

. . . . *et omnes*
Fœdere naturæ certo discrimina servant. (V. 921).

Parlons maintenant d'Homère. Ici, contre son ordinaire, Vico est irréprochable et complet; pas un mot qui ne porte et ne soit vrai; il ne dit que ce qu'il faut dire, et dit tout. Et son Homère, remarquez-le, n'est pas un épisode de son œuvre, mais une pièce intégrante de son système; et les idées auxquelles il est arrivé déductivement par l'emploi de ce système sont précisément adéquates à celles obtenues par les méthodes inductives de la critique moderne. Tout y est, jusqu'à la différence de patrie des deux poëmes homériques, jusqu'à cette théorie toute moderne de l'épopée précédée par une période antérieure d'hymnes. On a depuis trouvé de nouvelles démonstrations de ses théorèmes, comme, par exemple, l'examen comparatif des images et comparaisons de l'un et de l'autre, mais pas un théorème nouveau. Grand argument, semble-t-il, pour établir la certitude de ces idées que la coïncidence des deux méthodes déductive et inductive en un résultat identique.

Naguère, un professeur de Berlin, M. Spielhagen, dans un cours public, prononçait les paroles suivantes : « Tel était le problème....... et déjà l'homme était trouvé qui devait le résoudre.

» Quel était cet homme étrange ?

» C'était un philologue ...... qui, à travers la poussière des livres, entrevoyait les magnifiques tableaux de la jeunesse des peuples, et il écrivit un petit livre, — *Prolegomena ad Homerum*, — dont le résumé était : les chants homériques ne sont pas et ne peuvent pas être l'œuvre d'un homme.

» De ce moment date pour la philologie une nouvelle ère. »

J'en suis fâché pour M. Spielhagen, mais toutes ces belles découvertes de Wolff ne lui appartiennent pas. Toutes ces idées ont été formulées de la façon la plus nette par Vico, juste soixante-dix ans avant Wolff, puisque les Prolégomènes sont de 1795 et la Science nouvelle de 1725. Je m'étonne en vérité qu'un savant homme comme un professeur de Berlin ait ignoré qu'un livre tout entier de la Science nouvelle, le troisième, *de la découverte du véritable Homère*, est tout entier consacré à développer les mêmes idées, à savoir que Homère est non pas un individu, mais un symbole du peuple grec racontant ses sentiments et sa destinée dans ses chants nationaux, que sa patrie est la Grèce entière, et que l'élaboration de son poëme comporte une durée qu'il fixe, un peu largement peut-être, à 450 ans.

Parmi les nombreux ridicules de notre grande voisine la race germanique, le moindre n'est pas cette infatuation de soi-même, cette prétention à revendiquer pour soi seule tout ce qu'il y a de grand et de beau dans le domaine de l'intelligence, cette habitude fâcheuse de surfaire au-delà de toute mesure, avec toute la pompe de je ne sais quel style poétique de pédant, la valeur de ce qui lui appartient, de méconnaître ce qui appartient à autrui. Ne serait-ce pas ici un chauvinisme intellectuel, analogue au chauvinisme militaire que l'on nous reproche parfois à nous-mêmes ?

Il n'est pas hors de propos de signaler, dans cette portion de l'œuvre de Vico, l'idée de l'homme universel de Pascal, mais pris en sens inverse et considéré, non dans la période actuelle de son existence, mais dans celle la plus éloignée de nous, et à l'aurore de sa vie. Les deux aspects sont vrais, et le parti qu'en a tiré Vico est infini.

En somme, l'excellence intrinsèque de sa méthode, telle est au propre la gloire de Vico. C'est par elle qu'il vit encore parmi nous, par elle qu'il pénètre dans nos travaux historiques, et qu'il a réformé une grande part des annales de l'humanité.

J'ai souvent pensé que, pour étudier les phases de la civilisation, les résumer d'un seul trait que l'œil puisse saisir instantanément, et dégager, s'il est possible, du passé quelque induction d'avenir, il y aurait profit et commodité à représenter ces phases par une courbe, en prenant ce mot dans un sens assez large pour que la ligne droite, qui n'en est qu'une forme particulière, n'en soit pas exclue, non plus que celles d'un degré quelconque.

« Les mathématiques, a fort bien dit l'auteur de Vico et de ses œuvres, sont une copie matérielle qui nous apprend à connaître son type immatériel, la métaphysique. » Dans le domaine scientifique, beaucoup de choses aujourd'hui se représentent par des courbes. Les expressions successives de la population, de la criminalité, du commerce, des forces, etc., y sont ramenées. Pourquoi n'y ramènerait-on pas l'expression synthétique des phases de la civilisation d'une société donnée ?

Ceci admis, voyez la conséquence. Dès-lors qu'à l'aide de documents et observations suffisamment certains, vous avez déterminé quelques points de la courbe d'un peuple, qui vous empêche de la soumettre à une discussion analytique ? Faites ce que l'on fait en géométrie, ou plutôt, pour me faire comprendre de ceux auxquels la géométrie est inconnue, ce que l'on fait en géographie. Pour connaître et préciser la position d'un point quelconque, tracez des axes qui se coupent, ce que l'on appelle en géographie la latitude et la longitude, en géométrie l'abscisse et l'ordonnée, et discutez votre courbe en la rapportant à ces deux axes.

Où prendrons-nous les deux axes de l'idée de civilisation ? Ici gît la difficulté du système. Il nous faut deux idées plus générales que celle de civilisation elle-même, laquelle l'est déjà beaucoup, et qui l'embrassent. Il me semble toutefois que l'on pourrait prendre comme axes la vérité absolue et la vérité relative, la société et l'État. En géométrie, chacun trace ses coordonnées à sa fantaisie. La société et l'État me semblent fort convenables pour l'étude de la civilisation, en ce que chacune de ces deux idées a sa ligne d'attraction parfaitement distincte, et qu'entre ces deux attractions rarement équilibrées, chaque société décrit son orbite.

Or, voici à quoi aboutit le système : à ce que la courbe une fois connue, on peut la prolonger. Qu'obtenez-vous ainsi? une certitude? pas le moins du monde. Ce serait donner trop de prise à la critique que je faisais tout-à-l'heure des idées de Vico, mais une simple probabilité, un jugement tout-à-fait analogue à celui que, dans la pratique de la vie, nous faisons chaque jour lorsque nous jugeons que telle personne, dans de telles circonstances, son caractère étant connu, agira de telle façon, la détermination raisonnée d'une tendance, laquelle n'a rien de fatal à coup sûr, dont la liberté humaine

Fatis avolsa voluntas (1)

peut toujours triompher, mais qu'il n'est pas inutile de connaître à l'avance, ne fût-ce que pour ne pas se faire prendre au dépourvu, et recueillir ses forces lorsqu'il s'agira de remonter une pente. Les grandes nations sont celles le mieux douées de la force intrinsèque qui remonte au besoin les mauvaises pentes.

Me trompé-je? Pour une telle étude notre histoire nationale présente, ce me semble, de grands avantages. Je crois entrevoir que la courbe de nul autre pays n'est aussi simple, n'a plus de chances de se présenter sous la forme d'une courbe de degré inférieur. Chaque événement y amène en général sa conséquence rationnelle, et sauf quelques perturbations pas-

(1) II, 257.

sagères dont il n'est peut-être pas absolument nécessaire de tenir compte, et qui n'attestent autre chose que l'éternelle différence entre la force asservie qui détermine la courbe des astres et la force libre et spontanée qui gouverne l'humanité, sauf ces perturbations, dis-je, nulle courbe historique ne me paraît se prêter plus facilement à une discussion régulière, parce qu'il n'en est peut-être aucune où l'équilibre entre les deux axes de la civilisation se maintienne aussi bien. L'œil saisit facilement sa trajectoire ; la pensée la devance, et la trace d'instinct.

CHAPITRE XI.

DE LA CIVILISATION ANTIQUE ET DE LA CIVILISATION MODERNE.

Entre les civilisations anciennes et modernes, il existe certainement des différences nombreuses, capitales, et nul n'est sans en avoir le sentiment. Entre les idées d'un Européen moderne quelconque : Français, Anglais, Allemand ou Américain, et celles d'un ancien Spartiate, Romain, ou même Athénien, leurs habitudes respectives, leur façon de comprendre le rôle de l'État, jusqu'où il va, le point où il s'arrête les garanties qu'on lui demande, les fonctions qu'on lui assigne, les réserves qu'on fait contre lui, les asiles que l'on ménage à sa personnalité, il y a un abîme. On l'a pu voir chaque fois que notre inexpérience politique a voulu copier de trop près les législations antiques. La force des choses a immédiatement constaté une répugnance absolue, et toute machine moderne où l'on a voulu introduire un rouage purement antique, a éclaté. S'il est facile de sentir et de reconnaître cette différence, surtout en lisant un livre politique d'Aristote et de Platon, il est beaucoup plus malaisé de la caractériser par son trait essentiel et sa formule générale qui comprenne tous les cas particuliers, les explique et les renferme en soi. Le grand et noble esprit de Montesquieu, qui dépasse par tant de points les horizons de son temps, y a échoué (1). Jean-Jacques y est, comme d'ordinaire, extravagant et positivement en dehors des conditions et des sentiments de l'existence moderne.

« Les bonnes institutions sociales, dit-il dans son Émile, sont celles qui savent le mieux dénaturer l'homme, lui ôter son existence absolue pour lui en donner une relative, en sorte que chaque particulier ne se croie plus un, mais partie de l'unité, et ne soit plus sensible que dans le tout. »

Et ailleurs : « Plus les forces naturelles seront anéanties, plus les forces acquises seront grandes. »

Bossuet n'est guère plus sensé lorsque, dans la 3e partie, chap. V de son Histoire universelle, il nous dit « que les pères nourrissaient leurs enfants dans cet esprit, et les enfants apprenaient dès le berceau à regarder la patrie comme une mère commune *à laquelle ils appartenaient plus qu'à leurs parents.* »

Je crois cependant qu'aujourd'hui, après l'épreuve de nos révolutions et notre expérience chèrement acquise, ce qui était impossible il y a un siècle, ne l'est plus de nos jours, et que la lumière nouvelle qui jaillit de notre histoire moderne permet d'indiquer approximativement le nœud central de cette grande question, le pôle autour duquel les nombreuses différences des civilisations modernes et des antiques semblent graviter. Je l'indiquerai, tel que je le comprends, en disant d'un seul mot : que les anciens n'ont pas eu comme nous conscience de la distinction entre la société et l'État. Il les ont sans cesse, partout, en toutes choses, confondus et amalgamés, sans avoir jamais pu, même leurs plus grands esprits, discerner ce qui sépare ces deux ordres d'idées, ni, partant, se débarrasser des conséquences de cette confusion. De

(1) Voir tout le XXVIIe livre de son Esprit des lois.

là les divergences entre leurs sentiments, leurs lois, leurs conceptions et les nôtres.

Que la distinction entre la société et l'État, la séparation de plus en plus étendue, tranchée, radicale, de leurs compétences respectives soit au fond le caractère distinctif du monde moderne; que ce caractère s'accentue progressivement avec tous les développements successifs de nos esprits, par tous les événements qui forment la trame de nos histoires sur la vaste scène du monde civilisé moderne; qu'il surgisse du choc de toutes les grandes questions qui prennent place à l'ordre du jour, de telle sorte qu'avec un peu de clairvoyance, il soit difficile de n'y pas reconnaître le signe providentiel de l'avenir et l'étoile de nos destinées, cela me semble bien difficile à contester. Je sais qu'il se rencontre encore des esprits coulés dans le moule antique, ou élevés à la discipline politiquement surannée de Bossuet ou de Rousseau (ici les deux se valent), qui, à la nation moderne de l'État restreint, préfèrent la notion ancienne de l'État comprenant tout et maître de tout, et, s'il est possible, universel. Affaire de goût et de tempérament de leur part que je ne discute pas, tout en me posant moi-même au pôle diamétralement opposé. Qu'ils croient donc, si cela leur plaît, l'État ancien moralement meilleur et philosophiquement plus vrai que l'État moderne; s'ils sont logiques, déterminés à « suivre jusqu'où il les conduira, le flambeau de la raison, » partant de l'idée platonicienne que « l'État est tout ce pourquoi les hommes s'associent (1), » je ne crois pas qu'ils puissent, à moins de supprimer résolument le monde, s'arrêter en route ni décliner légitimement aucune des conséquences de Platon, le plus grand dialecticien qui ait existé. Je me borne à constater le fait de la différence qui les sépare; je ne la juge pas; elle est claire et brillante comme le soleil; pour qui a des yeux et sait lire, elle apparaît au frontispice de notre histoire con-

(1) *Pol. Trad. Cous.* p. 88.

temporaine en lettres de feu, aussi éclatantes que les lettres prophétiques du repas babylonien. Chaque jour la rend plus sensible, en révèle une face nouvelle, et l'accentue plus fortement. Sa racine première, sa source initiale est certainement dans la parole de Celui qui dit : « Mon royaume n'est pas de ce monde. » Le jour où une doctrine religieuse fut posée, distincte et indépendante de toute forme politique, expression d'une vérité permanente, universelle, absolue, ce jour-là fut posé le principe générateur de la grande et féconde distinction moderne entre la société et l'État. Quand, franchissant d'un bond surnaturel toutes les règles de gouvernement, toutes les habitudes d'esprit du monde antique, on comprit un Dieu infini, unique, universel, on comprit par là-même une société unique, et, partant, indépendante de toute forme politique comme de toute délimitation géographique, parce que toute société est toujours l'image de son Dieu, et taillée, si je puis dire, à son patron. L'idée de société s'est généralisée en même temps que celle de Dieu. Successivement, la voie une fois frayée, on a pu reconnaître que le domaine de l'absolu s'étend à d'autres rapports qu'à ceux qui constituent proprement les religions, et graduellement la morale générale et la propriété se sont dégagées de la compétence de l'État. On peut, à coup sûr, comme Herder (1), ne pas admirer sans réserve ce « vaisseau du moyen-âge où, d'un côté, s'élevait la puissance féodale, de l'autre, la puissance épiscopale ; le roi ou l'empereur hissait la voile, et le pape tenait le gouvernail, » et sourir du romantisme gothique qui s'efforcerait de nous en faire un idéal. Toujours est-il qu'une très grande part de l'incommensurable bienfait de cette distinction mille fois bénie, appartient à la grande institution de la papauté, et ce point de vue seul, suffisamment développé, ferait aisément la matière d'un livre. Cet aperçu, qui naturellement devait se présenter plutôt à l'esprit d'un Russe que d'un Occidental, parce que d'ordinaire

(1) XIX, 3.

l'ensemble d'un système se voit et se juge mieux de dehors que de dedans, a été touché pour la première fois, si je ne me trompe, en un écrit encore assez récent, fort remarqué et fort remarquable de M. de Tuttcheff. Dans l'ordre d'idées où nous sommes, il faut convenir qu'il a dit vrai.

L'écrit de M. de Tuttcheff touche cette question au point de vue des idées politiques et religieuses d'un Russe. Je voudrais que, se plaçant à l'antipode, on la traitât au point de vue de l'école libérale.

Dès-lors que la papauté n'aboutissait pas à une théocratie absolue, la loi de sa propre existence la faisait l'instigatrice la plus résolue, la plus active, la plus ardente des idées qui, distinguant la religion de l'État, la soustrayaient à toutes les prises, à toutes les vicissitudes, toutes les compromissions de la politique, lui créaient une atmosphère à part, une vie séparée, et ainsi, par elle surtout, quelquefois contre elle, s'est effectuée cette grande révolution qui, après nous avoir donné le bienfaisant principe de la liberté de conscience, lequel est lui-même une forme de la distinction entre la société et l'État, apparaît à nos yeux, aux limites de notre horizon, sous la forme de la séparation absolue de l'Église et de l'État, redoutable problème en raison des conditions de sang-froid et d'équité qu'il réclame, et dont ceux-là même qui y sont le plus directement engagés, qui s'effraient le plus de ses conséquences et protestent le plus haut, sont précisément ceux qui semblent prendre à tâche de l'introduire prématurément

καὶ ἠλιτόμενον ἐόντα. (1)

Tant il est vrai que, dans les vues de la Providence, les grandes lois des évolutions historiques s'accomplissent souvent par des agents pleinement inconscients de leur œuvre.

(1) *Iliad.* XIX, 118.

La séparation de la société et de l'État ne s'accuse pas moins dans le domaine des choses de la propriété que dans le domaine des choses de la religion. Ce sujet serait infini, et je n'en veux toucher qu'assez pour montrer, en quelques faits contemporains, la tendance très fortement accusée de l'esprit moderne.

Cet esprit n'accorde plus au gouvernement le pouvoir de confisquer la propriété de ses ennemis par représailles politiques, et contre quiconque déroge à cette règle désormais admise, un immense *haro* s'élève de toutes parts.

Il a eu l'honneur de répudier la lèpre honteuse de l'esclavage. C'est parce qu'il y a dans l'homme quelque chose de sacré, sur quoi l'État n'a pas prise, que l'esclavage ne saurait exister.

Nous n'accordons plus au vainqueur le droit de s'emparer de la terre du vaincu, selon ce que comportait la loi antique. « Je ne retracerai pas les exploits d'un Manlius, d'un Sylla, d'un Lucullus, d'un Pompée à qui l'on décerna par un décret le triomphe sur 15 royaumes, 800 villes et 1,000 forteresses. L'or et l'argent qui servirent à la pompe d'une pareille fête s'élevèrent à 20,000 talents. Il augmenta d'un tiers les revenus de l'État, d'environ 12,000 talents, et toute son armée eut une part si considérable dans le butin, que le moindre soldat reçut en don triomphal plus de 200 écus, outre ce qu'il avait acquis par le pillage. Quel voleur ! (1) »

Indè Dolabella est atque hinc Antonius, indè
Sacrilegus Verres (VIII, 103).

Ce droit impie, la conscience moderne le réprouve et le répudie, et il n'est pas un de nous chez qui l'éloquente imprécation d'Herder ne trouve écho. La guerre moderne se fait, en ce qui concerne la propriété privée, selon un certain

(1) Herder, XIV, 3.

formulaire de procédure. Souvent, je l'avoue, cette procédure est assez élastique pour qu'on puisse penser qu'elle n'a pour objet que de donner le change aux esprits, et couvrir le vol. Mais on l'a dit : l'hypocrisie elle-même est un hommage à la vertu.

Tout-à-fait de nos jours, on a vu le congrès de Paris poser les premiers germes du respect de la propriété privée sur mer comme il est censé exister sur terre, et l'on peut admettre qu'avec le temps ces germes, sur mer comme sur terre, acquerront leur plein développement. L'esprit de notre temps y est, et après une période d'oscillation on peut admettre que le balancier politique s'y fixera.

Il résulte de tout ceci que nous accordons à l'État le droit de réglementer la propriété, mais non pas de l'atteindre dans ses sources. Il peut déterminer, dans une certaine mesure, l'appropriation, le mode d'héritage, de vente, etc., mais non pas supprimer une seule propriété. Ce sont ici de grands faits, tous dans le même sens, qui ne peuvent provenir que de grandes causes et générales. De l'adoucissement des mœurs, direz-vous. Tout le contraire, selon moi. L'adoucissement des mœurs provient lui-même de ces quelques grands faits, ou plutôt des idées qui les ont engendrés, et c'est encore ici un des résultats de leur bienfaisante influence. La même pâte humaine est toujours à peu près la même : il n'y a que le levain qui change et qui la change.

Je passe à la morale générale et y retrouve sans peine les signes du même ordre d'idées et des mêmes phénomènes.

La liberté d'enseignement est une conquête récente, et l'on ne peut avoir oublié la campagne si pleine d'entrain qui la précéda. Laissant dans une ombre discrète, comme il convient, le groupe de ceux qui disent : « Je prends la liberté parce que je suis le plus faible ; mais si j'étais le plus fort, je ne vous la donnerais pas, » — le mieux est de passer sans les voir : *Guarda è passa*, dit le poète, — sait-on quel principe gisait au fond de cette liberté d'enseignement, combattait pour elle et finalement lui donna la victoire? Nul autre que la distinction, la séparation progressive de la société et de l'État. Si cette séparation n'existait pas, la liberté d'enseignement n'aurait pas de raison d'être; à qui ne l'admet pas, elle est monstrueuse (1); à qui l'admet, nécessaire.

Ceux qui réclamaient alors cette liberté, nous les voyons en ce moment repousser l'enseignement obligatoire. Savent-ils derrière quel principe ils doivent encore s'abriter? Derrière la distinction de la société et de l'État.

Τεῦκρον δ'ἔνατος ἦλθε. . . . .
στῆ δ'ἄρ'ὑπ'Αἴαντος σάκεϊ Τελαμονιάδαω
Ἔνθ'Αἴας μὲν ὑπεξέφερεν σάκος. . . . .
αὐτὰρ ὁ αὖτις ἰών, παῖς ὥς ὑπὸ μητέρα, δύσκεν
εἰς Αἴανθ'· ὁ δέ μιν σάκεϊ κρύπτασκε φαεινῷ. (2)

Après s'être abrité sous le puissant bouclier d'Ajax, Teucros n'aura pas la mauvaise grâce de le renier. Si dans cette question, présentement à l'ordre du jour, lorsque tant de motifs politiques de la dernière gravité commandent impérieusement, sous peine de notre salut comme nation peut-être, de rehausser à tout prix et d'urgence la valeur individuelle du citoyen, on croit devoir opposer encore une fin de non-recevoir en invoquant un droit supérieur à ceux de l'État et à toutes les exigences de la politique, même celles de notre existence nationale, il ne faut pas l'ignorer, le principe que l'on fait ici intervenir avec une souveraineté exclusive de toute concession, est encore la séparation de la société et de l'État, l'incompétence progressive, absolue, de l'État en matière sociale.

Je me borne à ces quelques faits, à ces courtes observations. La vérité de la thèse est si évidente par elle-même qu'il se-

(1) « Les parents ne doivent pas être libres d'envoyer ou de ne pas envoyer leurs enfants chez les maîtres que la cité a choisis. » — Plat. Leg. VII.

(2) *Iliad.* VIII. 266 et seq.

rait oiseux de s'y attarder. Nulle tête bien faite ne refusera d'admettre que le caractère propre du monde moderne est là distinction fondamentale dans les idées, la séparation progressive dans les faits de la société et de l'État, des institutions sociales d'une part et des institutions politiques de l'autre, leur indépendance mutuelle, leur sphère d'action séparée.

Ma tâche serait, à présent, de montrer également par quelques faits bien caractéristiques que le monde ancien n'avait aucune notion de cette sorte d'idées et de sentiments, qu'il a toujours conçu et réalisé la société et l'État comme amalgamés l'un dans l'autre, ou, pour mieux dire, comme un tout indivisible ; que partout ce que nous appelons la société et ce que nous constituons dans l'absolu, s'y est constitué dans le contingent et le particulier ; que partout l'État ainsi introduit, comme le loup dans la bergerie, dans le domaine à lui étranger de l'absolu, de la religion, de la propriété, de la morale, y est par là-même devenu lui-même absolu, et y a contracté une sorte de *dominium,* un caractère de tyrannie qui, à nous modernes, serait absolument insupportable. Ce qu'il y a de plus policé, de plus doux, de plus charmant dans le monde antique est assurément la glorieuse Athènes, et cette douceur déjà mentionnée par Périclès (1), nous voyons Démosthène en

(1) Lorsque, dans son célèbre discours épitaphien (*Thuc.* liv. II, 37), il remarque que, de toutes les cités de son temps, Athènes est celle où l'action individuelle est la plus libre et où l'État absorbe le moins de citoyens.

Rappelons-nous aussi que le travail était plus honoré à Athènes que dans les autres États grecs et la propriété plus divisée. Nous savons qu'un recensement fait à la fin du ve siècle avant Jésus-Christ constata dans l'Attique plus de 10,000 propriétaires; le nombre total des citoyens n'étant alors que de 14,000, l'on voit que les trois quarts de ceux-ci participaient au bienfait de la propriété. A Sparte, sous Agis, le nombre des propriétaires était réduit à cent *(Plut. Agis.)*, ce qui, vu la dimension de la Laconie ancienne, doit donner une moyenne de plus de 4,000 hectares par héritage. C'est ici de la très grande propriété,

Latifundia Italiam perdidere.

En dehors de ces 100 propriétaires, le reste, nous dit Plutarque, était une multitude indigente, languissant dans l'opprobre et épiant l'heure des révolutions.

tirer gloire presque à chaque page de ses discours (1). Je ne crois pas cependant qu'un seul de nous s'accommodât d'y vivre durant six mois. Les anciens ont non-seulement confondu les notions que nous distinguons essentiellement, ils les ont intervertis et renversées ; ils ont mis l'absolu où nous mettons le relatif, et le relatif où nous mettons l'absolu.

Parmi les hommes, il n'y a rien de plus universel, rien de plus nécessaire, partant rien de plus social que la propriété et la religion. Que dans le monde antique la propriété ait été associée à l'État à ce point qu'émanée de lui, elle lui ait livré, en fait et en droit, puissance de vie et de mort sur toutes les fortunes, je le ferai voir bientôt. En ce moment, je voudrais constater la confusion antique de la religion et de l'État.

Je ne crois pas que, dans l'histoire grecque et romaine, il y ait un seul grand acte qui, examiné de près et à fond, ne témoigne de cet amalgame. Pour l'établir, je n'ai que l'embarras du choix ; mais il faut me borner. Je ne parlerai ni des Amphictyons, proprement association religieuse et conseil de marguilliers, et en même temps autorité politique, telle qu'il suffit à Philippe d'y avoir accès pour que la Grèce fût à lui (2) ; ni de la fondation des villes selon un certain rituel (3) ; ni de la déclaration de guerre romaine par le ministère sacerdotal des féciaux prononçant leur formule sacrée d'imprécation religieuse ; ni de ces batailles antiques précédées à Rome et en Grèce de la consultation religieuse du vol des oiseaux ou des entrailles des victimes par les prophètes de profession, tellement essentielle que, pour l'attendre propice, Nicias

(1) Leptin. 109. — Androtion 51. — Timocrat. 51, 52, 163, etc.

(2) Φίλιππος αἱρέθη τῶν Ἀμφικτυόνων ἡγεμών, ὅς ἅπαντ' ἀνέτρεψε τὰ τῶν Ἑλλήνων. *(Démosth. Coron. 143.)*

(3) La fondation de la seconde Messène dont Pausanias, IV, 27, nous donne le récit, semble avoir fourni à Joseph Smyth le type de la fondation du mormonisme.

anéantit son armée à Syracuse, et sans laquelle ni Grec ni Romain n'eussent voulu se battre (1); ni, quoique j'en sois tenté, de la guerre du dictateur Camille contre Veii, plus semblable à une lutte de nécromancie religieuse qu'à une guerre proprement dite. Je me bornerai à deux faits, deux procès à peu près contemporains célèbres dans l'histoire athénienne : le procès de Socrate et celui des dix généraux vainqueurs aux Arginuses (2), parce que, d'une part, tout-à-fait inexplicables, me semble-t-il, sans l'amalgame de la religion et de l'État, ces deux procès en fournissent l'irrécusable témoignage, et que, d'autre part, suivant en ceci l'opinion commune, je suis forcé de me séparer ici par des nuances assez tranchées de l'opinion de l'illustre M. Grote, juge cependant si supérieur en matière d'histoire hellénique, chaque fois que son immense érudition, la merveilleuse justesse de son coup-d'œil, et sa grande équité ne sont pas troublées par l'intensité de son sentiment démocratique.

L'intérêt et l'importance particulière de ces deux procès me paraît être dans l'état des idées du monde grec au moment où ils se présentèrent, bien plus que dans la circonstance de savoir si Socrate périt victime des nombreux ennemis suscités par le long exercice de sa méthode, et les généraux pour avoir négligé de sauver les vivants, plutôt que de rendre les derniers devoirs aux défunts. En fait, l'opinion de M. Grote me semble difficilement compatible avec les termes eux-mêmes de l'acte d'accusation déposé par Méletos, Anytos et Lycon devant le bureau de l'archonte-roi, tel qu'on le voyait encore, au temps de Diogène-Laërce (3), dans le temple de Cybèle; et sur la seconde question, laissant de côté toute discussion sur la valeur des termes ναυαγὸς et ανελεῖν (4) dont le dernier s'ap-

(1) Voir le récit de la bataille de Platée dans Hérodote et Plutarque.

(2) Il n'y en eut que six à subir réellement la peine de mort.

(3) L. II, 40.

(4) Hellenica, II, 3, 32.

plique d'ordinaire spécialement à l'enlèvement des cadavres, avec les termes très formels, ce semble, de Platon (1), témoin sans doute oculaire de ce procès et très digne de foi, et avec la conduite de Socrate lui-même dont l'opposition a couleur de remonter plus haut qu'à une question de procédure criminelle. Il me semble, et c'est ce que M. Grote a trop peu mis en relief, que l'intérêt de ces deux drames judiciaires, lesquels, à ce point de vue, n'en font qu'un seul, est tout entier dans l'esprit du temps où ils se présentèrent. Pour suivre, en ce qui concerne les généraux, l'opinion commune, même contre la très puissante autorité de M. Grote, il n'y a qu'à se laisser aller au fil d'Homère, vrai type et constant du sentiment hellénique, où l'on voit à chaque page la possession d'un cadavre dépasser en importance la conservation des vivants. Nul ne s'avise de venir au secours de Patrocle désarmé; l'armée grecque tout entière se ferait anéantir plutôt que d'abandonner ses restes.

La philosophie grecque en était à sa seconde phase. Après avoir tenté avec les Ioniens l'explication du monde physique, après avoir conçu avec Anaxagoras, l'ami du grand Périclès, l'intelligence ordonnatrice du chaos cosmique, abandonnant avec Socrate les recherches *περὶ φύσεως*, comme science divine inabordable à l'intelligence humaine, elle avait tourné son étude, ses méthodes vers la découverte des lois du monde moral. Socrate assurément était un homme pieux, accomplissant avec le dernier scrupule toutes les cérémonies du rituel de la religion officielle, y ajoutant bon nombre de pratiques dévotes particulières, et je n'ai nulle peine à croire son disciple Xénophon, lorsqu'il nous le montre semblable à un Grec d'aujourd'hui dans ses pratiques à l'endroit de la

(1) *Ὑμεῖς τοὺς δέκα στρατηγοὺς τοὺς οὐκ ἀνελομένους τοὺς ἐκ τῆς ναυμαχίας ἐβούλεσθ' ἀθρόους κρίνειν, παρανόμως.*

(*Apol.* xx. t. I, p. 99. *trad. Cousin.*)

Panaya ou de Saint-Karalambdos, prescrivant « de consulter les prophètes pour bien administrer sa maison et l'État, » et enseignant que, « dans les perplexités de la vie, il faut s'adresser aux dieux au moyen de l'art prophétique. Car à ceux qu'ils regardent d'un œil propice, les dieux se communiquent par la voie des miracles (1). »

Je suis même convaincu que les dix généraux, hommes éclairés probablement, dont un était fils du grand Périclès et d'Aspasie (2), et ayant à un certain degré participé à l'enseignement et aux doctrines socratiques, étaient néanmoins des hommes pieux et réguliers dans leurs pratiques religieuses.

Ni Socrate donc, ni les généraux n'étaient des hommes attaquant de front. la religion d'État de leur patrie ; au fond de leurs âmes, ils ne pensaient pas l'attaquer ; et d'autre part, le sentiment qui dicta leur commune condamnation fut-il vraiment ce qu'il croyait être, celui de l'intolérance religieuse ? J'en doute, et voilà ce qui, à part la grandeur morale et intellectuelle des acteurs, fait l'intérêt de ce drame où chacun joue un rôle dont nul peut-être n'a conscience, d'autant plus sincère qu'il est poussé par des mobiles méconnus.

Socrate et les généraux croyaient aux dieux de leur patrie ; mais il est certain que Socrate ne croyait pas à la morale de ses dieux. Il est certain, et l'Eutyphron tout entier de Platon en fait foi, qu'il professait une morale indépendante de celle théocratique. Il est certain que cette morale philosophique, totalement distincte de celle fondée sur la théodicée mythologique, tout en laissant à la religion ce qui la constituait alors officiellement, le culte, lui enlevait une grande part de son crédit sur les esprits et l'affaiblissait d'autant. L'en-

(1) Mémoires, I. 1. 7. 9. 19.
(2) Plutarq. Périclès, XXXVII. 7.

seignement de cette doctrine nouvelle et le péril résultant pour l'État de l'affaiblissement de l'élément religieux intimement combiné avec lui, tel fut le vrai crime de Socrate et des généraux, et M. Cousin a raison de dire : (1) « c'est l'esprit de son temps et non Anytus ni l'aréopage (2) qui a mis en cause et condamné Socrate » et les généraux. Et cet esprit dont ils ont été victimes est bien moins celui de l'intolérance religieuse que celui de la conservation politique. Les Athéniens furent religieusement intolérants parce que, l'État étant solidaire de la religion, la conservation politique avait pour condition essentielle l'intolérance religieuse.

Je suis fort loin d'insinuer qu'une religion quelconque puisse se passer de culte, car je pense diamétralement le contraire ; mais on me permettra de dire qu'en général, plus une religion se charge de culte, plus elle rapproche sa nature de celle des politiques, et la démonstration en est courte et péremptoire. Qu'est-ce que la politique ? le fini. Qu'est-ce que la religion ? le rapport du fini à l'infini. Et le culte ? le fini dans le rapport du fini à l'infini. Or, les religions antiques grecques et romaines, par trop dégagées de prescriptions morales, fort peu chargées de dogmes, à moins que l'on appelle de ce nom des contes à dormir debout ou des symboles purement naturalistes, se sont essentiellement constituées de rituel, de culte, et quel culte ? Depuis les puérilités les plus risibles jusqu'aux sanglantes mutilations des Corybantes et aux turpitudes des Bacchanales, tellement honteuses que le sénat romain, qui n'était cependant pas précisément prude et allait voir les Floralia — 28 avril au 3 mai — célébrées devant le peuple par des danseuses nues, crut devoir les interdire en 186 av. J.-C. par le sénatus-consulte *de Bacchanalibus*. Tout cela, mutilations et infamies, était du culte, et le sénat était bien hardi de s'en mêler. Il me

(1) Introduction à l'apologie.

(2) Petite erreur historique : ce fut le Dicastérion qui jugea Socrate.

répugne de parler des turpitudes ; je préfère dire quelques mots des puérilités du rituel constituant une cérémonie sacrée antique. Ce rituel était excessivement complexe, et l'efficacité de l'acte religieux dépendait tout entière de l'exact et complet accomplissement de toutes ses prescriptions. Il s'agissait de tourner sur soi d'une certaine façon, de cracher d'une autre, de réciter pendant ces pirouettes de certaines formules ayant le pouvoir de forcer la divinité à intervenir et faire son office (1). On chantait de vieux hymnes sans les comprendre ; cela devait se faire gravement, et à la moindre infraction, il y avait à recommencer tout. Les plus experts s'y trompaient, et il arrivait que le même sacrifice fut recommencé trente fois de suite. Le rituel se prenait à tout ; durant les semaines des fêtes de mars, il défendait à Rome, à la femme du Flamen Dialis de peigner ses cheveux, et l'infortunée en avait pour un mois. Telle était la religion antique, et les plus grands esprits ne la concevaient pas autrement, ainsi qu'on le peut voir à la fin du beau discours de Glaucon, dans le IIe livre de la république de Platon ; et l'efficacité de ce rituel était telle que, le jour de son inauguration, la statue de la Fortune de la *via latina*, élevée aux frais des dames romaines, ouvrit la bouche pour exprimer son contentement, et, par contre, Auguste eut un songe où Jupiter *Tonans* vint se plaindre à lui de Jupiter O. M.

Le même esprit qui fit de la religion une cérémonie fit de la procédure civile une pantomime. L'efficacité du droit fut tout entière dans la prononciation de certains mots accomgnés de certains gestes, et la connaissance du droit est « la science des choses divines et humaines. » La confection des lois civiles est un acte religieux, une chose sacrée. Quand les plébéiens y voulurent participer : « Cela est impossible, leur répondit-on, vous n'avez pas le caractère religieux né-

(1) Il y avait des formules qu'il fallait répéter vingt-sept fois de suite en crachant chaque fois d'une certaine façon (*Caton, de re rustic.* 160).

cessaire à quiconque met la main aux choses sacrées (1), vous n'avez pas les auspices. » « Le Çoudra, disent les lois de Manû, doit ignorer les formules sacrées. »

En somme, c'est parce que les religions antiques ont été amalgamées à l'État qu'elles se sont chargées d'un culte très lourd et d'une morale très légère.

C'est parce que cette morale s'est trouvée défectueuse qu'elle a donné prise à la critique philosophique.

C'est parce que la critique socratique, en ébranlant la morale fondée sur la religion officielle, a ébranlé la religion elle-même, qu'en négligeant une partie du culte, les généraux ont porté atteinte à cette même religion, que l'État, solidaire des destinées religieuses, a dû intervenir.

D'où résulte que cette intervention est la preuve de l'amalgame de l'ordre social en tant que religieux et de l'ordre politique.

A considérer la propriété, nous ne la trouverons pas moins étroitement associée que la religion à l'état antique, émanée de lui, périssant avec lui.

Si je demande à Platon : Qu'est-ce que l'État? Il me répondra : (2)

« C'est tout ce pourquoi un homme s'associe à un autre homme. » Et il est évident que cette notion comprend tout, non-seulement la religion et la propriété, mais aussi les actes de la vie individuelle. Ainsi, dans les idées platoniciennes, il appartient à l'état de régler le style des écrivains et même la musique (3).

(1) Tit.-Live. III. 31.

(2) Rép. p. 88, *trad. Cousin.*

(3) Quand on parle de la musique antique, il faut se rendre compte de la valeur de ce terme qui, dans la langue grecque, signifie, comme son étymologie l'indique, tout ce qui ressortit au domaine des neuf Muses. — Μοῦσαι.

Si je demande à Aristote : Qu'est-ce que l'État? « C'est, me dira-t-il, une association d'êtres égaux cherchant en commun une existence heureuse et facile (1), » et cette définition n'est pas moins extensive que la précédente.

Ainsi formée de l'amalgame hétérogène de la société, domaine de ce qui est universel, permanent et nécessaire, et de l'État, domaine de ce qui est relatif et contingent, l'organisation hybride antique a dû participer à la double nature de ses deux éléments, et, à chacun de ses mouvements, trahir leur répugnance.

La société est de soi universelle ; associée à l'État qui est de soi particulier et local, gisant sur ce lit de Procuste, elle a dû s'y raccourcir aux dimensions de sa couche, s'y mutiler elle-même et déchoir de sa nature.

Dès qu'on veut aborder d'un peu près l'étude du monde antique, c'est par la *gens* qu'il faut commencer, parce qu'elle en est l'élément primordial et constitutif, l'embryon, pourrait-on dire. En elle se produisent les premiers germes de la société dans l'institution des religions et de la propriété, et la première détermination de celle-ci sous forme politique. L'État dérive comme la société de cette source commune.

La *gens* est un petit monde clos qui se suffit à soi-même, possède une vie propre et n'emprunte rien au dehors. C'est un atôme ; mais, dans cet atôme, tous les éléments de la vie sociale et politique : religion, famille, autorité, morale,

(1) Morale à Nicomaq. l. v, ch. vi.
« J'appelle en général cité, la multitude des citoyens capable de se suffire à elle-même et de se procurer tout ce qui est nécessaire à son existence.
» Il n'y a rien qui détermine la qualité de citoyen d'une manière plus absolue que le droit de participer aux jugements et à l'autorité.
» Le gouvernement est l'ordre établi entre ceux qui habitent la cité. » *(Pol.* III, I, 8, 4, 1.)
« La société civile est une association d'hommes libres ayant pour but l'utilité commune des citoyens. » *(Ibid.* III, IV, 7 *et aussi* l. VII, VII, 2.)

droit, propriété, se confondent et se renferment. L'isolement est sa loi, son caractère essentiel ; le particularisme n'y souffre pas d'exception. *Suo quique ritu sacrificia faciat* (Varron. VII, 88). « Je suis fort contre mes ennemis des chants que je tiens de ma famille et que mon père m'a transmis. » (*Vèdas*, I, p. 113.)

Lorsque la réunion de plusieurs *gentes*, associées pour leur sécurité commune par un culte commun dont elles conviennent, qui leur demeure propre et forme leur lien, eut constitué la cité (1), le particularisme subsiste dans celle-ci au même degré que dans son élément constitutif, la *gens*. Le mot latin qui signifie étranger signifie également ennemi, *hospes, hostis*. Le culte de chaque cité est secret. Ses dieux ne sont dieux que pour elle. « Je ne crains pas vos dieux, je ne leur dois rien (2). » Toute ville a sa divinité poliade qui est sa propriété, y possède son domicile, la protége contre ses ennemis (3), partage son sort dans la bonne et la mauvaise fortune et, si la ville est vaincue, devient captive et propriété du vainqueur (4). L'horizon religieux est identiquement de la même dimension que l'horizon politique. Toute cité est une église.

Il en est également de la propriété et du droit en général. Le droit de chaque cité lui est propre, n'y existe que pour le citoyen, et pour lui hors d'elle n'existe pas. Un Athénien possesseur de terres à Sparte, un Thébain à Athènes, eussent

(1) Les faits que j'évoque dans cette partie de mon travail sont, pour la plupart, empruntés au beau livre de M. de Coulanges. Je ne me distingue de lui que par les idées générales et les catégories auxquelles je les rapporte et les conséquences que j'en tire.

(2) Eschyle. Suppl. 858.

(3) Théognis, 759.

(4) Eschyle. Sept chefs, 202.

ἀπεχθὴς μέν ἐστι καὶ ἐχθρὸς ὅλῃ τῇ πόλει, ... προσθήσω δὲ καὶ τοῖς ἐν τῇ πόλει θεοῖς, οἵπερ αὐτὸν ἐξολέσειαν. (*Démosth.* IV. *Phil.* II.)

été, pour les intelligences antiques, une monstruosité. Dans chaque cité, l'étranger est *ex-lex*, et il ne lui est dû nulle justice (1). La qualité de citoyen est primitivement incommunicable et, au temps d'Hérodote, Sparte ne l'avait encore accordée qu'à un seul homme, un μάντις (2) et à son frère.

L'exil est une excommunication :

μήτ' ἐσδέχεσθαι, μήτε προσφωνεῖν τινά,
μήτ' ἐν θεῶν εὐχαῖσι μήτε θύμασιν
κοινὸν ποιεῖσθαι. (3)

En même temps que sa patrie, l'exilé perd ses dieux, ses biens et sa famille. Il n'est plus ni époux ni père. Vaincu à la guerre, tous les droits et la religion du citoyen s'évanouissent du même coup que son autonomie politique, et, selon la raison antique, la propriété du vaincu passe de droit au vainqueur. Entre deux cités différentes même très voisines, l'ἐπιγαμία ne peut exister qu'à titre de convention spéciale peu fréquente. L'ἔγκτησις, de même que l'ἐπιγαμία, ne s'obtient que par décret spécial (4). Il n'est pas jusqu'aux choses secondaires : le calendrier, les monnaies, les poids et mesures, où le caractère particulariste du monde antique ne se révèle. C'est pourquoi les anciens n'ont pas connu ni compris l'extradition en matière criminelle, même pour cause d'homicide, et qu'à une époque relativement barbare, les poëmes homériques regorgent de personnages qui, après avoir commis un meurtre dans leur patrie, s'en vont quelques pas plus loin chercher et faire fortune (*Patrocle* XXIII, 87. — *Lycophron* XV, 432. — *Théoclymène*, *Odyss.* XV, 224). Nul ne s'en étonnera.

Ce dernier exemple est remarquable en ce que l'on y peut

(1) Arist. Pol. III, 1, 13.

(2) Il n'avait voulu prophétiser qu'à cette condition. (*Hérodot.* IX, XXXII.)

(3) Œdip. tyr. 238.

(4) Démosth. Coron. 91.

saisir au vif le sentiment antique. Théoclymène avoue crûment son cas à Télémaque (xv, 272), et qu'il lui demande asile parce qu'il vient de tuer un homme et qu'on le poursuit. Télémaque, après cet aveu, n'hésite pas et l'accueille avec honneur (*Ib.* 281), non qu'il regarde un assassinat comme acte en soi indifférent, et l'on peut être certain que, pour un meurtre commis à Ithaque, dans Ithaque même, il serait le premier à poursuivre le meurtrier ; mais parce qu'en dehors des limites du petit État où un acte s'opère, cet acte perd son caractère moral ; il n'y a plus ni bien ni mal. A une époque très postérieure, très supérieure en civilisation, les esprits curieux de ces sortes de choses peuvent se donner le plaisir de voir l'idée antique à cet égard développée tout au long par une tête très philosophique dans l'Aristocrat. de Démosthène, 38 et seq.

L'universalisation n'a donc été possible que par la conquête ; car il était plus facile de conquérir une cité que de se l'assimiler, et la tentative de l'administrer comme Sparte le tenta vainement par ses Harmostes, par voie de simple hégémonie, n'y put jamais réussir. Pour donner au monde antique l'idée de l'universel, il fallut la conquête romaine. Les esprits purent concevoir le fait de l'empire politique du monde asservi à quelques citoyens romains. Nul ne comprit qu'un droit quelconque, civil ou religieux, pût briser les limites de l'État et s'affranchir de la forme politique ; et même, sous l'administration romaine, les hommes de province, surtout les *peregrini*, ne purent, durant de longs siècles, être légalement ni maris, ni pères, ni propriétaires, ni héritiers, et un fait historique fort singulier, c'est que les plus savants ne connaissent avec certitude ni la date ni le nom de celui qui, accordant à tous les hommes libres le droit de *civis romanus*, fit disparaître dans le monde romain l'ancien particularisme, et, chose plus étrange encore, l'auteur inconscient de cette immense et bienfaisante révolution paraît être un monstre, Caracalla.

Même en morale, les philosophes qui, assurément, par le mouvement qu'ils imprimèrent aux esprits dont la force est dans quelques idées générales, les philosophes, dis-je, qui contribuèrent puissamment à dissoudre l'État antique dans son essence particulariste, conçurent en morale l'intérêt de l'État idéalisé beaucoup plus tôt que l'idéal universel. Et en ce sens, leur morale, n'ayant jamais pu se dégager de la notion restritive d'État politique local, a toujours été, en une certaine mesure, particulariste.

Telle est la première antinomie du monde antique : l'universel n'y a jamais été conçu et déterminé que sous la forme de local et de particulier ; comment ne comprend-on pas qu'il en sera fatalement, nécessairement ainsi chaque fois que l'on concevra la société identifiée à l'État.

Je pose le dilemme suivant : ou concevant l'État sous forme particulière, la société que vous y amalgamez et renfermez dans son sein, la morale, la religion, y seront elles-mêmes particularistes. Je me représente le géant du conte arabe emprisonné dans une cassette

τὸ δὴ πέρι θαῦμα τέτυκτο (1)

Il n'y est pas étouffé, il vit et il en sort ; mais tout le temps qu'il y est, on conviendra qu'il doit s'y trouver fort mal à l'aise.

Ou, pour échapper à cette absurde et odieuse conséquence, vous concevez, — seule issue possible, — l'État lui-même comme universel ; la morale n'est plus disloquée en pièces, je l'avoue ; mais à quel prix ? ne croyez pas que ce soit sans payer rançon. En terminant, je me réserve de qualifier cette solution.

La nature de l'ordre social est d'être permanente, et de l'ordre politique d'être variable. Quel sera le résultat de leur

(1) Iliad. XVIII, 549.

combinaison ? — De rendre l'État permanent, me direz-vous, et c'est ce que nous voulons. — Ou la société périssable, répondrai-je ; lequel des deux ?

Je ne ferai pas difficulté de reconnaître que la tâche du législateur antique semble en général avoir été de s'évertuer à garantir la durée indéfinie de son œuvre. Comment l'a-t-il obtenue ? L'a-t-il obtenue ? Que vaut-elle ?

Si j'entreprenais d'exposer ici les procédés employés par les législateurs antiques pour assurer ὡς ἀνυστὸν ἐξ ἀνθρωπίνης προνοίας, dit sensément Plutarque (1) instruit par l'expérience de huit à dix siècles, la perpétuité de leur œuvre, leurs règlements promulgués sous forme d'oracles inspirés par le dieu Apollon ou la déesse Égérie, la tâche dépasserait de beaucoup le cadre que je me suis tracé. Je me réserve de juger un peu plus loin la valeur morale de leurs conceptions ; je ne veux ici qu'indiquer un seul côté de la thèse, mais très capital : la façon dont ils ont constitué la propriété dans le but de rendre l'État permanent.

« Je ne regarde point, dit Platon (2), ni vous ni vos biens comme étant à vous-mêmes, mais comme appartenant à toute votre famille, tant à vos ancêtres qu'à votre postérité, et toute votre famille et tous vos biens comme appartenant encore plus à l'État. »

Aristote est du même sentiment et dit (3) : « Chaque citoyen doit se persuader que nul n'est à soi et que tous sont à l'État. »

Ainsi ont pensé tous les fondateurs d'États antiques. Partout, pour perpétuer leur État, ils ont constitué la propriété sous

(1) Lycurgue, XXIX.

(2) Legib. II, liv. VII.

(3) Pol. VIII, ch. I.

sa forme la plus permanente, idée symbolisée plus tard par le culte de Vesta vierge, et à force de précautions pour atteindre leur but, ils en sont venus souvent à n'en plus faire qu'un usufruit. Aristote (1) nous parle d'une loi de Corinthe prescrivant le nombre immuable des familles et des propriétés (2). Philolaos de Corinthe, de la famille des Bacchiades donna des lois aux Thébains où son but principal fut la conservation du nombre des héritages et l'égalité maintenue entre les propriétés (3). A Sparte (4), la loi défendait de vendre son domaine. Nous savons qu'il en était de même à Locres et à Leucade (5), et il est à croire qu'il en fut de même partout au début des sociétés. Pour empêcher le droit civil et la procédure de porter le trouble dans cette constitution de la propriété, on fit de la loi une chose sacrée, apanage exclusif des patriciats, dont on mit la source dans la religion, principe que nous voyons subsister à Athènes jusqu'à Solon, à Rome jusqu'aux XII tables, lesquels transportèrent la source de la loi dans l'État τὸ κοινὸν, mais toujours sous la sanction du culte ; et l'esprit humain marchant toujours, plus tard le droit prétorien purement laïque en mit la source dans la raison.

L'objet des lois étant donc de perpétuer les mêmes propriétés dans les mêmes familles, lesquelles ne se constituaient que par les mâles, le mariage fut obligatoire. En cas de stérilité, la loi contraignit le mari de répudier sa femme, à moins qu'il ne préférât la faire féconder par un de ses plus proches parents (6), auquel la femme était tenue de se livrer et les enfants censés appartenir au mari.

(1) Pol. II, 3, 7, 9.

(2) Pol. II, 3, 7, 9.

(3) Pol. II, IX, 7 et 8.

(4) Plutarq. Lycurgue et Agis. — Au temps d'Aristote, il était encore déshonorant de vendre ou d'acheter une propriété.

(5) Arist. Pol. II, 4, 5.

(6) Xénoph. Gouvern. de Lacédém. — Plutarque, Solon, 20. — Lycurgue, 24. — Lois de Manou, IX, 121.

Voici, certes, d'énergiques moyens pour assurer la permanence de l'État, et à ce point de vue, l'on n'accusera pas le législateur antique d'avoir péché par timidité. Ceux-là mêmes qu'il investit du privilége d'une propriété inaliénable, il les investit également du privilége inaliénable de légiférer. Or, cette permanence, dépôt sacré confié à la garde intéressée et vigilante des patriciats, l'a-t-il en effet obtenue?

A parler rigoureusement, il l'a obtenue une seule fois, à peu près, à Sparte, durant six siècles, de Lycurgue (env. 825 av. J.-C.) à l'époque d'Agis III et de Cléomène III (240-220 av. J.-C.), phénomène historique absolument isolé. Je ne parle pas des deux siècles de stabilité des Locriens, dont parle Démosthène (Timocrat. 139-140). L'apparente permanence de Rome obtenue par la souplesse relative de son mécanisme politique, son développement successif et sa variabilité, cette permanence, dis-je, examinée de près est au fond le contraire de la stabilité.

A Sparte, durant six siècles, l'État s'est à peu près immobilisé (1) et a fait station dans cette permanence qui appartient à l'ordre social. A Rome, le vaisseau politique, incessamment modifié, a pu se dilater jusqu'à devenir universel comme la société. Partout ailleurs, le contenant, plus grand que le contenu, a fait éclater le vase, et l'introduction de l'élément

(1) Ma réserve a pour cause le développement de l'institution des éphores (*Plutarq. Agis* XII). Τοῦτο *γὰρ τὸ ἀρχεῖον ἰσχύειν ἐκ διαφορᾶς τῶν βασιλέων*.

J'avoue en outre ne pas prêter créance complète à Plutarque lorsqu'il nous dit (Agis, 5) que le nombre d'héritages demeura fixe de lui-même à Sparte, de Lycurque à l'éphore Epitadeus.

Si la loi assignait tout l'héritage à un seul fils, que devenaient les autres auxquels le travail et le commerce étaient rigoureusement interdits?

Si le bien se partageait également entre les fils comme à Athènes, comment concevoir que la fixité du nombre d'héritages ait pu se maintenir durant une période de plus de six siècles?

J'incline donc à penser que ce phénomène très étrange de la permanence de Sparte est plus apparent que réel.

social permanent par essence dans l'organisme politique, dont l'essence est de varier, lui a été cause incessante de révolutions violentes, finalement de ruine ; ainsi qu'il arrive chaque fois que l'homme, méconnaissant les lois imposées par Dieu au monde moral comme au monde physique, entreprend de leur faire violence, sa tentative s'est retournée contre lui, et pour avoir vainement tenté de communiquer à l'ordre politique une chimérique permanence refusée à toute œuvre humaine, les législateurs antiques ont fait périr la société.

Parmi les causes de dissolution du monde antique, nulle ne fut plus active, plus générale, plus puissante, que le défaut d'élasticité de l'organisme politique, figé par sa combinaison même avec l'élément social dans la rigidité permanente des choses absolues. Rome elle-même, dont l'orbite immense fascine le regard, aboutit, après les mêmes phases, à la même catastrophe, et là, comme ailleurs, la société croula du même coup que l'État.

Les révolutions antiques, partout produites par la même cause fondamentale, l'identification de la société et de l'État, ont partout présenté les mêmes caractères, à ce point que l'esprit philosophique y appliquant l'abstraction a pu les réduire à un type unique dont voici les phases principales (1).

La première étape est celle des aristocraties particularistes primitives qui s'organisent hiératiquement pour la perpétuité. Quelle fut la durée de cette période, on l'ignore. Nous savons avec certitude qu'elle a existé, qu'elle n'a pas pu fixer à jamais le perpétuel devenir des choses humaines, que le vin nouveau, selon la parole évangélique, a fait éclater le vieux vase, et qu'après elle sont venues les royautés féodales analogues à celles de Rome et de l'Iliade. Puis encore le vin nouveau a brisé le vieux vase ; les rois ont été chassés et

(1) Cette partie du livre de M. de Coulanges est traitée de main de maître.

les sociétés se sont constituées sous forme d'aristocraties fédératives; c'est à un point intermédiaire entre cette forme et la précédente que Lycurque, « un pied dans la légende et l'autre dans l'histoire, » fixe durant six siècles les destinées de Sparte. Puis le vin nouveau brise encore une fois le vieux vase. A Athènes, où les intelligences marchent plus vite qu'ailleurs, dès le VIᵉ siècle av. J.-C., Solon rend le droit de propriété accessible à tous. Tel est, paraît-il, le vrai sens de sa σεισάχθεια; un peu plus tard Cleisthène complète la révolution, en égalisant le droit des municipes et de la métropole, et donnant un culte au peuple. Cependant l'aristocratie romaine, supérieure à toutes celles de notre occident, conserve ses richesses par son esprit d'ordre et de travail, par la constitution plus forte de la famille romaine, et par ses richesses prolonge son pouvoir politique. Quoi qu'elle fasse, le vin nouveau fermente toujours.

Le sentiment de l'instabilité des choses humaines, hâté par l'état de guerre à peu près constant du monde antique, s'empare des esprits. Toute révolution politique devenant immédiatement sociale, on s'acharne de plus en plus à sauver la société, qui se dissout dans les révolutions politiques et par les chocs du dehors, en immobilisant l'État. Les luttes des riches et des pauvres se poursuivent avec des phases diverses durant une certaine période, avec quel acharnement féroce, tous le savent. « Il y eut, à Milet, une guerre entre les riches et les pauvres ; ceux-ci eurent d'abord le dessus et forcèrent les riches à s'enfuir de la ville. Mais ensuite, regrettant de n'avoir pu les égorger, ils prirent leurs enfants, les rassemblèrent dans des granges et les firent broyer sous les pieds des bœufs. Les riches rentrèrent ensuite dans la ville et redevinrent les maîtres ; ils prirent à leur tour les enfants des pauvres, les enduisirent de poix et les brûlèrent tout vifs (*Athénée* XII. 26). Cependant le vin nouveau fermente toujours. Après s'être frayé passage vers la liberté politique, par elle vers le droit de propriété, pour se saisir de la propriété elle-même et l'arracher aux mains des riches, les pauvres, renonçant à la liberté pour mieux détruire une société abhorrée, se jettent dans l'abîme sans fond des tyrannies, du césarisme à Rome, et y trouvent enfin le repos dans l'anéantissement.

Telle est en somme l'histoire idéale du monde antique. Partout l'État lié à la société l'a ébranlée par sa mobilité, et, réciproquement, l'État lui-même a été ébranlé par l'élargissement philosophique de l'idée de morale et de droit, et à tous deux leur solidarité a été fatale. Est-ce ici de la permanence? je le demande. Est-ce l'État que l'on a fortifié ou la société compromise? Comment ne comprend-on pas qu'il en sera nécessairement de même chaque fois que l'on associera de force deux choses dont l'une a pour loi le mouvement, l'autre l'immobilité?

Fût-il possible d'obtenir, à force de violenter la nature humaine, cette permanence de la forme politique comme à Sparte, que vaut-elle? je dirai mon sentiment : je la crois sans valeur et même mauvaise. Une certaine mobilité est la loi nécessaire des choses humaines; c'est elle qui constitue la vie, laquelle est mouvement continu, renouvellement sans trêve. Là où le mouvement s'arrête et le renouvellement cesse, la vie disparaît. De l'homme lui-même rien ne subsiste que la substance immatérielle de ce qui constitue sa personnalité. Dans ce qui est humain, l'immobilité est la mort ou son frère le sommeil

Ὕπνῳ καὶ θανάτῳ διδυμάοσιν. (1)

Je pose encore ici le même dilemme : si vous identifiez la société et l'État, le résultat de votre combinaison sera variable ou permanent.

Si variable, à quoi bon le système? Par quel mérite rachète-t-il l'imprudence de commettre la société, cette chose

(1) Iliad. XVI. 682.

sacrée qui ne doit jamais périr, aux aventures de la politique? quelle rançon nous payez-vous pour l'ordre social livré aux vicissitudes et aux catastrophes de l'État?

Si permanent, je me réserve de qualifier cette solution en terminant. Le ferme génie d'Aristote n'est pas sans apercevoir et signaler l'inanité de cette conception de permanence. (*Pol.* L. II. ch. V. 12 et 13).

Il me reste à apprécier la valeur morale du système antique.

Si j'évoque ici l'exemple familier à tous les esprits cultivés de la république de Platon, — utopie, me dira-t-on; comme si vous jugiez la société moderne par Fourrier ou Saint-Simon. — Soit, bien que je ne partage pas cette façon de voir. Je crois qu'en toute chose le mieux est de s'adresser aux grands esprits, parce qu'eux seuls aperçoivent et formulent le dernier mot d'un système, et que, dans tout ce qui existe, son idée, cet élément intérieur et immatériel qui, s'ajoutant à la matière, l'organise et lui donne sa forme, est en somme ce qui constitue son être, le reste étant accident; et de plus, je n'admets pas la fin de non-recevoir, le livre de Platon, n'étant, selon la remarque de Montesquieu (1), que la correction des lois de Lacédémone et la quintessence idéalisée de Lycurgue, de même que Lycurgue est et demeure dans les temps postérieurs le prototype du législateur antique. Les utopistes modernes se proposent de renverser notre société; Platon s'est proposé de fortifier celle de son temps.

Du type idéalisé je me rabattrai donc très volontiers au type réalisé; la distance qui les sépare est petite; tous deux partent, ainsi que je le montrerai, du même principe moral, aboutissent à peu près aux mêmes conséquences, et je ne vois pas de trait essentiel dans l'utopie de Platon que je ne

(1) Espr. des lois, IV. 6.

retrouve au vif dans la cité de Sparte. Si Platon encourage ses magistrats à mentir « pour tromper l'ennemi ou les citoyens quand l'État y a profit (1), » je ne vois pas que le gouvernement mystérieux de Sparte, agissant par voie de police occulte, de κρύπτεια, comme le Conseil des Dix de Venise, n'hésitant pas à mettre à mort sans jugement les periœki ou même les citoyens chaque fois que les éphores le jugeaient utile, je ne vois pas que ce gouvernement ait jamais reculé devant une dissimulation quelconque, et ne connais pas de plus odieux mensonge politique que celui de ces deux mille malheureux Ilotes affranchis la huitième année de la guerre du Péloponèse, troquant leur chapeau de cuir et leur peau de mouton contre le vêtement de citoyens, couronnés de fleurs et conduits au temple en procession solennelle, que l'on fit ensuite disparaître, sans que personne ait jamais su comment (2).

Que les lois de Sparte, considérées par M. O. Muller (3) comme le type des Doriens, aient été envisagées, non-seulement par Platon, mais par l'antiquité tout entière (4), comme la forme la plus parfaite de l'État antique et la réalité la plus rapprochée de l'idéal, que tel ait été le sentiment des législateurs pratiques autant que des esprits spéculatifs, il suffit presque d'ouvrir un livre grec ou même latin quelconque pour s'en convaincre. L'esprit éminemment juste et pratique d'Aristote est, autant que je sache, le seul qui échappe en

(1) Liv. III. T. IX, p. 129, trad. Cousin.

(2) Οἱ δὲ οὐ πολλῷ ὕστερον ἠφάνισάν τε αὐτούς, καὶ οὐδεὶς ᾔσθετο ὅτῳ τρόπῳ ἕκαστος διεφθάρη. (*Thucyd.* IV. 80.)

(3) Hist. des Dor. III. 7. 8.

(4) Voir Xénoph. Rép. Lac. 14.

partie à l'éblouissement, et envisageant ce soleil d'un œil ferme, y découvre quelques taches.

> . . . . *tollere contra*
> *Est oculos ausus primusque obsistere contra* (1).

Nous voyons l'éblouissement se prolonger jusque dans le monde moderne où, sans parler de Bossuet et de Rousseau, les vigoureux génies de Montaigne et de Montesquieu s'attardent encore à admirer Sparte.

« Ceulx-là (les Athéniens) s'embesoingnaient après les paroles, ceulx-ci après les choses. »

Dans Hippias major répondant à Hippias « qui taxait les Spartiates de gens idiots et duicts au mespris des lettres, Socratès lui faict advouer par le menu l'excellence de leur gouvernement public, l'heur et vertu de leur vie privée (2). »

« Je prie qu'on fasse un peu d'attention, dit Montesquieu (3),

(1) Rer. nat. I. 67.

Il est vrai que, dans le très petit nombre d'années qui séparent Platon d'Aristote, le déclin de Sparte s'était rapidement accusé. Le nombre des citoyens, encore évalué par Hérodote à 8000, était tombé à mille

> *ἡ Σπάρτη τῶν ὀλιγανθρωποτάτων οὖσα*,

disait déjà son admirateur Xénophon (*Rep. Lac.*), sur un territoire qui, dit Aristote, (*Pol.* II. 6. 11.) eût facilement nourri 1500 cavaliers et 30,000 hoplites.

Le nombre maximum effectif des citoyens de Sparte ne parait pas avoir jamais dépassé le chiffre de 10,000, à une époque où ils possédaient les deux cinquièmes du sol du Péloponèse.

C'est Aristote qui qualifie les Spartiates de *brutes* et *féroces*, *θηριώδεις* (*Pol.* VIII. 3.), et caractérise leur rapacité, sur laquelle je reviendrai : *το φιλοχρήματον*.

« Aujourd'hui que la puissance n'est plus entre leurs mains, dit-il, on peut se convaincre qu'ils ne sont pas heureux, et qu'ils n'ont pas eu un bon législateur. » (*Ibid.* VII, XIII, 12.)

Combien le bon Plutarque, cependant très postérieur, est inférieur en judiciaire !

(2) L. 1. ch. XXIV.

(3) Espr. des lois. L. IV. ch. VI.

à l'étendue du génie qu'il fallut à ces législateurs pour voir qu'en choquant tous les usages reçus, en confondant toutes les vertus, ils montreroient à l'univers leur sagesse. Lycurgue, mêlant le larcin avec l'esprit de justice, le plus dur esclavage avec l'extrême liberté, les sentiments les plus atroces avec la plus grande modération, donna de la stabilité à sa ville. Il sembla lui ôter toutes les ressources, les arts, le commerce, l'argent, les murailles ; on y a de l'ambition sans espérance d'être mieux ; on y a des sentiments naturels et on n'y est ni enfant, ni mari, ni père ; la pudeur même est ôtée à la chasteté. C'est par ces chemins que Sparte est menée à la grandeur et à la gloire. »

« Le vrai génie en tout genre, remarque ici fort justement Helvétius, suit la nature pas à pas et se règle sur elle. » N'est-ce pas étrange que, par une complète interversion de rôles, les grandes lois générales qui gouvernent l'humanité soient ici revendiquées par le matérialiste Helvétius contre le spiritualiste Montesquieu ?

Cette vertu faite à force de vices, j'avoue ne pas la comprendre; ce que je comprends mieux chez ces deux grands esprits qui d'ordinaire pensent par eux-mêmes, c'est qu'en cette circonstance, ils se sont oubliés à trop faire crédit à leurs chers anciens.

La constitution de Sparte, et peut-être est-ce une des causes de son prestige sur les esprits, se rapproche très fort de celles fonctionnant dans les poëmes homériques, et ne semble être que le gouvernement héroïque légalisé. On sait que Lycurgue s'était inspiré de Minos, fils de Zeus, et lui avait emprunté plusieurs institutions fondamentales (1), entr'autres ces Syssities (2), condition nécessaire de la jouis-

(1) Pol. L. 11. 7. 1.
Opinion générale du monde antique combattue cependant par Polybe (VI. 45), mais Polybe seul.

(2) Arist. Pol. II. 2.

sance complète des droits politiques et de l'admission dans la classe des *Homoioi*, à ces tables du *Pheidition*, dont le nom indique la chère que l'on y faisait, présidées par les polémarques, où s'asseyaient leurs rois, et où la loi imposait de certaines prescriptions de jeûnes (1). Parmi beaucoup d'autres vices, l'intempérance, surtout du manger, n'a du reste jamais été celui du Grec, et de nos jours encore, un proverbe populaire dit que là où un âne meurt de faim, quatre Grecs trouvent à vivre. « Pour moi, dit Spinoza (2) j'estime qu'il est d'un homme sage d'user des choses de la vie et d'en jouir autant que possible, de se réparer par une nourriture modérée et agréable, de charmer ses sens du parfum et de l'éclat verdoyant des plantes, d'orner même son vêtement, de jouir de la musique, des jeux, des spectacles et de tous les divertissements que chacun peut se donner sans dommage pour personne. »

L'antiquité tout entière existe donc en raccourci dans l'institution de Lycurgue ; sa cité est l'épreuve la plus nette et la mieux réussie d'une gravure dont la planche n'a pas varié. Sauf une question de mesure, ce que l'on dit de Sparte s'applique à toutes les cités de cette période, et il suffit d'étudier l'une pour connaître les autres.

« Examinez seulement, disait Agésilas, si votre action est utile à la patrie ; si elle l'est, il est beau de la faire (3). » Plus tard, Cléomène exprimait le même sentiment, disant que le mal qu'on fait à ses ennemis est toujours juste aux yeux des dieux et des hommes.

(1) Plut. Lyc. XIII.

(2) Ethiq. de l'Esclav. Schol. de la prop. 45.

(3) ὅτι δεῖ τὴν πρᾶξιν αὐτὴν, εἴ τι χρήσιμον ἔχει, σκοπεῖν. Τὰ γὰρ συμφέροντα τῇ Λακεδαίμονι καλῶς ἔχειν αὐτοματίζεσθαι.

(Plut. Agésil. XXIII. 5.)

L'intérêt de l'État, unique point de mire des législateurs antiques, poursuivi et atteint par eux dans la mesure de la vigueur logique de leurs esprits, clef de voûte de leurs institutions et fondement des mœurs privées, est, dans le monde antique, le vrai principe de la morale et le pivot sur lequel tout repose. Comment en eût-il été autrement, les esprits ne concevant alors rien d'extérieur et de supérieur à l'État?

.... *Extra summam quoniam nil esse fatendum est* (1).

C'est ainsi que le grand esprit classificateur, Aristote, considère la morale comme étant une partie de la politique. (*Morale à Nicom. passim.*)

« Puisque nous avons résolu de traiter des mœurs, il convient d'abord d'examiner de quel sujet ou de quel objet les mœurs font partie. Et, pour dire la chose en un mot, elles ne nous semblent appartenir à aucune autre science que la politique...... Par conséquent, un traité de la science des mœurs semble n'être qu'une partie de la science politique. » (*Ethica magna*, I. 1.)

Les esprits modernes renversent le point de vue.

L'intérêt de l'État, règle suprême, s'applique à tous les actes de la vie privée et publique; il pénètre partout, et rien ne vaut contre lui. Chez nous, le propre de ce qui est d'ordre social est de commander aux consciences, de ce qui est d'ordre politique d'employer la force pour se faire obéir. L'État antique, amalgame du social et du politique, a ce caractère distinctif d'employer la force pour commander aux consciences (2). Il n'est pas d'asile contre lui. Particulier et

(1) Rer. nat. I. 962.

(2) L'essence de la société politique, dit Aristote, consiste dans les actions *honnêtes* et *vertueuses* des hommes qui la composent, et non pas simplement dans la condition de vivre ensemble. (*Pol.* III. VI. 14.)

restreint dans sa sphère d'action, dans son action elle-même il est absolu. Il saisit l'homme de son berceau à sa tombe et s'ingère de régler despotiquement jusqu'aux minutieux détails de sa vie privée. Ici la loi défend aux femmes de boire du vin, là d'emporter en voyage plus de trois robes; elle règle la construction des maisons, le costume. « Les Romains ne croyaient pas qu'on dût laisser à chacun la liberté de se marier, d'avoir des enfants, de choisir son genre de vie, de faire des festins, enfin de suivre ses désirs et ses goûts, sans subir une inspection et un jugement préalables. » (1)

Il faut donc considérer l'État antique, Sparte en particulier, comme un grand couvent dont la règle enlève toute parcelle de liberté à ses membres et possède sur eux droit de vie et de mort. L'enfant naît; s'il est difforme, la loi ordonne à son père de le mettre à mort (2). A sept ans, il s'en empare, règle son éducation, et, comme moyen de perfectionnement moral, renouvelé depuis en souvenir des Grecs, lui impose le salutaire exercice de la διαμαστίγωσις, vue par Cicéron et Plutarque. Ce sont déjà de petits fakirs qui se donnent mutuellement la discipline, d'autant plus bravement que chacun frappe sur son voisin. Le couvent est cloîtré; nul n'en peut sortir sans l'autorisation des supérieurs, nul n'y peut entrer du dehors sans cette même autorisation, et les étrangers en sont exclus par l'institution de la *Xénélasia*. Là, quelques milliers de citoyens, réduits à l'obédience passive, usent leur vie dans je ne sais quel militarisme ascétique contre nature. Le travail et le commerce leur sont interdits. Ils font cultiver leurs terres par des Ilotes qui leur paient la moitié du produit (3). Le vol est permis, même encouragé, dans le but de

(1) Plut. Cato major. XXIII.

(2) Plutarque. Lycurg. XXV.

Faut-il rappeler qu'Aristote, pour empêcher l'excès de population, donne des règles pour faire avorter les femmes. (*Pol.* l. VII, ch. XIV, 10.)

(3) *ἥμισυ πᾶν, ὅσσον κάρπον ἄρουρα φέρει.* (*Tyrtée*, fragm. 4.)

développer leur adresse. Ainsi livrés à toutes les perversions de l'oisiveté, n'ayant pas même la faculté d'être seuls et de s'appartenir un instant à eux-mêmes, ils atteignent l'âge du mariage.

ῥ' ἥβης ἐρικυδέος ἵκετο μέτρον (1).

En promulguant ses Rhètres, contrat entre le dieu de Delphes et le peuple, Lycurgue avait entrepris d'y soumettre les femmes aussi bien que les hommes (2). Mais ici l'irrésistible force des choses lui imposa des résistances telles qu'il dut renoncer à cette partie de son œuvre et battre en retraite.

Il en fit néanmoins assez pour les démoraliser

Σπαρτιατίδων κορη
αἵ ξυν νέοισιν, ἐξερημοῦσαι δόμους
γυμνοῖσι μηροῖς καὶ πέπλοις ἀνειμένοις
δρόμους παλαίστρας τ' οὐκ ἀνασχεστοὺς ἐμοί
κοίνας ἔχουσι. Κᾆτα θαυμάζειν χρεὼν
εἰ μὴ γυναῖκας σώφρονας παιδεύετε (3).

et je n'ai nulle peine à croire le poëte philosophe Euripide (4), nous disant que, d'une fille de Sparte, belle créature cependant Σπάρτην ες καλλιγύναικα (5), nul homme censé ne voudrait faire son épouse. Cela se conçoit parfaitement de filles qualifiées par toute la Grèce du nom de montreuses de cuisses, φαινομηρίδες ; — la femme qui montre ses cuisses n'a plus grand'chose à dissimuler, — éduquées dans les palaistres, demi-nues (j'atténue), à prêter le collet aux jeunes hommes.

γύμνωσις τῶν παρθένων, dit Plutarque (*Lycurg.* XIV), τὰς ἀποδύσεις καὶ τοὺς αγῶνας ἐν ὄψει τῶν νέων, ajoute-t-il. (*Ibid.* XV.)

(1) Iliad. XI. 225.

(2) Arist. Pol. II. 5. 6. 8. 11.

(3) Euripid. Androm. 587.

(4) Qui sentait mauvais de la bouche, nous raconte Aristote. V. VII. 13.

(5) Odyss. XIII. 412.

On peut s'en rapporter à elles pour être certain qu'elles n'y allaient pas de main morte et ne faisaient pas les choses à demi.

Que dire du mariage lui-même et de la société de tels hommes avec de telles Lampito (1)? A Rome, où la famille fut toujours beaucoup plus respectable qu'en Grèce, nous voyons un grand et vertueux citoyen, l'*atrocem animum Catonis*, prêter sa femme enceinte de ses œuvres à un ami, « à cause de la grande envie qu'il en avait, » nous dit Plutarque (2).

ὁρῶν τὴν τοῦ Ὀρτενσίου σπουδὴν καὶ προθυμίαν.

A Sparte, où, du temps de Polybe (3), trois ou quatre frères, par raison d'économie, n'avaient souvent qu'une seule femme de la même façon que, dans le Nœaira (29), deux amateurs s'associent pour entretenir, à frais communs, une fille, — il faut baisser le rideau.

En ce qui concerne le rapport des sexes, les sentiments de Lycurgue ne paraissent guère s'être élevés au-dessus de ceux d'un directeur de haras.

Que de telles femmes aient été, comme nous le dit Aristote (4), impérieuses, lâches, avides, dissolues, faut-il s'en étonner (5)? Il est certain qu'elles finirent par posséder per-

(1) Aristoph. Nuées.

(2) Cato min. xxv. 3.

(3) A Sparte, c'est un usage consacré qu'une seule femme appartienne à trois ou quatre hommes et même plus, s'ils sont frères, et que les enfants soient communs. C'est même une chose belle et ordinaire chez eux qu'un citoyen, qui a une descendance suffisante, donne sa femme à un ami. (*Polyb.* xii. vi. 6.)

(4) Pol. ii. vi. 8. 9.

(5) En écrivant ces pages, je lis un discours où M. Louis Blanc compare les femmes de Paris à celles de Sparte. A Dieu ne plaise! parole de rhéteur. (*Séance du 10 mars 1871. — Assemblée nat.*)

sonnellement la majeure partie du sol de la Laconie (1); et ces hommes dont j'ai déjà, sur le témoignage d'Aristote, signalé le caractère rapace, qualifiés par Isocrates de pirates de la Grèce,

οὐδὲν μᾶλλον ἢ τοὺς καταποντιστὰς καὶ λῄστας (2).

chez qui, 600 ans av. J.-C., il était reçu que « ce qui fait l'homme, c'est ce qu'il a, »

ἐν Σπάρτῃ λόγον
εἰπῆν — Χρήματ' ἀνήρ · πενιχρὸς δ' οὐδεὶς πέλετ' ἐσθλὸς
οὐδὲ τίμιος (3).

réduits à la plus dure discipline monacale dans le but d'identifier leur manger, leur costume, leurs occupations, dès 230-220 ans av. J.-C., aboutissent à la plus extrême inégalité sociale. Une centaine de riches maitres de la fortune mobilière et immobilière, et le reste se compose d'une foule abjecte de misérables avides de révolutions (4).

Tel est le résultat moral de l'amalgame antique de la société et de l'État; on le retrouvera partout, bien que nulle part aussi fortement accusé qu'à Sparte. Athènes a beaucoup moins outragé et violenté la nature humaine, et, par rapport à Sparte, est déjà, en une certaine mesure, un peu moderne. L'individualité du citoyen, comme le remarque excellemment et profondément le grand Périclès dans son admirable discours ἐπιτάφιος, y est beaucoup moins qu'ailleurs absorbé par l'État (5). Le travail y était encouragé ainsi que le commerce à l'inverse de Sparte, non que j'admette ce que nous dit Plutarque de l'interdiction de la monnaie par Lycurgue,

(1) Pol. II. VI. 11.
(2) Panathenau. Or. XII.
(3) Alcée. fragm. 41.
(4) Plutarq. Agis. v. 4
(5) Thuc. II, 37 et 41.

puisque la monnaie ne fut inventée qu'un siècle après lui par Pheidôn d'Argos. Le caractère athénien, souvent, hélas ! dénué de respectabilité, est infiniment plus aimable et sympathique que celui de ces démons tapageurs, Λακε-δαιμων, de Spartiates.

κρίνουσι γὰρ βοῇ, καὶ οὐ ψήφῳ. (*Thuc.* I. 87.)

Le type est au fond semblable, le caractère s'y est en partie soustrait par sa propre souplesse, non par système d'esprit, puisque ses penseurs, à commencer par Socrate et Platon, ont tous été fervents admirateurs de Sparte.

Comment ne comprend-on pas qu'à vouloir identifier et confondre la société et l'État, le général et le particulier, le principe moral, universel de sa nature, sera par là-même vicié dans sa source et anéanti ? Que dites-vous, par exemple, de cette morale qui, en matière de procès civil, pour rechercher la vérité d'une créance, offre de soumettre à la torture tel ou tel esclave de tel individu, même un enfant (1) ?

A évoquer ces deux illustres rivales, Sparte et Athènes, les grâces faciles des Ioniens en regard de l'énergique austérité des Doriens, ce je ne sais quoi de sec et de dur qui les caractérise, l'esprit se représente la physionomie des lieux où s'écoulèrent leurs destinées comme participant à la nature des deux races qui y firent séjour. Il n'en est rien ; le contraste est absolu, et il me plaît de le présenter à ceux qui prétendent établir une relation nécessaire entre le caractère des hommes et celui des lieux, théâtre de leur existence. Il

(1) III Aphob. XI, XII.

Chose très fréquente dans les discours non politiques de Démosthène. Ce grand orateur était cependant un esprit éminemment philosophique. Sans un grand fond d'idées générales, il n'y a pas de grand orateur. *Lectitavisse Platonem studiose, audivisse etiam Demosthenes dicitur : idque apparet ex genere et granditate verborum.* (Cicer. Brutus, XXXI, 121.) En quoi, je suis tout-à-fait de l'avis de Cicéron. De la grandeur des idées de Platon je n'ai pas la prétention d'être juge ; mais, à ne considérer que la forme, je ne crois pas que, comme prosateur, il ait un égal parmi les hommes.

semble que la nature ait pris à tâche de prodiguer toutes ses grâces à la fraîche et fertile vallée de Sparte, l'aimable Sparte, dit Homère (1), dominée par les cimes sourcilleuses du Taygète, où déjà le palmier d'Afrique élève, immobile et indolent, sa tête solitaire, où, sur un lit de cailloux dorés et sous un berceau de daphnés en fleurs, l'Eurotas roule ses ondes limpides, et où il faut se baisser pour retrouver, à demi-effacée sous une végétation vigoureuse, la trace de la race peu aimable mais singulièrement énergique qui gouverna un jour la Grèce et prétendit triompher de la nature humaine, Σπάρτα δαμασίμβροτος, dit le poète Simonide. Bien qu'il ait produit quelques hommes de talent et même, en très petit nombre, de nobles caractères (2), le grand couvent spartiate, où la conception de l'État antique a trouvé son expression morale et logique la plus intense, est en somme une odieuse utopie, un mauvais rêve, οὖλος ὄνειρος (3), que répudient nos consciences modernes.

Le caractère distinctif du paysage d'Athènes est, au contraire, la sobriété, la sévérité et cette austérité sereine qui livre l'esprit au mouvement de la pensée. Le prestige de ce sol pierreux et stérile, coupé et circonscrit par des collines de médiocre élévation, est tout entier dans le ciel éclatant qui le recouvre, la mer plus éclatante qui, par places, reluit à l'horizon, l'incomparable et impérissable beauté des ruines qui attestent le génie des contemporains de Périclès. Plus brillantes que la terre et la mer, et le ciel lui-même et la majesté des marbres de Phidias, resplendissent ici les gloires

(1) Λακεδαίμονος ἐξ ἐρατεινῆς. *(Iliad.* IV. 443.)

(2) Ne semble-t-il pas que le bon Plutarque qui, dans sa galerie, donne accès à des figures spartiates assez équivoques, ait omis précisément les deux plus véritablement grandes : ce Brasidas honoré comme demi-dieu et œkiste par les Amphipolitains *(Thuc.* l. X, ch. XI), dont le culte subsistait encore au temps d'Aristote *(Moral. à Nicom.* l. V, ch. VII), et Callicratidas.

(3) Iliad. II, 6.

de l'esprit humain d'un éclat ineffaçable devant lequel tout ce qui pense demeure à jamais frappé d'admiration.

Que l'on veuille bien remarquer ici les analogies intimes autant que naturelles qui, dans le monde antique comme dans le moderne, rattachent les conceptions métaphysiques à celles politiques, à ce point que, pour les anciens comme pour nous, l'organisation sociale et politique n'apparaît que comme la conséquence et l'image de la façon respective dont nous avons conçu Dieu et le monde.

De même qu'en ce qui concerne la science du langage l'on sait aujourd'hui que la clef du grec et du latin est dans le sanscrit, de même l'on sait que la clef de toute la symbolique antique est dans les conceptions primitives dont l'inappréciable monument des Hymnes âryens nous a transmis le témoignage. L'on sait que, dans l'antique Hellade, comme aux bords du Tibre et de la Vipaça, la première théodicée fut la déification de la lumière et de la chaleur considérées comme cause et explication de tous les phénomènes cosmiques. L'on sait, et les étymologies elles-mêmes nous en fournissent l'irrécusable preuve, que les innombrables dieux du Panthéon grec et latin ne sont que la dérivation de l'idée plus ou moins généralisée, plus ou moins restreinte, que les grands hommes, pères communs de notre race, conçurent pour expliquer la vie du monde. Et de même que dans le tronc la sève est plus abondante que dans les rameaux qui s'en détachent, de même la pensée métaphysique, plus vivace et plus intense au foyer principal de notre race qu'aux rives déjà lointaines de la Méditerranée, aboutit plus promptement à cette abstraction suprême, cette unité qui forme le dernier mot d'un système philosophique. La Grèce en était encore à bégayer les dieux de son Olympe que déjà depuis longtemps le Gymnosophiste, plus tard entrevu par les diadoques, laissant au vulgaire les images concrètes dont il ne saurait se passer, avait nettement formulé, l'ἕν καὶ πᾶν, la grande abstraction à laquelle, dix siècles après, vint aboutir le dernier effort du génie grec expirant. Aux bords de l'Hindus, comme en Grèce et en Italie, la pensée populaire, partout et toujours incapable — on le voit de reste — de porter le poids d'une abstraction un peu puissante,

Quæ stupet in titulis et imaginibus,

et entraînée par sa pente naturelle vers le particulier et le concret, et à concevoir le divin sous des formes anthropomorphiques

Templis nostros immittere mores
atque..... Deos ex hac seclerata ducere pulpa (1)

a pu disséminer et personnaliser l'idée de la force vitale dans une foule d'existences divines secondaires, de symbolismes distincts, et telle est la cause des différences apparentes entre les théodicées grecque, latine et hindoue; après de vains efforts pour ramener théologiquement l'unité dans le chaos de leur panthéon, soit par l'idée de Zeus O. M. soit par celle de ces dieux nouveaux que, vers les temps de la décadence de Rome, l'Orient épancha sur le monde payen, la *Magna mater* de Pessinonte, le Mithras persan (2), « haillons mal ravaudés, dit Preller (XIIe *part.* 1), d'un vêtement usé jusqu'à la corde, qui se déchirèrent bientôt pour laisser voir dans toute sa nudité la laideur de l'humanité déchue, » la pensée philosophique occidentale aboutit enfin, à Alexandrie, à ce Dieu unité absolue, affranchi de toute détermination—*omnis determinatio negatio est*— dont quiconque n'est pas étranger à ces notions reconnaît sans peine l'identité à peu près complète avec le

(1) Pers. II. 60. 62.

(2) Le fond de ce double symbolisme n'est autre que la double idée de Mayâ et Purusha, l'action fécondante de la chaleur et la grande matrice, le principe masculin suprême et l'universel féminin

Tum pater omnipotens fœcundis imbribus æther
Conjugis in gremium descendit (Georg. II, 325),

a dit Virgile en termes que l'on dirait traduits du Véda.

Brahma hindou; et dans le Saptasindhû, comme à Rome, l'explication du monde, partie de la même notion initiale, aboutit à la même formule finale.

Cette pensée commune, tous le savent, c'est l'immanence de Dieu dans le monde, *Deus omnium rerum causa immanens non vero transiens* de l'Ethique; sa consubstantialité et sa communication avec le monde par voie d'incarnation continue, la pensée que Dieu est le monde, et que le monde est Dieu. La nature naturante et la nature naturée, dira plus tard Spinoza. « Plantes, pierres, bêtes ou gens, c'est tout un. »

Je ne prétends pas, sans doute, que tout ce qui est sorti de la plume antique appartienne au système panthéiste, ce qui serait un non-sens. Je dis qu'en dépit des protestations individuelles plus ou moins éclatantes, plus ou moins accidentelles, plus ou moins conséquentes, qu'il serait facile d'accumuler, surtout en s'attachant à tel passage détaché de tel livre de tel philosophe, plutôt qu'à l'esprit général de sa philosophie, le sentiment intime du monde antique pris en bloc, de son berceau à sa tombe, de Pythagore qui *censuit animum esse per naturam rerum omnem intentum et commeantem, ex quo animi nostri carperentur* (1), jusqu'à Plotin et Proclus, fut le sentiment panthéiste, et Virgile, qui n'était pas philosophe, mais très savant, et qui, comme tous les grands poëtes, semblable aux harpes qui frémissent au souffle du vent, traduit fidèlement les grands courants d'idées et de sentiments du monde où il vécut, Virgile, dis-je, fut l'interprète exact de la pensée antique lorsqu'il écrivit dans ses Géorgiques :

Deum namque ire per omnes
Terrasque, tractusque maris, cœlumque profundum,
Hinc pecudes, armenta, viros, genus omne ferarum.
(IV, 221.)

(1) Cicer. Nat. Deor. l. I, ch. II, 27.

Il ne faut pas croire que l'inconséquence soit le privilége des simples mortels ; les plus grands philosophes participent aussi à cette glorieuse prérogative de trahir le raisonnement pour la raison, d'échapper aux conséquences les plus évidentes de leur propre système pour obéir à l'inspiration généreuse de cette *mens divinior* du poëte, qui n'est autre que la perception directe et spontanée de la vérité. Pour ne citer qu'un exemple très illustre emprunté à la pensée moderne, entre le subjectivisme de la raison pure de Kant et l'objectivisme de sa raison pratique, il y a longtemps que l'on a signalé un abîme. Dans les têtes bien faites, l'âme humaine n'est pas simplement une machine à manier des formules d'algèbre, sans écouter ce qu'elles disent.

Entasser du Platon, de l'Aristote et de l'Anaxagore contre mon assertion relative à la pensée antique est donc peine perdue, puisque je ne considère pas tel homme isolé, mais la civilisation antique dans son ensemble. Et à prendre Platon lui-même, êtes-vous bien certain de le trouver net de toute attache, de toute racine panthéiste? Je laisse cette question à de plus savants ; mais pour mon propre compte, je ne lui donne pas décharge. *Idem (Plato) et in Timæo dicit et in Legibus et mundum deum esse, et cœlum, et astra, et terram* (1). Et en ce qui concerne Aristote : *Aristotelesque, in tertio de philosophia libro, modo menti tribuit omnem divinitatem, modo mundum ipsum deum dicit esse* (2).

Si un témoignagne d'aussi grand poids que celui de Cicéron ne suffit pas, si l'on veut des textes directs, en voici deux qui me semblent décisifs.

« Le Dieu éternel, chef et père de tout ce qui existe, ne peut être connu que par l'intelligence ; pour le Dieu engendré, nous le voyons de nos yeux : c'est le monde et toutes

(1) Cicer. Nat. Deor. I, II, 20.

(2) Ibid. 32.

les parties célestes du monde qui ont pour élément l'éther, et dont les unes appartiennent à l'essence du même, et les autres à l'essence du divers. » (1).

« Une tradition venue de l'antiquité la plus reculée et transmise à la postérité sous l'enveloppe de la fable, nous apprend que les astres sont des dieux, et que la divinité embrasse toute la nature. Tout le reste sont des mystères ajoutés pour persuader le vulgaire dans l'intérêt des lois et pour l'utilité commune (2).

En somme, de Pythagore qui, on le sait, séjourna longtemps et forma ses idées à Babylone, aux portes de l'Irân, aux Alexandrins, dont les relations avec l'extrême Orient sont un fait historique, la pensée grecque tout entière est un fleuve dont la source et l'embouchure sont dans l'Inde

Matre pulchra filia pulchrior.

La pensée moderne est tout autre. Bien que le christianisme réalise, comparativement au mosaïsme, une communication entre Dieu et le monde par l'incarnation unique et miraculeuse du Christ médiateur, et que, dans le christianisme, l'institution catholique fasse un pas de plus dans le dogme de l'incarnation de Dieu dans l'individu par la communion, il

(1) Platon, 2e Timée.

(2) Arist. Métaphys. l. XII, ch. 8.

Il n'est que juste de reconnaître qu'à tout prendre, la pente de ce grand esprit est en somme plutôt vers le dualisme que vers l'unité de substance; aussi ne suis-je pas surpris de rencontrer chez lui cette pensée déjà toute moderne : « Peut-être n'est-ce pas la même chose pour tout homme d'être vertueux en général, et d'être bon citoyen. » *(Moral. Nicom.* l. v, ch. 2.) Malheureusement ce n'est ici de sa part qu'une intuition de génie dont il ne poursuit pas les conséquences, semblable à ces sources de son pays qui jaillissent toutes vives du rocher, et se perdent dans les sables quelques pas plus loin. (Voir la même pensée dans sa Politiq. l. III. II. 2.)

Varron, le plus savant et le plus *religieux* des Romains, ne pensait pas autrement sur les dieux. « La tromperie, dit-il, en matière de religion positive, n'est pas seulement nécessaire, elle est utile. » *(S. Augustin, Cité de Dieu*, III, 4, à IV, 27.)

n'en subsiste pas moins que notre notion fondamentale est la notion mosaïste de la distinction entre Dieu et le monde, la notion de l'existence personnelle de Dieu extérieur au monde, créateur du monde.

Là où l'on a connu le Dieu immanent et consubstantiel, c'est-à-dire, à quelques nuances près, dans tout le monde antique, n'était-il pas naturel, nécessaire, de concevoir la religion immanente à l'État (1), je ne dirai pas confondue, l'expression serait trop faible, mais identifiée et consubstantielle et, avec la religion, tout ce qui forme le domaine de ces vérités absolues, permanentes, universelles, de ces rapports nécessaires tels qu'ils résultent des conditions mêmes de l'existence que nous avons reçue du créateur? C'est bien ce que nous voyons dans le monde antique; ce que j'appelle dans ce travail la société et ce que j'appelle l'État y sont amalgamés à ce point que, dans les institutions antiques, c'est presque chimère que de vouloir les isoler. Là où vous croyez voir la religion, regardez-y de près, c'est l'État; là où vous croyez voir l'État, regardez-y de près, il s'agit d'une question de propriété. Dans ce chaos la vue se trouble, et l'on ne sait bientôt plus ce dont il s'agit. Montesquieu dit que les Romains assujettissaient la religion à l'État. Non, dit M. Fustel de Coulanges, c'est le contraire qui est vrai, et il ajoute : (2) « Les anciens et surtout les Grecs exagérèrent toujours l'importance et les droits de la société. » Est-ce bien de la société qu'il s'agit ici ou de l'État? qui a raison, de Montesquieu ou de M. de Coulanges? Il faudrait d'abord savoir quel sens exact donner à ces mots : État, religion, société, faute de quoi, étant au fond d'accord, on aurait l'air de se contredire. Je dis que, chez les anciens, vous ne trouvez ni État, ni religion, ni société, tels que nous les entendons, mais une promiscuité de toutes ces choses qui

(1) C'est bien ainsi que l'a entendu Spinoza.

(2) Liv. III, chap. XVII.

déroute absolument nos intelligences modernes habituées à les séparer. La vérité est que, dans le monde antique, par la raison que la société est immanente dans l'État comme Dieu dans le monde, la société est État et l'État est société. Il est facile de mettre, en de certains cas, notre société, telle que nous la concevons, notre morale, notre religion, notre propriété en contradiction directe et flagrante avec l'état antique. Et c'est ce que nous avons essayé de faire dans les pages qui précèdent. Mais la société antique en opposition avec l'État antique, la morale antique en opposition avec l'État antique, cela est radicalement impossible, par la raison que les deux choses sont identiques. Voyez, par exemple, l'esclavage antique, et comme cette odieuse institution est une conséquence directe de la conception que les anciens se sont faite de l'État. Si l'État est tout ce pourquoi les hommes s'associent, si c'est lui qui détermine la règle des mœurs, et que la morale soit son intérêt, si cet intérêt bien ou mal entendu est què je vous réduise en esclavage, au nom de quel droit protesterez-vous? Que les penseurs antiques les plus éminents aient ainsi entendu la morale, je renvoie pour s'en convaincre à un seul livre, la Πολιτεία de Platon, notamment aux pages 268, 274, 275 et 277 de la traduction Cousin. (*Tom.* IX.) L'on verra avec quelle intrépidité il y traverse des vagues mille fois plus hautes que l'Himalâya.

Chez nous, il n'en va pas ainsi. A ceux qui distinguent Dieu du monde, il est naturel, il est nécessaire, même en établissant entr'eux communion et concordat, et nonobstant, par accident est en dehors de la règle, ce terrible avatar de la société dans l'État que nous appelons révolution sociale, il est nécessaire, dis-je, de distinguer ce qui est d'ordre absolu de ce qui est d'ordre relatif; et c'est ainsi que, dans le monde moderne, sans parler de la répudiation tardive de l'esclavage et de la revendication de la dignité humaine, s'est peu-à-peu formée la notion de la société distincte et indépendante de l'État.

En somme, la différence entre la civilisation antique et la moderne est que, par conséquence de leurs théodicées respectives, celle-ci conçoit la société comme extérieure à l'État et l'antique l'a conçue comme immanente. Là où l'on a conçu Dieu, foyer et lieu de toutes les vérités absolues, distinct du monde, on a conçu et dû concevoir la société distincte de l'État, et par contre, la forme politique de la notion de Dieu immanent a été et dû être la société consubstantielle à l'État. Il ne faut pas que les âmes candides se fassent ici illusion; la confusion de ces deux choses est au fond et philosophiquement acte de panthéisme. Il y a, on le sait, deux manières de faire que Dieu soit tout et d'être panthéiste : absorber Dieu dans le monde ou le monde dans Dieu.

« Ou votre Dieu est tout, dit M. Saisset (1), de sorte qu'il n'y a et ne peut y avoir qu'un seul être qui est Dieu; ou votre Dieu n'est qu'une abstraction sans vie, et il n'y a d'êtres réels que les êtres finis et déterminés qui composent la nature. »

Comme il y a deux formes de panthéisme philosophique, il y a également deux formes correspondantes de panthéisme politique : celle qui absorbe le relatif dans l'absolu, le patriciat antique, l'hiératisme; et celle qui absorbe la société dans l'État, l'apothéose de César, la divinisation de l'État.

Et puisque je me suis imposé la tâche de qualifier en terminant la solution qui, après avoir conçu la société et l'État comme identifiés et consubstantiels, pour empêcher que les choses d'ordre social soient locales et particulières, fait l'État universel, et pour empêcher qu'elles soient variables, enlevant à l'ordre politique le mouvement et la vie, fige l'État dans l'immobilité du néant, au point où nous sommes parvenus, j'espère n'avoir pas de peine à faire

(1) Introd. aux œuvres de Spinoza, p. 252.

admettre que cette doctrine n'est autre que la forme mystique du panthéisme, celle qui absorbe le monde dans Dieu, celle des Alexandrins. De mystique on y devient facilement mystagogue. A une certaine époque de sa vie, l'auteur de ces pages a eu l'honneur de connaître personnellement Appollonius de Tyane, et d'entretenir avec lui un commerce particulier.

CHAPITRE XII.

DE L'ORDRE.

En politique comme en philosophie, les définitions ont une grande importance. Il est assez difficile de s'entendre et de raisonner sur une chose si l'on ne sait au juste de quoi l'on parle.

J'ai examiné l'idée de civilisation et suis arrivé à la définir : le développement de la vérité dans la société. Cette définition me semble fournir un excellent point de départ pour préciser un nouveau terme du vocabulaire politique sur lequel il ne paraît pas que l'on soit bien fixé, que chacun prononce sans s'en rendre peut-être un compte suffisamment exact, que tous invoquent et revendiquent avec une facilité d'autant plus grande que son élasticité se prête aux significations les plus diverses. Je parle du mot *ordre*.

Il y a quelques années, un homme fort remarquable, moins il est vrai, par la justesse de ses idées que par leur nombre excessif, M. Émile de Girardin, s'est un jour proposé de le définir. Il a senti l'à-propos de mettre un terme à cette incertitude de sens qui peut faire d'une chose réclamée et vaguement sentie par tous, le leurre de tous les jongleurs politiques. Pour préciser l'expression, il en a donné douze ou quinze définitions successives; c'est-à-dire qu'aucune ne l'a satisfait lui-même, qu'aucune n'est bonne. Il est homme à en donner douze ou quinze autres quand on les lui demandera. Bref, il a tourné autour du cercle, et ne s'est pas posé au centre.

Malebranche a dit : « l'ordre est la loi inviolable des esprits, et rien n'est réglé s'il n'y est conforme. » Cette pensée est fort juste et fort belle, mais elle n'a pas le caractère d'une définition.

Les uns prétendent faire de l'ordre en faisant de la police; pour eux l'ordre et le désordre se réduisent à de certaines conditions extérieures et toutes matérielles. La ville est calme, donc vous avez l'ordre. Révolutions, affaires de gendarmerie, service mal fait. A ce compte le gouvernement d'ordre par excellence est le despotique; aussi voyez que tous les gouvernements de compression présentent l'ordre du côté de ses résultats matériels. Ils en font une sorte de contrepoids, volontiers un contraire de la liberté.

D'autres ont appelé ordre un état de choses qui fut l'expression de leur système; pour eux, tant que la société se tiendra en dehors de leur idée, elle n'aura pas l'ordre; leur ordre est une idée pure, quels qu'en soit les résultats concrets, et leur propre idée, nulle autre. A ce compte l'ordre risque souvent d'être un bouleversement général, un chaos et une utopie.

Parlerai-je de ceux qui comprennent l'ordre comme la stagnation permanente, définitive et absolue des sociétés? voici un développement nouveau de la vérité politique, un progrès. A ce titre seul de progrès, ils le renient; leur ordre ne saurait s'accommoder de rien qui soit neuf. Toute nouveauté lui est antipathique : utopistes encore.

Je crois que ni les uns ni les autres ne sont dans le vrai, que l'ordre n'est ni un fait pur, ni une idée pure, ni l'immobilité pure, mais le rapport du fait à l'idée, le point d'arrêt du fait dans l'idée. Expliquons-nous.

Tous les peuples marchent ou veulent marcher vers la civilisation ; ceux qui n'en ont pas la connaissance en ont l'instinct, tel est le but général, constant, l'objectif universel. La mission des gouvernements est de les y conduire, de leur indiquer nettement le terme, de frayer le lit du fleuve pour qu'il y coule comme celui du poëte, *agmine dulci* (1), de maintenir et de rassembler les unités diverses et divergentes en faisceau pour soutenir les faiblesses, coaliser les forces, empêcher l'allure rétrograde et donner l'impulsion en avant. Cette civilisation, qui est le développement indéfini de certains principes, semble fuir devant eux et s'éloigner à mesure qu'ils la poursuivent. Où s'arrêtera ce mystérieux voyage ? Quel sera le terme de la carrière ouverte à l'humanité ? Nul ne le saurait dire.

Mais il demeure certain que plusieurs sociétés n'en sont plus à leur point de départ. Il est indubitable que, chez plusieurs peuples du moins, la civilisation a déjà acquis de certains développements. A ne considérer que les nations du sol européen, quelle distance les sépare aujourd'hui de la période barbare de leurs origines, de ce que les poëtes ont si faussement appelé l'âge d'or ! Combien les connaissances s'y sont accrues, les conditions d'existence améliorées pour tous, les fortunes développées ! Une partie de leur route est donc déjà parcourue, et s'il leur importe d'aller en avant, s'il leur importe d'accroître sans cesse leur trésor de vérités et d'intérêts, il leur importe tout autant de ne pas rétrograder ; il leur importe de sauvegarder le dépôt des résultats acquis, le fruit des efforts déjà faits, le prix de leur génie, de

(1) Rer. nat. v. 272.

leurs héroïsmes, de leur volonté, de leurs veilles, de leurs sueurs, de leur sang. Or, cette route parcourue sur le chemin de l'idée de civilisation, ces efforts accumulés, ces résultats acquis, ce que je serais tenté d'appeler en style d'économiste, le capital politique des sociétés, c'est l'ordre. Si l'on me permettait d'emprunter à la mécanique usuelle une comparaison un peu vulgaire, mais qui a l'avantage de résumer très nettement ma pensée, je dirais que l'ordre est semblable au taquet que l'on applique au cabestan pour l'empêcher de revenir sur lui-même lorsque la force qui le meut cesse d'agir.

Gardons-nous d'amoindrir ce grand mot jusqu'à l'emprisonner dans sa signification purement matérielle, semblables à ces capitaines fourbus du poëte latin prêts à donner toute la philosophie pour un petit écu.

Dixeris hæc inter varicosos centuriones :
Continuo crassum ridet Vulfenius ingens
Et centum Graios curto centusse licetur (1).

(*Pers.* v. 199).

Ce serait étouffer l'idée sous le fait, et nul fait ne se soutient que par l'idée. Gardons-nous de croire que les grands évènements proviennent de petites causes.

γίγνονται δὲ αἱ στάσεις οὐ περὶ μικρῶν, ἀλλὰ ἐκ μικρῶν

dit Aristote. Gardons-nous également d'envisager l'idée pure sans considérer son rapport aux faits existants, ce serait s'asseoir sur les nuages comme le Zeus homérique, sur l'Olympe,

κύδεϊ γαίων.

La définition, quelle qu'elle soit, du mot ordre, sa vraie définition philosophique, je suis certain qu'elle doit exprimer sa double nature abstraite et concrète et les limites de l'idée

(1) Il vient d'être prouvé, hélas ! que ces officiers-là ne sont plus bastants.

que ce mot renferme. Celle que je propose humblement a du moins le mérite de répondre à l'instinct secret de ce très grand nombre d'hommes sages et éclairés qui, tout en voulant le progrès des sociétés, le perfectionnement des institutions, s'appellent le parti conservateur; conserver pour accroître, telle est au fond leur pensée, parce que telle est en tout la marche des choses, ainsi que Pascal nous l'a dit dans une de ses grandes pages.

Que l'on veuille bien examiner chacune des choses auxquelles s'applique l'idée de civilisation, aussi bien dans ses tendances d'améliorations matérielles que dans celles de développement moral, et l'on verra qu'en dernière analyse l'ordre est la somme des résultats obtenus, l'ensemble des institutions qui les consacrent.

Si une société est riche, l'ordre comportera que l'on y garantisse les fortunes; si elle a des droits civils ou politiques, que l'on y garantisse ses droits; si elle est libre, que l'on y garantisse sa liberté, et ainsi de suite; chacune de ces choses en ses éléments constitutifs, et dans la mesure où elle existe.

De même que, dans la science économique, le capital est un instrument nécessaire de la création des richesses, de même en politique l'ordre est l'instrument nécessaire et principal du progrès.

L'ordre et le progrès sont donc les deux faces de la même idée, l'un dans le passé, l'autre dans l'avenir; l'un si l'on regarde en avant, l'autre si l'on regarde en arrière. L'un indique ce qui est déjà fait, l'autre ce qui est à faire; entre l'un et l'autre il existe une relation nécessaire. L'ordre se compose de progrès accumulés, et chaque progrès nouveau que l'on parviendra à s'approprier deviendra immédiatement partie intégrante de l'ordre. Je ne consentirai jamais à considérer l'ordre comme la pétrification des sociétés, et à lui faire hommage comme à une idole de pierre, mais comme à une force douée de vie et d'activité.

C'est pourquoi nous avons remis aux gouvernements un certain pouvoir matériel préservateur de l'ordre ; nous les avons armés autant contre les attaques du dedans que contre celles du dehors ; ce n'est pas pour leur avantage mais pour le nôtre. La limite où doit s'arrêter ce pouvoir est celle où les intérêts de l'ordre, tel que j'ai tâché de le définir, sont sauvegardés. Tout pas au-delà est un attentat contre l'ordre lui-même.

Eh quoi ! le pouvoir le plus insouciant croirait faillir à la nation dont il laisserait entamer la frontière matérielle ; croit-on que ce soit chose moins grave d'entamer sa frontière morale ? considère-t-on celle-ci comme une chimère ?

Une réflexion se déduit nécessairement du fond même de mes idées : comme il n'y a pas de civilisation en dehors des principes, il n'y a pas d'ordre non plus. Tout part de là et tout y retourne.

CHAPITRE XIII.

DE LA LÉGITIMITÉ.

De l'idée d'ordre à celle de légitimité le passage est naturel et de plain pied. Car, en deux mots, la condition de celle-ci est d'exprimer et de constituer celui-là.

Cette portion de mon travail, bien que liée aux précédentes comme une conséquence à ses prémisses, est cependant fort délicate et soulèvera, je le crains, de nombreuses objections dans l'esprit de ceux-là mêmes qui jusqu'ici m'auraient suivi avec le plus d'attention et de bienveillance. Je parlerai donc pour aller jusqu'au bout de ma pensée et donner un gage de ma sincérité, plutôt que dans l'espoir de ramener à mon opinion ceux qui ne la partageraient pas d'avance. Je sais qu'en général, pour peu que l'on ait quelque valeur d'esprit, en cette matière on se fait à soi-même sa propre opinion.

Je voudrais connaître et dégager le caractère de la légitimité, non pas dans tel ou tel lieu, telle ou telle circonstance, mais dans son acception la plus générale, dans sa notion la plus abstraite, et puissé-je ici, dans la région sereine de l'idée, m'élever au-dessus du Python qui rampe dans les vallées de la terre.

τὴν δ' αὐτοῦ κατέπυσ' ἱερὸν μένος ἠελίοιο

(Εἰς Ἀπόλλωνα. 371.)

Puissé-je parler de manière à n'offenser aucune des croyances que je respecte le plus, alors même que mon esprit refuse de s'y associer.

L'histoire des hommes, j'ai plusieurs fois exprimé cette pensée, se résume pour une grande part dans le récit des rivalités et luttes de classes. Ceci est le dessus des choses, leur face extérieure; mais si l'on pénètre plus avant, les classes elles-mêmes, j'espère bientôt le montrer, ne sont, dans leur substance philosophique, que l'expression concrète de deux idées : la tradition et la raison. Ce sont ces idées qui, pour un œil attentif, résident au fond des classes et des partis politiques, qui constituent leur lien et leur unité, je dirais volontiers leur moi, selon l'idée de Kant, l'hypothèse qui ramène à l'unité la multiplicité des phénomènes, et qui, à travers une série de formes changeantes et de vicissitudes diverses, résument le sens idéal et la vie des acteurs dont la lutte, engagée depuis l'aurore de l'histoire, se poursuit jusqu'à nos jours. Ce sont elles qui soufflent aux âmes les grandes ardeurs et qui, semblables à la déesse auxiliatrice de Diomède combattant Arès (1), parent et dirigent les coups (2).

ἐπέρεισε δὲ Παλλὰς Ἀθήνη

Les héros de ces batailles n'ignorent pas eux-mêmes d'où vient leur force, et qu'une déesse affermit leur bras

γιγνώσκω σε, θεά (3).

(1) Iliad. v, 828.

(2) Ibid. 854-856.

(3) Ibid. 815.

Jamais peut-être ce grand duel ne se montra sous des caractères plus apparents que dans les événements de notre histoire contemporaine. Tour à tour vaincues et triomphantes, il semble que, dans leur guerre impie, la tradition et la raison s'efforcent de fustiger leur immortelle rivale,

> ἔθεινε παρ' οὔατα μειδιόωσα
> ἐντροπαλιζομένην. . . . . (1)

de la frapper à mort, chanter le Péan sur sa tombe,

> Ἠράμεθα μέγα κῦδος, ἐπέφνομεν Ἕκτορα δῖον (2).

et lui ravir son apanage. Comme trophée et gage de son éphémère victoire, chacune produit aussitôt une légitimité à son image, qui affirme et réserve pour elle seule le monopole du droit. Bientôt les deux légitimités se renversent l'une sur l'autre, et sur le champ désolé de leur lutte, l'œil effrayé n'aperçoit déjà plus que des ruines, ruines de la tradition, ruines de la liberté ; mais ces ruines sont vivaces et rien n'est perdu ; les déesses sont immortelles

> . . . . . οὐ μὲν γάρ τι καταθνητός γ' ἐτέτυκτο (3).

Dès-lors ne semble-t-il pas que la conséquence ressorte d'elle-même? L'insuffisance de toute légitimité composée d'un seul élément étant chose démontrée par l'expérience, ne reste-t-il pas à concevoir une légitimité plus extensive, résultant de la combinaison des deux éléments, qui ne soit ni purement traditionnelle, ni purement rationnelle, mais où ces deux forces concourent et se fassent équilibre l'une à l'autre dans une juste mesure, précisément de la même manière que la résultante se forme de la combinaison de deux forces réagissant l'une sur l'autre dans la mesure de leur énergie respective?

(1) Iliad. XXI, 491.
(2) Iliad. XXII, 393.
(3) Iliad. V, 901.

Ce sont ici des aperçus, et la question doit être serrée de plus près. Je ne crois pas que l'on puisse mieux faire que de partir de l'idée de civilisation.

S'il est vrai que la civilisation soit le développement de la vérité dans la société, de la vérité absolue et de la vérité relative, comme il y a deux ordres de vérités, il y aura deux ordres de droits, deux ordres d'intérêts : ceux communs à toutes les sociétés civilisées, permanents, indéfectibles dans leur fond sinon dans leur forme ; ceux particuliers à un certain développement d'intelligence et à un certain état de prospérité matérielle. Ces deux ordres de droits et d'intérêts réclament des garanties et les trouvent dans l'État dont la mission est de les reconnaître, les exprimer et les maintenir.

Il n'est souhaitable pour un peuple d'être ni trop en retard ni trop en avance de son institution. Celle-ci est-elle trop civilisée pour le peuple? il ne la comprend pas, et son obéissance, où l'intelligence n'a point de part, ne saurait être que matérielle; ou, s'il la comprend, il ne lui accorde qu'une obéissance malveillante, inerte. La contrainte qu'on lui impose est un outrage à sa volonté, et sous prétexte de le civiliser, on le dégrade. Nulle fonction politique ne s'accomplit avec aisance et profit, la machine ne marche que par saccades avec tiraillements continus. Il en est de l'institution comme de la lance d'Achille, trop pesante pour la main de Patrocle.

μιν οἷος ἐπίστατο πῆλαι Ἀχιλλεύς (1).

Lorsque la tâche imposée à un peuple est décidément au-dessus de ses forces, il s'enfonce dans une inertie stupide et désespérée,

κακὰ φρεσὶ βυσσοδομεύων (2).

(1) Iliad. xvi, 142.
(2) Odyss. viii, 273.

concentre ses dégouts et ses fureurs jusqu'à ce qu'il éclate en transports de rage et, brisant son institution, se rejette autant en arrière qu'on a voulu le pousser en avant.

Le peuple, au contraire, est-il trop civilisé pour son institution, lui obéir est renoncer à une partie de sa vie morale, à une partie de la vérité dont il est en possession et commettre en partie le crime de suicide. Le pouvoir, frappé de discrédit, ne fonctionne que par sa force matérielle et s'attarde d'autant plus dans les voies fatales de la compression qu'il se méfie d'avantage de l'opinion publique. Dans les deux cas, souffrances, tiraillements douloureux, déperditions de forces, méfiances mutuelles, parfois lutte violente et divorce, parfois prostration et stupeur; tantôt c'est le pouvoir qui traîne après soi le cadavre d'un peuple, semblable au paladin en démence du Poëte de Ferrare

La mal condotta bestia restò morta
Finalmente di strazio e di disagio.
Orlando non le pensa . . . . . .
Di trarla, anco che morta, non rimase (XXIX, st. 71 à 72).

tantôt c'est la nation elle-même qui désarçonne son cavalier, et dans sa fureur le foule aux pieds.

Le comble du mal est qu'une fois mal engagés, il est fort difficile, fort périlleux pour les gouvernements de se dégager et se reformer, à ceux trop progressifs de devenir conservateurs, à ceux trop autoritaires de s'accomoder franchement à la liberté. La peur, la méfiance, les habitudes prises et l'accoutumance les retiennent; ils savent que toute chose vit par les principes qui lui ont donné naissance, et qu'à s'en détacher il y a risque de mort

Nam quodcumque suis mutatum finibus exit
Continuo mors hoc est illius (1)

(1) Rer. nat. I, 671.

et ainsi se prolonge la tache du péché originel

καλὸν μὲν εἶναι τὴν τυραννίδα χωρίον, οὐκ ἔχειν δὲ ἀπέβασιν

disait le vieux Solon (1).

J'ai parlé du dedans, parlerai-je du dehors et des alternatives d'aventures et de défaillances auxquelles se condamne dans sa vie extérieure un peuple dont l'institution est relativement défectueuse? non, je me tais.

Ce sont ici les périls d'ordre politique. A la sinistre lueur des événements contemporains, qui n'en aperçoit d'autres mille fois plus redoutables?

Au-dessous des institutions et des classes qui représentent, les unes la tradition, les autres la raison, là où leur divergence native n'a pas été combattue et neutralisée par la compréhension et l'adoption d'une formule supérieure, il y a l'énorme masse de ceux qui ne représentent ni l'une ni l'autre, ardente fournaise de matières incandescentes analogues à celles qui occupent le noyau du globe terrestre. Que la croûte sociale, où s'alimente toute vie, vienne à se disjoindre, il est certain que, par ses fissures, se répandra immédiatement une épaisse couche de lave brûlante, délétère, stérile, semblable à celle qui engloutit Pompéï et Herculanum. Les grandes révolutions sociales, les cataclysmes proviennent de causes morales assurément. L'incandescence de la masse centrale provient proprement de causes morales et non de politiques, dont la principale (non la seule), est certainement la désolante et stupide irréligion du prolétariat français. Mais leur occasion, la circonstance qui, là où ces causes existent, lui permet ou ne lui permet pas de produire ses effets, cette occasion, dis-je, il faut reconnaître qu'elle est un phénomène d'ordre politique, et il ne serait pas difficile de citer de grands pays où la fournaise intérieure, plus ardente peut-être que nulle part ailleurs, est domptée

(1) Plutarq. Solon, XIV.

par la forte cohésion, la solide consistance, de l'enveloppe politique qui la recouvre.

Lorsque, au contraire, l'équilibre existe entre la civilisation d'un peuple et son institution, l'obéissance devient facile et rationnelle, non plus déterminée par la force matérielle, mais par celle morale. Au lieu de mettre en œuvre les passions basses et honteuses du cœur humain, le pouvoir s'adresse à ce qu'il y a de plus excellent et de plus noble dans notre nature, et alors même qu'il ne départit pas la liberté, il la sert en lui préparant les âmes : l'ordre est réalisé. L'équation entre la civilisation du pays et celle du pouvoir, entre la pensée et l'expression, garantit à la fois le mouvement et l'ordre, l'énergie et la règle, la force du pays par la convenance de l'institution, celle de l'institution par l'adhésion du pays. Chaque fonction s'accomplit sans effort, parce que, le gouvernement étant l'expression réalisée de la pensée publique, rencontre au-devant de ses ordres une bonne volonté qui rend la coaction inutile. Il est l'organe au moyen duquel le peuple recueille sa propre pensée et l'exécute; dans cette union intime, ils vivent attachés l'un à l'autre comme l'âme au corps, et forment un seul être. La vie politique n'existe même qu'à cette condition, sinon l'on a des fantômes de peuples et des simulacres d'institutions.

Pour être légitime, avons-nous dit, l'institution doit être l'expression de tous les droits légitimes ; or, quand les droits sont-ils légitimes? Ici il faut distinguer : les vérités absolues confèrent des droits absolus dont la revendication est partout et toujours légitime, d'une légitimité supérieure à toutes les autres. Nulle prescription, nulle fin de non-recevoir ne leur est applicable, et à les dénier, une institution se condamne elle-même. Les vérités d'ordre contingent ne confèrent des droits légitimes que lorsqu'elles sont entrées dans la masse des intelligences, ou du moins dans une masse susceptible de mouvoir, à elle seule, le corps social. Dès-lors les droits en résultant sont légitimes et je leur applique sans hésitation l'enthymème de Descartes : si on les pense, ils existent. C'est le cas de la théorie, si chère à nos voisins, de l'identité de la pensée et de l'être (1).

Pas de vérité, pas d'être, pas de droit. Nulle vérité ne se peut enter sur l'erreur.

Par contre, tout intérêt résultant d'une vérité acquise, incorporée au corps social, est légitime.

Si maintenant on conçoit une institution représentant tout ce qu'il y a de vérités, de droits et d'intérêts légitimes dans le corps social, rien de plus, rien de moins, cette institution par là-même sera légitime et en possession du vrai caractère de légitimité. Pour résumer toute ma pensée en une formule, la légitimité d'une institution est d'être l'expression adéquate d'une civilisation.

Heureux état, où, toutes les forces sociales concourant au même but, les choses difficiles s'opèrent sans peine ! Ce sont les grandes époques de l'humanité.

Plusieurs corollaires se présentent ici.

Plus une nation est civilisée, plus elle résume en elle d'idées vraies, plus les intérêts s'y sont développés, plus il est difficile à son gouvernement de les résumer toutes en lui-même, et d'être légitime. Dans un peuple fort développé, les vraies conditions de la légitimité sont de plus en plus difficiles à atteindre.

Y a-t-il à la fois deux institutions en même temps légitimes pour une même nation, de manière qu'il lui soit indifférent de s'en remettre à l'une ou à l'autre ? non. De même que, selon la remarque de La Bruyère, parmi toutes les

(1) Dans sa *Morale à Nicomaque*, Aristote avait déjà dit : « sentir que l'on sent et que l'on pense, c'est être ; car être, c'est sentir ou penser. » (IX. 10).

expressions possibles d'une pensée, une seule est la bonne et la vraie, et toutes les autres défectueuses ; de même, parmi toutes les expressions possibles d'une civilisation, une seule est légitime ; toutes les autres, par cela seul qu'elles ne le sont qu'à peu près, ne le sont pas du tout.

Ut quod alis cibus est, aliis fuat acre venenum (1).

Puisque la légitimité est l'expression et la mesure d'une chose variable, d'une somme de vérités, de droits et d'intérêts variant sans cesse, elle est elle-même variable, et ce n'est pas un titre à être légitime demain que de l'être aujourd'hui. La légitimité est une qualité, un attribut qui se gagne et se perd. C'est donc une erreur de demander aux gouvernements : Qui êtes-vous ? Il faut leur demander, que faites-vous ? Car on en a vu de bons devenir mauvais et de mauvais devenir bons.

A quel signe reconnaître la légitimité d'une institution ? Proprement je n'en saurais voir d'autre extérieur et patent que la durée. Mais là-dessus entendons-nous. Le signe est d'usage purement rétrospectif et, partant, pour témoigner de l'actualité d'une légitimité, n'a aucune valeur. La durée, signe de légitimité, n'est pas celle qui précède, mais celle qui suit le moment où vous scrutez la légitimité de telle institution. Je ne dirai pas que cette institution est présentement légitime parce qu'elle *a duré* des siècles ; mais si je sais qu'elle *durera* des siècles, je la croirai légitime.

La légitimité se compose donc de deux éléments, deux notions : une *a priori*, une *a posteriori*. Je veux connaître si une institution est légitime ; avant même de connaître à quel peuple elle appartient, j'examinerai tout d'abord si la vérité absolue, la vérité sociale, y est exprimée, et prononcerai *a priori* si, sous ce rapport, le caractère de légitimité y réside. Puis, évoquant les données de l'expérience, j'examinerai si l'état particulier de civilisation du peuple y

(1) Rer. nat. III. 641.

trouve son expression, et jugerai *a posteriori* si, sous ce second rapport, l'institution me semble encore légitime. La première légitimité est transcendantale, la seconde empirique ; toutes deux sont requises et nulle n'est superflue.

La première est fixe, permanente et ne varie pas. Tant qu'une institution persiste à exprimer les droits d'ordre absolu selon leur vérité, elle persiste à être légitime en ce qui les concerne, quelle que soit la fluctuation des esprits par rapport à cette vérité, parce qu'en dehors d'elle est l'erreur, et que l'erreur ne confère pas de droit. La seconde, au contraire, n'est permanente, ainsi que je l'ai dit, qu'à condition de n'être pas invariable. Comme elle consiste dans un rapport, le rapport entre le verbe et la pensée, puisque le second terme est variable de sa nature, pour que le rapport soit permanent, il faudra que le premier terme varie en même temps que le second.

Que parlez-vous de deux légitimités, dira-t-on, après avoir affirmé qu'il n'en est qu'une? nullement. Je parle de deux forces, de deux éléments : l'un procédant de la tradition et revendiquant son patronage, l'autre procédant de la raison et revendiquant son patronage, lesquels, à la façon des forces combinées dans une résultante, concourent à former une seule et unique légitimité.

Dans son beau livre de l'Histoire de la civilisation, M. Guizot, consacre quelques lignes à examiner les conditions d'un gouvernement légitime et les formule ainsi : « d'une part, que les supériorités légitimes qui existent dans le corps social y soient cherchées et mises au jour, et appelées à découvrir la loi sociale, à exercer le pouvoir; d'autre part, que le pouvoir, ainsi légitimement constitué, respecte les libertés légitimes de ceux sur qui il s'exerce. Un bon système de formation et d'organisation du pouvoir, un bon système de garanties pour la liberté, tel est le *criterium* d'après lequel doit être jugée la légitimité de tous les gouvernements. »

Avant de se résoudre à se séparer, fût-ce par une nuance, d'un esprit tel que celui de M. Guizot, il y faut regarder à deux fois. Toutefois, je ne saurais accepter sans réserve sa notion de légitimité. Je lui fais plusieurs objections et particulièrement celle-ci : le gouvernement despotique ne connaît et ne respecte aucune liberté politique. S'en suit-il qu'il ne puisse, en aucun cas, même sous forme de dictature temporaire, être légitime? Les lignes qui précèdent, de M. Guizot, impliquent la négative. Cette opinion n'est-elle pas trop absolue, et faut-il poser en thèse générale qu'en de certains cas donnés, dans de certaines conditions sociales, un gouvernement despotique ne puisse en aucune sorte être légitime? Dussé-je passer pour ami suspect de la liberté — et je me persuade que l'esprit tout entier de mon travail protestera, — je ne saurais me résoudre à aller jusque-là ; je n'écris pas pour les gouvernements absolus, ni ne les aime. Mais fût-il vrai que la légitimité, telle que la conçoit M. Guizot, est la seule convenable aux peuples très civilisés et libres, j'aurais à dire qu'elle laisse en dehors une moitié de l'histoire, une moitié et plus de l'humanité ; elle se pose trop à une place fixe, ou du moins ne se donne pas assez carrière. A mon sens, sa place est essentiellement mobile, et depuis le premier jusqu'au dernier degré de l'échelle de la civilisation, il n'en est pas un qui ne soit susceptible d'avoir un gouvernement légitime, qui ne soit appelé à l'avoir. L'idée n'est pas absolue, elle est relative et se prête à toutes les combinaisons sociales, même à celles qui précèdent la liberté.

Sur les causes des deux grandes révolutions qui, chez nous, substituèrent la seconde race à la première et la troisième à la seconde, M. Guizot, que l'on est certain de rencontrer à peu près chaque fois qu'il s'agit d'aborder un grand problème politique, a écrit dans ses Essais quelques pages très belles, très vraies, très profondes, et je serais tenté de les transcrire si une telle citation ne dépassait les bornes. Je prie qu'on veuille bien les relire, et arrivé à cette ligne : « Si cela fut légitime ou illégitime........ il est puéril de le rechercher ; » à cette ligne, dis-je, il ne sera pas difficile de savoir à quoi s'en tenir sur la légitimité des deux révolutions. Toutes deux furent l'expression de la société de leur temps, toutes deux furent légitimes. L'institution mérovingienne croula devant le mouvement national présidé par la famille des Pepins. L'institution impériale de Charlemagne croula devant l'effort de la société travaillant à se former et incapable d'étendre son action au-delà d'étroites limites ; toutes deux défaillirent parce qu'elles avaient cessé d'être légitimes. L'institution nouvelle qui prit la place de chacune ne dut pas sa consécration, son droit, sa légitimité au temps seul et à la prescription, mais à son rapport avec la société de son temps ; et le jour même où cette légitimité s'affirma, elle fut.

Une tâche me reste, la plus délicate de toutes. Si la légitimité a pour charge de recueillir en ce qu'elles ont de vrai les manifestations de la tradition et de la raison, de moissonner en quelque sorte ce double champ des connaissances humaines et des droits dérivant de ces connaissances, où les ira-t-elle chercher ? où les prendra-t-elle ? Je répondrai humblement : qu'elle les prenne partout où elle les trouve ; je crois que le mieux de beaucoup est d'y aller simplement, naturellement sans y mettre finesse ni système.

De très bons esprits pensent différemment, je ne l'ignore pas ; une école considérable, moins par le nombre de ses adeptes que par leur position sociale et leur très grande valeur morale, — et en pareille matière, la qualité vaut mieux que la quantité, — professe cette doctrine : que l'on ne saurait s'en remettre au hasard, ni au mouvement naturel des choses, qu'il faut ici un système, lequel, dans le domaine politique, — car, entendons-nous, nous sommes ici en politique pure, — dans le domaine de la contingence, fixe et détermine le champ de la tradition et celui de la raison, qui leur assigne à chacune une sorte de propriété individuelle et d'apanage, ou disons mieux, car dans le temps et la société où nous vivons, la raison saura toujours bien se faire sa part, et il n'y a pas à s'inquiéter d'elle, qui assigne à sa trop faible rivale des places de sûreté, précisément de la même façon qu'à la suite de nos guerres religieuses, il en fut réservé à la minorité protestante, qu'on la cantonne ainsi dans des forts d'où il soit interdit de la déloger, à tout le moins un, une seule place de sûreté où elle soit chez elle à savoir la transmission héréditaire du pouvoir exécutif, que là du moins la tradition seule soit signe et gage et caractère de la légitimité.

Pour moi, je le confesse, mon esprit refuse d'acquiescer à cette doctrine ; je la crois impossible, insuffisante, périlleuse ; périlleuse pour la tradition elle-même que son objet est de sauvegarder. Au nom de cette tradition, des intérêts sacrés de cette grande cliente, je proteste ; je crois qu'à la vouloir ainsi défendre, on la compromet, on la trahit. Dans cet ordre d'idées, je répudie le système.

Si l'on proposait à la minorité protestante française de lui rendre ses anciennes places de sûreté, croyez-vous qu'elle acceptât ? non, certes. Elle a son organisation religieuse propre, sans doute ; mais si on lui offrait de renoncer à nos codes, nos corps législatifs, de sortir en un mot de notre société civile et politique, et qu'en retour de cet ostracisme, on lui dit : voici tel et tel privilége que nous vous offrons. Vous n'aurez plus chez nous droit de cité, mais vous serez chez vous ; vous aurez votre asile, votre place de sûreté en dehors de laquelle, civilement et politiquement, vous serez une étrangère. Croit-on qu'elle acceptât ce troc ? je suis convaincu du contraire. L'esprit du temps actuel n'est plus à cette façon de comprendre les choses, et la méthode, fût-elle jamais bonne, est aujourd'hui surannée. Je ne doute pas que la minorité française protestante ne préférât demeurer confondue dans la masse et s'y mouvoir en liberté, y jouissant du droit commun, participant aux mêmes garanties et solidaire de toutes nos fortunes. Je ne doute pas que, sous l'égide du grand principe de la liberté de conscience, cette confusion, cette solidarité sociale et politique ne lui parût une garantie plus sûre, plus féconde de ses intérêts que toute combinaison possible de privilége dont l'objet serait de la cantonner, à la façon des usagers incommodes, dans un coin de notre société.

N'en est-il pas de même de l'élément traditionnel ? Croyez-vous qu'il y ait profit et sûreté à le reléguer, le cantonner dans un coin de notre institution, à lui dire : vous êtes ici chez vous, plus loin, non.

Pour moi, encore un coup, je regarde cette théorie comme défectueuse. Je la crois fausse, impossible, insuffisante, périlleuse.

Fausse, — car dans la vérité des choses cela ne se passe pas ainsi. J'aperçois dans le monde des veines, des filons, des cristaux, si vous le voulez, de tradition plus ou moins pure, et de raison : mais peut-être nulle part le métal à l'état natif et tout-à-fait pur. Partout les deux éléments m'apparaissent confondus, et il n'y a que la proportion qui varie. La nature des choses répugne donc à la théorie des séparations.

Impossible, — car, je l'ai déjà dit, la méthode est entièrement surannée, l'esprit actuel y répugne absolument, et rien de plus impossible que de ressusciter ce qui est mort dans les esprits. On est bien forcé en politique de tenir compte de l'esprit de son temps, même lorsqu'il se trompe, *a fortiori* lorsque, comme ici, il est dans le vrai. Une institution particulière où la tradition prétendrait se mettre à couvert et se retrancher, et demeurer maîtresse exclusive de la place, soulèverait, je le crois, de telles antipathies que bientôt cette place ne serait plus tenable. A tort ou à raison, on y verrait quelque chose d'analogue à ces têtes de pont que dans ses traités avec l'Allemagne, Napoléon se réservait sur le Rhin, un passage pour ressaisir en quelques marches ses précédentes conquêtes.

Insuffisante, — car, si je n'aperçois pas de place où la tradition soit de force à se maintenir seule, je n'en vois pas d'où l'on ait droit de l'exiler; je n'en vois pas d'où, en fait, elle soit absente. Elle a pied partout. A l'isoler ainsi, vous mutilez son empire; vous lui donnez trop ici, trop peu là. Partout je la rencontre, partout elle a droit de cité; votre théorie lui fait donc une part insuffisante et que, même avec les prétendues et suspectes compensations que vous lui offrez, elle aurait assurément perte à accepter. Son héritage est disséminé, je l'avoue; mais, en somme, elle possède plus et mieux que le lot où vous prétendez la reléguer. Vous maltraitez votre cliente.

Périlleuse enfin, — car aussitôt entrée dans l'étroite citadelle où vous prétendez la reléguer, ne doutez pas qu'elle n'y fût à l'instant le point de mire d'une multitude innombrable d'attaques, bloquée de partout et bientôt battue en brèche. C'était un esprit qui animait tout; ne voyez-vous pas qu'à en faire une institution concrète, vous donnez d'autant prise sur elle. Et si l'assaut réussit, — pouvez-vous, aux jours où nous vivons, affirmer qu'il ne réussira pas? — si dans sa Bastille elle est vaincue, réduite à merci, et qu'il lui faille battre la chamade, pensez-vous que ce ne soit pas un péril pour la société?

Non, non; la nature des choses humaines est diamétralement contraire à cette théorie. On se rappelle avec quelle évidence le plus beau livre politique peut-être de notre âge nous a démontré que nos institutions sociales, notre vie civile et politique, émanent pour beaucoup plus qu'on ne croit de la tradition. On se rappelle les lignes suivantes inscrites au frontispice de son livre dont elles résument la substance :

« Les Français ont fait, en 1789, le plus grand effort auquel se soit jamais livré aucun peuple afin de couper, pour ainsi dire, en deux leur destinée, et de séparer par un abîme ce qu'ils avaient été jusque-là de ce qu'ils voulaient être désormais. Dans ce but, ils ont pris toutes sortes de précautions pour ne rien emporter du passé dans leur condition nouvelle; ils se sont imposé toutes sortes de contrainte pour se façonner autrement que leurs pères; ils n'ont rien oublié enfin pour se rendre méconnaissables.

» J'avais toujours pensé qu'ils avaient beaucoup moins réussi dans cette singulière entreprise qu'on ne l'avait cru au dehors et qu'ils ne l'avaient cru d'abord eux-mêmes. J'étais convaincu qu'à leur insu, ils avaient retenu de l'ancien régime la plupart des sentiments, des habitudes, des idées même, à l'aide desquels ils avaient conduit la révolution qui le détruisit. . . . . . . » (1).

La tradition est partout; je ne vois pas un homme, pas une chose, pas une idée qui, pour beaucoup, n'en émane. Autant en métaphysique j'éprouve d'éloignement pour le panthéisme, autant en politique j'aurais de complaisance pour ce que j'appellerais volontiers le pan-traditionalisme, pour une doctrine qui, réserve faite d'une action semblable et identique au profit de la raison, dériverait toute chose d'un afflux constant d'émanations traditionnelles. Politiquement, ces deux forces pénètrent tout et sont la substance de tout, mais nulle part, dans leurs résultats, absolument séparées l'une de l'autre, nonobstant une antipathie mutuelle qui les empêche de se confondre absolument, et d'anéantir l'une dans l'autre la personnalité de ces deux grands acteurs de l'histoire. Je ne conçois pas en particulier la tradition comme une statue reléguée, immobile, glacée, recouverte d'un triple voile, dans l'ἄδυτον d'un temple, mais comme un esprit vivant qui, franchissant toutes les enceintes, anime tout. Ne vous alarmez

(1) Tocqueville, ancien régime.

pas de leurs querelles bruyantes sur le devant de la scène, leurs antipathies très apparentes et un peu affectées de caractère et d'humeur ; au fond, je n'aperçois presque pas d'œuvre humaine qui ne soit le résultat de leur combinaison, et ne vois qu'elle à être féconde. Dans ces combinaisons, il en est comme des facteurs dans un produit ; leur amalgame est tel qu'une analyse scientifique est souvent seule capable de les isoler. Je n'admets donc pas qu'elles se partagent le monde en parts distinctes comme les trois fils de Kronos et de Rhéa : Zeus, Poseidon et Hadès,

Τριχθὰ δὲ πάντα δέδασται (1)

ou plutôt je dis qu'entre elles la terre est commune,

γαῖα δ'ἔτι ξυνὴ παντων (2).

Je dis que la tradition et la raison se combinent dans les résultats de la civilisation, dans nos idées, nos institutions, nos fortunes, comme les gaz dans l'atmosphère. Où est l'oxygène pur ? où n'est-il pas ? S'il était possible d'isoler tous ces gaz dont nous vivons, ne serait-ce pas la mort ? Mais serait-ce possible ? L'affinité secrète des choses n'y met-elle pas de tels obstacles que quiconque le voudrait tenter *naviget Anticyram*. Concevez-vous que l'on essaie de créer en politique des fontaines Aréthuse et de minces filets d'eau traversant les océans sans s'y confondre ? Franchement, chimère !

Je comprends tout autrement les choses ; je vois tout autrement la marche et les lois de la nature, et la façon dont elle engendre et développe les phénomènes du monde politique ; je crois que, sans prétendre orgueilleusement réformer les lois selon lesquelles elle procède, le plus sage est de nous y conformer humblement, que toute notre puissance est de bien comprendre ces lois et d'en tirer parti. Je souhaite

(1) xv, 189.
(2) *Ibid.*, 193.

que des sources abondantes de tradition non moins que de raison s'épanchent à flots sur l'humanité, que toute âme s'y abreuve, que toute terre s'en pénètre, et qu'au soleil de la vérité toute vie s'épanouisse dans sa plénitude. Mais, convaincu qu'en bien des cas ces deux éléments se créent en quelque sorte l'un par l'autre, que, comme je l'ai déjà dit, souvent la tradition est faite de progrès, le progrès fait avec et par la tradition, de telle sorte que celui-là soit la matière de celle-ci, celle-ci l'instrument de celui-là, je ne crois pas qu'il y ait profit, ni pour l'une ni pour l'autre, à les isoler, et les poser à l'état d'antagonisme, de séparation de corps et de biens. Tout au contraire. Tel est mon sentiment : je préfère, pour les rendre fécondes, qu'elles fassent, comme on dit, ménage sur le même oreiller. Il ne s'agit pas de Vestales puisque nous sommes leurs fils. Ainsi a pratiqué l'Angleterre; de là ses grandeurs. Chez nous, incidents de ménage, de là nos révolutions.

Philosophiquement, pour renverser la notion légitimiste de légitimité, il suffit, ce me semble, de la comparer à celle dont je me suis efforcé de donner la formule. La première affirme que la légitimité consiste à exprimer la tradition dans la forme et la transmission du pouvoir exécutif; la seconde à être l'expression de tout ce qu'il y a d'idées vraies et d'intérêts légitimes dans le corps social. Or, il me semble que, dans celle-ci, plus compréhensive, celle-là s'absorbe et s'anéantit; qui refuserait de l'y anéantir, il ne serait pas besoin d'une dialectique bien subtile pour le pousser à des conséquences odieuses, absurdes.

Mais, dira-t-on, il n'y a pas de principe qui ne soit limité par d'autres. Veuillez prendre garde qu'il n'y a pas ici limitation mais absorption, pas antithèse mais synthèse. Réformez librement, dites-vous, tout autre ressort du mécanisme politique. Dérogez-y à la tradition si tel est votre bon plaisir; mais celui de la forme et la transmission du pouvoir exécutif, le fils de Crésus, muet de naissance, recouvrera la parole pour vous crier : N'y touchez pas ou tout est perdu. La tradition y est principe.

Voilà précisément ce que je ne saurais admettre. Qu'elle soit principe ici et pas là, je n'en vois pas de raison. A vrai dire, nulle part elle ne l'est. (*Voir chap.* VI.) Partout elle est méthode, infiniment excellente à appliquer, et je ne sache pas de loi si petite, quel qu'en soit l'objet, où il ne soit bon de rattacher le présent au passé ; et tel est, en général, le but de tout exposé de motifs. De la transmission du pouvoir exécutif il en est comme du reste. Il faut de la tradition partout; nulle part plus qu'ailleurs ; il y a toujours péril et déperdition de forces à y déroger. Ici plutôt que là, ou moins, pourquoi, je vous prie ; veuillez m'en dire une raison? J'entends une raison philosophique

Eia !
Quid statis? nolint. (Sat. II, 18.)

Jusqu'ici, je ne crois pas qu'une seule un peu valable ait été articulée. Mauvais signe que de ne pas avoir d'idée pour défendre ses idées.

Thucydide caractérise ainsi les deux esprits de raison et de tradition :

« Ils sont novateurs, prompts à concevoir, prompts à exécuter ce qu'ils ont conçu. Vous, au contraire, vous aimez à conserver ce qui est sans rien imaginer au-delà, sans agir même dans les limites du nécessaire ; ils sont entreprenants au-delà de leurs forces, audacieux jusqu'à l'irréflexion, pleins de confiance dans les périls...... Vainqueurs de leurs ennemis, ils poussent aussi loin que possible leurs avantages; dans la défaite, personne ne se laisse moins abattre...... A peine jouissent-ils de ce qu'ils possèdent, occupés sans cesse d'acquérir..... On les peindrait d'un seul mot en disant qu'ils sont nés pour ne connaître aucun repos et n'en pas laisser aux autres (1). »

Et il ajoute :

« En politique comme dans les arts, l'avantage demeure toujours à ce qui est nouveau (2). »

C'est ici l'une de ces fortes touches où l'on sent la griffe du lion. Ne dirait-on pas en deux mots le résumé de notre histoire contemporaine, et l'avènement des bourgeoisies? Quel que soit mon respect pour l'autorité d'un si grand penseur, je n'accepte cependant pas ce jugement sans réserve. Sans admettre que l'une dispense absolument de l'autre, je serai toujours disposé à faire plus de cas de la bonne et forte direction de la volonté que des merveilles de l'intelligence. Et, à ce sujet, je dirai ma pensée tout entière sur un livre justement célèbre et pour lequel je professe une vive admiration, celui de Montesquieu sur les Romains. Je serais tenté de lui dire comme à Diomède :

οὔτις τοι τὸν μῦθον ὀνόσσεται, ὅσσοι Ἀχαιοί
οὐδὲ πάλιν ἐρέει · ἀτὰρ οὐ τέλος ἵκεο μύθων. (3)

Vous parlez d'or ; mais, à mon humble sens, vous restez en route et n'allez pas au fond de votre sujet. Vous signalez magistralement les causes extérieures de la grandeur romaine ; mais, selon moi, vous leur donnez trop d'importance et ne mettez pas assez en relief les causes morales. Pour moi, je crois que Rome a subjugué l'univers moins par ses légions et son sénat que par sa supériorité morale relative. De même que, dans un tas de sable, les philosophes nous disent que la réalité est dans le grain de sable et le tas est une abstraction, de même la valeur d'un peuple est surtout dans celle des individus qui le composent ; et si, par exemple, il s'agissait de comparer Rome à la Grèce, je voudrais que l'on

(1) I, 70.
(2) *Ibid.* 71.
(3) Iliad. IX, 55.

étudiât à part chacun des éléments dont se compose la société, l'individu, la famille, les femmes, la propriété, etc., et constater où l'on rencontre la plus grande somme de vérité et de justice. Or, à ce point de vue, Rome est, je crois, supérieure à toutes les sociétés antiques; intellectuellement très inférieure à sa sœur hellénique, issue comme elle de la vieille mère pélasge, dure, froide et cruelle de caractère, grossière, misérablement positive dans le sens que le langage actuel prête à ce mot, étroite d'esprit, peu sympathique en somme, mais relativement à son époque très honorable, la société romaine (1) est, à tout prendre, plus forte et plus saine que toutes les autres de son temps; la famille y est mieux cimentée, plus respectable; la propriété y est mieux assise, mieux constituée, et j'en donnerai deux preuves. Pratiquement, M. Mommsen vient de nous faire voir que ce sont les petits propriétaires romains, les paysans romains, la landwehr romaine qui vainquirent le brillant Pyrrhus et le grand Hannibal. Théoriquement, la science du droit est purement romaine. Si le reste du domaine philosophique appartient en propre aux Grecs, l'on ne voit pas que ces grands et merveilleux esprits, qui ont approfondi tant d'idées,

Graves inter Graios qui vera requirunt (2)

aient approfondi celle-ci autant que les Romains. La notion du tien et du mien est toujours demeurée obscure, douteuse, pour les intelligences helléniques, et si, à contempler le berceau d'un enfant, une étude attentive y retrouve les éléments de la physionomie future de l'homme et du vieillard, dans les héros homériques, dans leurs dieux voleurs : Minerve *ἀγελαία*, l'industrieux Hermès,

ληϊστῆρ' ἐλατῆρα βοῶν

Ἠῶος γεγονὼς, μέσῳ ἤματι ἐγκιθάριζεν
ἑσπέριος βοῦς κλέψεν

(1) Je parle de la républicaine, l'Empire, comme d'ordinaire, y abaissa le niveau de toutes choses.

(2) Rer. nat. I, 641.

l'on retrouve, ce me semble, en ce qui concerne la propriété, les idées et les faiblesses de leurs descendants actuels. La famille romaine est, je crois, également supérieure à la grecque ; ce n'est pas qu'il n'y ait beaucoup à désirer. Nul peuple n'a plus dit de mal des femmes que les Romains ; sur leurs épouses ils ont jeté feu et flamme. C'est à Rome qu'en plein forum, aux applaudissements des citoyens, le censeur Métellus a exprimé l'idée que, si l'on pouvait se passer des femmes pour faire les enfants, personne n'en aurait (1). Dans les couches plus populaires, c'est à Rome que Dæmonax a donné cette définition de la bonne femme : la bonne femme est celle qui ne dit mot (2). Je ne pense pas que l'on doive prendre ces paroles trop au sérieux, et elles prouveraient plutôt, selon moi, que, dans la famille romaine, la femme a tenu une très grande place. Les Grecs nous ont peu parlé de leurs épouses, assez tristes personnages, paraît-il, vivant à l'étage le plus élevé de leurs demeures, dans une réclusion quasi-orientale, dénuées autant de toute capacité légale que de toute influence domestique (3), se sont peu plaints d'elles, et se sont contentés de sortir silencieux et indifférents de leurs domiciles, en haussant les épaules. Nous

(1) Avant lui, je le sais, Euripide avait exprimé à peu près la même idée sur la scène athénienne :

εἰ γὰρ βρότειον ἤθελες σπεῖραι γένος,
οὐκ ἐκ γυναικῶν χρῆν παρασχέσθαι τόδε
. . . . ἐν δὲ δώμασιν
ναίειν ἐλευθέροισι θηλειῶν ἄτερ.

(*Hipp.* 618, 623.)

Mais il faut se souvenir que, dans ce passage, nous entendons un célibataire, le farouche Hippolyte, parlant des femmes en général, et non les maris faisant le procès de leurs épouses. Si les paroles sont semblables, l'accent diffère.

(2) Rudens.

(3) On peut voir (*Néaira*, 22) qu'elles faisaient peu obstacle aux galanteries de leurs époux.

connaissons tous l'épouse de Socrate et celle de Périclès qui, parfaitement ennuyé d'elle, s'entremit lui-même pour la marier à un autre.

Ἐκείνην μὲν ἑτέρῳ βουλομένην συνεξέδωκεν (1).

A cette sorte de paix, j'applique le mot de Tacite : *Solitudinem faciunt et pacem appellant,* et je lui préfère les tempêtes conjugales des Romains. Rien, je l'avoue, de plus aimable et charmant que les ἑταῖραι helléniques, pour un cheveu desquelles on donnerait l'univers

Pinguis Phrygiæ Mydonias opes
Permutare velis crine Lycimniæ (2)

et qui plus tard firent complètement tourner la tête aux maîtres du monde. A la belle et éloquente Aspasie (dont c'est un problème débattu entre les savants si son plus honnête métier ne fut pas celui de courtisane, il s'agit d'un σ de plus ou de moins dans le vers d'Aristophane (3)

ἀντεκλέψεν Ἀσπάσιας πόρνα(ς) δύω)

on me permettra de préférer la grave matrone Cornélie, plus difficile à vivre, je le concède, plus morose, plus impérieuse, à laquelle, quoique très belle, nul, je le gage, n'a jamais été tenté de soupirer ces douces paroles,

Tecum vivere amem, tecum obeam libens (4)

Mais autrement digne, fière, puissante, et je conçois que d'elle soient issus ceux à qui l'on dira plus tard :

Tu regere imperio populos Romane memento.

(1) *Plutarq.* Périclès, XXIV, 9.
Quelle famille ! et le fils qui diffame son père. L'histoire grecque cependant ne présente pas de figure plus grande, plus personnellement respectable que celle de Périclès, et sa dernière parole citée par Plutarque est merveilleusement belle.

(2) Hor. II, IX, 23.

(3) Acarn. 407.

(4) Hor. III, IX, 24.

Ceux qui voudraient se faire une idée du rôle des femmes dans la société grecque du temps de Démosthène, je les renvoie au discours contre Néaira, lequel fait beaucoup songer à celui de Cicéron *pro Cœlio*. Pour ceux qui ne le connaissent pas, voici brièvement quel est son sujet :

La femme d'un cuisinier de bonne maison, nommée par une ironie du sort Nicarétie, ce qui veut dire *triomphe de la vertu*, maîtresse femme, δεινή, habile surtout à discerner chez les très jeunes enfants les signes de la beauté future des jeunes filles, faisait métier d'en acheter dans leur première enfance, de les élever avec soin, les appelant ses propres filles ; pour leur donner plus de valeur, elle leur donnait des talents, les destinant à exploiter plus tard, à son profit, l'heure de leur jeunesse arrivée, et même à l'occasion un peu avant (1), l'honnête profession d'hétaire. Elle en avait ainsi acheté sept d'un coup,

ἔνθ' ἄρ' ἔην Γλαύκη τε, Θάλειά τε, Κυμοδόκη τε
η Νισαίη τε, Σπειώ τε, Θόη θ' Ἁλίη τε βοῶπις, (2)

Le discours contient, tout au long et en détail, l'histoire fort amusante, mais fort peu édifiante de l'une de ces héroïnes Néaira et de sa fille Phano qui, après un premier mariage temporaire modeste et de nombreuses aventures simultanées à celles de sa mère, finit par épouser temporairement, hélas ! encore (mais ne nous inquiétons pas d'une aussi belle personne qui retombera toujours, comme on dit, sur ses deux pieds), un homme considérable, archonte-roi, et à ce titre faillit présider avec lui aux cérémonies les plus augustes et les plus sacrées du culte. Ces aventures sont telles que, si la traduction française de ce discours existe, ce que j'ignore, elles ont dû donner une peine infinie, un mal extrême au traducteur pour les rendre en un français honnête quelconque.

(1) Néaira, 27.
(2) Iliad. XVIII, 30.

Sous des formes de langage très différentes par le calme, la mesure, le sang-froid, c'est comme actes, quelque chose d'intempérant, d'inconcevable, d'intraduisible, comme le dialogue d'Aristophane.

Les discours non politiques de Démosthène nous donnent au vif le tableau de la société athénienne dans le IVe siècle av. J.-C., de ses mœurs, ses idées, ses habitudes, ses sentiments et sa vie réelle. Je dois dire que le sentiment général qui en résulte est déplorable au-delà de toute expression. Plusieurs des premiers et plus essentiels biens que nous réclamons aujourd'hui de toute société régulière y font à peu près défaut; et, dans cette brillante et glorieuse Athènes, cette cité sainte de l'intelligence, *præclaro nomine Athenæ*

οὐδὲ Μουσᾶν
χοροί νιν ἀπεστύγησαν, οὐδ' γ'
ἁ Χρυσάνιος Ἀφροδίτα (1),

nul ne regrettera de n'avoir pas vécu, nul peut-être ne supporterait de vivre. Il n'en subsiste pas moins que la lecture de plusieurs de ces discours est fort piquante. Je citerai l'histoire de cet Ariston, proche parent de notre M. Prudhomme, cet honnête citoyen régulier et méthodique, compassé, emportant à la guerre, comme nos soldats leurs bidons, le vase appelé en grec ἀμίς, dont je ne saurais dire le nom en français (2), et de ses différends avec les mauvais sujets du club des Ithyphalles (honnêtement des amoureux) (3).

La moralité, hélas! a toujours été le côté faible de ces aimables Grecs, si intelligents, si sympathiques, si vicieux, si peu doués, même les plus grands, Thémistocle par exemple, de ce que, dans notre langue moderne, nous appelons l'honorabilité, et ce côté de leur caractère leur est commun avec

(1) Soph. Colonn. 691.

(2) *Lasanum portantes œnophorumque* (Sat. I, VI, 109.)

(3) Conon, 14.

leurs parents les Hindous actuels, race, dit-on, la plus démoralisée qu'il y ait au monde, dont les pères âryens, dans leur philosophie vêdique, renferment leurs recherches dans une explication du monde physique, et demeurent étrangers aux problèmes de l'ordre moral. Et c'est pourquoi, sans doute, ces deux brillantes races, si grandes par l'esprit, n'ont eu, en définitive, que de médiocres destinées politiques et de courtes prospérités,

Sed Cinaræ breves
Annos fata dederunt. (1)

Je demande grâce pour ce commentaire un peu long d'une ligne de Thucydide. Il est vrai que la pensée exprimée en cette ligne est d'une portée infinie.

S'il est vrai que la notion de légitimité implique en elle-même les deux idées de conservation et de progrès, peut-être trouvera-t-on qu'il y avait lieu d'envisager ici ces deux idées, leur importance relative et l'équilibre qu'elles doivent garder.

(1) Hor. IV, XI, 19.

CHAPITRE XIV.

DES NATIONALITÉS.

A l'heure où j'écris ces lignes, l'idée des nationalités et celle de l'équilibre européen sont sur le devant de la scène. Deux principes disent nos maîtres, — c'est le nom qu'ils leur donnent, — deux principes absolument inconciliables entre lesquels il faut choisir. Donc, lutte à mort.

Pour moi, humble médecin de village, *ipse semipaganus*, dit Perse, quelle que soit ma déférence pour la parole des maitres et en particulier pour celle du philosophe spiritualiste qui occupe, avec une élévation et une générosité d'idées incontestables, la chaire de droit des gens au Collége de France, je ne suis point ici satisfait de sa doctrine ; je ne saurais acquiescer à son opinion, et sous peine de renier les idées les plus fondamentales de ce travail, je proteste. Ni aux nationalités, ni à l'équilibre européen je ne saurais reconnaître le caractère constitutif de l'idée-principe. Ils n'ont pas toujours été ; ils ne peuvent pas ne pas être.

Sont-ils pour cela dénués de toute réalité, de toute valeur ? à Dieu ne plaise.

L'on prouve facilement que l'équilibre européen n'est pas un principe, qu'il n'a jamais été, qu'il ne peut pas être d'une façon absolue ; l'on épilogue sur ce qui le constitue, et l'on argumente contre lui

ratione ruentis acervi.

Prouve-t-on ainsi que la nationalité soit principe? pas le moins du monde. Ne voit-on pas, au contraire, que la même démonstration se retourne contre elle, qu'à l'état pur et absolu nulle nationalité n'existe, qu'elle n'a jamais été, qu'elle ne sera jamais.

A distinguer les races des nationalités, on se donne une peine extrême, et l'on a raison ; car, à se mettre dans cet ordre d'idées, la nationalité étant principe si la race l'est également, nous allons un peu loin : nous sanctionnons les titres « d'une puissance despotique et barbare, déjà beaucoup trop grande pour le malheur de l'Europe, et attirons dans son orbite les populations naïves séduites par le mot vide de Panslavisme. » Et comme le mal ne peut jaillir d'une vérité, que par suite toute vérité se juge *a posteriori* par ses conséquences, comme, d'autre part, l'on tient essentiellement à repousser hors de la scène l'équilibre européen, personnage incommode pour de certains acteurs dont aujourd'hui le verbe est haut et qui, comme toutes les puissances, ont leurs courtisans

Te
Nos facimus, fortuna, deam (1),

il faut bien dire que, si la nationalité est principe, la race ne l'est pas, qu'ainsi, autant la plénitude du droit imprescriptible appartient à l'une, autant l'autre en est dénuée, et le problème est résolu de faire ainsi le jeu des Allemands, sans faire, Dieu soit loué, celui des Russes. Car, en vérité, si la barque des nationalités avait à porter en ses flancs la fortune du

(1) Juv. XIV, 305.

Panslavisme, cargaison des plus compromettantes, il y aurait à trembler pour elle.

Distinguons donc et faisons en sorte que les caractères distinctifs soient tellement nets, tellement tranchés que nul ne s'y puisse méprendre. La méprise serait fatale au principe si, faute d'y voir clair, nous le repoussions, à nous-même si, le principe admis sans discernement, nous introduisions de nos propres mains le loup dans la bergerie.

La nation est l'association d'hommes dont

1° La civilisation est commune,

2° La langue commune; l'on ne tient cependant pas absolument à ce caractère, puisque l'on admet que la Suisse est une nation,

3° Qui a concouru aux mêmes chefs-d'œuvre et exercé la même influence,

4° Qui reconnaît les mêmes lois, les mêmes traditions, les mêmes principes, les mêmes intérêts, dans laquelle circule en quelque sorte la même vie, le même esprit, la même force,

5° Enfin, qui a la conscience de cette union.

Là où ces conditions n'existent pas, nous disent les maîtres, il n'y a pas nation, mais race. Celle-ci est chair et sang, l'autre esprit; et pour interpréter dans son vrai sens leur pensée, nous ne nous attacherons aux termes un peu vagues du quatrième caractère que dans la mesure des choses humaines, sans quoi il est patent que si, pour constituer une nation, il fallait reconnaître dans tous ses membres les mêmes lois, il y en aurait peu, les mêmes principes et les mêmes intérêts, pas une seule. Nous prendrons donc ces termes dans une acception extensive.

Qu'il y ait du vrai dans ces notions, je suis loin de le contester; qu'une race barbare n'ait pas les mêmes titres et les mêmes droits qu'une nation intelligente, rien de plus certain. Peut-être la doctrine est-elle sévère d'un côté, complaisante de l'autre, je toucherai ceci plus loin ; ici je ne veux qu'examiner si la portée de la distinction est telle que, éliminant toujours l'équilibre européen, acteur incongru, l'Europe civilisée n'ait rien à redouter de cette passe donnée au principe des nationalités, quelle marchandise recouvre ce pavillon, et si ce qu'on appelle la race slave ne remplit pas, sauf une seule, toutes les conditions posées pour constituer une nation. Même civilisation, même langue, même vie, même esprit, mêmes traditions, mêmes intérêts et mêmes principes, autant que cela est compatible avec les individualités humaines, surtout pleine et parfaite conscience de cette vie commune, conscience de son être propre ; est-il possible, je le demande, de dénier toutes ces conditions aux nombreux fils de la grande mère Slava ? Du catalogue, un seul point fait défaut : les chefs-d'œuvre de l'intelligence. Sans déroger aux grandes et profondes idées de Vico sur les Homères, sagesse des nations. Est-ce assez ?

Hier encore, la Russie subissait le joug du Tartare ; elle était chrétienne, mais n'avait pas de grande littérature ; elle n'était donc pas nation. *Serviat.*

Aujourd'hui même, à l'Orient de l'Europe, des millions d'hommes subissent le joug du Turc, qui partagent avec nous la foi au Christ, l'une des grandes sources de notre civilisation, — je ne dis pas la seule et ne saurais admettre, comme plusieurs, que tout en sorte ; la liberté politique ne vient ni de Rome ni de Jérusalem, et je crois, avec Montesquieu, qu'elle nous vient des bois. — Ces millions de chrétiens, dis-je, ont, de même que l'infortunée Pologne, une vie sociale très supérieure à celle de leurs maîtres, n'importe ; leur littérature est des plus modestes, leur influence sur le mouvement général de la civilisation plus modeste encore. *Serviant.*

L'Allemagne elle-même, si fière, et à si juste titre, de ses héros de l'intelligence, oublie-t-elle que la cendre des plus anciens est à peine refroidie, et qu'avant Lessing, Herder, Kant, ce faisceau de grands hommes, qui illuminèrent des splendeurs de leurs esprits le crépuscule du XVIIIe siècle, sa littérature n'existait proprement pas. Par ailleurs, ni religion, ni intérêts communs, ni conscience de son être. N'était-elle donc alors que chair et sang ?

. . . . . ἐλάφοισιν ἐοίκεσαν, αἵτε καθ'ὕλην
θώων, πορδαλίωντε λύκωντ'ἤϊα πέλονται (1)

Je pourrais poursuivre ; c'en est assez. De telles conséquences révoltent, et toute âme un peu généreuse proteste.

Quoi donc ! si, contre la nature des choses, nous allons jusqu'à faire des nationalités un principe proprement dit, possédant, comme c'est l'essence du principe, une valeur propre, absolue, indépendante des circonstances, imprescriptible, si, en un mot, notre doctrine est Tout ou Rien, nous rencontrons nécessairement une double alternative :

Les conditions que nous posons, littérature ou autre analogue, pour restreindre en une certaine mesure les conséquences de notre principe et nous garantir de la contrebande, arrêteront les esprits ou ne les arrêteront pas.

Dans le premier cas, fort peu probable ce me semble, car la barrière que l'on nous propose est légère, puérile, je demande pardon du mot, et les esprits une fois lancés, elle ne les arrêtera certainement pas ; dans ce premier cas, si je me trompe dans mon appréciation, si, faute de grande littérature, toute revendication de nationalité se comprime, les grands périls, les catastrophes générales sont conjurés, je l'avoue, mais à quel prix ? au prix de grandes et nombreuses iniquités particulières. La doctrine est aussi impitoyable que

(1) Iliad. XII, 102.

le mot terrible prêté à notre vieil ancêtre, vainqueur de Rome : *Væ victis !* Elle est révoltante, inacceptable dans ses conséquences autant qu'arbitraire au point de vue de l'idée.

Dans le second cas, si, pour être, une nationalité n'a pas besoin de posséder une grande littérature, ni d'avoir exercé une influence profonde sur la marche de la civilisation, s'il lui suffit de posséder en commun une certaine somme de vérités et de traditions, une certaine vie sociale, et d'avoir conscience de soi, si notre barrière est inefficace et fragile, qu'advient-il ? nous ouvrons la porte toute béante au czarisme panslaviste, et aux plus sinistres catastrophes qui puissent menacer la civilisation européenne ; il y a de quoi faire reculer les plus hardis, et je m'aperçois que le généreux et libéral professeur du Collége de France recule lui-même épouvanté.

En deux mots, la littérature introduite comme restriction du principe pour en exclure les mauvaises conséquences, est sans valeur comme idée, sans valeur comme fait. Si elle arrête ces conséquences, la doctrine est impitoyable ; si elle ne les arrête pas, mille fois pire. Si la nationalité est un principe absolu, à moins de se payer de chimères dans sa définition, et d'y donner à la littérature une place au-delà de toute mesure (1), je défie d'en exclure les Slaves, et si les Slaves y participent sans contrepoids, que vaut le principe ? *Et fructibus eorum*, dit la maxime évangélique, *cognoscetis eos.*

Non, non ! ni si haut que tout, ni si bas que rien. La nationalité diffère de la race assurément, et se compose d'intelligence ; mais cette intelligence n'a pas besoin de littérature

(1) Quelques-uns en sont à trouver l'unique et décisif caractère des nationalités dans la tradition seule, et c'est ainsi qu'à Prague et Cracovie se pose aujourd'hui la question. Je respecte en toutes choses infiniment la tradition ; je ne saurais toutefois en faire à ce point la reine du monde sous quelque nom qu'on lui prête.

pour être. Je conçois ses conditions d'existence plus simples et moins vagues qu'on ne nous les donne. Je crois qu'il lui suffit de posséder, avec de certaines traditions, une certaine somme de vérités, et d'avoir conscience de soi. Avec ces trois éléments, pas un seul de plus, elle est parfaite; elle a les éléments de la vie et cette cohésion qui constitue la vie collective. Elle a des droits que, opprimée, il lui appartient de revendiquer à ses risques et périls.

Ignorantne datos ne quisquam serviat enses.

Mais ces droits ne sont pas absolus, seulement relatifs; l'idée n'est pas principe, n'a rien de ce qui constitue le principe; elle est simplement une règle de conduite dont l'application dépend de l'appréciation des circonstances, ce que les anciens Grecs eussent peut-être appelé δίαιτα.

J'en dirai autant de l'équilibre européen. Ce n'est pas un principe non plus, de même que M. Franck nous l'a très bien fait voir; c'est une règle de conduite dont l'application dépend de l'appréciation des circonstances.

Je supplie que l'on ne traite pas de logomachie mon dissentiment sur ce point avec l'homme éminent qui

Tripode e Phœbi lauroque profatur (1)

et dont j'aurais tant à apprendre. Il sait mieux que moi que, dans le domaine de l'idée, le langage doit être d'une précision rigoureuse et les mots représentation exacte de la pensée qu'ils expriment. A aucun prix je ne saurais admettre que, qualifiant de principe ce qui ne l'est pas, on puisse, sans de graves inconvénients, introduire dans le vocabulaire philosophique ce que nos voisins appellent des titres de courtoisie.

On nous dit que les deux principes sont inconciliables et qu'entre eux il faut choisir. Oui, s'ils sont principes; s'ils ne

(1) Rer. nat. v, 113.

le sont pas, si ni l'un ni l'autre ne l'est, non. Réglés tous deux par l'appréciation des circonstances, je ne vois pas qu'ils n'aient pas lieu d'intervenir l'un et l'autre, selon leur valeur respective, dans la solution des problèmes politiques. A vrai dire, je ne crois même pas qu'il y ait de bonne solution si l'on ne tient compte des deux. Les principes sont absolus et ne fléchissent pas; les règles se tempèrent les unes par les autres, et ne pas envisager les diverses faces d'une question, la résoudre mal à propos par une idée absolue, est le propre des esprits étroits.

Dans quelle mesure se tempèreront-ils? et s'il advient que leur antagonisme se révèle, lequel prévaudra, lequel rendra les armes?

Ici je n'admets pas qu'il y ait doute ni conflit. La nationalité, si sympathique qu'elle soit, est le particulier; l'équilibre est le général. Ou il n'y a pas de morale humaine, ou l'équilibre domine et subordonne toutes les nationalités présentes et futures du haut de la grandeur des idées et des intérêts qu'il représente, de tout le poids dont le général domine le particulier.

Qu'on ne dise pas que l'équilibre ainsi entendu est également impitoyable, puisque, partout où il produit un mal particulier, il y substitue, il est tenu d'y substituer un bien général, tandis que le principe des nationalités, par cela seul qu'il s'affirme absolu et qu'il exclut l'idée d'équilibre, partout où il légitime et consacre l'oppression d'une malheureuse race, n'a nulle rançon qui rachète et compense cette grande iniquité,

Tanta stat prædita culpa (1)

Telle est mon opinion. Philosophiquement, elle n'est que la conséquence rigoureusement déduite de l'idée de principe, telle que mon esprit la conçoit; pratiquement, et c'est sou-

(1) Rer. nat. v, 200.

vent la meilleure méthode pour juger *a posteriori* une doctrine, je crois celle-ci exempte, d'une part, de cette dureté impitoyable qui, pour une cause plus ou moins futile, refuse absolument en de certains cas la vie politique à ce qui possède la vie morale; d'autre part, de cet esprit aventureux qui, par complaisance extrême pour MM. les Allemands d'aujourd'hui, les décharge de tout contrôle européen, et compromet pour leur plaire les destinées du monde. J'admets l'idée de nationalité, de l'autonomie, même de l'agglomération, mais dans une certaine mesure. J'admets la souveraineté de l'équilibre européen, intérêt suprême qui domine toutes les nations. Mais, comme tous les souverains, je demande que celui-ci ne soit pas un tyran capricieux; je demande qu'il soit libéral et laisse une grande latitude à l'action individuelle des peuples. S'il cesse de l'être, dans l'état actuel des esprits, son empire est frappé à mort. Voilons nos têtes et attendons le coup fatal.

CHAPITRE XV.

ULYSSE, SINDBAD, ET LA LÉGENDE DE POLYPHÈME.

Si la nationalité n'est pas principe, il va de soi que la race, idée plus restreinte, l'est moins encore. Mais il semble difficile de ne pas admettre qu'elle soit une force dont, partant, la politique doit tenir compte en ce qu'elle constitue de certaines aptitudes particulières et un caractère en somme indélébile dont, en ce qui concerne le monde de son temps, dans le VIe chapitre du VIIe livre de sa politique, Aristote n'a pas dédaigné de tracer à grands traits l'esquisse en des pages immortelles.

Il y a donc lieu de nous arrêter quelques instants à envisager cette idée de race, spécialement celle à laquelle nous appartenons, la plus grande incontestablement des races humaines par l'intelligence et le caractère, créatrice de toutes les sciences, la seule qui ait sû philosopher et qui sache encore être libre (1). Abordant ce sujet par son côté concret,

(1) Quel sujet de méditation que celui du déclin de la race sémite que, dans le monde antique, sans parler des Hébreux, nous voyons produire de très grands hommes : toute la famille des Barka, une république libre et puissante, Carthage, objet de l'admiration d'Aristote, et aujourd'hui, après

je prie que l'on me permette, afin de retrouver les types dans leur pureté, de prendre les éléments de l'étude suivante dans Homère et les Mille et une Nuits.

M. Galland, l'honnête et aimable traducteur de ce dernier livre, à l'un de ses plus charmants récits, les voyages de Sindbad le marin, ajoute la note suivante : « Il est à croire que l'auteur arabe a tiré ce conte de l'Odyssée d'Homère. » A Dieu ne plaise que nous manquions d'égards envers la mémoire de l'excellent homme auquel nous devons cette précieuse importation littéraire et qui, le premier peut-être, nous a entr'ouvert les abords de ce mystérieux Orient, berceau de tant de grandes choses. S'il est vrai que le principal

avoir été, sur plusieurs points capitaux, l'éducatrice du monde âryen, tombée de Moïse à Mahomet, descendre pas à pas tous les degrés d'une décadence sans limites, elle qui disputa à Rome l'empire du monde !

Pourquoi cette décadence morale et politique, profonde et, semble-t-il, irrémédiable ? Pourquoi, même avec une théodicée certainement inférieure à celle d'un roi actuel musulman du Soudan, était-elle autrefois à Tyr, Sidon et surtout Carthage, susceptible de liberté politique, et ne l'est-elle plus de nos jours ? La race à laquelle nous devons l'idée monothéiste, qui a produit les Hébreux et les Carthaginois, est certainement une grande et noble race, fortement douée de certaines qualités d'enthousiasme qui, dans quelques parties du domaine de la pensée, lui permettent de rivaliser, à de certains égards, avec la race âryenne. Mais combien celle-ci a des horizons plus vastes !

Quoi qu'il en soit, cette différence d'aptitudes intellectuelles, moins accusées peut-être autrefois que de nos jours, existait cependant déjà, et, dans une étude littéraire un peu largement embrassée, il ne serait pas difficile de la faire sentir. Pourquoi, dans le monde antique, a-t-elle cependant balancé la fortune de la race âryenne ? Pourquoi, de nos jours, l'écart est-il à peu près incommensurable, l'une s'élevant sans cesse, l'autre s'abaissant indéfiniment ? Faut-il chercher la source de cette décadence dans quelque vice naturel développé par le temps ? Alors, quel sera ce vice ? Serait-ce une certaine absence d'initiative, d'activité spontanée, un penchant exagéré à l'ascétisme et à la contemplation, traînant après soi l'engourdissement et la torpeur, trop de règle en toute chose ? Y aurait-il, dans le caractère et l'esprit âryens, un ressort, une élasticité manquant au caractère et à l'intelligence sémites ? Si ce n'est pas cela, où est la cause ? où est le vice d'une race, la supériorité de l'autre ? Questions trop hautes pour qu'en ce modeste travail de quelques pages je prétende le résoudre. Toutefois, j'aime autant dire que, tout en parlant d'Homère, de M. Galland et de Polyphème, mon but a été de les poser. Que chacun les résolve selon les lumières de son esprit.

défaut de notre esprit français, celui qui choque le plus les étrangers, soit sa tendance à se refermer sur soi et se nourrir de sa propre substance, partant, trop manquer d'ampleur dans ses horizons, et trop ressembler, — on me permettra cette comparaison, parlant des Mille et une Nuits, — à ces maisons arabes qui n'ont de jour que sur une cour intérieure, combien ce défaut n'était-il pas plus sensible au XVIIIe siècle? Notre grande littérature, fortement nourrie des lettres classiques grecques et latines, y ajoutant chez un petit nombre, quelque légère teinture de celles italiennes et espagnoles, sauf les livres saints, ne connaissait rien en dehors d'elle-même. Nos propres origines littéraires, si curieuses cependant, lui sont étrangères comme terre barbare, et c'est le temps où, à nos églises gothiques, l'on ajoute pour les embellir des façades modernes. En littérature comme en commerce, il semble qu'à cette époque, on en soit à ce que les économistes ont appelé le système mercantile, dont le dernier mot est de beaucoup exporter et ne rien importer. Il en résulte que la grande œuvre littéraire de l'époque de Louis XIV ressemble un peu à de hautes et magnifiques galeries qui manqueraient de soleil et sentent le renfermé.

Il n'est pas besoin de rappeler que la fleur exotique parfumée de senteurs nouvelles un peu étranges, alors importée sur notre sol par l'aimable M. Galland, eut un grand succès attesté par le grand nombre des imitations qu'elle provoqua. Malheureusement, selon nos idées modernes, sa plume était peut-être trop honnête pour une pareille tâche, et l'on doit regretter, pour employer ses propres expressions, « qu'il se soit écarté du texte quand la bienséance n'a pas permis de s'y attacher, et qu'il nous ait fait voir ses Arabes avec la circonspection que demande la délicatesse de son temps. » La critique moderne, absolument affranchie de tels sentiments, est douée d'une curiosité parfaitement indiscrète, ne connait aucun scrupule et ne respecte aucun voile. Elle aime surtout à scruter les fibres les plus secrètes, les plus particulières, les plus morbides de chaque civilisation et s'attache à y promener impitoyablement sa loupe et son scalpel. Semblable à l'interrogatoire de nos cours d'assises, elle pousse les choses à fond sans se payer de mièvreries; elle prétend tout connaître pour tout juger. C'est pourquoi les traducteurs de nos jours s'inquiètent peu de la délicatesse de leurs lecteurs, et pour en donner une idée, qu'on veuille bien me permettre de renvoyer aux récentes traductions des poëmes hindous. Qu'on jette les yeux à peu près au hasard sur quelques-unes de ces pages, et l'on sera surpris des infamies et des turpitudes que souffre sans en rougir notre papier français, bien élevé et chrétien. En somme, le traducteur est un interprète dont le devoir est de ne rien déguiser, rien dissimuler, rien atténuer, et l'honnête pruderie de M. Galland est un anachronisme que désavoue l'esprit de notre âge. Ayant dessein d'étudier quelques pages du livre traduit par lui, et ne pouvant, malheureusement pour moi, les connaître que par sa traduction, je regrette sans doute que les nuances en soient ainsi pâlies et mitigées. Il faut reconnaître que cet excellent homme n'était pas un esprit supérieur. Il se proposa d'être agréable et divertissant, il écrivit pour les oisifs et les femmes,

Ut pueris placeat, (1)

sans soupçonner peut-être la portée de son œuvre, sans se douter qu'elle pût se prêter à des études plus sérieuses. Je voudrais, obéissant aux inspirations contemporaines, examiner un de ces récits dont les rapports avec un des récits homériques sont si accentués qu'ils frappent les esprits les plus myopes, effleurer l'étude de ces rapports eux-mêmes, non pas au point de vue littéraire qui excède ma compétence et dépasse mes forces, mais comme légendes; signaler en quoi tous deux se ressemblent, en quoi ils diffèrent.

(1) Juv. x, 167.

M. Galland soupçonne que l'auteur des Mille et une Nuits a eu connaissance de l'Odyssée; cela est fort difficile à admettre pour plusieurs motifs trop longs à déduire. N'est-il pas plus naturel de penser que le conteur arabe et l'auteur, quel qu'il soit, du poëme homérique, ont puisé l'un et l'autre à quelque lointaine source commune, à quelque antique légende dont ils se sont emparés, et qu'ils ont accommodée à leur génie. C'est à ce point de vue que je demanderai la permission de me placer.

II.

En dépit de leurs apparences futiles, à plusieurs titres, les légendes ont une importance considérable. On l'a dit fort justement : ce que l'on appelle l'antiquité est bien plutôt l'enfance du monde (1). Ou il faut nier absolument la tradition, le rôle que joue dans les choses humaines cette grande idée, cette grande force, et soutenir que, indépendantes les unes des autres, les générations recommencent chacune son œuvre à nouveau sans rien devoir à celles qui l'ont précédée, ce que nul esprit n'oserait prétendre; ou il faut reconnaître que le trésor de résultats moraux et matériels transmis aux générations nouvelles, constitue pour elles une sorte d'expérience fort analogue, disons mieux, identique à celle que l'usage de la vie apporte dans une tête individuelle bien faite, fortifiant le jugement et développant les connaissances aux dépens, hélas ! de la sensibilité et de l'imagination ; « de sorte, dit Pascal, que toute la suite des hommes doit être considérée comme un même homme qui subsiste toujours » et que, dans son magnifique langage, il appelle « l'homme universel fait pour l'infinité (2). »

Les sociétés saines vieillissent donc comme les personnes.

(1) Cette idée appartient à Pascal ou peut-être à Descartes. — Faut-il rappeler ici que le système de Vico repose en partie sur ce fondement?

(2) Traité du vide.

Puissions-nous avoir plus de sagesse que nos aïeux ? Qui niera que nous ne leur soyons très inférieurs comme intensité et fraîcheur de sentiments ? Ils étaient jeunes, nous sommes vieux ; cela est dans l'ordre.

Or, de même qu'enfants, la première nourriture de nos esprits a été la fable et le conte, de même il est certain que le monde enfant, l'aimable simplicité du monde naissant, dit Fénélon, a débuté par la légende. La légende est la première manifestation de l'intelligence de l'humanité, et c'est pourquoi le philosophe est ami des légendes, dit Aristote.

φιλόμυθος ὁ φιλόσοφος (1).

Toutes les littératures en dérivent comme de leur germe, et toutes celles des religions qu'il est licite de considérer comme créations de l'esprit humain. Si haut que nous remontions dans les manifestations écrites de la pensée humaine, nous y retrouvons la légende ; la légende déjà vieillie, concrète et fixée à l'état de religion. Les inscriptions hiéroglyphiques, vieilles de 25 ou 30 siècles av. J.-C., constatent l'existence de légendes propres à l'Égypte, celle de Horus, par exemple, dans l'inscription d'Ousertésen. Les védas, sont de 15 siècles au moins av. J.-C., le Zend Avesta à peine plus jeune (2). Le fond de ces deux livres est légendaire. Les poëmes homériques, plus jeunes encore, qui datent de 750 à 850 av. J.-C., sont pétris de légendes, quelques-unes déjà frustes et décomposées en fragments comme les fossiles au sein de la terre.

Non-seulement la légende est la première forme de pensée qu'aient bégayée nos lèvres, c'est aussi celle qui s'est conservée le plus longtemps et avec le plus de persistance à l'état vivant. Nous possédons d'autres témoins des vieux

(1) Métaphysique, XII, 8.

(2) Surtout la portion appelée les Gâthâs.

âges : les monuments chéris de nos antiquaires et de nos archéologues, le langage lui-même, ce monument moins étudié chez nous, plus précieux cependant que tous les autres. Mais les monuments sont passés à l'état de ruines, quelques-uns à l'état de ruines informes,

etiam periere ruinæ,

de pierres où il faut l'œil d'un savant pour reconnaître l'empreinte de la main de l'homme, le signe de ses idées. Le langage a subi également l'action du temps ; ses formes successives ont péri, souvent sans qu'il en reste à peine trace. Pour d'autres, il faut se contenter de rares débris laborieusement reconstitués par la science moderne, énigmes posées à la pénétration de nos philologues. La vie a complètement déserté ces formes primordiales de l'intelligence humaine, édifices et langages, qui n'ont plus rien de commun avec les sentiments, les idées, les besoins du temps où nous vivons. Tandis que les légendes, répondant à des sentiments du cœur humain qui ne passent pas, frêles constructions, survivent aux temples de marbre et aux formes mêmes des idiomes qui les ont enfantés. Qui nous dira l'âge du Petit Poucet et du Chaperon rouge ? Quel est celui de nos édifices pouvant se vanter de leur être antérieur et d'être encore aussi solide sur ses assises ?

Enfin le mérite le plus précieux des légendes est moins encore peut-être de remonter très haut et de se conserver très longtemps, que d'être le miroir très fidèle, très détaillé, des idées, des habitudes, du caractère des races qui les ont adoptées. Cette partie, la plus fugitive, la plus intime, la plus curieuse de la vie de chacune s'y reflète au vif, et par elles nous pouvons ainsi avoir le portrait caractéristique des sociétés disparues

quo fit ut omnis
Votiva pateat veluti descripta tabella
Vita senis.

III.

Le livre des Mille et une Nuits est d'une date assez récente, et, dans sa forme actuelle, ne semble pas remonter au-delà d'un millier d'années avant l'ère présente.

Mais il importe de remarquer que souvent la légende ne perpétue son existence que par une série de métamorphoses et une sorte de métempsychose. Le fond reste à peu près le même ; les incidents varient, les acteurs changent, le cadre et les fonds de tableau se modifient, et, en somme, chaque forme nouvelle, chaque avatar, porte témoignage de la société d'où il est issu. Il n'est pas un recueil de fables grecques, latines ou françaises qui ne puisse déposer de cette métempsychose ; et l'on sait que nos admirables contes de Perrault, fixés maintenant à une forme que sa perfection même semble rendre définitive, l'ont devancée de fort loin, et circulé comme légende orale à nos vieux foyers, transmis par une tradition dont il serait fort difficile de déterminer les origines.

Une telle hypothèse semble plus naturelle encore, s'agissant de ces contrées orientales, séjour et patrie de la permanence, où l'on serait souvent tenté de dire que rien ne meurt ni ne vit. Les contes traduits par M. Galland sont de rédaction récente assurément, mais je suis disposé à croire qu'il en est plusieurs dont la forme seule est moderne et dont la légende fondamentale remonte loin.

L'histoire de Sindbâd a des parties qui portent éminemment ce caractère. Sindbâd, partant de Bassorah, dirige toutes ses navigations vers les rives indiennes. Son histoire a des teintes indiennes très prononcées qui ne sont pas un de ses moindres attraits, et résulte du contact de la race arabe avec la race hindoue (1). Quelques portions sont plus hindoues qu'arabes,

(1) On sait que le premier manuscrit arabe des Mille et une Nuits a été trouvé dans l'Inde anglaise, par le major Turner Macay.

pour ne pas dire tout-à-fait empruntées à l'Inde. J'indiquerai cet incident du mari enterré vif avec sa femme et surtout l'histoire finale du roi des éléphants. Ce trait est à coup sûr de pure importation indienne et n'est pas sorti de la tête de Sindbàd lui-même, mais de celle des Hindous avec qui il a eu commerce.

Quiconque a pris connaissance des poëmes sanscrits n'a pu s'empêcher d'être frappé de cet égarement de l'intelligence à travers tous les types de la nature, non pas allégorique comme dans nos fables, mais expression sérieuse d'une philosophie profonde, et résultat d'un panthéisme poussé à ses dernières conséquences, où tout ce qui participe à la vie universelle semble dépouiller les caractères fixes qui séparent les espèces les unes des autres, et la personne humaine disparaît enfin, effaçant tout ce qui la sépare et la distingue du serpent, de la gazelle et jusque de la nature matérielle (1). J'ose affirmer que cet éléphant, plus sensé que Sindbàd, est une légende hindoue, et je le reconnais comme cousin de ce Takshaka, roi des serpents, qui apparaît si souvent et joue un si grand rôle dans le Mâha Bhârata, de cet Ayoush, roi des grenouilles (2), de ces gazelles et de ces serpentes objet

(1) « Dans le brahme doué de modestie et de science, dans le taureau, dans l'éléphant, dans le chien et dans l'homme qui mange du chien, les docteurs ne voient qu'un seul et même être. Ceux de qui l'âme se tient ferme dans l'identité ont triomphé de la nature ; car Brahman est identique, sans défauts ; aussi restent-ils attachés à Brahman. » *(Bhagavad-gita,* 1053, 1054.)

« Celui dont l'âme est unie à l'yoga voit que la grande âme est dans toutes les créatures, et que toutes les créatures sont dans la grande âme. Il voit donc en toutes choses l'identité. » *(Ibid.* 1093.)

« Je suis égal pour toutes les créatures ; il n'en est aucune qui mérite ma haine ou mon amour, mais ceux qui m'honorent avec dévotion, ils sont en moi et je suis en eux. » *(Ibid.* 1199.)

(2) De Sougriva, roi des singes, avec qui Ramaçandra, « aux yeux dorés, aux longs bras, à l'étreinte vigoureuse, à la vaste poitrine, à la chevelure frisée et noire, rayonnant de beauté, à la démarche d'éléphant en rut, » fait alliance pour retrouver Sità. *(Vana Parva 15,953.)*

de l'amour des révérends brahmes, à la vertu parfaite, à la science accomplie, etc. Cet éléphant lui-même est mentionné par son propre nom dans les poëmes hindous (Viràta Parva, 44) ; il s'appelle Ayra-vàna. Or, dans l'Inde, tout se conserve, et ce que le conteur arabe, lui-même assez moderne, y a pris peut venir de fort loin. Je ne suis plus surpris de voir dans son récit la vieille légende de Polyphème.

Car celle-ci, nous pouvons, comme disaient nos pères, faire ses preuves et établir ses quartiers. Elle a au moins 26 ou 27 siècles d'âge, appartenant aux poëmes homériques que l'on reporte l'un et l'autre à une époque que l'on ne fixe guères à moins de sept ou huit cents ans av. J.-C. Il est certain que nulle part il n'y est question de l'institution des jeux olympiques qui fournirent plus tard la trame chronologique de l'histoire grecque et dont la fondation remonte à 776 ans av. J.-C. (1), et quand on sait l'importance infinie, incompréhensible, que les Grecs attachèrent toujours à la célébration de leurs grands jeux qui, commencés avant la période historique de leurs annales, survécurent de beaucoup à leur indépendance, préférant, comme les Péloponésiens au moment des Thermopyles, compromettre leur liberté et leur existence plutôt que remettre la solennité des fêtes karnéiennes et olympiques (2) ou comme les Athéniens au temps de Démosthène subordonner les nécessités militaires de l'État à l'accomplissement de leurs fêtes religieuses, si les Olym-

(1) D'autre part, l'aurore y apparaît des relations entre la Grèce et l'Italie, et même l'Afrique.

Premières colonies grecques italiques : — Naxos (de Sicile) par les Chalkidiens en 735 ; Syracuse en 734, l'année suivante ; la Campanienne Kymé, voisine du roi Lamos et des Laistrigons, par l'asiatique Kymé et l'euboïque Chalkis, un peu antérieure, époque précise inconnue ; première colonie en Lybie, par Théra, en 630.

Sophocle, dans son récit fictif de la mort d'Oreste *(Electr.* 682), le fait mourir aux jeux pythiques. Mais cet anachronisme, qui devance d'environ cinq siècles leur existence, a été relevé par Aristote. *(Poetiq.* XXIV.)

(2) Hérod. VII, 206. — Voir aussi IX, 7.

περὶ πλεῖστου δ'ἦγον τὰ τοῦ θεοῦ πορσύνειν

piques eussent existé du temps d'Homère, il est certain qu'il en eût parlé quelque part. Je ne suis pas convaincu que l'Odyssée soit absolument du même temps que l'Iliade. Je la crois un peu plus jeune, moins héroïque, plus occidentale, mais antérieure également à l'institution des grands agones grecs. Il me semble apercevoir cette différence chronologique entre les deux poëmes que l'un connait l'Égypte, que l'autre ne connait pas. Je sais que l'Égypte est mentionnée une fois dans l'Iliade, une seule, si je ne me trompe, et en passant, par ouï-dire (IX, 381), mais cette portion est généralement considérée comme pièce de rapport, tout à la fois inférieure et postérieure au reste. Dans l'Odyssée, l'Égypte est mentionnée très fréquemment dans des récits que nul ne soupçonnera de ne pas faire partie intégrante du poëme; or, l'Égypte fut ouverte aux Grecs par Psammétique, 650 av. J.-C. Les premières relations durent précéder cette ouverture d'un certain nombre d'années. En somme, les deux épopées me paraissent appartenir au commencement du VIIIe siècle, mais je n'admets nullement que la période de leur formation embrasse quatre siècles; la dixième partie, à la bonne heure (1). Par ailleurs entre ces deux épopées, à peu près contemporaines, mais si dissemblables pour tout le reste, je n'admets en aucune sorte

Τί οὖν; ἄντις εἴποι, σὺ γράφεις ταῦτ' εἶναι στρατιωτικά;
Μὰ Δί' οὐκ ἔγωγε. (I. Olynth. 19.)

Τοὺς εἰς τὸ παρὸν βλάπτοντας ὑμᾶς λύσατε. Λέγω δε τοὺς περὶ τῶν θεορικῶν. . . . . ὧν οἱ μέν τα στρατιωτικὰ τοῖς οἴκοι μένουσι διανέμουσι θεωρικά. (III. Olynth. 10.)

On ne toucha aux fonds théoriques que douze années après l'avertissement de Démosthène, la veille que Chéronée. Dans l'intervalle, en 349, le sénateur Apollodôres, fils de Pasion, après avoir obtenu par un probouleuma et une décision de l'assemblée publique (ἐκκλησία), l'application de ce fonds à la guerre, cité devant le Dicastérion en vertu de la Graphéparanomôn, fut condamné à une amende d'un talent qu'il dut réellement payer. (*Démosth. cont. Néaira*, 5.)

(1) En ce qui concerne l'Italie, les inductions comparatives seront, je crois, plutôt géographiques que chronologiques.

l'identité d'auteur, ni entre l'une et l'autre unité de plume. Me trompé-je? le dialecte est bien le même, mais le style me semble différer. Je laisse ce jugement à de plus habiles (1). Mais il me semble que le style de l'Odyssée est sensiblement plus sentencieux, que ce dernier poëme renferme un bien plus grand nombre de vers faciles à détacher de la trame qui les enserre. Dans l'Iliade, il y en a fort peu de tels; la trame est tellement serrée qu'il n'est pas facile d'en tirer la moindre pièce, et Montaigne lui-même, si adroit à cette chasse, s'il eût *pelotté* avec le grec comme avec le latin, n'en eût peut-être pas rapporté grand *gibbier;* chaque vers s'adapte à une situation particulière donnée dont il est l'expression

(1) Ceux-ci regardent, je crois, généralement les aëdes des sept derniers chants de l'Iliade comme inférieurs à ceux des premiers, et déclarent que, après le XVIIe, la muse homérique fléchit sensiblement. En quoi, je l'avoue, je ne partage pas l'opinion commune; j'abandonne le XXIe, visiblement inférieur par endroits; mais, après les incomparables chefs-d'œuvres des Ier, IIIe et VIe, je ne vois rien de plus beau, de plus passionné, de plus touchant, de plus délicat, de plus varié d'accent et de sentiment, de plus parfait d'un bout à l'autre que le XVIIIe chant, et suis fort loin de trouver le XXIIe et même, s'il faut dire mon goût tout entier, le XXIVe comme indignes de la grande muse homérique. *Semper florentis Homeri.*

Le IXe, de l'aveu de tous, est une pièce de rapport.

A parler d'Homère, on ne tarit pas. Que le IIe chant soit un des faibles, je n'en disconviens pas, et pour beaucoup (je parle des délicats), le canon, si célèbre dans le monde hellénique, si invoqué, est une longueur dénuée d'intérêt, et l'on songe à un acte de notaire. Quiconque a eu l'heur de visiter un peu à fond la Grèce actuelle, de contempler, dans leur désolation présente et leur éternelle beauté, les patries des héros homériques, verra les choses tout autrement. Chaque épithète est un trait rapide, un tableau raccourci, qui lui rappelle au vif la physionomie des lieux; et en somme, ces 300 vers sont un panorama d'un charme et d'un coloris inexprimables. Je tiens pour barbare l'opinion qu'il ne faut pas s'attacher aux épithètes homériques, et professe à leur endroit une admiration profonde. Dans l'immense domaine des littératures, il ne me semble pas qu'aucune œuvre humaine approche de la puissance pittoresque de l'Iliade. Chaque scène du poëte, presque chaque vers y fait tableau qui apparaît de toutes pièces sous les yeux et saisit fortement l'imagination. Cet art merveilleux provient de plusieurs causes autrement profondes que le choix des attributs; mais il est difficile de ne pas reconnaître que la détermination de ceux-ci, leur justesse, la vigueur, la sobriété, la souplesse du trait, y soient pour quelque chose.

vive et nette, et ne se prête à rien de banal. L'Odyssée est plus complaisante.

Pour dire ici ma pensée tout entière, — je supplie que l'on me permette une courte digression à l'endroit de mes amours, — je ne crois même pas à l'unité de chacun de ces deux poëmes, et celui des deux que l'on s'accorde à reconnaître comme le mieux composé, — ce qui est fort loin de vouloir dire le plus beau, — comme ayant le plus de cohésion, et auquel de fort bons juges tendent même à concéder l'unité de composition, l'Odyssée, je me permettrai en toute modestie, et pour n'avoir vu cette observation nulle part, de signaler sous ma propre responsabilité deux passages absolument contradictoires, établissant, à tout le moins, l'existence d'une interpolation. Ce sont les deux passages (IV, 505 et seq. et XI, 541 et seq.) où, conformément à deux traditions différentes sur la mort du grand héros Æacide, Ajax Télamonien, dans le premier, il meurt sur les rives de l'Eubée, blasphémant contre les dieux et englouti dans les flots ; dans le second, il se perce de son épée à Troie même, désespéré que le jugement des Troyens et de Minerve ait attribué à Ulysse plutôt qu'à lui l'héritage des armes d'Achille, et l'on sait que cette donnée forme le fond de la tragédie d'Ajax-Porte-fouet. Il est évident que ces deux passages ne peuvent appartenir à la même plume.

IV.

Notre but n'est pas d'étudier la valeur littéraire de l'Odyssée ; il est simplement de comparer les aventures de Sindbâd et celles d'Ulysse, principalement à l'endroit de la légende de Polyphème qui leur est commune.

Avant de parler de leurs aventures, il convient de connaître les deux personnages ; ils se ressemblent par plusieurs points, diffèrent par un bien plus grand nombre.

Tous deux ont environ cinquante ans. Sindbâd est un homme grave et impassible dont les lèvres ne connaissent ni la plaisanterie ni le sourire, de l'aspect le plus imposant, le plus vénérable, non cependant dénué de bonté ni d'affabilité; nous verrons que son caractère ne dément pas sa belle figure.

Physiquement, Ulysse est beaucoup moins bien. Il n'est pas de haute stature (1); il a de larges épaules et les jambes courtes (2); il est donc ce qu'on appelle un homme trapu. Toute sa personne porte le signe de la force et de l'agilité, de même que son visage celui de l'intelligence et de la résolution (3). Il est beaucoup trop maître de lui pour être pétulant, cependant son maintien ne saurait avoir la dignité de celui de Sindbâd. Il a de beaux yeux (4) sans cesse en action (5), les cheveux blonds (6), longs par derrière (7), la barbe noire (8), le sang à fleur de peau (9), la larme à l'œil (10), la colère prompte, comme son nom l'indique (11), l'attendrissement aussi.

Sindbâd donne facilement, libéralement; en ce sens il est fort généreux; Ulysse ne l'est pas; il est, au contraire, fort serré, et je ne le vois nulle part rien donner de ce qui lui appartient. Son fils Télémaque est également intéressé et même

(1) Odys. IX, 515.

(2) Iliad. III, 211.

(3) Odys. XX, 18. — XVII, 238. — *ibid.* 463.

(4) Odys. XIII, 401.

(5) ἑλίκωπες. Iliad. II, 389.

(6) Odys. XII. 399.

(7) καρηκομόωντες Ἀχαιοὶ, Iliad. II, 11 (longs par derrière); — ἀκρόκομοι (Θρήϊκες). Iliad. IV, 533 (longs par devant).

(8) Odyss. XVI, 176.

(9) Iliad. IV, 349.

(10) Odys. VIII, 87.

(11) Odys. XIX, 406.

assez vilainement, lorsque, dans un discours d'apparât, il avoue publiquement être beaucoup moins sensible à la perte de son père que de sa fortune. (Odyss. II. 46. 48). Penser à part soi ces choses-là, c'est déjà étrange ; s'en vanter hautement, s'en faire un titre à la sympathie publique, voilà qui accuse un diapason moral fâcheux.

Quelque avantage que Sindbâd ait sur Ulysse comme distinction d'aspect et de manières, sa naissance est loin de valoir celle du héros grec qui est gentilhomme de très grande race, petit-fils d'Arkeisios, arrière-petit-fils de Jupiter (1), et a toutes les idées d'un aristocrate. Sindbâd est un roturier qui ne nous parle pas une seule fois de son père, pas davantage de son fils, si tant est qu'il en ait, qui n'a pas de généalogie et ne se pique pas d'être un ancêtre. Il n'a pas de préjugés ; *stemmata quid faciunt* (VIII, 1). Tous deux sont fort riches, et Horace se trompe très fort en nous disant qu'Ulysse rentre chez lui *nudus et inops* (2); mais leurs fortunes ne sont pas de même sorte ; celle de Sindbâd se compose surtout de diamants, écus et marchandises, bien qu'il ait aussi quelques terres sur lesquelles nous ne le voyons pas une seule fois mettre le pied. Ulysse, aristocrate de race et d'idées, est surtout propriétaire terrien (3), il a de vastes domaines ἀπόπροθι πίονας ἀγρούς, qu'il prétend transmettre à son fils, de même que ses titres et dignités (4), d'immenses trou-

(1) Odyss. XVI, 118.

(2) Sat. II. V. 6.

(3) Odyss. IV. 757.

(4) Odyss. XI, 175, 184, 185.

Il est piquant de constater ici l'irrévérence de la Grèce héroïque pour ce que, dans notre langage actuel,

quanto cum fastu, quanto molimine,

nous appelons le principe de la souveraineté nationale. Quand Polynice supplie son père de lui venir en aide contre Étéocle, « il m'a vaincu, lui dit-il, non par la supériorité de son éloquence, ni par la force de son bras, mais simplement par le suffrage des citoyens. » (Œdip. Colonn. 1296 et seq).

Que les dévots du suffrage universel se signent ici.

peaux valant quatre ou cinq millions de notre monnaie (1), des vignes, des vergers plantés d'oliviers (2), des esclaves; les prétendants lui offrent de plus (3) 2160 bœufs comme rançon, c'est-à-dire 5 à 600,000 francs, et en outre, de l'or et de l'airain. Il a aussi un nombreux mobilier κειμήλια, des vêtements, de l'or, de l'airain, le tout serré dans un magasin monumental θάλαμος (4), semblable à celui près de Mycènes, connu des voyageurs sous le nom de Trésor d'Atrée.

C'est dans les idées et le caractère de l'un et de l'autre que les différences s'accentuent davantage.

Sindbâd est indolent comme un oriental; sa vie s'écoule dans l'oisiveté et, sauf le négoce, on ne le voit se prendre à rien. Ulysse est d'une activité dévorante de corps et d'esprit. πάντουργος, l'appelle Sophocle, l'homme qui se prend à tous *Jack of all trade.*

Grammaticus, rhetor, geometres, pictor, aleptes,
Schœnobates, augur, medicus, magus, omnia novit;

en somme, il est roi dans le domaine de l'intelligence humaine. Ardent et intrépide chasseur (5), il se fera menuisier au besoin, et c'est lui-même qui a façonné son lit nuptial (6). Cette activité est dans son sang autant que dans son caractère, et nous voyons son vieux père, ganté et coiffé d'un capuchon de peau de chèvre, charmer ses douleurs en cultivant lui-même son jardin (7).

(1) Odyss. XIV, 100.

(2) Odyss. II, 339, 340.

(3) Odyss. XXII, 57.

(4) Odyss. II, 337.

(5) Odyss. XIX, 447.

(6) Odyss. XXIII, 189.
Le lit était, chez les Grecs, un objet de très grande valeur, à ce point que cinq lits pouvaient valoir une maison. (*Nicomaq.* l. V, ch. V).

(7) Odyss. XXIV, 226 et seq.

Tous deux sont fort intéressés ; car si, d'une part, Sindbâd a fait six de ses sept voyages simplement sous l'impulsion de cet esprit mercantile qu'Ulysse traite avec un dédain suprême (1), nous voyons, d'autre part, ce même Ulysse chez les Phéaciens (2), lorsque Alkinoos s'excuse de retarder l'heure de son départ, lui dire : « Retenez-moi une année si cela vous plaît, pourvu que vous me récompensiez en conséquence ; je le préfère, et le mieux pour moi est de rentrer à Ithaque les mains pleines ; car c'est ainsi que j'aurai la considération et l'amour de mes concitoyens. » Plus tard, débarqué sur le sol de son Ithaque durant son sommeil, nous voyons que sa première pensée est de faire la revue très exacte de son bagage pour reconnaître si rien ne lui manque (3).

Ce sont ici assurément des sentiments peu relevés ; il n'en faudrait cependant pas conclure que l'âme d'Ulysse soit sans élévation. C'est proprement un seigneur féodal très paternel pour ses vassaux (4), qui porte l'épée accolée à sa forte cuisse (5), et d'habitude ne s'avance guère que la lance à la main ; qui n'est pas parti pour affaires de négoce mais de guerre, qui aime ses hommes ἐρίηρες ἑταῖροι, ses chers compagnons, comme il les appelle, qui ne sont cependant pas toujours bien aimables

remigium vitiosum Ithacensis Odyssei, (6)

et qui est fort susceptible de se dévouer gratuitement pour eux. Lorsque plusieurs d'entre eux disparaissent victimes des enchantements de Circé, c'est en vain que les survivants le

(1) Odyss. VIII, 160.

(2) Odyss. XII, 355 et seq.

(3) Odyss. XIII, 215.

(4) Odyss. II, 234.

(5) Odyss. X, 439.

(6) Épist. I, VI, 63.

veulent retenir (1); il part et expose sa vie pour les sauver. Don Quichotte n'eût pas mieux fait. Ulysse est un homme de cœur et je ne vois Sindbâd en montrer en aucune rencontre, ni avoir aucun ami; c'est aussi un homme aimable (2) qui fait facilement la conquête des dames : Circé, Calypso, Nausicaa.

M. Galland donne à son héros le titre de marin, épithète qui me semble fort gratuite. Sindbâd est un spéculateur et un capitaliste sémite fort semblable à M. Fould ou M. de Rothschild, que personne ne s'est jamais avisé de qualifier de marin, bien que sans doute il ait aussi lui effectué plusieurs voyages de mer. Ulysse n'est pas marin de son état, mais on voit qu'il connaît et aime la mer; il a mille traits qui rappellent au vif le marin grec moderne (3).

« C'est ainsi que, jusqu'au coucher du soleil, nous nous assîmes, arrosant de flots de vin, dans un repas aussi prolongé que le jour, d'inépuisables montagnes de viandes (4). Lorsque le soleil disparut et que les ténèbres survinrent, nous nous endormîmes sur le rivage de la mer; mais sitôt que parût la matinale aurore aux doigts de rose, j'exhortai mes compagnons à remonter à bord et détacher les amarres. Ils s'embarquèrent donc, reprirent chacun leur poste, et, assis en ordre, frappèrent la mer étincelante de leurs avirons. » Je défie qui que ce soit d'avoir voyagé dans ces parages en société des marins grecs et de ne pas reconnaître, dans ce passage plusieurs fois répété du poëme homérique, des scènes qui ont passé mille fois sous ses yeux; il n'y manque

(1) Odyss. x, 264.

(2) Odyss. xix, 239, 240.

(3) Odyss. ix, 350 et seq.

(4) Odyss. xiv, 73.

Pour le dîner de deux hommes, deux jeunes cochons; ils les mangent (*Ibid.* 109). — Pour le souper de cinq hommes, un cochon de cinq ans qu'on assomme à coup de triques, qui ne devait rien valoir. — Repas homériques.

que le caban, hérissé de grosse laine à l'intérieur, des marins de l'Archipel; mais nous le retrouverons tout près d'ici sur le dos du chevalier Nestor (1). Avec Ulysse, on sent l'âcre odeur marine (2), on entend l'onde bruire le long des flancs du navire (3), on voit le soleil se refléter sur la surface polie des courants profonds (4), et la sérénité des nuits étoilées où l'éther entrouve son immensité et dessine au loin la silhouette des montagnes (5). Ulysse est peintre; il a le sentiment de la nature qui manque en général à Sindbâd. Il est aussi orateur, et s'entend à porter la parole, « qui rend les hommes illustres » (6) devant les grandes assemblées, et qui, il le dit lui-même, « tout considéré, gouverne les choses humaines plus que la force » (7). Il possède le précieux et difficile secret de leur communiquer ses sentiments et de les ramener à son opinion (8). Il parle à flots pressés sous l'inspiration de je ne sais quelle colère intérieure (9); Nestor seul lui est supérieur en éloquence, qu'Homère, toujours grand formaliste et manquant rarement d'appeler les gens par leurs titres, intitule le chevalier Nestor et parfois le chevalier de Géren (10).

Comme honnêteté, il faut convenir que Sindbâd le dépasse de fort loin; il se respecte lui-même et ne ment jamais. Ulysse ment à tout propos et hors de propos (11). Quand il

(1) Iliad. x, 133, 134. — Odyss. xiv, 520.
(2) Odyss. iv, 406.
(3) Iliad. i, 482. — Odyss. ii, 428.
(4) Iliad. vii, 422. — Odyss. xix, 433.
(5) Iliad. viii, 555 et seq.
(6) Iliad. i, 490. — ix, 441.
(7) Philoct. 98-99.
(8) Iliad. ii, 284 et seq.
(9) Iliad. iii, 220. — Puissant moyen oratoire.
(10) Iliad. ii, 336. — xi, 665 et *passim*.
(11) Odyss. xiii, 256.

se croit le plus fort, il se conduit en mer comme un brigand, pillant et mettant à mort les gens qui ne lui ont rien fait (1). Le Sémite, infiniment plus honorable, n'a pas la plus petite mauvaise action à se reprocher, sauf peut-être lorsque, enterré auprès de sa femme, il assomme les gens qui le viennent rejoindre afin de s'emparer de leur victuaille. Ici, je suis fâché de le dire, l'honnête Sindbâd se conduit comme un vrai grec.

Le Sémite est aussi supérieur au Grec comme sentiment religieux ; ce sentiment a prise sur ses actes et le détourne du suicide. Ulysse est fort dévôt ; mais on ne voit pas que sa dévotion gêne en quoi que ce soit sa morale trop facile (2). Quelle distance aussi entre les dieux d'Ulysse et l'Allah de Sindbâd, et ne devons-nous pas plaindre le héros grec autant que le blâmer ! Ne nous appesantissons pas sur ce point puisque plus tard Ulysse, trop intelligent pour ne pas reconnaître l'immense supériorité de la théodicée sémite, a changé de religion et embrassé à peu près celle de Sindbâd ; et permettons à celui dont les dieux, frayant les voies d'un blasphémateur contemporain, se traitent entre eux de « misérables qui ne vous plaisez qu'à faire le mal (3), » permettons-lui, dis-je, ne respectant pas ses divinités auxquelles un simple mortel menace de couper les oreilles (4), de ne pas respecter sa personne.

Enfin, arrivons à la différence fondamentale. En terminant son récit, Sindbâd prétend que son intention est de se consacrer entièrement à sa famille. Pauvre famille ! Voici la première fois qu'il en parle ; on voit bien quelque part qu'il avait femme à Bagdâd, et puis on le voit en prendre une

(1) Odyss. IX, 40.

(2) Voir, hélas? le portrait du Grec dans la IIIe satire de Juvénal : *Græculus esuriens.*

(3) Iliad. XXIV, 33.

(4) Iliad. XXI, 455.

autre je ne sais où, à son grand dam. Voilà les deux seules créatures féminines qui paraissent dans cette odyssée arabe et chacune ne comporte pas deux lignes du récit ; d'enfants il n'en est pas question.

La famille d'Ulysse, au contraire, est très vivante, se constitue des personnalités très distinctes et tient une très grande place dans sa pensée. Son père Laërte, sa mère Anticlée (1), son grand-père maternel Autolykos, le montagnard du Parnasse, le premier des hommes de son temps pour le vol et le parjure (2) ; sa grand'-mère Amphithée (3), Télémaque, Pénélope, nous les connaissons tous individuellement, nous savons leurs caractères (4). Nous voyons qu'il les aime ; il

(1) Je constate que, dans les poëmes homériques, Laërte et Anticlée sont deux personnages fort honorables, et que nulle allusion n'y est faite à l'intervention prématrimoniale de Sisyphe. De son côté, Laërte, supérieur en ceci aux vieux patriarches sémites, sait s'abstenir de coucher avec ses servantes, même jeunes et jolies *(Odyss.* I, 431-433), il est vrai, pour avoir la paix conjugale, ce qui diminue un peu son mérite.

(2) Odyss. XIX, 396.

(3) Odyss. XIX, 415.

(4) Sa sœur l'élégante Ctimène au long péplum, beauté robuste *(Odyss.* XV, 364) à la façon de la Vénus de Milo (les Grecs n'ont jamais eu de goût pour les petites personnes vaporeuses, un peu malsaines, des keepsakes anglais), mariée toute jeune à un riche propriétaire de Sainte-Maure, n'apparaît que tout-à-fait de profil à l'arrière-plan.

Ulysse est lui-même fort élégant, ou plutôt il aime beaucoup la toilette, et tout homme d'esprit qu'il est, ne dédaigne pas de donner par là dans l'œil des femmes *(Odyss.* XIX, 235). Mais celle-ci, je suis fâché de l'avouer, n'est pas toujours irréprochable, et sur ce point j'admets facilement que Sindbâd ait l'avantage. Ainsi j'ai peine à lui passer sa tunique pelure d'oignon, luisante comme le soleil *(Ibid.* 225 *et seq.)* recouverte d'une ample pelisse pourpre à longs poils, ornée sur le devant d'une broderie d'or représentant toute une chasse ; sa coiffure civile est un feutre à larges rebords en forme d'entonnoir très évasé. Les dames grecques elles-mêmes sont ainsi coiffées, et telle nous voyons l'aimable Ismène, cavalièrement posée sur sa grande haquenée de Sicile *(Œdip. Colonn.* 313),

Nous connaissons les belles bottes d'Ulysse *(Iliad.* I, 17) brodées aussi, je le présume, comme la guêtre actuelle du Palikare, car les Grecs mettent la broderie partout, jusque sur la ceinture d'Aphrodite *(Iliad.* XIV, 214-215). Toutefois, je constate que la cnémide est complètement absente de l'Odyssée, poëme de ménage, *musa pedestris;* à son logis d'Ithaque, Ulysse ne porte plus que des souliers *crépides*.

trouve les accents du cœur pour leur parler, il est touchant, il en est aimé, et exilé loin d'eux voudrait mourir s'il pouvait à ce prix apercevoir la fumée de leur foyer (1).

Sindbâd est donc membre d'une société où la femme ne joue qu'un rôle infime, où la famille n'existe pas. Chez Ulysse, au contraire, je vois une société où la femme joue un très grand rôle, pas toujours, il est vrai, à son honneur, et une famille parfaitement constituée en ses éléments essentiels. Je ne me fais pas illusion sur l'infériorité des femmes grecques comparées aux romaines et sur ce qu'elles valent encore aujourd'hui me rappelle cette déclaration de notre aimable voyageur Tournefort, que le pire destin d'un honnête homme est d'en épouser une. Ici, c'est aux femmes d'Orient que je les compare, et l'on ne saurait nier que cette comparaison ne soit à leur honneur. Ce n'est pas que, selon nos idées présentes, il n'y ait beaucoup à dire sur plusieurs points; mais on se rappellera que nous sommes à vingt-six siècles du temps actuel. Ainsi, avouons que parfois Télémaque traite sa mère un peu cavalièrement (2), et que le rôle de la femme noble paraît souvent se réduire à présider aux travaux d'aiguille de ses servantes (3), comme son mérite réside dans le travail de ses mains (4). Cependant il y a une dignité incontestable dans la figure de Pénélope, dans celles d'Hécube, d'Andromaque, surtout dans celle de cette silencieuse Arété qui gouverne son mari et dont l'esprit judicieux tranche les procès des Phéaciens (5).

Il est évident que les ménages grecs héroïques laissaient à désirer. Leurs dieux eux-mêmes, type suprême et idéal de

(1) Odyss. I, 57.

(2) Odyss. I, 356. — *Ibid.* XXI, 350.

(3) *Ibid.*

(4) Odyss. 380. — Iliad. I, 115 et passim.
On se rappelle qu'aux temps homériques, quatre bœufs sont la valeur d'une femme (*Iliad.* XXIII, 705).

(5) Odyss. VII, 74.

l'humanité, n'étaient pas là-dessus fort exemplaires. A part le ménage de ce bon Vulcain et de Charis, dans l'Iliade (1), (dans l'Odyssée il a une autre femme qui lui fait de fort vilains traits) (2), les ménages divins sont fort orageux. Junon est la morosité même avec son époux, voudrait lui faire rentrer toutes ses paroles (3), et celui-ci ne s'abstient ni de la menacer ni même de la battre (4). En outre le désordre des mœurs paraît encore très fréquent, et l'on voit à peu près autant de bâtards que d'enfants légitimes, à peu près aussi bien posés les uns que les autres dans le monde (5). Cependant, à tout prendre, la distance est immense entre la multitude de femmes anonymes de Sindbâd et ces *respectables épouses* αἰδοῖαι ἄλοχοι (6) des héros grecs que l'on prendrait pour des déesses, dit l'hymne homérique à Apollon (7). Les désordres disparaîtront avec le temps, l'édifice se régularisera, les fondements en sont bons. Je reconnais ici la jeune fille âryenne à qui les Védas, dans leur hymne nuptial, adressent ces aimables strophes :

« Entre sous d'heureux auspices dans la maison conjugale. Que le bonheur soit chez nous pour les bipèdes et les quadrupèdes !

» Viens, ô désirée des dieux, belle au cœur tendre, au regard charmant, bonne pour ton mari, bonne pour les

(1) Iliad. XVIII, 382.

(2) Odyss. VIII, 267 et seq.

(3) Iliad. XIV, 330.

(4 Iliad. XV, 17.)

(5) Iliad. XVI, 168 et seq. — II, 513 et passim. — V, 70.
Comme signe de l'acceptation sociale de la bâtardise, peut-être devrais-je dire sa glorification, on se rappellera que le cycle épique des Grecs contenait un poëme Ἠ οἶαι (les telles que), entièrement consacré à célébrer les mères des bâtards divins.

(6) Iliad. VI, 250. — Odyss. X, 11 et passim. — *Ibid.* III, 381. — *Ibid.* XVII, 152.

(7) εἰς Ἀπόλλωνα. 148.

animaux, destinée à enfanter des héros. Que le bonheur soit chez nous pour les bipèdes et les quadrupèdes !

» O généreux Indra, rends-la fortunée ! Qu'elle ait une belle famille ; qu'elle donne à son époux dix enfants ! Que lui-même il soit comme le onzième ! Règne avec ton beau-père, règne avec ta belle-mère, règne avec les sœurs de ton mari, règne avec ses frères. »

Tandis que, dans les femmes de Sindbâd, je ne saurais plus la retrouver.

Ulysse a connu Sindbâd, c'est-à-dire le trafiquant sémite colportant d'île en île sa pacotille (1) ; il en parle en assez méchants termes, comme d'un ravisseur d'enfants et un enjoleur de filles (2), et l'on peut voir, par sa verte réplique à Euryale (3), combien il dédaigne ce métier. J'aime à croire que ses allégations contre l'honnête Sindbâd sont pures calomnies inspirées par l'antipathie de race et la concurrence mercantile que MM. les gentilshommes grecs devaient bientôt susciter aux Sémites et à laquelle Alkinoos, Ménélas lui-même, le gentilhomme ou héros (4) Atride, le futur immortel des Champs élyséens (5), à une certaine époque de sa vie (6), me semble bien près de préluder. Je pense que la moralité d'Ulysse est fort inférieure à celle de Sindbâd ; mais celui-ci était une âme glacée, cuirassée d'égoïsme,

. . . . *lœva in parte mamillæ*
Nil salit Arcadio juveni (7).

(1) Au temps d'Homère, on sait qu'en pleine mer hellénique, Thasos était occupée par les Phéniciens.

(2) Odyss. xv, 415 et seq. — *Ibid.* xiv, 488, 480.

(3) Odyss. viii, 166 et seq.

(4) Homériquement, je tiens ces deux idées pour identiques. — Voir Odyss. xviii, 423, 424. — Dans Homère, tout mot porte ; je dis que celui-ci est un titre nobiliaire, rien de plus.

(5) Odyss. iv, 561 et seq.

(6) Odyss. iv, 90.

(7) vii, 159.

partant, d'une sociabilité médiocre. Avec tous ses défauts, qui sont fort nombreux, Ulysse est plus attachant parce qu'il est incomparablement mieux doué sous le rapport du cœur et de l'intelligence. Il n'est pas cruel, mais, ses passions excitées, peut le devenir à l'occasion (1). Comme tous ses congénères, il a pour la gloire l'amour le plus passionné, sentiment absolument inconnu et étranger à Sindbâd. Si l'on veut mesurer la généralité et l'intensité de cet amour, dont le personnage d'Achille est le type immortel, dans toute la race hellénique, il y a un signe très simple pour s'en rendre compte, c'est d'examiner un instant combien est grand le nombre des noms personnels grecs renfermant le radical *clé*, comme Cléomène, Thémistocle, Périclès, Hercule (Ἡρακλῆς), Clytemnestre, Anticlée, etc., lequel dérive du mot κλεος, *gloria, laus, inclytus*, que l'on retrouve, si je ne me trompe, jusque dans notre nom français de Louis (Hlodewig.)

Sindbâd, avons-nous dit, est le type sémite ; et Ulysse, quel est-il ? le capitaine grec, direz-vous, pirate (2) à l'occasion. Oui sans doute, mais bien autre chose encore. Ulysse opposé à Sindbâd n'est rien moins que le type âryen, nous-mêmes, hélas ! notre propre race, notre propre sang.

V.

Nous connaissons les personnages ; il faut les voir agir, et pour les comparer de plus près, nous prendrons la légende commune de Polyphème.

Dès le début, les différences de caractères se révèlent. Malgré tout son esprit, toute sa prudence, Ulysse est fort étourdi ; il l'est souvent plus que Sindbâd, et l'on s'étonne de

(1) Odyss. XXII, 468 et seq. — 475 et seq.

(2) Ce mot est grec et signifie entrepreneur. Aux yeux des grecs, le pirate est donc un entrepreneur ordinaire. J'aime à écarter la réciproque.

la déplorable facilité avec laquelle un homme si avisé se jette dans de mauvais pas. Mais d'abord, il s'y jette lui-même, on ne l'y jette pas comme Sindbâd dont le grand tort est d'être beaucoup trop passif dans les évènements de sa vie. En second lieu, Ulysse a d'ordinaire soin de se réserver autant que possible ce que l'on appelle une porte de derrière. C'est ainsi que, chez les Laistrigons, tandis que les autres galères s'engagent jusqu'au fond du port, il a soin de rester à l'extérieur pour se ménager une fuite plus facile, et pour n'en pas manquer l'instant, se poste en observation sur une éminence (1).

Sindbâd aborde donc, jouet de la tempête, à l'île de son Cyclope. Immédiatement des Pygmées, dont on n'aperçoit pas bien nettement la relation avec le Polyphème, et contre lesquels il n'a pas l'idée de se défendre, lui enlèvent son navire. Le voilà prisonnier dans l'île avec ses compagnons.

Il en va tout autrement d'Ulysse. Son navire lui reste et, des 45 hommes qui en composent l'équipage, il n'en prend que 12 avec lui; les 32 autres demeurent chargés de la garde du navire (2) avec injonction de n'en pas descendre et de le dissimuler dans quelque crique. Il ne s'avance à la découverte qu'après avoir ainsi pourvu à la retraite. De la petite île où il laisse le reste de ses hommes, il aperçoit la fumée des foyers de la grande (3). Il a besoin de vivres, il espère des présents (4), que sais-je? la curiosité — fatale curiosité des âryens — est peut-être pour beaucoup dans sa démarche. Mais il ne faut pas perdre de vue que, si plus tard il commet l'insigne maladresse de demeurer, malgré l'avis de ses compagnons (5), dans la grotte de Polyphème, hors de cette

(1) Odyss. x, 97.
(2) Odyss. ix, 194.
(3) Odyss. ix, 187.
(4) *Ibid.* 220.
(5) *Ibid.* 228.

prison, son évasion de l'île ne rencontre pas d'obstacles, tandis que Sindbâd, au contraire, libre dans le palais de son géant, dont les portes sont ouvertes, n'a nul moyen de s'échapper de son île.

Le récit comporte une tribu de Cyclopes ; or, comme une tribu ne se conçoit pas sans personnages des deux sexes, il y avait ici une difficulté qui était d'introduire des géantes. La littérature a le droit de forcer les types, et même telle est l'essence des œuvres d'imagination ; mais il est fort périlleux de les fausser et d'en sortir. C'est pourquoi l'on voit tant de géants, le type de l'homme étant la force. Comme ce n'est pas, en général, celui de la femme, du moins la force physique, les géantes sont à peu près impossibles en littérature. L'adresse du vieil Homère à tourner cette difficulté est merveilleuse ; il nous montre la tribu, même les géantes (1), mais tout-à-fait à l'arrière-plan, et au premier nous ne voyons qu'un jeune géant célibataire, vivant seul à part des autres (2). Ainsi présentée, l'histoire échappe au péril de nous présenter un type féminin inadmissible.

Entrons. Dans le récit grec, je vois une idylle, la pure campagne chantée plus tard par Théocrite, les lauriers-roses, la verdure (3) ; dans l'arabe, une boucherie, et qui pis est, une boucherie d'anthropophages. Je conçois comment Ulysse a franchi le seuil de cette grotte pastorale, je ne conçois pas comment Sindbâd a franchi ce vestibule rempli d'ossements humains, comment il n'a pas reculé d'horreur et d'épouvante devant ce charnier pareil à celui qu'Homère nous fait entrevoir autour des Syrènes (4). Ulysse est un imprudent, Sindbâd un sot.

(1) *Ibid.* 115.
(2) *Ibid.* 188.
(3) *Ibid.* 183.
(4) Odyss. XII, 45.

Mais voici le géant lui-même. Dans l'une et l'autre légendes, c'est un personnage très sacrifié ; toutefois entre le récit grec et l'arabe, il y a un abyme. Le Cyclope arabe est une vraie brute, un hideux animal qui ne participe pas au don de la parole, caractère distinctif des hommes, μέροπες, ne prononce pas un mot dans tout le récit, n'entend le langage humain pas plus qu'il ne le parle, avec lequel donc nulle conversation ne se peut engager, et armé de la broche dont il transperce ses hôtes infortunés, accomplit son œuvre taciturne sans rien d'humain, ni dans la forme ni dans les sentiments. S'il pousse un cri à l'instant où l'on crève son œil, c'est le cri inarticulé d'une bête. Le Polyphème grec est bien différent ; sauf la taille et son œil unique, condition essentielle du récit, ce n'est rien de plus qu'un homme monstrueusement grand et fort (1), dans la conception duquel se révèle la sobriété du génie grec qui répugne à toute extravagance gratuite. Il parle, comme son nom l'indique et le comporte, et parle même fort bien ; il est poëte le verre à la main (2) ; c'est un être réel qui pense, qui sent, qui est même presque touchant lorsqu'il exprime ses douleurs, et qui n'est pas dépourvu de certaines affections (3). Il n'est même pas, comme le remarque Aristote, — je ne puis plus retrouver l'endroit, mais je suis certain de ne pas me tromper en lui attribuant cette observation trop forte pour m'appartenir, — il n'est pas, dis-je, étranger à l'idée générale de justice (4), et par rapport à la race hellénique parvenue à

θεμιστεύει δὲ ἕκαστος
παίδων ἠδ' ἀλόχων. . . . . .

une phase postérieure de civilisation, représente chez une race différente et inférieure, peut-être ces Ibères habitants

(1) Odyss. IX. 187.

(2) Odyss. IX. 359.

(3) *Ibid.* 447.

(4) IX. 114.

primitifs de l'Europe avant l'invasion des âryens celtes et pélasges, dont nos Basques sont le dernier débris, la phase correspondante à l'asyle de Vico. J'insiste sur cette différence entre le Cyclope arabe et l'âryen : l'un armé de sa broche, taciturne derrière son charnier, n'a besoin que d'ouvrir sa porte et de présenter l'abri de son palais pour que l'on entre chez lui. Le Polyphème grec parle ; il doit parler ; il possède assez d'intelligence, de raisonnement et même de ruse (1), pour qu'entre lui et l'artificieux Ulysse la partie ne soit pas trop inégale.

Si le Cyclope de Sindbâd est une brute, que dirai-je de la stupidité de Sindbâd lui-même qui vient chaque soir se remettre entre ses mains, simplement, dit-il, « parce qu'il ne trouvait nul autre endroit à se mettre à couvert. » Voilà des gens qui ont d'étranges besoins de se mettre à couvert et de singulières frayeurs de la belle étoile, dont tout à l'heure, sur le rivage, près de son navire, s'accommodait si gaiement notre brave Ulysse. Toute cette partie de la légende arabe accuse un ordre de sentiments auxquels il faut bien, hélas ! ajouter foi, qui n'existe que trop dans l'humanité, mais qui ne contribue pas à en rendre les acteurs sympathiques. Je ne conteste pas qu'en Orient surtout, cela ne soit vrai, et j'admets que le métier de Polyphème n'exige pas de grandes facultés. Je dis que la moralité de la fiction est triste à détourner la tête, et les bras tombent.

C'est au moment où la légende sémite s'affaisse et manque de ressort que la grecque prend un intérêt particulier et que la scène s'anime ; nous avons ici une série d'incidents dont la désolante simplicité de la légende arabe est affranchie, et qui font le meilleur charme de l'âryenne. Ulysse, mal engagé, a besoin de son esprit autant que de son courage. Pour triompher de son redoutable ennemi et mettre le bourreau à la merci

(1) Odyss. 517.

de ses victimes, il doit d'abord l'apprivoiser; après donc que Polyphème a trait ses brebis et vaqué aux petits soins de son ménage, Ulysse s'approche tenant en main une coupe de son délicieux et perfide Maronée dont le bouquet avait tant d'appas qu'il était difficile de n'y pas porter les lèvres (1).

« Cyclope (2), prends cette coupe; après ton repas de cannibale, bois ce vin et connais quel précieux trésor recelaient les flancs de notre navire. J'eusse voulu te le remettre comme rançon de nos vies si ton âme, sensible à la pitié, nous eût permis de regagner nos foyers ; mais elle n'obéit qu'à des fureurs insensées. Malheureux ! quel autre mortel voudra désormais avoir commerce avec toi ? Tes façons d'agir sont inqualifiables.

» Ainsi parlai-je. Il prit la coupe et la vida. Le doux breuvage lui pénétra jusqu'au cœur. Il me demanda une seconde coupe.

» Fais-moi cette grâce et révèle-moi ton nom, afin qu'accomplissant les devoirs de l'hospitalité, je te fasse un don qui te soit un souvenir de notre heureuse rencontre. La terre nourricière des Cyclopes n'est pas sans produire le gros raisin, qui, arrosé par la pluie bienfaisante de Zeus, nous fournit d'abondantes vendanges ; mais ceci, c'est une goutte d'ambroisie et de nectar.

» Ainsi dit-il. Je lui donnai une deuxième coupe de vin aux teintes chaudes. Trois coupes je lui en donnai, trois il en but sans réflexion ; mais lorsque le vin eût enveloppé de ses vapeurs les esprits du Cyclope, radoucissant le ton de mes paroles, je lui dis :

» Cyclope, tu me demandes le nom que j'ai l'honneur de porter. Je te le dirai ; à toi de payer le don hospitalier que tu

(1) Odyss. IX, 211.

(2) Odyss. IX, 346 et seq.

m'as promis ; mon nom est Personne. Personne est le nom dont m'appellent mon père, ma mère et tous mes compagnons.

» Ainsi parlai-je. Il reprit aussitôt d'une âme implacable : ami Personne je te mangerai le dernier après tes compagnons ; les autres passeront avant toi ; tel est mon présent hospitalier. »

Le calembour d'Ulysse, en même temps qu'il est fort plaisant, a un côté sérieux qui est de montrer l'esprit prévoyant de son auteur. J'y reconnais celui qui a dissimulé son navire à Polyphème, qui plus tard saura se servir des mains du Cyclope pour écarter l'énorme rocher formant l'entrée de la caverne. Sindbâd n'a pas besoin d'avoir tant d'esprit, et il est bien éloigné de l'avoir ; je gage que, de sa vie, à quelque propos que ce soit, y allât-il de sa liberté et de son existence, l'honnête Sindbâd, qui baise la terre, mais garde imperturbablement son sérieux, n'a fait de calembour, et qu'il serait bien empêché d'en faire un quelconque.

Il faut un nouvel effort d'esprit à Ulysse pour sortir de la caverne (1). « Je délibérai donc, cherchant la meilleure solution et s'il était encore quelque voie de salut pour mes compagnons et moi-même. J'évoquai toutes mes ruses, toute mon intelligence, comme s'agissant de la vie ; car la catastrophe suprême était imminente. » Ne craignez pas qu'il reste à court ; c'est un homme de ressources.

Le petit discours de Polyphème à son bélier est une perle de sensibilité et de grâce (2) : « Bélier, mon ami, pourquoi de tous les troupeaux qui franchissent le seuil de ma grotte, sors-tu ainsi le dernier ? Jusqu'ici tu n'avais garde de rester en arrière des brebis, mais, les devançant de fort loin, c'est toi qui t'avances à leur tête, fier et marchant à grands pas

(1) Odyss. IX. 420.

(2) Odyss. IX. 447.

à travers les tiges fleuries de la prairie ; à leur tête tu te diriges vers les ondes courantes du fleuve, à leur tête le soir tu songes à rentrer à l'étable ; et maintenant te voilà le dernier. Pleures-tu l'œil de ton maître que lui a arraché un homme détestable aidé de ses misérables compagnons, après avoir noyé son esprit dans le vin? Personne qui, je l'espère, n'échappera au trépas. Si tu partageais mes sentiments et que la parole te fût départie, puisses-tu me dire en quel lieu cet homme se dérobe à mon courroux ! Bientôt, dans cette grotte, sa cervelle écrasée contre le roc ruissellerait à terre et volerait en éclats, et mon cœur ferait trêve à ses douleurs et aux maux que lui a infligés ce vaurien de Personne, valant moins encore que son nom ! » Ce serait grand dommage que Polyphème n'eût pas parlé, parlant si bien ; je doutais tout à l'heure que Sindbâd eût fait des calembours comme Ulysse, je doute maintenant qu'il ait jamais parlé d'une façon aussi touchante que Polyphème, alors même que, prosterné à terre et baisant le bord de l'habit du roi, il le suppliait de ne pas l'enterrer avec sa femme.

Tous deux ont aveuglé le Cyclope ; tous deux sont évadés. L'un perd son temps de la façon la plus inconcevable à attendre l'aurore au bord de la mer et se sauve enfin les mains vides. L'autre, tout en s'évadant, intercepte une partie du troupeau de Polyphème, et à peine sur son navire, oublie toute prudence pour invectiver son ennemi. Ses amis le veulent en vain retenir; la colère le transporte, il ne connaît plus rien, se découvre à plein et lui crie son nom : « Ulysse, le destructeur des cités (1). » Colère fatale, qui attira sur lui des maux infinis et le ressentiment de Neptune. Combien de fois, plus tard, n'eut-il pas à déplorer cette explosion d'une nature trop portée à la colère ? O honnête Sindbâd ! vous vous êtes bien gardé de rien de tel et vous avez eu raison.

(1) Odyss. IX, 504.

En somme, la légende d'Ulysse est infiniment supérieure à celle de Sindbâd. Celle-ci est excessivement simple; on sent qu'elle s'adresse à des gens avec lesquels tout se fait en quelques coups de dés; les caractères n'y ont nul relief. Dans la grecque, les incidents sont variés, les scènes se succèdent chacune avec son coloris propre, les caractères se détachent, les personnages vivent, et si l'on doit juger les deux races d'après le type comparé des deux acteurs principaux, Ulysse et Sindbâd, en dépit des qualités du sémite, ne semble-t-il pas que l'avantage soit à l'âryen, de conception plus profonde, plus actif, plus prévoyant, plus doué de ces qualités qui constituent le don et le droit de commander?

Les autres aventures d'Ulysse et de Sindbâd se prêtent peu à ce parallélisme de comparaison que comporte la légende de Polyphème. Dans toutes cependant on retrouvera les mêmes caractères et l'on arrivera aux mêmes conclusions. En général, on peut faire cette remarque, que la nature elle-même, les phénomènes naturels ou surnaturels, les merveilles physiques, les animaux, la baleine, l'oiseau roc, les serpents jouent un rôle plus accentué dans la légende arabe; dans la grecque, l'homme, avec ses sentiments et ses passions, ou des dieux parfaitement anthropomorphiques de corps et d'âme : Circé, Calypso, Éole. Dans la première, la nature matérielle écrase le roseau pensant; dans la seconde, celui-ci a davantage la conscience de sa force. Sindbâd, entraîné par le tourbillon du fatalisme, n'a proprement aucune de ses mésaventures qui provienne de sa faute; la vie éclate sur sa tête comme un coup de tonnerre, contre lequel il n'essaie pas plus de réagir que contre les Pygmées qui lui ont enlevé son navire dans l'île du Cyclope. La responsabilité de ses actes lui échappe. Ulysse, plus modeste, sait voir la source de ses désastres dans sa propre faute (1), comme chez Polyphème, plus souvent dans celle de ses compagnons comme

(1) Odyss. IX, 228.

l'outre d'Éole, les bœufs du Soleil. C'est déjà un homme complet qui rend hommage à la responsabilité de l'âme humaine ; le fondement de sa grandeur n'est peut-être pas ailleurs. Alors même qu'une fatalité irrésistible se dresse devant lui, comme Scylla, il s'arme de toutes pièces (1), résolu à vendre chèrement sa vie, et l'on peut affirmer que ce ne seraient pas des Pygmées qui le mettraient à merci. Sindbâd ne rencontre presque pas un panneau qu'il n'y trébuche, et toute son industrie n'est guère que de serrer les diamants qui tombent sous sa main. Ulysse s'engage et se dégage ; il lui arrive même parfois de conjurer les surprises du sort et de franchir les mauvais pas dont sa route est semée, sans leur payer tribut (2). La géographie de Sindbâd, aussi irrégulière que celle d'Ulysse, présente, on doit l'avouer, des horizons infiniment plus vastes. Nous ne lui en ferons pas un mérite, mais au temps qui sépare la rédaction de ces deux légendes.

Lorsque Sindbâd, entraîné par le courant du fleuve souterrain qui l'emporte vers les entrailles de la terre, seul, épuisé d'inanition, après plusieurs jours de navigation ténébreuse, endormi du sommeil précurseur de la mort, s'éveille tout-à-coup au sein d'une campagne fleurie, sous un ciel resplendissant, entouré d'hommes qui lui disent : mon frère, élève les bras vers le ciel et s'écrie : « Invoque le Tout-Puissant, il viendra à ton secours ; il n'est pas besoin que tu t'embarrasses d'autre chose. Ferme l'œil, et pendant que tu dormiras, Dieu changera ta fortune de mal en bien, » devant cette scène noble et radieuse, si simple et d'un effet si puissant, je rends hommage à l'élévation du sentiment moral, un peu trop passif cependant, qui l'inspire, et comme lui je m'incline avec respect et émotion devant cette bienveillante Providence, suprême ordonnatrice des choses humaines. Lorsque, d'autre part, jetant les yeux sur le panthéon hellé-

(1) Odyss. XII, 228.
(2) Odyss. XII, 197.

nique, j'aperçois ces *tristes dieux*, comme les appelait Horace (1), n'intervenant dans les destinées humaines que pour y porter le trouble, *horribili super aspectu mortalibus instans* (2), passant leur vie à chanter et à boire (3), qui pleurent (4), suent (5), prennent plaisir à se vautrer dans le sang humain (6), et auxquels le plus puissant d'entre eux propose de les suspendre entre ciel et terre, comme des pantins à une ficelle (7), je ne m'étonne plus des trop nombreuses défaillances morales de notre ami Ulysse; je m'étonne plutôt que l'écrasante supériorité de la théodicée sémite n'ait pas apporté à Sindbâd la conquête du monde. C'est ce qui fût advenu sans doute, avec le temps, par le propre affaissement et la corruption de la société grecque et latine, comme il est advenu à la branche âryenne orientale, qui a dû se courber sous les fils de Sindbâd, et

. . . . *curtis Judæis concedere*

si Ulysse, toujours avisé, faisant à temps une évolution vitale, n'eût abandonné tout son vieux bagage théologique et n'eût adopté, légèrement modifiée dans le sens âryen, la théodicée de Sindbâd (8). Dès-lors, trouvant dans des

(1) Sat. I, V, 99.

(2) Rer. nat. I, 66.

(3) Iliad. I, 603, 604.

(4) Iliad. XXI, 506.

(5) Iliad. V, 31.

(6) Iliad. IV, 27. — XV, 228.

(7) Iliad. VIII, 25, 26.

(8) Franchissons huit ou dix siècles et passons d'Homère à Domitien; après s'être égayé sur la dévotion des Égyptiens,

O stultas gentes, quibus hæc nascuntur in hortis
Numina ! (XV, 10).

ce bon Juvénal en est encore à s'exclamer benoîtement :

. . . . . *nemo Dianam !* (XV, 8).

croyances plus hautes, en même temps que les titres de sa dignité personnelle, les fondements d'une morale plus pure, ciment de sociétés nouvelles, Ulysse a l'étoile au front, le génie et le goût (1) du commandement, le caractère expansif. Ses brillantes qualités se peuvent épanouir en tous les sens; le monde lui appartient

οὕνεκ' ἐπητής ἐστι, καὶ ἀγχίνοος καὶ ἐχέφρων (2)

et Sindbâd doit se préparer à lui obéir.

VI.

Cette légende de Polyphème, ainsi commune aux deux races sémite et âryenne, demandera-t-on laquelle l'a empruntée à l'autre, à qui elle appartient en propre? Je répondrai sans hésiter : à l'âryenne; c'est à elle que se doit le droit d'auteur. Voici ma raison : toutes les races humaines sans exception ont rencontré des géants qui les ont enfermées dans des cavernes pour les y dévorer,

δημόβορος βασιλεύς (3)

mais la seule qui ait suscité des Ulysse pour en sortir et les en tirer en aveuglant le géant, est l'âryenne. Les autres, quelque part que nous portions nos regards, nous les voyons encore parquées dans la caverne du Polyphème qui les y

et c'est le même homme qui, à la page suivante, est assez philosophe pour réprouver qu'une religion s'arroge le droit d'en mépriser une autre

. . . . . *numina vicinorum*
Odit uterque locus, quum solos credat habendos
Esse deos quos ipse colit; (XV, 30).

et qui, parlant du royaume de Pluton, en dit sceptiquement :

Nec pueri credunt, nisi qui nundum ære lavantur. (II, 10).

Désordre complet dans les idées religieuses du temps.

(1) Odyss. I, 397.

(2) Odyss. XIII, 332.

(3) Iliad. I, 231.

mange. L'âryenne peut assurément faire la sottise d'entrer dans la caverne du géant; mais une fois là, soyez certain qu'elle ne songera plus qu'à en sortir,

> φράσσεται ὥς κε νέηται, ἐπεὶ πολυμήχανός ἐστιν (1),

tandis que toutes les autres une fois entrées, le Polyphème peut de sa propre main leur ouvrir les portes chaque matin, certain que stupidement elles reviendront d'elles-mêmes chaque soir se remettre en sa puissance. Ulysse le libérateur, Ulysse le vainqueur du Cyclope, qui porte l'épée et manie la parole, qui ne connaît pas le découragement et conserve son ressort dans toutes les fortunes,

> ἐν στήθεσσιν ἔχων ταλαπενθέα θυμόν (2)

qui pénètre aux enfers pour suivre ses desseins,

> σχέτλιε. . . . . .
> πῶς ἔτλης Ἄϊδός δε κατελθέμεν (3)

qui, du même pas, abordera le ciel s'il le faut,

> *In cœlum jusseris ibit* (4)

est un pur type âryen, qui n'a jamais été qu'âryen et ne peut être qu'âryen. Et sous son adroite main l'on a vu parfois les propres brebis de Polyphème,

> *Quandoquidem sapiunt alieno ex ore, petunt que*
> *Res ex auditis potius quam sensibus ipsis* (5)

devenir à leur insu l'instrument de la délivrance.

(1) Odyss. I, 205.
(2) Odyss. V, 222.
(3) Odyss. XI, 475.
(4) Sat. III, 77.
(5) Rer. nat. V, 1132.

CHAPITRE XVI.

DE LA LIBERTÉ.

Je n'en dirai que peu de mots, simplement pour indiquer les points de repère et marquer le tracé de ma route ; le sujet traité selon ce qu'il mérite et selon l'amour que je lui porte, étant au-dessus de mes forces,

vetat
Culpa deterere ingeni (1).

Je ne prétends rien dire de particulier, mais pour ne pas laisser une trop grosse lacune dans mon travail et arborer mon pavillon, résumer ce qui est de domaine commun, — *publica materies*, — et accepté comme axiôme politique par toutes les têtes bien faites.

Je n'aurais à envisager ici que la liberté politique. Comme elle a son fondement dans la liberté civile, et que la liberté civile elle-même se fonde sur la liberté morale, c'est par celle-ci qu'il faut commencer puisque tout en dérive.

(1) Od. I, v. 12.

Je rencontre un grand nombre d'esprits, et des plus dignes de respect, chez lesquels la notion de liberté me semble défectueuse et qui la conçoivent comme une activité se déterminant soi-même et se développant conformément à ses fins. D'où ils induisent que la liberté existe dans le bien et n'existe pas dans le mal.

Cette notion est fort voisine de celle panthéiste puisque Spinoza (1) définit la liberté : « une activité qui n'est déterminée par aucune cause étrangère, se détermine soi-même et se développe conformément aux lois de sa nature. »

La liberté ainsi conçue, la fève, cousine de Pythagore, qui végète dans mon potager,

donec
Decoqueretur olus (2),

et que je la mange, puisque telle est, je pense sa nature et sa fin, en est, me semble-t-il, le parfait idéal.

Concevoir ainsi la liberté, c'est la supprimer, et du même coup la loi morale, car qu'importe qu'il y ait une loi morale, si elle ne m'atteint pas, et si, entraîné en tous mes actes par une inéluctable nécessité, je ne suis pas le maître d'y obéir ou de l'enfreindre? Et d'autre part, si je suis libre, mais d'une liberté sans frein ni règle, si la loi morale n'existe pas, ni bien ni mal, et que tout soit en soi indifférent, qu'est-ce cette liberté, et en quoi se distingue-t-elle du désir? Les choses étant ainsi, le spinozisme serait le vrai.

Anéantir par une telle conception la liberté peut faire le compte de qui tient le libre arbitre pour chimère (3), et pour préjugé l'opinion que l'indéterminisme de la volonté fait l'essence de la liberté; qu'on la rencontre chez ceux-là mêmes

(1) Ethiq. part. I, déf. 7.
(2) Sat. II, 1, 74.
(3) Ethiq. part. I, append. part. II, prop. 18.

qui ont à cœur de sauvegarder la morale, cela est pour moi un problème.

Il me semble qu'il faut ici ne pas confondre deux choses fort distinctes : la liberté elle-même, ce qui constitue son essence, et l'usage que l'on en fait. Elle ne consiste pas dans un acte ni dans une série de volitions, ni dans les motifs qui déterminent ces volitions, ni dans une série de modes de l'activité. Elle consiste dans la faculté de vouloir ou de ne pas vouloir. Cette faculté dont j'ai conscience, quelque usage que j'en fasse, est la liberté elle-même. Qu'elle s'affirme et se manifeste surtout lorsqu'elle triomphe du désir qui l'entraîne vers le mal, cela est certain. Mais elle ne triomphe, elle n'agit, que parce que, avant d'agir, elle existe ; son activité la constate, mais ne la constitue pas.

Ma liberté morale, la faculté que j'ai de vouloir ou de ne pas vouloir, de vouloir le bien ou le mal, laquelle faculté, par l'usage que j'en fais, constitue précisément pour moi le mérite et le démérite, image de la liberté de Dieu, est une chose si sainte que Dieu ne pourrait me la ravir sans m'enlever du même coup la connaissance de la sienne propre. C'est par ma libre volonté que mon être affirme sa substance et la distingue de celle de Dieu. Mon intelligence n'y suffirait pas, puisque ce qu'elle voit, elle le voit en Dieu. Sans la conscience de cette volonté libre qui constitue proprement ma personne, je n'aurais pas titre à repousser la consubstantialité de Dieu et du monde. Je ne dis pas que, si je n'étais pas libre, le monde serait consubstantiel à Dieu ; je dis qu'il serait hors de mon pouvoir de me prouver à moi-même qu'il ne l'est pas. Or, consubstantialiser Dieu et le monde, c'est anéantir la liberté de Dieu, et la réduire à l'absolue nécessité d'un éternel développement.

Sainte aux yeux de Dieu qui me l'a départie pour m'en demander compte, ma liberté est au-dessus de toutes les atteintes humaines et, dans cet asyle, le roseau pensant brave tout ce qui lui est extérieur, se rit des chaînes et des verroux

> *Perrumpere amat saxa, potentius*
> *Ictu fulmineo* (1).

Tous la possèdent. On peut lui fournir des motifs de détermination; elle en juge sans appel et en dispose souverainement. On peut l'empêcher de se manifester, on ne l'empêche pas d'exister. En soi elle est une force incompressible à toutes les puissances humaines.

Je ne crois pas superflu de noter ici que l'idée de Spinoza sur le déterminisme absolu de tous nos actes par des mobiles dont nous n'avons pas conscience, cette « fausse liberté, semblable à celles qu'imaginent posséder l'enfant ou l'homme ivre (2), » est au fond l'idée même du positivisme contemporain, et que par là l'école positiviste, dont le caractère est de transporter aux études historiques et philosophiques la méthode déterministe qui est le propre des études physiologiques, se rattache en droite ligne au spinozisme.

Le même procédé inductif qui, par ma liberté, m'a fait connaître celle de Dieu, par elle également me fera connaître l'existence d'une loi morale; car s'il n'y avait ni bien ni mal, ma liberté n'aurait à quoi se prendre; elle serait une forme vide et sans objet, ou pour mieux dire, elle n'existerait pas. Devoir implique pouvoir, et c'est parce que la notion et la règle du bien et du mal sont étrangères aux bêtes, que pour elles la liberté n'existe pas.

Puisque, au-dessus de ma liberté morale, dans cette sphère des vérités absolues qui ont leur foyer en Dieu, existe une loi morale à laquelle ma liberté est tenue de se conformer, et qui, perçue par ma conscience, réside en elle

(1) Od. III, 11-10.
(2) De l'âme, Schol. prop. 35, prop. 50.

et ne relève pas des lois civiles, selon que ces lois civiles feront ou ne feront pas sa place à cette règle morale, existera ou n'existera pas la liberté civile. Je crois qu'on peut la comprendre comme la faculté départie par les lois civiles de suivre la loi morale qui réside dans les consciences.

Violenter la conscience religieuse est donc porter atteinte à la liberté civile, et c'est par là que la liberté de conscience s'élève à la hauteur d'un droit permanent, n'est plus une concession à titre précaire et révocable à la discorde des esprits.

La liberté morale est absolue. Comme elle ne relève pas d'une loi civile, mais de la nature humaine elle-même, tous la possèdent dans sa plénitude. Il en est autrement de la liberté civile qui, départie par une loi humaine, le peut être dans des proportions variant à l'infini. Le type de cette liberté est un sans doute; mais les degrés selon lesquels nos lois s'en rapprochent ou s'en éloignent sont indéterminés, de même que la gravité relative des points où se manifestent les divergences, et depuis la persécution religieuse sous toutes ses formes jusqu'au légendaire chapeau de Gessler, les infractions à la liberté civile affectent des formes dont la diversité est infinie.

Il ne faut pas se méprendre sur le rôle des lois humaines en ce qui concerne la liberté civile : elles n'ont rien de plus à faire que la reconnaître, lui rendre hommage et lui faire sa place, et non pas, se substituant elles-mêmes à la loi morale, la constituer d'autorité. Je vous ordonne et vous contrains par force d'être libre, je vous astreins à faire librement sous peine de prison tel ou tel acte que votre conscience réprouve, est une antinomie qui n'a pas de sens.

Quand je me soumets volontairement à une loi morale ratifiée par ma conscience, c'est encore ma propre liberté qui s'exerce et se révèle jusque dans l'acte de son abdication spontanée. Quand c'est une volonté étrangère et extérieure qui contraint la mienne sans l'aveu de ma conscience, et en dehors de ce fonds commun d'idées générales sur le bien et le mal, domaine commun de l'humanité tout entière aux yeux de l'école spiritualiste, et que j'agis sous le poids d'une pression extérieure que ma conscience désavoue, l'on fait violence à ma liberté morale, et contre l'attentat dont elle est victime, je proteste.

Quand j'agis en mon propre nom individuel, la limite de ma liberté est la liberté d'autrui; quand j'agis au nom d'un groupe d'hommes sensés, vis-à-vis d'un autre groupe d'hommes sensés, la limite est la même qu'entre individus; quand j'agis au nom de ce fonds commun d'idées générales, sur le bien et le mal, de « ces premiers principes de l'équité naturelle, dont personne ne disconvient que ceux qui sont tout-à-fait aveugles, » dit Bossuet (1), si on le conteste, j'ai le droit de l'imposer, de la même façon qu'un homme sensé impose sa volonté à un fou. Si, par un acte pervers de volonté, on l'enfreint, du droit de défense sociale, je réprime l'infraction.

Tels sont, je crois, les rapports entre la liberté morale et la liberté civile

Tout homme

ὅς θνητός τ'εἴη καὶ ἔδοι Δημήτερος ἀκτήν (2)

doit avoir la liberté civile; le droit en est commun à l'humanité tout entière, mais le fait ne l'est pas. Tous ne la possèdent pas, et la mesure selon laquelle ils la possèdent est variable à l'infini. Comme elle a pour objet de faire sa place au soleil à la liberté morale, et que celle-ci elle-même a pour objet le bien et le mal absolus, elle est le plus grand des biens que puissent départir les lois civiles, sa conquête

(1) Politiq. tirée des propres paroles de l'Écriture. I, art. 4, prop. 4.

(2) Iliad. XIII, 322.

la plus grande ambition que puissent se proposer les sociétés, sa négation la plus cruelle des tyrannies qu'elles puissent subir et le fruit le plus amer des despotismes. Le plus énergique et le plus constant effort des hommes doit être de s'assurer la possession de ce bien suprême.

Depuis que le monde existe, bien des expéditions ont été tentées vers cette toison d'or, bien des routes essayées pour la conquérir. Comme elle a son siége dans la loi civile, le problème a été de déterminer la génération de celle-ci de manière à garantir la possession de la liberté civile. La route est pleine d'écueils, signalée par de nombreux naufrages

> Τῇ δ'οὔπω τις νηῦς φύγεν ἀνδρῶν, ἥτις ἵκηται
>
> . . . .
>
> οἴη δὴ κείνη γε παρέπλω ποντοπόρος νηυς
> Ἀργὼ πασιμέλουσα (1).

Que les faibles, les maladroits, les poltrons, troupe sans force et sans valeur renoncent à l'aventure et se tapissent avec Sindbâd dans l'antre du Cyclope pour s'y mettre à couvert. Tant qu'il y aura des hommes de cœur, on les verra tenter l'entreprise, en faire leur objectif et se mettre en campagne, comme les chevaliers de nos vieux romans à la conquête du saint Graal.

De toutes les combinaisons tentées par les hommes pour s'assurer l'inappréciable bienfait de la liberté civile, la seule que l'expérience déjà longue de l'histoire nous montre, lorsqu'elle est faite dans de bonnes conditions, bien qu'alors même elle soit accompagnée d'inconvénients — et quelle est celle des choses humaines qui n'en ait pas — la seule après tout que l'épreuve nous révèle comme douée d'une efficacité à peu près certaine et constante, est l'intervention des gouvernés dans le gouvernement.

(1) Odyss. XII, 66-69.

La toute-puissance légale sur une tête digne et intelligente est une combinaison qui, par sa simplicité, a longtemps séduit les esprits. On en est revenu pour avoir compris que, par sa nature, elle est essentiellement précaire et dénuée de toute garantie,

πόλις γὰρ οὐκ ἔσθ', ἥτις ἀνδρός ἐσθ'ἑνος (1)

et que, à scruter à fond les grandes figures qui ont si longtemps occupé le devant de la scène, leur valeur morale est pour la plupart fort loin de répondre à leur prestige historique, et lors même que leur grandeur résiste à l'examen — combien sont-ils ? on les compte, et le nombre en est ridiculement petit — elle apparaît dans l'histoire comme un phénomène si rare qu'on peut le tenir pour miraculeux, un épisode de quelques heures. L'on a vu que la toute-puissance est une liqueur trop forte pour le fragile vase des têtes humaines qui, tôt ou tard, les fait éclater, et, si elle n'arrive pas à pervertir immédiatement l'individu et à en faire ces fous monstrueux dont parle Montesquieu (2), n'a jamais failli à pervertir à la longue ou hébéter les races investies de ce fatal privilége, et nous donner le spectacle de Schahabaham ou de Caligula.

« Comme on voit un fleuve miner lentement et sans bruit les digues qu'on lui oppose, et enfin les renverser dans un moment, et couvrir les campagnes qu'elles conservaient, ainsi la puissance souveraine sous Auguste agit insensiblement et renversa sous Tibère avec violence (3). »

Je rencontre pour la dernière fois le nom de Montesquieu ; que ce soit pour rendre hommage à ce grand homme, supérieur, pourrait-on dire, à son siècle en toute chose, si franchement spiritualiste à une époque où on ne l'était

(1) Antig. 737.

(2) Grand. Rom. ch. XV.

(3) Grand. Rom. ch. XIV.

plus, si franchement libéral à une époque où on ne l'était pas encore, et qui, dans toutes ses opinions, a su garder la juste mesure. Son livre peut être devancé de nos jours en quelques parties par les enseignements nouveaux et prodigieux du siècle qui nous en sépare ; il demeure une source d'inspirations et de sentiments toujours honnêtes, toujours élevés, absolument exempts de ce radicalisme malsain et déclamatoire qui empoisonne les livres de Jean-Jacques et dont l'esprit, transmis par lui aux hommes de 93, est la source des maux qu'ils nous ont faits. L'Esprit des lois et le Contrat social sont encore pour nous les deux tonneaux où puise la main de Jupiter, et d'où elle épanche sur nous ses bienfaits et ses châtiments.

> Δοιοὶ γάρ τε πίθοι κατακείαται ἐν Διὸς οὔδει
> δώρων, οἷα δίδωσι, κακῶν, ἕτερος δὲ ἑάων (1).

La combinaison du pouvoir absolu étant ainsi éliminée comme incompatible par sa nature avec la sûre et paisible possession de la liberté civile, surtout de nos jours où l'irrémédiable discrédit où il est tombé dans les esprits par les dernières épreuves qu'on en a faites, lui enlevant toute force morale, il est contraint de prendre racine, comme les tyrannies antiques, dans la force matérielle, il ne reste que d'essayer du pouvoir tempéré à un degré quelconque par une intervention des gouvernés dans le gouvernement.

Cette intervention, pour l'appeler par son nom, n'est autre que la liberté politique.

Tel est l'ordre logique et la filiation des choses : la liberté morale a pour objet le bien et le mal, pour condition d'exercice la liberté civile ; celle-ci ne trouve de garantie efficace que dans la liberté politique.

Il n'est pas absolument nécessaire que la liberté politique soit formulée par une loi écrite, et dans un certain état social,

(2) Iliad. xxiv, 527.

il arrive parfois que les mœurs y suffisent. De même que, dans un contrat civil, un acte en due-forme est préférable à un consentement tacite des parties, de même, en matière de liberté politique, le droit garanti par un instrument formel est préférable à une simple possession de fait. Mais l'on a vu des lois semblant départir la liberté, qui, par l'usage qu'on en a fait et l'habile interprétation qu'on leur a donnée, ont fait de cette liberté un vain simulacre et sont devenues des instruments redoutables de servitude. L'intervention des gouvernés dans le gouvernement étant de soi un fait, en matière de fait, le fait est tout et se prouve par lui-même. C'est la démonstration de ce philosophe antique prouvant le mouvement en marchant.

Liberté morale, liberté civile, liberté politique : trois choses totalement distinctes par leur source, leur nature, leur objet. Si, lorsque vous parlez de l'une, on répond en vous parlant de l'autre, il n'y a plus moyen de s'entendre avec les dialecticiens qui battent la campagne, et le mieux est de se taire.

La liberté politique, ai-je dit, est accompagnée d'inconvénients. D'abord c'est une machine d'ordinaire assez complexe, qui fonctionne avec fracas. Comme il y a de par le monde un grand nombre de tempéraments valétudinaires auxquels le bruit porte sur les nerfs, et que le grand jour incommode, et dont l'idéal est de vivre, doucement reposés dans une demi-somnolence, derrière des rideaux, tous ces hommes, il est évident que la bruyante et remuante liberté qui met beaucoup trop en relief les parleurs, n'est pas leur fait.

loquaces
Si sapiat, vitet (1).

Le nombre est grand de ceux ayant, et non sans cause, l'antipathie des avocats

. . . . . *hic niger est, hunc tu, Romane, caveto* (2).

(1) Sat. I, IX, 33.
(2) Sat. I, IV, 84.

Plus la machine est complexe, plus elle est difficile à manier, plus elle exige de certaines adresses de mains, de certains apprentissages, de certaines qualités morales, et si l'on veut l'employer en dehors des conditions requises, elle devient excessivement périlleuse et court risque de briser en éclats non-seulement l'organisme politique tout entier, mais ce qui est beaucoup plus grave, l'organisme social.

Compterai-je pour troisième inconvénient que, dans le domaine des actes patents, elle agit plutôt en empêchant le mal qu'en opérant directement le bien. D'où résulte qu'aux yeux de cettre troupe innombrable d'êtres humains qui se paient d'apparences et n'aperçoivent que la surface extérieure des choses sans pénétrer jusqu'à leurs causes morales, le bien qu'elle fait n'étant le plus souvent qu'indirect, tandis que ses défauts sont immédiats, elle se montre comme un outil stérile autant qu'incommode et périlleux.

A la plupart de ces défauts, en ce qu'ils ont de réel, le remède est dans l'extrême diversité de formes dont le mécanisme de la liberté politique est susceptible, puisqu'il n'est même pas nécessaire, bien qu'assurément ce soit mieux, qu'elle soit formulée par une loi écrite. Il y en a pour tous les besoins, toutes les tailles, toutes les conditions, toutes les forces, depuis les jouets d'enfants jusqu'à des machines à soulever le monde; c'est l'affaire de chaque peuple de choisir celle qui convient à sa constitution, ses habitudes, son tempérament tel qu'il résulte de ses antécédents historiques et de sa condition présente. Cet immense arsenal où il peut choisir ressemble à ces magasins d'habits où chacun prend le vêtement qui s'assortit à sa taille. Mais on fera bien de le prendre un peu flottant, parce que le propre de la liberté est de faire grandir.

La liberté politique est l'honneur et le bonheur des sociétés humaines. Elle fait leur bonheur en leur assurant le plus précieux des biens, la liberté civile, leur honneur en trempant leurs âmes dans le sentiment de cette responsabilité de soi-même qui constitue la dignité morale. Dans un petit peuple libre, il y a mille fois plus de vraie grandeur que dans un immense troupeau d'hommes, le *stantis mandræ* du poëte (1), gouvernés par un despote; car le premier représente la force morale, l'autre la force matérielle. La liberté fait aussi la puissance des nations en leur mettant aux mains un levier qui multiplie leurs forces naturelles par un coëfficient proportionnel à son développement. Il suffit ici d'ouvrir les yeux sur la scène de l'histoire aussi bien que sur celle du monde contemporain, de regarder où sont les grandes nations fécondes, fortes, vivantes. On dit : cela passera ; c'est possible et même probable, vû que rien d'humain n'est éternel. Mais en attendant que cela passe, cela dure, et si vous attendez que cela ait fini de durer, prenez garde de ressembler à ce rustre ébahi du poëte attendant, pour passer la rivière, qu'elle ait fini de couler.

La force de la liberté, la source où elle puise la merveilleuse puissance de vie qu'elle communique à ceux qui lui ont livré leur âme, est dans l'énergique stimulant qu'elle donne aux intelligences et aux volontés de chacun, et l'impulsion au travail de tête et de main sous toutes ses formes. C'est par lui surtout, par les bénédictions que Dieu a répandues sur l'esprit de travail, qu'elle [illegible] féconde ; autant le pouvoir absolu engourdit et éteint les esprits et les caractères, et finit par les plonger dans l'égoût de ses corruptions, autant la liberté les relève, les éveille, les stimule, les fortifie par cette lutte constante qui est son élément, les purifie même par ses tempêtes. Elle les enflamme de ses ardeurs, semblable à ces grands vents qui purifient l'atmosphère et animent les incendies; et c'est pourquoi vous verrez les grands caractères comme les grands esprits être, en général, le partage à peu près exclusif des peuples et des époques libres ; et comme la

(1) Juv. III, 222.

force d'une nation n'est en somme que celle des individus dont elle est faite, là où vous verrez plus de nerf dans les caractères, plus de développement dans les intelligences, là vous trouverez les grandes nations. Et si celle que vous apercevez grande aujourd'hui succombe demain, spectacle lamentable, de ses ruines vous verrez surgir une nouvelle grandeur, une nouvelle nation plus forte précisément parce qu'elle est plus libre, comme les coureurs du poëte

Et quasi cursores vitaï lampada tradunt.

Ce ne sont pas tant les grandes nations qui vivent par la liberté, que la liberté elle-même qui vivra par les grandes nations tant qu'il y en aura sur la terre.

On l'a dit fort justement : l'amour de la liberté ne consiste pas à aimer la sienne propre et de ceux qui pensent comme vous, ce qui, au demeurant, pourrait bien n'être qu'une forme de l'amour de soi-même, assez vilain sentiment. Il consiste à aimer celle des autres et de ceux qui ne pensent pas comme vous. A ceux-là seuls qui aiment, respectent du moins la liberté d'autrui et sont prêts à la défendre

des nominis hujus honorem (1).

Les autres, quelque nom qu'ils se donnent, sont des sycophantes et des suppôts de tyrannie.

Dans sa morale à Nicomaque, Aristote insiste très fortement, à plusieurs reprises (liv. v, ch. 1 et 6), sur ce que la justice est le *bien d'autrui*, parce qu'elle a pour but l'utilité ou l'avantage d'autrui ; semblablement, la liberté politique, quand elle est juste, lorsqu'un peuple est arrivé à ce développement d'idées et d'intérêts, ce degré de civilisation où il a droit d'exiger que ses idées et ses intérêts reçoivent la garantie et la sanction de la liberté politique, dans ces conditions, dis-je, la liberté politique est aussi elle le bien d'autrui, un droit

(1) Sat. I, IV, 43.

que chacun de nous possède sur les autres, et réciproquement une propriété des autres sur nous-mêmes. Au même titre, de la même façon, dans les mêmes limites que nous avons liberté sur les autres, liberté pour nos personnes et nos idées, nous devons aux autres, pour leurs personnes et leurs idées, liberté sur nous-mêmes. La liberté, comme son nom l'indique, est une balance (*libra*), un équilibre.

Toutes les libertés sont sœurs et logiquement se tiennent entre elles. C'est pourquoi, lors même que l'on n'a pas la liberté civile qui est la plus excellente, il faut se garder de dédaigner la liberté politique, car par elle il est certain que, dans un temps donné, vous arriverez à l'autre. Tel est le spectacle que nous présente l'Angleterre où une merveilleuse liberté politique a devancé de fort loin la liberté civile, laquelle, si l'on regardait de près, n'y a peut-être pas même encore atteint son plein épanouissement.

De ce qui précède je conclus que, quelque excellente que soit et que nous estimions la liberté politique, n'étant pas par elle-même un but mais un moyen, le moyen non-seulement de garantir ses intérêts, la meilleure méthode de faire ses affaires étant en général de les faire soi-même, mais aussi et surtout de tremper les caractères, développer les intelligences, dégager et produire de plus en plus dans le monde la raison, la justice, la vérité, la valeur de toute liberté se prouve et se mesure par ses résultats ; là où ces résultats sont mauvais, la liberté est à reprendre et à remplacer comme disproportionnée, inopportune ou sophistiquée.

Les formes de la liberté politique étant à ce point et par essence diverses et changeantes, et l'esprit de liberté, qui est le tout de la chose, étant à ce point indépendant des formes qu'il peut exister sous une forme légale concrète quelconque, et que rien n'est plus ordinaire que de voir des formes, extérieurement calculées pour l'admettre, devenir des instruments de despotisme, et des formes, extérieurement calculées pour l'exclure, l'admettre par tous leurs pores et s'en imprégner, n'est-ce pas se méprendre que d'attacher une importance excessive et pharisaïque aux formes elles-mêmes des institutions politiques? L'esprit qui les anime est de bien autre conséquence, n'en déplaise à M. Prudhomme, que leur forme extérieure. Voilà pourquoi je me persuade qu'il est puéril de s'entêter non pas même sur des questions de forme, lesquelles peuvent avoir en de certains cas une certaine petite importance, mais de mots qui ne représentent pas même des formes.

Ambigitur quid enim? Castor sciat an Docilis plus (1).

Ainsi, pour ce qu'il y a aujourd'hui de différence entre nos royautés de quinze ans, telles que nous les avons depuis un siècle — il n'est pas un de nous qui, dans son for intérieur, ne sache que tel est à peu près le terme de la carrière qu'elles sont susceptibles de fournir — et un président électif temporaire, pour ce qu'il y a, dis-je, dans l'état actuel de nos mœurs qui commande et détermine toujours la destinée des institutions et qui, cela est prouvé par un siècle de notre histoire, ne comporte pas une période de vie plus longue à nos dynasties de mâle en mâle à perpétuité, où l'on n'a pas encore eu le spectacle d'un seul père transmettant la couronne à son fils, pour ce qu'il y a de différence entre un tel roi ou empereur et un président, vraiment ce n'est pas la peine de nous disputer sur un si petit sujet comme nous le faisons,

Scilicet ut non
Sit mihi prima fides?.... pretium ætas altera sordet (2).

Et pour ma part, ayant peine à prendre une telle dispute au sérieux, pourvu que vous me donniez la liberté et un gouvernement honnête, je ferai bon marché du reste, spécialement sur cette question de forme, si c'est de forme qu'il s'agit ici

(1) Ep. II, 18, 19.
(2) Ep. I, 18, 16.

et non de mots, philosophiquement fort secondaire, je n'aurai nulle peine à me ranger à l'opinion de tout le monde,

Fata viam invenient.

Les gouvernements ne sont-ils pas toujours dans un certain rapport avec l'état social ? Croyez-vous que celui que nous avons depuis 80 ans soit en train de se modifier? Croyez-vous que le ferment de néotérisme qui agite nos sociétés européennes soit en train de disparaître ? Croyez-vous que la source d'où il procède soit en train de tarir? Cette source n'est-elle pas la raison humaine et ses audaces? Voyez-vous que celles-ci aient figure de battre en retraite? Il me semble que ceux qui ont mission officielle de la surveiller et la contenir nous disent précisément le contraire. Leurs paroles sont-elles vaines phrases de rhétorique ? S'ils disent vrai, voyez-vous signe de changement dans notre état social? Si notre état social persiste, quel signe avez-vous que notre néotérisme politique ait dit son dernier mot? N'est-ce pas puéril de le croire, ou, mieux encore, feindre de le croire lorsqu'au fond on ne le croit pas? Qui trompe-t-on ici?

Si l'on tient essentiellement à ce que le chef de l'exécutif soit appelé V. M. et puisse à son gré s'habiller en général, bien que ceci ne soit pas sans inconvénient, j'y consens volontiers et ne comprends pas le puritanisme morpholatrique qui se gendarme contre quoi? des mots et des costumes. N'est-ce pas ici ce que Démosthène appelait (1) *περὶ τῆς ἐν Δελφοῖς σκιᾶς πολεμῆσαι*, se battre à propos de l'ombre de Delphes? Les choses sont ce qu'elles sont, et les mots n'y feront rien.

Abstraction faite de l'étiquette monarchiste ou républicaine, sommes-nous d'accord pour le reste : la sainteté absolue de l'ordre social, le respect tendre de l'égalité civile, le sincère amour de la vraie et large liberté politique? A part le dissen-

(1) *De Pace*, 20.

timent sur la consécration légale à donner à la durée de l'exécutif, sommes-nous d'accord sur l'organisme et le fonctionnement du mécanisme politique, de telle sorte qu'il n'y ait entre nous divergence que sur un seul point : la durée légale (fort différente de la durée effective) de l'exécutif et le nom qu'on lui donnera, comme deux montres, qui, absolument semblables par leur mécanisme intérieur, ne se distingueraient l'une de l'autre que par la notation de leur cadran ? S'il en est ainsi, je dis que, encore un coup, les choses sont ce qu'elles sont et que les mots n'y feront rien. Je dis que, si le ressort de la montre ne comporte qu'une marche de douze heures, il est puéril de nous disputer pour en marquer 24 au cadran, et que, si, réciproquement, la montre doit marcher plusieurs jours, il n'y a nul inconvénient à n'inscrire que 12 heures au cadran, parce que ce n'est pas la forme ni l'indication du cadran qui détermine le temps que marchera la montre. Qui détermine cette durée ? Ni vous, ni moi, la force des choses, la constitution sociale, l'élasticité de l'enveloppe politique, la prudence du propriétaire. Tâchons de forger un ressort qui marche le plus longtemps possible sans s'arrêter (à moins qu'un maladroit n'y mette la main), j'y consens ; je crois que ce grand ressort est en général fabriqué par un ouvrier plus puissant que vous et moi, que nous n'y pouvons qu'infiniment peu. Si peu que ce soit, nous voici prêts à y associer nos efforts aux vôtres et dans le même sens. Mais, pour Dieu ! ne recommençons pas, ἄτοπον γὰρ εἴη, dirait Démosthène, l'histoire de ces deux horlogers qui, ayant reçu leurs mécanismes tout faits de Genève, y compris le grand ressort, se trouvèrent parfaitement d'accord pour les monter, et tout ce qui constitue proprement la montre, mais qui ensuite, lorsqu'il s'agit de déterminer la chiffrature du cadran, se prirent à la gorge, jusqu'à extermination mutuelle (1).

S'il est vrai que la force des choses et l'esprit du temps

(1) Voir ci-après, *Épilogue*.

imposent aux peuples modernes des chefs d'exécutif temporaires, ce ne seront pas des mots et des habits qui les empêcheront de l'être. Et s'ils ne sont pas temporaires, s'ils durent, ce ne sera pas parce qu'on les aura habillés et appelés d'une certaine façon, mais parce qu'il n'est pas vrai que la forme temporaire de gouvernement soit dans la force des choses. Quand cesserons-nous d'accorder un vain amour et une sotte révérence à des mots et à des formes, pour nous attacher à l'esprit qui les anime? Notre destinée est-elle de toujours ressembler à ces captifs de la caverne de Platon (1) qui, le visage tourné de force et maintenu vers le fond de la caverne, n'aperçoivent les choses du dehors que par leurs ombres projetées sur la paroi qui fait face à leurs yeux, et se persuadent que ces ombres sont les choses elles-mêmes, et vivent ainsi ne croyant qu'à un monde de fantômes?

En ceci, comme en autre chose de moindre conséquence encore, l'auteur de ces pages a ses préférences assurément qu'il ne craindra pas d'avouer, et plus ami par nature de l'ordre légal que des révolutions, il préférera des élections régulières transmettant le pouvoir exécutif par périodes aussi longues qu'on le voudra à cette transmission violente qui s'effectue par le moyen d'une convulsion intérieure ou extérieure, provoquée par l'accumulation successive de responsabilités d'un personnage, que nos esprits semblent ne plus se résigner à envisager comme irresponsable. Affaire de goût sur laquelle nul n'est d'humeur plus accommodante que l'auteur de ces pages, parce qu'il pense que, nous disputer et nous battre peut-être entre nous aujourd'hui pour éviter le risque de nous disputer et nous battre dans quinze ans, c'est agir à la façon de ce personnage mythique, objet de l'hilarité de nos enfants, qui, je demande pardon de la familiarité du terme, se cache dans l'eau de peur de la pluie.

(1) Rép. l. VII, et Phèdre.

Puisque l'on parle de fonder un gouvernement quelconque, la république par exemple, je demanderai comment se fondent les gouvernements ?

Sera-ce, selon la méthode à peu près exclusivement employée par nos fondateurs, trop souvent, hélas ! renouvelée de gouvernements perpétuels, à force de manifestations extérieures et de contorsions, et en vociférant son nom comme des énergumènes ? je ne le pense pas. Je crains que cette méthode ne soit puérile, défectueuse, grossière et qu'elle n'aille directement contre le but qu'elle se propose. Ce n'est pas en effrayant les intérêts que l'on fonde les gouvernements, mais plutôt en les rassurant et leur inspirant cette idée que l'on a plus que d'autres la volonté et le pouvoir de les servir. A se poser en forcenés, l'on n'arrivera qu'à effaroucher les esprits et déchirer les tympans des gens paisibles.

Sera-ce en démontrant que la république, c'est-à-dire la périodicité dans le choix de l'exécutif — car il faut savoir que la république est cela, rien de plus, rien de moins, et si je me sentais le goût ou la vocation d'être son apôtre, à toute tête un peu réflexive je me ferais fort de le prouver (1) — en démontrant, dis-je, que cette forme gouvernementale est le dernier terme d'une loi humanitaire qui visiblement en-

(1) C'est ainsi que, dans son Ménéxène, Platon dit aux Athéniens de son temps : « Nous n'avons jamais cessé d'avoir des rois, tantôt par droit de succession, tantôt par droit de suffrages. »

Qui voudra réfléchir trouvera comme Platon que toute république, dont la présidence est constituée héréditairement transmissible, est au fond une royauté ; toute royauté, dont la loi est d'être périodiquement éphémère, est au fond une république. Je suis las de cette notion vulgaire que « la république est le gouvenement de tous par tous. » Comme s'il n'était pas facile de concevoir telle république dont la base politique soit plus étroite que de telle royauté ! Comme si les exemples, dans le monde ancien et moderne, ne s'offraient pas en foule.

Sachez ceci : l'unique et vrai caractère classificateur est la périodicité de l'exécutif. A ceux parlant pour ou contre la république, la première chose ne serait-elle pas de savoir ce qu'elle est, ce qu'elle n'est pas ? Or, ceux qui

traîne nos sociétés, que par le fait, depuis 80 ans semblables à cette Alcmène,

> ἤ ῥα γυναικῶν φῦλον ἐκαίνυτο θηλυτεράων
> εἴδεΐ τε μεγέθει τε (Ἠ οἵαι)

qui, croyant coucher avec son mari, reposait dans les bras de Zeus, quelle qu'ait été l'étiquette de nos gouvernements, nous sommes en république (révolutionnaire), et que, sans avoir le nom, nous avons la chose, que le problème n'est donc plus que de régulariser par une loi un état de choses existant de fait, qu'il n'y a aucune raison pour croire terminé puisque ses causes sont, non dans des accidents transitoires, mais dans l'état moral et la constitution la plus intime de nos sociétés, le ferment néotériste qui y réside, et que la tâche est seulement à la république révolutionnaire, où il faut bien se persuader que nous sommes, de substituer, si nous le pouvons, une république légale? Non encore, me semble-t-il. Les lois humanitaires n'ont de prises que sur un très petit nombre d'esprits très cultivés à tournure philosophique, les amateurs de botanique intellectuelle, dit Mommsen. Les masses profondes y sont indifférentes, à peu près comme au binome de Newton ; ce qu'est une loi humanitaire, elles ne le comprennent pas. Le comprissent-elles, vous ne ferez pas qu'elles en prennent souci.

Fonder la république, ne serait-ce pas plutôt faire passer, si on le peut, dans l'opinion publique, dans celle des gens

crient le plus haut, voilà précisément ce dont ils s'inquiètent le moins. Ne dirait-on pas une procession de corybantes :

> .... *quia numen qui violarint,*
> *Matris*......................................
> *Tympana tenta sonant palmis, et cymbala circum*
> *Concava, raucisonoque minantur cornua cantu,*
> ....
> .... *atque impia pectora volgi*
> *Conterrere metu quæ possint numine divæ.*
>
> (Rer. nat. II, 618, 623.)

paisibles qui veulent la sécurité et la liberté, cette triple conviction.

1° Qu'il y a des républicains honnêtes, déclinant toute solidarité avec les infâmes coquins qui se parent de ce nom. Au bruit que font ceux-ci et l'empressement qu'ils mettent à se produire sur le devant de la scène avec des poses de matamores, parfois on serait tenté de croire qu'ils sont les seuls ;

2° Que ce groupe de républicains honnêtes est fermement résolu à tout sacrifier à l'ordre social, même la république, à sauvegarder l'ordre social, fût-ce au prix de la forme républicaine elle-même ;

3° Que, par la raison que son symbole est le plus compréhensif de tous les symboles politiques, il est celui qui rallie autour de l'ordre la plus grosse masse d'intelligences et de volontés, celui, par conséquent, qui donne le plus de garanties à la paix publique.

Pour quiconque a des yeux et veut la liberté, ne semble-t-il même pas désormais le seul qui puisse rallier nos grandes villes et les maintenir autrement que par la force, ne s'agissant plus de sauver telle ou telle forme de tradition, mais la tradition elle-même, l'influence de l'élément conservateur sur celui qui ne l'est pas.

La république est semblable à ce vin nouveau, vendangé généralement par d'assez fâcheux personnages, qui ne devient potable qu'après qu'il a bouilli et jeté son moût et que par d'habiles gens il a été suffisamment clarifié

τοῦ δέ τε πολλοὶ ἐπαυρίσκοντ' ἄνθρωποι (1).

Telle est la tâche. Le jour où la république aura persuadé ces trois choses à nos esprits, elle sera fondée; pas avant.

(1) Iliad. III, 733.

Or, à cette tâche toute intellectuelle, on conviendra que les clameurs et les contorsions sont inopportunes; les gens paisibles n'aiment pas le bruit. Ce ne sera pas à force de clameurs que vous ferez admettre cette thèse que vous avez réussi à rendre paradoxale que républicain n'est pas synonyme d'énergumène; je ne veux pas dire de scélérat. Pour ma part, je vous crois plus bruyants que méchants. Mais vous faites peur et c'est là précisément ce qui vous nuit. Ne comprendrez-vous pas que la question est pour vous de faire disparaître cette peur, d'inspirer confiance, car c'est par la confiance, la confiance seule que se fondent les gouvernements. Moins donc vous parlerez de république, mieux cela vaudra pour elle.

Sic et Europe niveum doloso
Credidit tauro latus (1)

et ce ne fut qu'après qu'elle eût touché les rives de Crète aux cent villes que, séparée par des espaces désormais sans retour des riants bocages où s'écoula sa jeunesse, le fils de Vénus lui dit, *perfidum ridens.*

Jovis invicti conjux esse nescis,
Mitte singultus, bene ferre magnam
Disce fortunam (2).

Ce sont les barbares qui, dans leurs actes, cherchent à étourdir les autres, et s'étourdir eux-mêmes par le bruit.

.... οἱ δ'ἄλλοι ἀκὴν ἴσαν (Ἀχαιοί)
σιγῇ δειδιότες σημάντορας ....
Τρῶες δ'ὥστ'ὄϊες πολυπάμονος ἀνδρὸς ἐν αὐλῇ
ἀζηχὲς, μεμακυῖαι, ἀκούουσαι ὄπα ἀρνῶν·
ὥς Τρώων ἀλαλητὸς ἀνὰ στρατὸν εὐρὺν ὀρώρει (3).

(1) III, XX, 25.
(2) *Ibid.* 74.
(3) Iliad. IV, 429-436.

Laissez, de grâce, ces sottes esbrouffes à vos adversaires naturels qui ne sauront pas s'en abstenir, et par-là feront vos affaires mieux que vous ne pourriez les faire vous-mêmes.

« Pour qu'un gouvernement subsiste et se conserve, dit Aristote (1), il faut que toutes les classes de la société désirent son existence et son maintien. »

Même loi pour sa création que pour son existence.

Je sais que l'on rencontre encore un certain nombre d'idéologues convaincus qu'un roi de leur système, élevé sur le pavois et oint de la sainte Ampoule, si dans le désordre des temps on ne l'a pas perdue, en aurait pour plus de vingt ans. Le nombre de ces idéologues est fort petit, et leur illusion grande de croire que le tourbillon qui entraîne, je ne dis pas la France, mais toutes les nations civilisées contemporaines, s'arrêtera devant une formule mystique ou les apocalypses de ce qu'il y aura de nonnes extatiques ou de solitaires illuminés, étant plus facile, nous dit Pascal, de trouver des moines que des raisons, ou devant les obstacles que peuvent lui imposer d'antiques théories traditionnalistes, dont on voit, au contraire, le prestige sur les esprits s'effacer chaque jour et l'autorité s'évanouir. La tradition n'est pas morte, tout au contraire, elle est pleine de vie, et tant qu'il y aura des hommes, ne mourra pas. Ce sont ses anciennes formules qui ont cessé d'exister. Elle a traversé la période de symbolisme, et libre de toute enveloppe, est devenue un esprit. Voilà ce qu'il faut se persuader.

Le suffrage universel, dieu du jour, n'est pas la liberté. Nous l'avons même vu être le contraire de la liberté. Et dans l'esprit de ceux qui pèsent leurs idées et ne les acceptent pas toutes faites sur étiquette, son prestige moral, sa considération, auront peine à se relever pleinement de cette

(1) Pol. II, VI, 15.

méchante aventure de jeunesse. Il est, sans doute, si l'on veut, une intervention des gouvernés dans le gouvernement, à condition toutefois que cette intervention, sous prétexte qu'elle est aveugle, ne soit pas disciplinée et réglée à ce point de ne plus être qu'un vain simulacre. Dès le frontispice de ce travail, j'ai professé mon scepticisme à l'endroit de cette divinité; je ne crois pas que, philosophiquement, elle ait aucune preuve qui justifie son être et résiste à un examen sérieux. Pratiquement elle est une nécessité, je le reconnais, une maladie avec laquelle il nous faut vivre, et qui, je le crains fort, nous jouera plus d'une fois, comme elle nous a déjà joué, de méchants tours. Discipliné, il n'existe pas; indiscipliné, je crains qu'il ne soit une barbarie, et la prédominance de ce qu'il y a chez nous dans les bas-fonds de passions, de préjugés et d'ignorances sur ce que notre société contient de lumières, d'idées vraies, d'intérêts sacrés. C'est une triste chose pour un souverain de n'avoir pour lui que la force. C'est une triste chose que d'avoir à juger d'aussi grands intérêts, d'aussi hautes questions que celles que comportent nos sociétés modernes, lorsque le souverain de qui tout émane, avec une force d'impulsion absolument sans contrepoids, peut imposer le sceau de sa médiocrité sur ceux dont le meilleur titre à ses yeux sera toujours de flatter ses passions ou de refléter ses irréflexions et ses ignorances.

Hoc caverat mens provida Reguli
Dissentientis conditionibus
Fœdis (1)

Voici l'opinion de notre père Descartes sur le suffrage universel : « La pluralité des voix n'est pas une preuve qui vaille rien pour les vérités un peu malaisées à découvrir, à cause qu'il est plus vraisemblable qu'un homme seul les ait rencontrées que tout un peuple. » (2).

(1) Od. III, v, 13.
(2) Disc. sur la méthode, 2e part.

Parmi les rares fragments qui nous restent du vieux philosophe Héraclite, je trouve une phrase assez obscure, comme il convient d'un homme éclatant par son obscurité, a dit Lucrèce,

clarus ob obscuram linguam (1);

ce jeu de mots, médiocrement réussi, est, je crois, le seul que l'on rencontre dans l'œuvre de ce grand poëte dont la belle langue, pleine de grands effets, est la simplicité même; mais dont la signification semble être une protestation très vive contre le suffrage universel, et que ceux qui se mettent à son école sont des insensés qui n'ont ni pudeur, ni intelligence.

J'envisage ici les choses philosophiquement. Je n'ignore pas qu'à les considérer historiquement on pourrait arriver à des conclusions tout opposées, et que le suffrage universel nous a été le moyen logique de nous délivrer de l'intervention illégale par voie de révolution du peuple de nos grandes villes, intervention fatigante, difficile à réprimer et dont nous étions souverainement las, par la concession d'une action directe sur le gouvernement par voie de suffrage. Et cette action, on l'a immédiatement neutralisée par l'accession au même pouvoir, en vertu du même titre, *manhood suffrage*, de la masse plus profonde encore du peuple des campagnes livré à un ordre de sentiments diamétralement contraire. Cet expédient, emprunté à la vieille méthode qui, de deux négations fait une affirmation, et administre un poison comme antidote d'un autre, peut avoir sa valeur pratique et nous avoir rendu service. Il faut ajouter qu'une fois concédé, le droit est fort difficile à retirer, parce que toutes les oppositions, toutes les ambitions de mauvais aloi, ne manqueraient pas, comme en 1851, de s'en faire une arme terrible contre l'état de choses existant quelconque. Cette concession faite

(1) I, 640.

aux exigences de la réalité, on conviendra que, philosophiquement, le système où nous sommes engagés a singulièrement rabaissé la sphère de notre action politique et l'a livrée à ces courants chargés de miasmes qui rasent le sol. Notre politique a déserté son domaine naturel, celui de l'idée et des intérêts, pour celui des sentiments et des passions, sentiments, en général, honnêtes, grâce au ciel! mais confus et irréfléchis comme ceux d'un enfant.

Je crains donc qu'en fait de liberté, le peuple étant chez nous ce qu'il est, et tant qu'il sera ce qu'il est, nous n'ayons dépassé le but, que nous n'ayons pas pris le meilleur procédé pour résoudre les questions politiques avec lumière et justice, que nous ne soyons ballottés tantôt en deçà de la liberté, tantôt au-delà, qu'à un coup de maladresse, notre politique, semblable à la paume de Nausikaa, n'aille tomber dans la rivière, au milieu des rires de l'assistance (1), et que la courte vue de notre souverain, lors même que ses intentions seront bonnes, ne le livre à des charlatans, et par là ne nous conduisent à de fâcheuses aventures qu'il est hors d'état d'apercevoir lui-même, peut-être à des abîmes.

« Il est impossible, dit Aristote (2), lorsqu'on part d'une idée fausse, qu'il n'en résulte pas à la fin quelque inconvénient grave. »

Vains propos, dira-t-on, vaines doléances, puisque *alea jacta est* et que, le pas une fois franchi, il est excessivement difficile, disons même, si vous le voulez, impossible de revenir en arrière, et que

levius fit patientia
Quiquid corrigere est nefas (3).

(1) Odyss. VI, 119.
(2) V, II, 8.
(3) Od. I, XX, 19.

Hélas oui ! j'en conviens ; mais puisque ce travail est un livre de bonne foy, comme dit Montaigne, et l'œuvre, en définitive, d'une pensée solitaire qui ne se propose que de se rendre compte de ses idées, sans autre but que la recherche sincère et désintéressée de la vérité, ayant à parler de la liberté, il ne m'est pas permis d'user de réticences, ni de donner à penser que je confonde le suffrage universel avec la liberté. Plus tard, si notre souverain qui est fort jeune s'instruit et s'éclaire, l'on verra. Je tâche de me défendre de toute fin de non-recevoir préalable, et de juger les choses sur ce qu'elles sont en elles-mêmes. Mais je ne m'incline en ce monde que devant la justice et la vérité, ou ce qui les représente.

Résumons. La liberté morale est l'apanage commun inaliénable et indéfectible de l'humanité tout entière.

En fait, tous n'ont pas la liberté civile ; en droit, à tous sans exception elle est due.

La liberté politique — l'intervention des gouvernés dans le gouvernement — n'est pas due à tous, mais à ceux-là seuls qui la méritent, et dans la mesure où ils la méritent. Tous y doivent prétendre, parce que sans elle tout périclite, tout rampe, intelligences, caractères, destinées, et que hors d'elle il n'y a rien de grand.

Ces pages sont écrites au milieu de la tempête :

Ad confligendum venientibus undique Pœnis,
Omnia quum belli trepido concussa tumultu
Horrida contremuere sub altis ætheris auris (1)

δαίμων δὲ τοῖς μὲν εὐτυχὴς καθ' ἡμέραν,
ἡμῖν δ' ἀποῤῥεῖ, κἀπὶ μηδὲν ἔρχεται (2)

(1) Rer. nat. III, 845.
(2) Sophoc. — Electr. 999.

A l'issue de l'épouvantable crise que nous traversons, lorsque, après avoir reconnu ceux de nous qui sont tombés et ceux qui restent debout, nous songerons à sonder la profondeur de nos blessures, il y a lieu, ce me semble, de réfléchir et d'envisager d'avance avec sang-froid la position qui nous sera faite, afin de ne pas perdre en hésitations les heures de salut.

μαλα δέ χρεω πάντας Ἀχαιοὺς
ἐσθλῆς καὶ πυκινῆς . . . . (βουλῆς) (1).

Nous nous retrouverons avec des fortunes très diminuées, partant, des ressources budgétaires singulièrement réduites, en face de charges démesurément accrues par la liquidation de la désastreuse aventure que nous a léguée le second empire, aggravée par l'incapacité décousue et présomptueuse d'une partie des hommes qui ont envahi révolutionnairement l'héritage du pouvoir. L'accablant fardeau de notre détresse financière nous imposera, ne nous le dissimulons pas, la nécessité à peu près absolue d'une réforme à peu près complète d'à peu près toutes les pièces de notre mécanisme administratif et social : armée, finances, enseignement, justice, rapports du clergé et de l'État. Presque partout il est à croire qu'il en faudra venir à trancher dans le vif d'une main très ferme. Ce n'est pas que nous ayons à regretter notre vieux bric-à-brac suranné qui ne valait plus rien, rouillé, vermoulu, dénué de cette sève intellectuelle dont la circulation est ce qui constitue la vie, qui, tout en coûtant très cher, fonctionnait très mal et par routine, je ne sais quel composé de rituel et de formules exploité par une sorte de mandarinat chinois, calculé pour tuer toute vie intellectuelle et locale, et pour remettre la société tout entière — je parle de celle politique seule — comme une machine à vapeur entre les mains de celui qui en tient le robinet. Il n'en subsiste pas moins que ce sera une lourde tâche et à effrayer les plus

(1) Iliad. IX, 75.

intrépides que d'aborder la réforme à peu près simultanée de presque toutes les pièces dont se compose un organisme aussi complexe que celui de nos grandes sociétés modernes. Ce redoutable problème, si Dieu, dans son infinie bonté, nous donne de l'aborder avec la dose suffisante de sang-froid, de jugement, de patriotisme, d'intelligence, de prompte décision et d'équité — car, sans équité, nulle paix durable — pour le bien résoudre et en temps opportun ; s'il y ajoute ce cœur velu λάσιον κῆρ dont parle notre vieil Homère (1), l'indomptable résolution de faire désormais nous-mêmes nos propres affaires, quelque ennui et quelque fatigue qu'elles nous donnent,

ἵν, ὦ ἄνδρες Ἀθηναῖοι, τῶν αγαθῶν τὰς ἐλπίδας δι'ὑμῶν αὐτῶν ἔχητε, καὶ μὴ τὸν δεῖνα μηδὲ τὸν δεῖνα πυνθάνησθε τὶ πράττει (2),

si, à ce mâle esprit de liberté, il ajoute la faveur de l'esprit d'ordre, la paix sociale et l'esprit de travail, source de toutes les fécondités, s'il en est ainsi, ne doutons pas que nos blessures béantes et profondes, pansées par la main douce et bienfaisante de la liberté, ne se cicatrisent avec une rapidité merveilleuse. Dans son ensemble, notre corps social est encore sain ; si

Διὸς μάστιγι δαμέντες

nous sortons de l'abîme avec des énergies morales nouvelles, ne doutons pas que notre santé ne soit promptement refaite, qu'une vie nouvelle ne nous anime, et que notre force ne soit bientôt plus grande qu'elle ne l'a jamais été. Et dès-lors, dans l'âme de la France, il n'y aura plus place que pour une idée et un sentiment : la vengeance contre ses assassins, cette petite noblesse qui impose à l'Europe du XIXe siècle l'odieux et stérile fardeau du militarisme à outrance propre

(1) Iliad. II, 851.

(2) Démosth. *de Syntaxi*, 2.

aux sociétés barbares, ces philosophes qui font rétrograder la civilisation.

« Chez certains peuples, la forme de constitution et les lois ne semblent avoir pour but que de soumettre les peuples voisins à leur domination. Tandis que la plupart des objets de la législation sont, pour ainsi dire, dans une extrême confusion, on observe que, s'il y a quelque chose que les lois semblent s'être spécialement proposé, c'est la force ou la conquête. L'éducation et le plus grand nombre de lois n'ont presque de rapport qu'à la guerre.

» Toutefois, si l'on veut y réfléchir, il est étrange que le but essentiel d'un homme habile dans la science du gouvernement soit de régner en maître sur les pays voisins, de gré ou de force. Car comment regarder comme juste ce qui n'est pas même légitime? Or, il n'est pas légitime de s'assurer l'autorité par toutes sortes de moyens justes ou injustes. Alors on a pour soi la force, non pas le droit (1). »

S'il en est autrement, si contents d'atermoyer et de vivre au jour le jour, incapables de porter un regard ferme sur les opérations douloureuses, condition de notre salut, nous laissons nos blessures s'aggraver, s'envenimer, grosses de tous les maux que renferme la dissolution d'un grand corps politique; si, entêtés sur des pointes d'aiguilles, nous usons notre temps, au lieu de faire utilement nos affaires, à nous irriter les uns les autres et compromettre la paix sociale sur des questions relativement puériles de forme gouvernementale ou des questions byzantines de dogme, si Dieu nous refuse la dose de patriotisme, de courage, d'intelligence et d'équité nécessaire pour nous sauver en résolvant heureusement et sans perte de temps les redoutables problèmes qu'il nous impose; si, éperdus à la vue de nos maux et de nos périls, saisis d'une fatale défaillance, nous cherchons de

(1) Aristot. Polit. VII, II, 5 et 6.

nouveau aux quatre coins de l'horizon un sauveur quelconque et ses compères qui nous débarrassent de l'ennui de nos tristes affaires et, au prix de notre liberté, entreprennent la liquidation des débris de notre fortune, afin que, délivrés des fatigues de la vie active et du poids trop lourd de notre propre responsabilité, livrés sans partage et sans retour aux apathies de nos intelligences et aux lâchetés de nos volontés, nous n'ayons souci que de ressaisir quelques roses fanées du dernier festin où nous surprit l'orage, et que, sur cette couche flétrie, semblables à l'auteur du festin de Trimalcion, nous dormions un dernier sommeil au bord de l'abîme; s'il en est ainsi, nous ne sommes qu'au début de nos malheurs. *Finis Poloniæ.* Il n'y a que les énergies morales et la liberté réglée par tout ce qui constitue l'ordre qui nous puissent sauver.

CHAPITRE XVIII.

DES ARISTOCRATIES.

ἡμιθέων γένος ἀνδρῶν (Iliad. XII, 23).
ἀνδρῶν ἡρώων θεῖον γένος (Hésiod. Opp. 159).

Je voudrais déterminer leur nature et leur origine, ce qu'elles sont et d'où elles viennent.

D'abord leur nature. Sont-elles, comme le nom l'indique, le gouvernement des meilleurs? Si l'on s'en tient à l'étymologie, cela est incontestable. (1). Je n'ignore pas qu'il y a mille inconvénient à faire sortir un mot de ses racines étymologiques et que l'on court risque de s'égarer. Je ne crois cependant pas que, lorsque, de nos jours, on parle d'aristocraties, il faille

(1) Telle est la signification que lui donne Platon dans l'épitaphios qu'il met dans la bouche d'Aspasie :

« Le gouvernement était autrefois le même que maintenant, une aristocratie. Telle est la forme sous laquelle nous vivons encore, et avons toujours vécu. Les uns l'appellent une démocratie, les autres autrement, selon leur goût. Mais c'est réellement une aristocratie sous le consentement du peuple. »

Trad. Cous. t. IV, p. 195.

ainsi les entendre, ni que le sentiment commun des hommes, lorsqu'il désigne ainsi une forme sociale particulière, donne au mot cette acception. Le gouvernement des meilleurs n'est pas forme particulière, mais générale, qui le doit être du moins, et je ne vois que MM. Pyat et Rochefort pour dire le contraire. Toutes les institutions, qu'elles soient aristocraties ou démocraties, doivent s'efforcer de remettre le pouvoir aux mains des meilleurs, des plus éminents par le caractère, l'intelligence, la valeur personnelle. En ceci leur but est commun. Ἀριστίνδην καὶ πλουτίνδην δεῖ αἱρεῖσθαι τοὺς ἄρχοντας, dit Aristote. Elles diffèrent, non par le but, mais par le moyen de l'atteindre. Si le gouvernement des meilleurs constituait les aristocraties, il faudrait donner ce nom à l'Athènes de Miltiade, Thémistocle et Périclès, à l'Amérique de Lincoln et Grant, et l'on se trouverait ainsi en dehors du langage commun.

Faut-il, à l'exemple des anciens Grecs, qui souvent ont appelé la force et la richesse vertu, et aux plus riches citoyens ont donné le nom de οἱ ἄριστοι, faut-il entendre par aristocratie le pouvoir remis aux mains des riches? Je ne le crois pas encore, bien que ce soit, selon moi, approcher davantage du vrai sens du mot, parce que la fortune est plus héréditaire que l'intelligence. L'institution de Solon, avant les réformes kleisthéniennes, déférait, on le sait, le pouvoir à la fortune, et les Grecs, fins analystes, ne l'avaient cependant pas appelée aristocratie, mais ploutocratie (1). De l'un à l'autre la pente est glissante, je le sais; toutefois nul doute que la possession du pouvoir par les citoyens riches à titre individuel et contingent, comme les électeurs du régime censitaire orléaniste, par exemple, ne suffise pas à constituer, selon les idées universelles, une aristocratie proprement dite. La fortune, la propriété — et il n'y en a pas d'autre que l'héréditaire — est élément d'aristocratie assurément, mais non pas élément essentiel, à tel point que je conçois même à

(1) Aristote la qualifie sans toutefois l'appeler par son nom. (*Pol.* l. IX, v. 1.)

toute force une aristocratie qui ne soit pas riche. Je ne connais pas l'Inde brahmanique assez pour en parler; je ne crois cependant pas que ses brahmanes soient riches; ils n'ont pas non plus aujourd'hui le pouvoir politique, et cependant s'il est au monde une aristocratie, nul ne niera que ce ne soit encore celle-là. Chose étrange ! voilà une aristocratie, la seule peut-être de celles présentement existantes, qui s'est fondée non sur la possession du sol, ni sur la force militaire, mais sur l'intelligence seule

Ut fundamento stabili fortuna maneret (1)

et sur le monopole de la science. Elle dure depuis trente siècles peut-être, et en dépit des révolutions et des conquêtes faites et subies tour-à-tour, demeure maîtresse absolue de la société hindoue; nulle autre, de fort loin, ne l'égale en permanence ni, à tout prendre, en grandeur. La cause de cette grandeur ne serait-elle pas dans la nature purement spiritualiste de son privilége ?

Nos aristocraties occidentales modernes — si tant est qu'il y en ait encore, — il est évident que le privilége de la science n'est pas leur fait et qu'eu égard à leurs goûts et leurs caractères, il serait inutile de leur en parler; à mon sens, pour leur propre bien, elles se sont trop livrées au militarisme, les Allemands disent brutalement caporalisme, dont le défaut, faisant appel à la force et à la consigne plus qu'à l'intelligence, est, au-delà d'une certaine mesure, de produire facilement de ces gens qui, semblables aux capitaines fourbus dont j'ai déjà parlé, donneraient philosophes et philosophie pour un petit écu.

Si donc l'aristocratie, telle qu'on l'entend de nos jours, n'est par essence ni le mérite personnel, ni la fortune, puisque la première de ces conditions ne lui est pas particulière, et qu'elle peut exister en dehors de la seconde, où placerons-nous son caractère distinctif, sa nature essentielle?

(1) Rer. nat. v, 1120.

Dans le privilége héréditaire : soit dans l'ordre social, la tenure de la propriété, soit dans l'ordre politique, la possession du pouvoir. Le privilége héréditaire, le droit inégal, tel est l'élément essentiel et constitutif des aristocraties ; sans lui elles ne sont pas, par lui seul elles sont. L'existence ou la non-existence des races privilégiées est le grand fait communiquant aux sociétés humaines leur caractère, leurs idées, leurs mœurs, leur politique. C'est à quoi le langage commun a donné les noms d'aristocratie et démocratie, et c'est ainsi seulement que je les entends moi-même.

Cette façon de comprendre l'aristocratie et son contraire, la démocratie, a le tort, je l'avoue, d'avoir contre elle la très grande autorité d'Aristote, qui, dans sa Politique (1), la définit : « le gouvernement d'un petit nombre d'hommes ou de plusieurs et non d'un seul. » D'où résulte qu'à ses yeux la monarchie est le gouvernement d'un seul, l'aristocratie celui de plusieurs, la démocratie celui de tous. Il ne s'arrête guère à considérer les priviléges inhérents à la naissance ; bien qu'il les mentionne sous le nom d'oligarchies (2). Ces notions sont séduisantes de simplicité et de netteté. Toutefois, si l'on veut bien me permettre — et j'en rougis — de ne pas abdiquer l'indépendance de mon esprit devant un si grand maître,

Ut vix humana videatur stirpe creatus (3),

je ne puis me defendre de trouver son analyse insuffisante pour les problèmes très complexes du temps où nous vivons. Nous avons tous vu, sur le devant de la scène politique, un acteur s'intitulant lui-même la république démocratique. Il en peut donc exister une aristocratique puisque, par son étiquette, le précédent voulait s'en distinguer. Ce n'est même pas un simple concept ; il en a existé, et plusieurs, et nous n'aurions pas de peine à les indiquer. L'aristocratie, de même que son

(1) III, V, 2.
(2) VI, I, 9.
(3) Rer. nat. I, 734.

contraire la démocratie, est donc indépendante de la forme politique, en tant que cette forme, comme chez nous, est caractérisée par la nature et la constitution du pouvoir exécutif. Aussi bien que la république, la monarchie peut être aristocratique ou démocratique, et c'est une forme de cette dernière, celle sans liberté politique, que nous appelons césarisme. Aristocratie et démocratie sont deux modes sociaux prenant leur substance, non dans la forme du pouvoir politique, mais dans la notion même du droit, dans la façon dont le droit, dans son acception la plus générale, est conçu et réparti

Μηδὲ νόμον ἐπ'ἀνδρὶ ἐξεῖναι θεῖναι, ἐὰν μη τὸν αὐτὸν ἐπι πᾶσιν Ἀθηναίοις, disait une loi athénienne citée par Démosthène (1).

A vrai dire, nul peuple antique n'a connu la démocratie proprement dite, telle qu'elle est apparue à nos esprits contemporains, puisqu'à côté de classes héréditaires de citoyens privilégiés, toutes ont eu des classes héréditaires d'esclaves. Le plus grand homme d'État du monde grec l'a cependant fort bien caractérisée lorsque, dans son célèbre discours épitaphien, il disait aux Athéniens : « Dans les différends entre particuliers, tous sont traités également par les lois; dans les affaires publiques....... ni la pauvreté, ni une position obscure ne sont un obstacle qui paralyse le mérite individuel (2). » Paroles excellentes, en ce qu'elles font consister la démocratie, non dans l'égalité de fait, mais dans l'égalité de droit civil et de droit politique. Malheureusement, dans une société à esclaves, cela n'était pas. Notre démocratie égalitaire est une notion toute moderne, d'une portée incal-

(1) Aristocrat. 88.

(2) *Οὐδ'αὖ κατὰ πενίαν ἔχων δέ τι δρᾶσαι τὴν πόλιν ἀξιώματος ἀφανείᾳ κεκώλυται....... ἐλευθέρως δὲ τά τε πρὸς τὸ κοινὸν πολιτεύομεν, καὶ ἐς τὴν πρὸς ἀλλήλους τῶν καθ'ἡμέραν ἐπιτηδευμάτων ὑποψίαν οὐ δι'ὀργῆς τὸν πέλας εἰ καθ'ἡδονήν τι δρᾷ ἔχοντες, οὐδὲ ἀζημίους μὲν λυπηρὰς δὲ, τῇ ὄψει ἀχθηδόνας προστιθέμενοι.* (Thucyd. II., 37.) Dans son Ménéxène, Platon exprime la même idée dans des termes à peu près identiques.

culable, que quelques grandes âmes du monde antique ont pu vaguement pressentir sans l'appliquer nulle part, et qui brise toutes les anciennes nomenclatures. Je ne reproche pas à Aristote de ne l'avoir pas connue ; je lui reproche, dans ses catégories de gouvernements, de trop perdre de vue la notion du droit et trop envisager celle du fait de la possession du pouvoir. Il faut cependant reconnaître que la distinction sur laquelle il insiste très fortement entre l'égalité proportionnelle et l'égalité absolue, n'est, au fond, que la distinction entre l'égalité de droit et celle de fait.

Τῶν ἴσων καὶ τῶν δικαίων ἕκαστος ἡγεῖται ἑαυτῷ μετεῖναι ἐν δημοκρατίᾳ, disait Démosthène (1).

Cette façon d'envisager les choses et de les coordonner par rapport au fait est une pente très périlleuse et, si l'on n'y prend garde, peut mener plus loin qu'on ne pense. Quoi qu'on fasse, entre les hommes le fait sera toujours inégal ; c'est le droit seul qu'il faut envisager, parce que celui-là seul peut être conçu et réalisé de deux façons diamétralement contraires, à savoir : égal ou inégal. Et c'est pourquoi j'appelle démocratie — égalitaire, si l'on veut, les mots ne me font pas peur — l'égalité de droit, parce que telle est le dernier terme auquel la pensée philosophique puisse parvenir ; au-delà, il n'y a plus rien que le néant. Ce que des esprits malsains ou chimériques peuvent évoquer est une vaine abstraction, rationnellement fausse, moralement exécrable, pratiquement impossible, qui n'a pas d'être, un fantôme hideux qu'il faut exorciser au plus vite pour qu'il ne trouble pas les têtes faibles, mais qui ne vaut pas la peine d'être nommé.

Somnia, terrores magicos, miracula, sagas,
Nocturnos lemures, portenta que Thessala (2).

Étant donc entendu que l'aristocratie, selon nos idées modernes consiste essentiellement dans un privilége inhérent à la naissance, soit dans la tenure de la propriété, ce que les

(1) Meidias, 67.
(2) Hor. Ep. II, II, 208.

Romains nommaient le droit quiritaire par opposition au droit bonitaire, soit dans la dévolution du pouvoir politique, il n'est pas inutile de remarquer que partout, sauf peut-être dans l'Inde âryenne, société à part, qui par la grandeur de ses conceptions échappe à toute comparaison, partout où s'est présentée la forme du droit politique héréditairement inégal, elle a emporté comme corollaire un mode particulier dans la tenure de la propriété du sol.

L'on est aujourd'hui fort revenu de ce qu'au siècle dernier, l'école de Condillac appelait la recherche des origines. Autant ces sortes de problèmes étaient du goût de nos pères, autant la méthode semble aujourd'hui surannée. Εἰκότως, dirait Démosthène. Car il faut convenir que l'on en avait abusé, et tout ce qui fait excès se discrédite. Peut-être cependant pensera-t-on qu'il n'est pas absolument oiseux de considérer quelques instants celle des aristocraties, vu que, sur cette question, facilement pratique, les tendances de quelques-uns de nos maîtres ne sont pas, je crois, irréprochables, et portent le signe de ces années orageuses et fécondes tout ensemble qui, chez nous, après la fatale période napoléonienne, signalèrent le retour des Bourbons et l'inauguration de la liberté. Et plus d'une fois j'ai cru m'apercevoir chez un grand nombre d'honnêtes esprits que les mauvais sentiments à l'endroit des noblesses n'ont d'autre cause qu'une certaine idée, fausse, je le crois, touchant leurs origines. Cette détermination est d'ailleurs nécessaire pour comprendre le phénomène philosophique de leur nature, et le phénomène politique de leur tendance. On ne les connaît pas, on ne sait pas où elles vont si l'on ne sait d'où elles viennent.

Τίς πόθεν εἰς ἀνδρῶν; πόθι τοι πόλις ἠδὲ τοκῆες (1);

Elles-mêmes, du reste, en France du moins, semblent avoir pris à tâche de lancer l'opinion sur cette fausse piste, et c'est une justice à rendre à notre noblesse française, elle

(1) Odyss. x, 325.

s'est évertuée à donner le branle à ce mouvement d'idées et de sentiments. Si l'on écrit jamais l'histoire des noblesses, la nôtre y fera sans doute grande figure, par sa parfaite chevalerie, par mille grandes et hautes qualités dont elle est demeurée dans le monde le type le plus éclatant. Dans le domaine, généralement assez étranger aux noblesses, de la littérature, son intelligence a brillé, jusque de nos jours, du plus vif éclat. Cette intelligence toutefois, on est surpris d'y rencontrer une immense lacune : jamais, à aucune phase de son existence, elle n'a su avoir le sens des choses politiques, et l'on est forcé d'en convenir, elle s'est toujours montrée absolument dénuée de ces qualités de discernement, sang-froid, liberté d'esprit, juste appréciation du présent et prévision de l'avenir, si nécessaires au gouvernement des hommes. Aussi, à toutes les scènes de notre histoire, la voyons-nous victime des évènements et serait-on tenté de la comparer à ces pugilistes barbares dont parle le plus grand des orateurs, qui, incapables de toute initiative intelligente, ne savent que porter la main après coup, là où ils ont été frappés (1).

Pour ne pas remonter plus haut, au siècle dernier, un fougueux aristocrate, le comte de Boulainvilliers, a écrit tout un livre pour dériver la noblesse de la conquête, et assimiler les deux faits; il s'est complu à tirer de sa thèse d'odieuses et insolentes conséquences, revêtissant ainsi, l'insensé, de ses propres mains, la caste chère à son cœur d'une robe de Nessus

Θανάσιμον πέπλον

. . . .

καὶ πρῶτα μὲν δείλαιος ἵλεῳ φρενὶ
κόσμῳ τε χαίρων καὶ στολῇ κατηύχετο (2).

(1) Ὥσπερ θ'οἱ βάρβαροι πυκτεύουσιν οὕτω πολεμεῖτε. Καὶ γὰρ ἐκείνων ὁ πληγεὶς ἀεὶ τῆς πληγῆς ἔχεται, κἂν ἑτέρωσε πατάξῃς, ἐκεῖσέ εἰσιν αἱ χεῖρες. Προβάλλεσθαι δ'ἢ βλέπειν ἐναντίον οὔτ'οἶδεν οὔτ'ἐθέλει.

(1, *Phil.* 40.)

(2) Trach. 758, 764.

Il a malheureusement fait école ; on l'a cru. Il a été généralement admis que les nobles sont la race conquérante, les roturiers la race conquise.

« Si tu te vantes, je t'abaisse, » avait dit le grand Pascal ; alors donc un roturier s'est levé, recouvrant du petit rabat d'abbé une poitrine gonflée de tout ce qu'il y a de plus bas et de plus âcre dans les passions humaines, et lui a répondu :

« Que si les aristocrates entreprennent....... de retenir le peuple dans l'oppression, il (le Tiers) osera demander à quel titre. Si l'on répond : à titre de conquête, il faut convenir que ce sera remonter un peu haut. Mais le Tiers ne doit pas craindre de remonter dans les temps passés ; il se reportera à l'année qui a précédé la conquête, et puisqu'il est aujourd'hui assez fort pour ne pas se laisser conquérir, sa résistance sera sans doute plus efficace. Pourquoi ne renverrait-il pas dans les forêts de la Franconie toutes ces familles qui conservent la folle prétention d'être issues de la race des conquérants et d'avoir succédé à des droits de conquête ?

» En vérité, si l'on tient à vouloir distinguer naissance et naissance, ne pourrait-on pas révéler à nos pauvres concitoyens que celle qu'on tire des Gaulois et des Romains vaut au moins celle qui viendrait des Sicambres, des Welches et autres sauvages sortis des bois et des marais de l'ancienne Germanie. Oui, dira-t-on, mais la conquête a dérangé tous les rapports, et la noblesse a passé du côté des conquérants. Eh bien, il faut la faire repasser de l'autre côté. Le Tiers redeviendra noble en devenant conquérant à son tour. »

C'est ce qu'a eu soin de faire l'auteur de cette page : au dernier acte du drame sanglant qui termine le siècle passé, et inaugure celui-ci, nous retrouvons l'abbé Sieyès, devenu successivement membre de l'assemblée constituante, de la convention nationale, du conseil des cinq-cents, du conseil des anciens, ambassadeur à Berlin, membre du directoire de la république française, second consul, sénateur, membre de l'institut national, grand officier de la Légion-d'honneur, grand'-croix de l'ordre de la Réunion, comte de l'Empire, pair de France, etc., etc.

Et quantùm titulis addit, virtutibus aufert,

au demeurant, moralement et politiquement, un gredin.

Tout ceci est misérable ; c'est une querelle de loups et de renards se disputant une proie. Élevons la question, s'il est possible.

Cependant, du sein de la mêlée encore ardente, s'élève la grande voix, grave et passionnée, d'Augustin Thierry. A Dieu ne plaise que nous confondions ce solide talent et ce noble caractère avec les creuses chimères ou les fausses profondeurs des deux précédents ! Mais il faut convenir, et lui-même le proclame dès sa première page, que son beau livre sur la conquête de l'Angleterre n'est au fond, avec une analyse infiniment plus forte, et des sentiments inverses, que le développement de la thèse du comte de Boulainvilliers. Le terrain est habilement choisi et présente le phénomène de la conquête entendue à la façon antique dans sa manifestation la plus récente, partant, la plus susceptible d'une étude exacte. Cette étude est faite par un esprit supérieur, servi par une plume des plus éloquentes, et dans ces pages magistrales, sous ces formes graves et sereines, qui sient aux grandes histoires, dans une atmosphère déjà pourtant refroidie et rassérénée, on sent frémir et gronder les orages du XVIIIe siècle.

incedis per ignes
Suppositos cineri doloso (1).

Autant ce beau livre a eu de prestige sur tous les esprits de notre âge, autant, même alors que les passions

(1) Od. II, 1.

latentes qui l'animaient se sont à peu près calmées, il a popularisé la thèse que l'explication et l'origine des noblesses est dans la conquête, et que c'est dans celle-ci qu'il faut étudier celle-là ; c'est devenu un dogme à peu près partout admis.

Or, je le répudie. Fût-il vrai, je dirais que cela est très fâcheux, déplorable, et que, pour la paix des esprits, puisque les noblesses sont mortes et que nulle tête sensée ne songe plus à les faire revivre, le mieux est de n'en plus parler. Je n'aime pas, je l'avoue, entendre ce bon Herder, grossissant sa voix, s'écrier : « ceux qui disent que l'homme est un animal qui a besoin de maître, je leur dis, moi, que l'homme qui a besoin de maître est un animal (1). » Mais cela n'est pas ; tout au contraire, je suis convaincu que le dogme, tel qu'on le présente, est faux, et la question mal posée, que, dans sa vérité idéale, dans sa forme générale, dans sa réalité historique, la thèse des noblesses, des aristocraties, telle que je les envisage, de l'inégalité du droit, doit être élevée fort au-dessus des horizons trop restreints où MM. Boulainvilliers, Sieyès et Thierry, et à leur suite tant d'autres l'ont envisagée.

Entendons-nous. Je ne dis pas que telle ou telle noblesse, l'anglaise, la nôtre, si l'on veut, ne dérive pas de la conquête ; cela est ou cela n'est pas, peu m'importe ; je n'envisage pas le problème sous sa forme concrète, mais générale. Quand bien même il serait vrai que toute conquête a engendré une aristocratie, cela ne prouverait pas que toute aristocratie dérive d'une conquête, et, partant, cela ne prouverait absolument rien. La question est ailleurs, ce me semble. Elle est tout entière de savoir si, dans l'humanité, la noblesse n'est pas un fait antérieur et étranger à la conquête, si, dans l'histoire de la civilisation, antérieurement aux conflits des

(1) Phil. de l'hist. IX, 4.

sociétés humaines, dans celles qui, à l'aurore de nos connaissances positives, se présentent à nous pures de toute conquête étrangère faite ou subie, homogènes en tous leurs éléments, l'esprit humain, par sa propre et libre force, son énergie spontanée, n'a pas déjà construit ce que Kant appellerait des formes où plus tard les évènements et les races sont venus se précipiter et prendre leur existence concrète, et si l'institution de la noblesse, du droit inégal, n'est pas une de ces formes. J'expliquerai ma pensée par un exemple emprunté à l'histoire des fossiles. Ces empreintes de plantes et d'animaux primitifs exposés dans nos musées, sont-ce les plantes, sont-ce les animaux eux-mêmes, sont-ce leurs corps, sont-ce les écailles dans lesquelles ils ont vécu? Ce fossile de Trilobite que vous palpez, est-ce le Trilobite lui-même, est-ce sa substance? nullement. L'être vivant a donné l'empreinte à la pâte dans laquelle il était engagé et s'y est ensuite dissous. Dans la série des âges et des révolutions de la nature, une pâte étrangère et postérieure s'est introduite dans la forme préexistante et s'y est substituée à l'être dont elle a pris la place. De même pour les conquêtes; que l'aristocratie anglaise en dérive, je ne le nie pas, bien que ce ne soit plus guère vrai, et que, comme dans le Trilobite, la matière ait disparu et qu'il ne reste plus que le moule, la forme, laquelle remonte bien au-delà de Guillaume-le-Bâtard. Que la plupart des aristocraties historiques aient débuté par elle, cela peut-être, mais cela ne prouve rien. Ce que je voudrais savoir, c'est si l'institution elle-même de la noblesse, dans son essence, le droit inégal, n'est pas un fait antérieur à la conquête : question obscure assurément puisque le berceau de l'humanité se dérobe sous d'épais nuages, et qu'il n'est pas facile d'apercevoir si les sociétés humaines ont commencé par le droit égal ou inégal, mais qui, l'on en conviendra, domine de très haut, comprend et absorbe dans une formule plus générale, plus compréhensive, plus sereine, la thèse brûlante agitée par nos pères.

ut longe repetas longeque revolvas
Nomen, ab infami gentem deducis asylo (1).

Je pense que ces vers du poëte expriment beaucoup plus qu'une vérité approximative, qu'il faut donner à ses mots leur acception purement littérale, que cette vieille institution de la *gens*, que l'on retrouve dans la Hellade sous le nom de γένος, dans l'Inde sous celui de jantù, est partout primitive, toute aristocratique à ses débuts; qui chacune possède son culte spécial, ses rites transmis héréditairement, son chef, sa justice intérieure, dont tous les membres sont solidaires et peuvent, selon la loi des douze tables, à défaut de fils ou d'agnats, être héritiers naturels les uns des autres; si nombreux que, lorsque la famille sabine des Clausus (Claudius) vint s'établir à Rome, elle ne comptait pas moins de 3,000 personnes; dont l'essence est une origine commune et un domaine primitivement indivis; qui plus tard, par l'initiation au culte domestique accompli selon certain rituel dont on retrouve des traces très nettes dans les annales les plus certaines de Rome et de la Grèce, s'enrichit par accession d'éléments nouveaux, je crois, dis-je, que cette *gens* n'est autre que le prolongement, dans les temps historiques, de l'ancien asile de Vico, dont on retrouve le dernier écho jusque dans notre nom et notre idée de *gentilhomme*, et que, durant une longue suite de siècles, la race âryenne, je dirais volontiers toutes les autres, n'a eu d'autres sociétés que celles formées d'un nombre indéfini de pareils petits groupes, à tel point séparés les uns des autres que le mariage entre eux n'était pas toujours permis (2).

Pour moi donc, dans ce prodigieux petit livre de Vico auquel les plus forts doivent tant, si plein de vues profondes et philosophiques, près duquel celui trop vanté de Bossuet

(1) Juv. VIII, 271.
(2) Plutarq. Thésée, XIII, 28.

semble, comme science, comme philosophie, une magnifique pièce de style (1), je ne pense pas qu'il y ait rien de plus vrai, de plus solide que sa théorie des asiles. Je ne crois pas à ses Cyclopes, à ses premiers hommes muets, rampant à travers la grande forêt de la terre, à tous ces détails dont son imagination par trop napolitaine a surchargé et parfois gâté la vaste trame de sa pensée philosophique. Il est possible, certes, que les débuts de l'homme sur notre planète soient modestes, et nos sociétés savantes, à fouiller les monuments de ce qu'ils appellent l'âge de la pierre, trouveront peut-être, sur la vie de nos pères βαλανηφάγοι ἄνδρες (2), d'étranges révélations. Soyons donc modestes, mais ne le soyons pas trop. Je ne concéderai jamais à Vico ni à personne que nous ayons commencé par être des brutes, ni qu'il y ait eu des hommes sur la terre dénués de ce que le poëte appelle : *divinæ particulam auræ.*

J'abandonne donc les détails ; il n'en subsiste pas moins que la méthode tout entière est un trait de génie, et qu'en

(1) Pour dire toute ma pensée, j'ajouterai : sur un lieu commun. Car nul n'ignore et ne conteste que Dieu gouverne les choses humaines, et il peut paraître oiseux d'écrire un livre sur un sujet où tout le monde est d'accord. En soi la thèse est banale à force d'être sue et rebattue. Mais comment les gouverne-t-il? par de grandes lois naturelles générales, et la question est précisément de les déterminer. Tel est et non autre l'objet de la science, comme le dit Aristote : Il n'y a de science que du général. « Le général se tire de la comparaison de tous les cas particuliers. » (*Moral. à Nicom.* liv. VI, ch. II). « La science est l'appréciation ou la conception des choses générales. » (*Ibid.* ch. VI, voir aussi *Ibid.* l. X, ch. IX). Vico les détermine; tout absorbé dans son truisme, Bossuet n'y songe même pas. C'est pourquoi l'un a fait un livre de science, l'autre de dévotion.

Dans l'ordre des sciences physiques, quel profit l'homme a tiré de la connaissance de ces lois, on le sait de reste; dans l'ordre des sciences morales, l'importance de les connaître est assurément plus grande encore.

En général, la politique n'est pas le côté fort de Bossuet, en ce que son esprit, comme c'est l'apanage distinctif et la pierre de touche des fortes intelligences, n'y dépasse en rien les horizons des temps et des milieux où il vécut.

(2) Théocr. VII, 106.

particulier la théorie des asiles me semble approcher de fort près de la vérité et tracée avec une merveilleuse pénétration et fermeté d'esprit. Car il ne faut pas oublier que ce livre, publié en 1726, devançait fort loin les récentes découvertes sur les premières aurores de l'histoire ; et la science contemporaine, lorsqu'elle est venue, aidée de documents nouveaux, éclairer de lueurs inattendues les premières civilisations d'Orient et d'Occident, n'a fait que confirmer point par point *a posteriori* ce que l'œil de Vico, par une intuition de génie, avait su apercevoir dans les profondeurs du passé.

Comme détail, cette portion de son livre est donc à refaire ; c'est un édifice à reconstruire, à peu près de toutes pièces, avec des matériaux nouveaux, mais sur le plan tracé par le grand architecte (1). Après tout, combien de grands philosophes dont la gloire la plus sûre est d'avoir découvert et indiqué une méthode nouvelle ? Or, celle de Vico est d'une portée extrême. L'auteur de ces pages, qu'on lui permette d'introduire ici son humble personne, distrait par mille soucis et surtout par le sentiment de son irrémédiable insuffisance, regrette amèrement qu'une telle tâche soit infiniment au-dessus de ses forces et de n'avoir ni le loisir, ni la science, ni l'intelligence — bien qu'après tout, la pensée et la trame étant données par Vico lui-même, il ne s'agisse guère ici que d'érudition — nécessaires pour l'aborder même de fort loin. Qu'il ait du moins le mérite de la signaler à de mieux partagés et de plus heureux. Ces matériaux nouveaux, ai-je besoin de les indiquer, ce sont la connaissance du Véda, du sanscrit, du zend, la lecture des anciens monuments irâniens et égyptiens, la philologie et l'épigraphie, dont le vaste savoir et

(1) « . . . . . Quoique j'estime extrêmement la physique de M. Descartes, ce n'est pas que je la tienne véritable (excepté quelques matières particulières), mais parce que je la considère comme un admirable modèle et échantillon de ce qu'on pourrait et devrait bastir maintenant sur des principes plus solides que les expériences nous ont fournis depuis. » (Leibnitz à Nicaise, 5 juin 1692.) — Telle est absolument mon opinion sur le livre de Vico.

l'esprit pénétrant de M. Mommsen ont de nos jours tiré tant de lumière pour retrouver quelques débris de l'Italie primitive. Telles sont les connaissances nouvelles auxquelles il faut de nos jours appliquer la méthode de Vico pour reconstruire son histoire idéale universelle, ce que, plus tard, les Allemands, amateurs de grands mots, *sesquipedalia verba*, appelleront la phénoménologie de l'histoire, et en dégager les lois de l'évolution humanitaire, en ayant soin d'épurer la théorie de toute atteinte de ce fatalisme si durement reproché à son illustre auteur, et de la présenter comme la simple expression d'une tendance où la libre force de l'âme humaine est toujours susceptible d'apporter d'incommensurables et indéterminables perturbations. Ainsi que l'a remarqué un éminent penseur contemporain (1), l'ancienne méthode historique rapportait tous les événements à des actions individuelles, et son récit était un drame rempli tout entier par un petit nombre de personnages. La méthode positiviste présente détermine, au contraire, toutes choses d'après les conditions antérieures. La vérité, complexe comme l'âme humaine, tient compte tout ensemble des causes antérieures et de la liberté des agents.

Pas de milieu : ou l'humanité n'a pas traversé une ère de barbarie, elle est entrée en bloc et de prime-saut dans la civilisation, comme ce fleuve roulant ses ondes à pleins bords, *agmine dulci* (2), dont parle le poëte, ce que malheureusement le peu que l'on déchiffre chaque jour des premiers âges du monde ne confirme guère, ou elle a débuté par le droit inégal.

Sous l'impulsion donnée il y a trente ans par l'illustre et infortuné Ottfried Müller, l'histoire hellénique est aujourd'hui étudiée de fort près. Elle ne remonte pas très haut, puisque ses premiers monuments écrits sont les poëmes homériques

(1) M. Vacherot.

(2) Rer. nat. v, 272.

et d'Hésiode (1). Les hymnes orphiques se sont perdus, et le peu de fragments qui nous sont parvenus sous ce nom appar-

(1) Bien qu'à peu près contemporaines, la muse homérique et celle d'Hésiode diffèrent profondément, et, comme dilettante, je ne me refuserai pas de signaler leur différence.

L'une est très personnelle, l'autre absolument impersonnelle. L'aëde homérique ne se met pas une seule fois en scène, ne nous parle pas une seule fois de sa personne. Hésiode se complaît à nous parler de lui-même, des incidents de sa vie à son avantage *(Opp.* 654), nous raconte l'histoire de son père, ses procès avec son frère, pour lequel il n'est pas tendre, tant s'en faut. L'aëde homérique contemple toute chose et toute personne dans une atmosphère de sérénité bienveillante. Il est sympathique à tous, ne critique pas et trouve le monde bien comme il est. Hésiode est un esprit chagrin qui n'est content de rien ni de personne que de lui-même. Il se plaint de l'époque où il vit, de son pays qui ne vaut rien, de ses partages où il a été volé. Non insensible aux joies de l'amour, il est sévère pour les femmes (*ibid.* 375), et toujours en garde contre ses amis (*ibid.* 371). Mais sa bonne opinion de lui-même est imperturbable, et en sa qualité d'homme d'esprit (*ibid.* 662), il se prononce péremptoirement sur toute chose, même celles qu'il ne connaît pas (*ibid.* 650).

La cause de cette différence est, si je ne me trompe, en ce que l'aëde homérique, qui n'est pas noble lui-même, gagne sa vie à la façon de Démodocos dans le logis d'Alkinoos, ou de Phémios dans celui d'Ulysse, à charmer par ses chants les loisirs et les festins d'un seigneur féodal, auquel le rattache une quasi-domesticité. Là, sa mince personnalité doit disparaître; il est tenu de s'identifier aux sentiments de son patron, de prendre l'envergure de ses idées, de s'y absorber et de tout voir en beau. Le noble qui chante un hymne fait par lui ne s'abstiendra pas de nous présenter sa personne; l'aëde, qui n'est pas noble, ne peut réussir qu'en s'effaçant.

Hésiode appartient à une couche sociale très dissemblable. Il n'est pas aëde de profession, mais amateur très distingué, analogue à ces virtuoses qui parfois, dans nos concerts, se font entendre concurremment avec les artistes,

simul his te, candide Furni. (Sat. I, X, 86.)

Il est roturier, mais indépendant, et ne relève que de lui-même. Il est ce que nous appellerions un petit bourgeois de village, et sa muse s'adresse non à des barons féodaux, mais aux gens de sa classe; toujours nous le voyons plus enclin à la critique, même au dénigrement, qu'à l'admiration d'un ordre social qui ne leur donne pas satisfaction; aussi Hésiode lui-même est-il déjà presque de l'opposition. A la façon amère dont il traite ceux qui se poussent en courtisant les barons [*Opp.* 38], dont il traiterait Homère lui-même s'il l'apercevait dans leur cortège, on pressent qu'il ne sera pas longtemps sans se mettre contre eux en insurrection.

Dans des conditions si dissemblables, on conviendra qu'Homère et Hésiode, même compatriotes et contemporains, ne pouvaient parler le même langage ni avoir les mêmes sentiments. L'un est le poëte des classes héroïques, l'autre des bourgeois.

Il y a des bourgeois dans l'Iliade : Polydamas en est un (XII, 243).

tiennent, on le sait, à la période alexandrine. L'on a cependant obtenu des résultats fort remarquables, jusqu'à restituer dans la famille hellénique des villes et des peuples — les Minyens — dont les aëdes homériques avaient déjà presque perdu le souvenir (1). Nous connaissons leur histoire mieux qu'ils ne la connaissaient eux-mêmes. De ce que l'on en sait, voici, ce me semble, l'idée générale qui se dégage.

A l'aurore la plus lointaine de la Hellas, si avant que puisse porter notre regard, comme chez les Gaulois de César, chez les Germains de Tacite, comme sur toute la surface du monde civilisé antique, je constate, et pour ma part j'attache à ce fait une importance capitale, car à lui seul on pourrait dire qu'il tranche la question, je constate, dis-je, que l'on rencontre l'inégalité du droit sous sa forme la plus outrée, la plus odieuse, l'esclavage. Cela est incontestable, et Homère regorge d'esclaves mâles et femelles, même d'esclaves, fils de rois, Eumée et Lycaon, Astyanax lui-même, *ἀλίγκιον ἀστέρι καλῷ* (2) vendus comme bétail, et droit reconnu sur les captifs de vie et de mort (3). Toutefois, cet esclavage provient uniquement de querelles domestiques, de villes prises et mises à sac par leurs voisins. Je n'aperçois pas de pays tout entier conquis par un pays étranger, de race conquise et opprimée par une autre race. La famille hellénique tout entière, maîtres et esclaves, est visiblement homogène; elle parle la même langue et se distingue avec soin de ce qu'Homère appelle les *βαρβαροφώνοι* (4). Elle a déjà pleine conscience de sa supériorité qu'elle exprimera plus tard en disant : « Il n'est pas juste

(1) Ὀρχομενον Μινυεῖον, dit l'Iliade, II, 511, et l'Odyssée, XI, 284; rien de plus.

(2) Iliad. VI, 401.

(3) Iliad. XXIII, 175.

(4) Iliad. II, 867.

que le barbare l'emporte sur l'Hellène (1). » Sans doute, nous la voyons dès le premier jour animée d'un sentiment excessif particulariste et municipal, qui demeura sa passion persistante, et finalement causa sa perte, à ce point que des îles minimes, comme Amorgos, contiennent deux ou trois municipes distincts, autonomes, et ces États microscopiques guerroient avec acharnement les uns contre les autres. Le trait dominant du caractère hellénique a toujours été une disposition fortement subjective. Ce sentiment, toutefois, source de toutes leurs querelles, s'allie, par une de ces inconséquences dont le cœur humain offre tant d'exemples, avec le sentiment diamétralement contraire, très vif, très intense aussi, celui de la solidarité qui relie les uns aux autres les divers membres de la famille panhellénique. Homère parle fréquemment des Panachéens, et l'on sent déjà qu'il considère la Hellas comme un grand tout composé de parties congénères. Les logographes, qui lui sont postérieurs, Hécatée de Milet, Phérécide, expriment énergiquement le même sentiment, et considèrent le monde grec comme le domaine d'un petit nombre de grandes familles, rameau d'une souche commune.

De plus, cette race se croit autochthone; cela n'est pas, et nous savons aujourd'hui qu'elle vient, au contraire, de fort loin, et qu'en dernier lieu, elle est, comme la latine, un rameau détaché du tronc pélasge. Mais elle a perdu le souvenir de son origine première, de sa patrie primitive et de ses mi-

(1) Démosth. Olynth. 24.

Il faut voir avec quel dédain suprême Démosthène s'exprime sur Philippe le Macédonien « de cette race, dit-il, qui ne nous donnerait même pas un bon valet. » (III. Phil. 21.) En quoi, par le fait, il avait tort, Philippe étant, de sa personne, de très bonne extraction hellénique et même argienne; mais il ne s'agit ici que du sentiment.

Βαρβάρων δ' Ἕλληνας ἄρχειν εἰκός, ἀλλ' οὐ βαρβάρους
μῆτερ, Ἑλλήνων. Τὸ μὲν γὰρ δοῦλον, οἱ δ' ἐλεύθεροι, dit Euripide.
(*Iphig. en Aulid.* 1370.)

grations successives. Homère nous donne Erechthée pour fils de la terre (1), Deucalion fait, en Phthiotis, sortir ses hommes du sol,

λεκτοὺς ἐκ γαίης λᾶας πόρε Δευκαλίωνι (2).

et sur ce mythe de pierres transformées en hommes les étymologistes grecs dérivent λαος, peuple, de λαες, pierres : idée familière aux poëtes grecs :

λαοὺς δὲ λίθους εποίησε Κρονίων, a dit Homère (3).

λίθινον γόνον, λαοί δ'ὠνόμασθεν (4).

A Égine, Æakos change les fourmis μυρμήκες en Myrmidons; à Thèbes, cinq grandes familles, les plus anciennes, les plus nobles, prétendent remonter à Cadmos et sortir des cinq guerriers qui, semés des dents du dragon, survécurent seuls; c'est pourquoi elles s'appellent les Sparti; au temps de Plutarque, elles existaient encore. Des pierres, des fourmis, des dents de dragon, vive et forte image des matériaux grossiers, infirmes, féroces, avec lesquels les premiers pères édifièrent leurs sociétés.

Si le peuple grec aime à se confondre avec la germination de son sol et à se poser comme autochthone, pour ce qui concerne ses héros, il a des prétentions plus hautes. Je parle des héros primitifs, des grands éponymes dont les héros homériques sont déjà une décadence, comme Nestor ne se fait pas faute de le leur dire :

Ἤδη γάρ ἐγὼ καὶ ἀρείοσιν ἠέπερ ὑμῖν
ἀνδράσιν ὡμίλησα (5).

(1) Iliad. II, 546.

(2) Hésiod. fragm.

(3) Iliad. XXIV, 611.

(4) Pindar. Olymp. IX, 47.

(5) Iliad. I, 260.

Toutes les cités grecques prétendent descendre d'un héros éponyme ; tous ces héros prétendent descendre d'un dieu. Le mérite de leur généalogie conservée avec soin, est tout entier dans sa continuité et l'union de l'ancêtre avec le dieu primitif. C'est ainsi que les Persides d'Argos descendent de Zeus, les Æacides aussi; les Nélides de Poseidon, et dans le développement de l'histoire et la diffusion de la race grecque, l'œkiste présidant à chacune de ses colonisations est un souvenir affaibli et une image de l'éponyme, qui possède encore quelques parcelles de droit divin.

Ces héros éponymes, en nombre incalculable, puisque chaque cité a le sien, rattachés pour la plupart à un petit nombre de grandes familles, Æolides, Pélopides, etc., remontent donc tous à quelqu'un des innombrables dieux du Panthéon hellénique; — rien que pour les rivières et les fleuves, Hésiode en compte 6,000 (1), et pour la terre, 30,000 (2), — depuis le grand dieu Zeus qui, par ses nombreuses aventures galantes, se charge de pourvoir un grand nombre de généalogies, jusqu'au brave Aiole vivant dans son île toute embaumée de la bonne odeur de sa cuisine, avec ses six fils époux de ses six filles.

Fils de dieux, les éponymes sont eux-mêmes divinisés et invoqués comme distributeurs de biens (3); on leur élève des temples (hérôons), l'Érechtheion à Athènes, l'Æakeion à Égine, où on leur rend un culte avec des rites sacrés propres à chaque famille, parfois patrimoine de quelques-unes, comme les Eumolpides à Éleusis. Dans la foi d'un Grec, les idées de culte et d'ancêtre se confondent. Sous l'influence graduelle

(1) Théog. 364, 367.

(2) Opp. 232.

(3) *καὶ οὐρανὸς εὐρὺς ὕπερθεν*
οἵ τ'ἐκ τοῦ ἐγένοντο Θεοί, δωτῆρες ἐάων (*Théog.* III.)
Dieux, fils de Varouna, *dâtâro Vasûnâm.*

des rites étrangers, phrygien, égyptien (1), etc.; ce culte a subi plusieurs modifications mystiques qui semblent caractérisées par les noms d'Orphée, Musée, même Pythagore, surtout par le culte de Zagreus, déchiré par les Titans et ressuscité sous la forme de Dionysos, qui ont altéré sa simplicité primitive. Il est allé jusqu'aux sacrifices humains, comme dans la famille de l'æolide Athamas, ou celui si célèbre de la pélopide Iphigénie, chantée par deux grands poètes (2). Ces circonstances sont très rares dans le culte des Grecs, naturellement sobres comme leur génie. Dans leur essence, leurs rites religieux, associés à tous les évènements principaux de leur vie, semailles, moissons, vendanges, ont surtout pour objet la commémoration d'une légende, d'un héros, d'un fait auquel ils ajoutent créance. C'est ainsi que les ossements d'Oreste sont rapportés de Tégée à Sparte, ceux de Thésée, de Skyros à Athènes par Kimon.

L'histoire proprement dite n'atteint pas de sa pleine lumière ces hommes divins fondateurs de la civilisation hellénique qui tout entière porte le nom du panéponyme Hellen, fils de Deucalion et de Pyrrha; nous ne les connaissons qu'indirectement par la légende, entourés d'une certaine auréole, à travers laquelle il est facile d'apercevoir qu'ils étaient eux-mêmes pontifes en même temps que rois. Quelques-uns ont créé des rites transmis par eux à leur descendance. Au temps de l'Iliade, âge héroïque affaibli, si éloigné de la période sacrée de Vico que, dans les poëmes homériques, Orphée n'est pas même nommé, et que l'épopée elle-même est née de la séparation de la poësie et du culte, déjà tout proche de

(1) Une grande partie des traditions grecques se rattache à la Crète, et par Κἄρ-πατος, à l'Asie-Mineure.

(2) Qui ne se rappelle l'énergique récit d'Eschyle, et sa jeune fille portée sur l'autel comme une chèvre, et les beaux vers indignés de Lucrèce :

Triviai virginis aras
Iphianassai turparunt sanguine fœde
Ductores Danaum.

l'ère purement humaine, nous voyons encore des rois sacrificateurs ; Agamemnon, et Nestor dans l'Odyssée, sacrifient eux-mêmes et accomplissent les rites sans emprunter le ministère d'un prêtre de profession. On en voit cependant apparaître déjà quelques-uns de profil : Chrysès au début du poëme, Darès plus loin, même la prêtresse Théano ; mais ils y jouent un très petit rôle, et l'on voit que l'institution distincte du sacerdoce proprement dit, et constitué à l'état de fonction séparée, en est à ses débuts. On trouverait plutôt cette fonction dans ces familles hiératiques, telles que les Mélampides, douées héréditairement du privilége prophétique, *μαντεία*. Au début de la période historique, dans son récit de Crésus et Adrastos, Hérodote nous montre encore le rite religieux de la *κάθαρσις* accompli non par un prêtre mais par un roi.

On ne peut donc douter que les éponymes, résumant en eux toutes les fonctions sociales, ne possédassent, en même temps que la puissance politique, la plénitude du caractère sacerdotal. Ils étaient également législateurs, et imposaient leurs lois sous la sanction de Zeus *θεμιστοπόλοι βασιλεῦες* (1). La synthèse est absolue ; l'analyse viendra plus tard, et par elle la division du travail et des fonctions. Bien que leurs figures soient à demi noyées dans le nimbe de la légende, ils ne laissent pas que de présenter de certains caractères d'individualité générique : la force aux Œacides, l'esprit aux Amythaonides (2), la richesse aux Atrides (3). Dans l'Odyssée, la somptueuse demeure de Ménélas est en effet celle d'un opulent et puissant personnage.

Je supplie qu'on ne perde pas de vue que tout ce qui précède résulte de la méthode purement historique, et

(1) Hymn. Demeter. 215.

(2) Aiolides par Kréthée (Odyss. XI, 259).

(3) Ἢ οἴαι.

demeure étranger à toute pensée de système ou de théorie. J'en veux venir à Vico et à ses asiles, je le confesse, mais par la méthode expérimentale, et c'est pourquoi j'ai voulu recueillir un petit nombre de faits qui, dans l'histoire de la plus haute antiquité accessible à nos yeux, m'ont paru désormais hors de toute contestation.

Bien avant les Hellènes, dans un passé aussi antérieur à Homère que celui-ci lui-même est antérieur à notre ère, tout près encore du foyer primitif d'où les grandes races humaines se sont répandues et dispersées à la surface du globe, nous pouvons aujourd'hui apercevoir et étudier une société relativement primitive, grâce à un document nouveau, d'une valeur incommensurable tout à la fois par son antiquité et son authenticité au-dessus de toute critique sérieuse. Je veux parler du Vêda (1).

Ce recueil d'hymnes, à peu près au nombre de 300, en dehors de l'extrême beauté intrinsèque et profondeur de quelques-uns, qui n'est pas à considérer ici, en dehors des lumières que son texte nous a fournies pour coordonner les langues européennes, découvrir leurs vraies racines, et étudier les lois du langage humain, au point de vue que j'aborde en ce travail, a le mérite de nous donner le tableau d'une société tenant à la nôtre de fort près et contemporaine de Moïse, par derrière laquelle nous en apercevons une plus primitive encore, de l'autre côté des monts. Celle que nous atteignons par le Vêda, qui n'est donc pas absolument primitive, qui a émigré, devra cependant, par cela

(1) Quelques dates sont bonnes à fixer.

Première notion de l'existence du Vêda, dans une lettre du P. Pons au P. Duhalde, de 1740.

La première traduction directe du sanscrit en une langue européenne est celle du Bagavad-Gita par Wilkins, en 1785.

Premier fragment en 27 pages du Rig-Vêda, publié par Rosen, en 1838.

Première traduction complète en anglais et en français, par Langlois et Wilson, en 1848 et 1851.

Texte publié tout récemment par M. Max Muller.

même qu'elle est très antérieure à la grecque, nous présenter une image plus rapprochée des premières phases de la civilisation, de son point initial, de son élément générateur et primordial. Les Grecs eux-mêmes se doutaient bien qu'ils n'étaient pas le commencement du monde, que quelque chose avait précédé leur guerre de Troie. « Les faits antérieurs, par leur éloignement extrême, dit Thucydide (1) ne peuvent être pleinement connus. »

Vixere fortes ante Agamemnona
Multi (2).

Or, ce quelque chose inconnu aux Grecs est précisément ce que le Vêda est venu nous révéler.

Plus la société grecque remonte vers le passé, plus elle revêt le caractère hiératique. L'intérêt est ici de voir si nous retrouverons les mêmes traits dans la société plus primitive des pères âryens, l'âge sacré précédant encore l'âge héroïque. S'il en est ainsi, rencontrant dans des actes primordiaux identiques la même loi sur des théâtres si divers, dans des circonstances si dissemblables, il sera difficile de ne pas admettre une loi commune et générale humanitaire, apparaissant, très au-dessus de la région des orages, sur ces hauteurs lumineuses et sereines de la pensée pure, où résident, inaccessible aux passions humaines, les grandes lois du monde.

Edita doctrina sapientum templa serena (3).

Bien que chronologiquement très antérieur à la période homérique, l'âge vêdique occupe, dans le cycle de Vico, une place à peu près identique, et correspond également à la seconde phase de l'évolution humanitaire. La différence est que la Grèce a perdu tous les monuments par où cette

(1) τα παλαιότερα σαφῶς μὲν εὑρεῖν διὰ χρόνου πλῆθος ἀδύνατα ἦν.
(2) Hor. Od. IV, VIII, 25.
(3) Rer. nat. II, 8.

période nous eût donné connaissance d'elle-même et que l'Inde plus heureuse nous les a transmis. Nous ne connaissons donc cette période de l'histoire grecque qu'indirectement, par les souvenirs déjà lointains que la légende et l'âge très postérieur (1) de la poésie épique en ont conservés. Nous la connaissons directement dans l'Inde, par son propre témoignage. De même que la société grecque primitive, la société védique, encore dénuée de lien politique un peu étendu, présente une très forte consistance de race, et professe le plus profond dédain, la haine la plus intense pour ce qui n'est pas elle. Elle fonde la conscience de sa supériorité sur ses aptitudes religieuses et intellectuelles. Rien donc de commun, ni culte, ni mariage entre les âryens et ces hordes de Dasyus qu'ils chassent devant eux, à la face de taureau, carrée et plate, au petit nez, aux bras courts, qui ne connaissent pas de dieux et n'ont pas comme eux la peau recouverte de ce fin duvet, signe distinctif de notre race. « La terre, disent-ils, appartient à Indra (2), » de la même façon que les Grecs disaient : « il n'est pas juste que le Barbare l'emporte sur le Hellène. »

Leur séjour est le *sapta Sindu*, ἑπτα ποταμοί, la région moyenne de l'Hindus (3). Ils ne connaissent pas la mer, mais successivement s'avancent vers l'Est et commencent à prendre possession des affluents supérieurs du Gange.

Cette société, encore à demi-nomade, dont la principale

(1) Quel grand espace de temps sépare historiquement l'âge épique de l'âge des hymnes primitifs, il est assez facile de s'en rendre compte. Les aèdes homériques sont assurément très postérieurs à l'objet légendaire, vrai ou fictif, de leurs chants et à Nestor. Celui-ci n'a connu que dans sa première jeunesse Thésée semblable aux Dieux (*Iliad.* I. 265).

Or, Thésée est déjà l'expression d'une première grande révolution sociale qui, à l'époque purement patriarcale des hymnes, substitua, dans tout le monde âryen, à Rome comme en Grèce, l'organisme des royautés féodales.

(2) I, 193.

(3) *Vipaça, fabulosus Hydaspes.*

richesse se compose de troupeaux, commence également à connaître le labourage. Et comme les caractères propres se manifestent dès l'enfance, déjà chez ces âryens l'on voit percer cette frénésie du jeu demeurée le fatal apanage de leur race. Le vertueux Nâla, dont l'histoire, nous dit M. Michel Bréal (1), est populaire en Allemagne (2), qui, après avoir tout perdu au jeu, abandonna sa femme en lui volant la moitié de sa robe, est leur vrai fils ; ils n'ont pas à le renier.

La famille y est constituée depuis longtemps en tous ses éléments essentiels, ainsi que je le constaterai plus loin. Elle y a même subi, par suite de l'inégalité progressive des fortunes, la dégradation de la polygamie qui n'y est pas primitive ; mais alors même la femme demeure libre. Elle choisit librement son époux, et puisque j'ai cité le charmant poëme de Nâla et Damayanti, que l'on y aille chercher le récit de la façon dont s'opérait ce choix dans la cérémonie du Swayamwara.

(1 Intr. à la gramm. de Bopp.

(2) A juste titre, me semble-t-il. Je ne suis pas juge, ne pouvant lire ce poëme dans son propre idiome. Je ne refuserai cependant pas d'admettre que, pour la grâce, la couleur, même peut-être le pathétique, la muse sanscrite y marche de pair — je crains de proférer un blasphème — avec la grande muse homérique, avec les merveilles du VIe et du XIVe chants de l'Iliade ou, pour parler plus juste et descendre un degré, avec l'εἰς Ἀφροδίτην ou le VIe de l'Odyssée. Ce qui manque, c'est la sobriété, la mesure, et aussi cette je ne sais quelle élévation d'âme par laquelle les héros homériques sont, il faut le dire, incomparables. Dans toutes ses œuvres, sauf celles tout-à-fait primitives, sous la triple influence de ses doctrines de vie universelle et de l'ardente fécondité de son sol et de son climat, le génie hindou est intempérant, s'enivre de lui-même, et déborde en exubérances d'une vie sans frein, sans règle, sans mesure, dont on peut voir l'image jusque dans le dessin de ces châles cachemires si chéris de nos dames. Car de l'esthétique comme de la morale, l'explication et la source sont dans la métaphysique. Et pour qui a des yeux et sait lire ces sortes de choses, la forme d'un bijou, l'ornement d'une céramique, la toilette d'une femme, la mode elle-même en ses éphémères caprices, où, servante gâtée, elle s'imagine commander et ne fait cependant qu'obéir, sont l'expression d'un système de philosophie dont pas plus la femme que le pot n'ont eux-mêmes conscience.

L'hiératisme y existe à forte dose ; à tout prendre cependant, la société est plutôt féodale. Les âryens se réunissent par groupes et familles. Pas de villes, mais des villages, *pura*, πόλις, *burg*, sous l'autorité de Rajas (de Raj, briller) *reich*, *riche*, sortes de barons ou plutôt de héros très semblables à ceux d'Homère. Ils sont associés à des prêtres ou chapelains avec lesquels légalement ils se confondent. C'est ainsi que, vers la fin de la période, *Viçwamitra*, auteur de cette grande révolution qui constitua proprement le Brahmanisme, de héros (Xattrya) se fit prêtre. Prêtres et barons sont cependant séparés du peuple (Viç) *Vicus*. Le baron (*Vic patis*, δεσπότης) est sacré officiellement par le prêtre.

« Le ciel est ferme, la terre est ferme, ces montagnes sont fermes, tout ce monde est ferme. Que le roi des familles soit ferme aussi. Qu'Indra, par la vertu d'un ferme holocauste, le soutienne fermement. Qu'il rende son peuple fidèle à payer les redevances. » L'autorité des rajas, même des plus grands (mâha-raja) n'était cependant si ferme qu'il n'y eût de temps à autre des usurpateurs tels que ce Çandragupta connu des Grecs au temps des Diadoques.

Le lien de toutes ces familles âryennes à peu près indépendantes les unes des autres, leur cohésion intime, celle de toute la race, est dans son culte. A cet égard, chez tous, nul doute. La foi, c'est-à-dire une certaine doctrine, un certain esprit, est pour eux le principe conservateur de la famille, idée excessivement profonde et vraie dont le développement sera la tâche des dernières feuilles de ce livre.

Ce culte est un sacrifice accompli selon un certain rituel, dans un τέμενος, sur un autel de gazon, sous la voûte du ciel (varuna, οὐρανός), aux trois stations du soleil, surtout à l'aurore, par sept officiants dont quatre « guidés par l'intelligence et inspirés par la prière ; » chantent l'hymne sacré. Les femmes et les enfants y sont associés. Sa matière est nonsanglante et consiste généralement dans l'effusion et l'inflammation de matières inflammables (beurre, sôma) sur un faisceau de branchages et herbes sèches. On y retrouve le gâteau sacré (οὐλοχύτα) des Grecs. Comme les Grecs aussi immolaient un cheval à Poseidon, parfois les âryens védiques offraient le sacrifice du cheval, appelé par eux *açwa-mèda.* En somme, cependant, l'objet du sacrifice est d'évoquer le feu, agni (*ignis*), le grand *azura* (*ens*) (1) qui anime tout. Le feu est son essence. Semblables à Agamemnon et Nestor, ce sont les pères qui sont eux-mêmes sacrificateurs. Mais déjà l'on aperçoit des familles sacerdotales, analogues à celles que nous avons signalées chez les Grecs.

L'hymne fait partie intégante du sacrifice. Ces hymnes, purs de toute tradition étrangère, et qui, pour la plupart, symbolisent les forces naturelles, ont des couleurs personnelles et réalistes très accentuées. Presque tous sont signés du nom de leur auteur, et nous présentent le tableau très fidèle de sa vie. Il y parle de sa personne, de tout ce qui l'intéresse. L'hymne composé par un père est sa propriété, plus tard celle de sa famille ; il la transmet héréditairement à son fils, et là où les familles se sont éteintes faute de mâle, les hymnes se sont perdus. « Je suis fort contre mes ennemis des chants que je tiens de ma famille et que mon père m'a transmis. »

Par leur époque la plus récente, ces hymnes touchent à la fondation des castes par Viçwamitra, antérieure elle-même à l'établissement de la prééminence des brahmes par son neveu Paraçu-Râma, antérieur lui-même à la conquête de l'Inde et l'arrivée aux rivages de la mer par Râmaçandra, lequel est nécessairement antérieur à Salomon, puisque les vaisseaux de celui-ci rapportèrent d'Ophir des objets dont le nom, dans le

(1) Du radical as, esse.

texte hébreu de la Bible, est sanscrit et non hébreu (1). Par leur époque la plus reculée, par leurs traditions, ils nous révèlent une société plus ancienne dont leurs auteurs sont issus, établie longtemps avant eux par leurs ancêtres de l'autre côté des monts, sur les hauts plateaux, puisque Zoroastre nous dit : « Le premier lieu que je produisis, moi qui suis Ormusd (Ahura), fut Ereiené (Aryo) donné pur; il y eût dix mois d'hiver et deux de chaud (2) vers les bords de l'Oxus et de l'Iaxartes, dans laquelle il est facile de reconnaître tous les traits de celle correspondant à la première époque de Vico. Les poëtes védiques affirment que leur doctrine sacrée a été créée par leurs ancêtres, et nomment ceux qui fondèrent les cérémonies sacrées. Dans ces contrées de l'Asie centrale, premier séjour de notre grande race âryenne, d'où elle s'est épanchée sur le monde des hommes divins, nos pères peut-être, Brigü, ἰσόθεος φώς, créateur du sacrifice,

Necdum res igni scibant tractare (3)

qui découvre le feu, analogue au Prométhée des Grecs

ὁ πυρφόρος θεὸς
Τιτὰν Προμηθεύς. . . . . (4)

Κρύψε δε πῦρ (Ζεύς)· τὸ μὲν αὖθις ἐὺς παῖς Ἰαπετοῖο
ἔκλεψ' ἀνθρώποισι Διὸς πάρα μητιέντος,
ἐν κοΐλῳ νάρθηκι, λαθὼν Δία τερπικέραυνον (5).

Atri, harata, Angiras fondateur du rituel, Ribû (identique à l'Orphée des Grecs) qui le développa et, selon le

(1) Koph, pour singe, n'a pas de racine hébraïque, et vient du sanscrit kapi; de même shen-habbim, pour ivoire, sanscrit ibba; le bois d'algum s'explique par le sanscrit valgu-ka.

(2) Vendidad Sadé.

(3) Rer. nat. v, 951.

(4) Œdip. Colonn. 55.

(5) Opp. 50.

langage védique, « partagea la coupe sacrée en quatre » (4 officiants) (1), tous, dis-je, possèdent la langue sacrée de Vico, vâk, *vox*, presque l'idée de *Verbum*, λόγος, déifié sous le nom de Saraswati.

« J'accorde l'opulence à celui qui honore les dieux par l'holocauste, la libation, le sacrifice.

» Je suis reine et maîtresse des richesses, je suis sage.

» . . . . . . Les ignorants me détruisent. Ami, écoute-moi; je dis une chose digne de foi . . . . . . Celui que j'aime, je le fais terrible, pieux, sage, éclairé.

» Je parcours le ciel et la terre; j'enfante le père. » (2).

« Nos ancêtres, dit Vamadêva (3), ont façonné les dieux comme l'ouvrier façonne le fer. »

D'eux procède l'hymne avec ses éléments constitutifs, le rythme et la mesure. Malheureusement ces hymnes primitifs, signalés par les traditions védiques, ne sont pas parvenus jusqu'à nous. Nous savons toutefois qu'ils étaient chantés, étaient accompagnés de rites liturgiques et de mouvements choraux, sorte de danse sacrée; que le plus ancien culte était individuel pour chaque famille, célébré par le père Dêva et la mère Dêvi (de *div*, briller); que l'on avait foi en sa puissance évocatrice. Par le sacrifice, un marché s'opère entre l'ancêtre et son dieu. Par lui l'ancêtre institue le foyer domestique, le sacerdoce et l'autorité sacrée du chef de famille. En créant le feu, grand azura qui anime tout, il crée la vie qui est un feu.

(1) Puisque nous en sommes à rapprocher les mythes hellènes des védiques, signalons l'identité du combat d'Apollon contre Python et d'Indra contre le serpent Ahi. Phoibos Apollon, le grand dieu des Doriens, dieu tout à la fois de la guerre et des phénomènes atmosphériques, n'est autre qu'Indra.

L'on a aussi remarqué que plusieurs passages des hymnes alexandrins, dits orphiques, sont simplement la traduction de fragments védiques.

(2) IV, 415.

(3) II, 108.

« Nos ancêtres, enfants de Manù (1), sont aussi venus s'asseoir autour d'un semblable foyer.

» Ils ont révélé la lumière du jour et par leurs prières organisé le sacrifice.

» Ils ont inventé les premières formules d'adoration; ils ont inventé les vingt-et-une mesures qui plaisent à la vache mère du sacrifice ; c'est en entendant ces accents que s'est levé le troupeau. C'est alors que l'aurore s'est montrée avec la glorieuse splendeur du voyageur. »

D'eux aussi procède la famille, puisque les noms de tous ses membres nous en viennent et ont chez eux leur radical significatif, *pati* (seigneur) et *pitri* (nourricier) père, *matri* (distributrice) mère, même indirectement *dam* (maîtresse), *sunu* (engendré) *son*, *bhratri* (soutien) *brother*, *bruder*, *duhitri* (celle qui trait les vaches) θυγάτηρ, *tochter*, *daughter*, *Swasri*, *Schwester*. Il est même à remarquer que la famille du premier âge âryen, supérieure à celle l'héroïque, est monogame.

La famille constituée donne naissance à la race, *jantà*, *gens*, γένος; où le chef de famille se réserve l'autorité sur la femme et les enfants, et la transmet héréditairement à son fils avec la plénitude des pouvoirs religieux et politique confondus.

Le sacrifice est offert à Agni, (Ignis); « Agni, c'est toi qui a révélé à Manù (2) la région du ciel ...... quand du sein de tes parents tu as été extrait par le frottement, on t'a porté d'abord du côté de l'Orient puis du côté opposé.

» Agni bienfaisant, auteur de notre prospérité, tu es digne d'être célébré par celui qui, élevant le calice, connait la vertu des invocations et des prières. Agni, tu es la vie, tu es le protecteur de l'homme.

(1) Vamadêva, II, 103.

(2) Man, l'humanité.

» Agni, sage, tu places dans la bonne voie l'homme qui s'égarait dans la mauvaise. Dans ces rencontres où le combat s'engage, où le guerrier va recueillir un heureux butin, c'est par toi que quelques hommes triomphent de la multitude.

» Agni, tu entretiens chaque jour dans une sorte d'abondance immortelle l'homme qui t'honore; ton sage serviteur obtient de toi le bonheur et la nourriture qu'il désire, dans les deux espèces.

» Agni, pour prix de nos louanges, donne au père de famille qui t'implore la gloire et la richesse; à nos hommages nous ajouterons des hommages nouveaux. Ciel et terre, protégez-nous avec les autres dieux.

» Agni, à côté des parents qui t'ont produit, dieu vigilant et incompréhensible parmi les dieux, toi qui t'es donné une forme sensible, sois-nous propice, accueille le sacrifice du père de famille. Toi qui possède la fortune tu peux bien conférer la richesse.

» Agni, tu es pour nous un défenseur prudent et un père, à toi nous devons la vie; nous sommes ta famille. En toi sont les biens par centaines, par milliers. Invincible, tu es la force des héros et le gardien des sacrifices.

» Agni, Dêva, par tes secours protége nos biens et nos personnes. Tu mérites nos louanges. Tu conserves les vaches du fils de ton fils, toujours attentif à perpétuer ton culte.

» Agni, tu aimes cette richesse enviée qui est le premier vœu de ton chantre respecté.

» .... Que ta grandeur croisse par l'effet de cet hymne que nous t'adressons suivant nos forces et notre science. Conduis-nous à la fortune et accorde-nous l'abondance avec la sagesse (1).

(1) Hiranya stûpa, I, 53.

» Agni,..... ton serviteur trouve en toi un ami puissant, un parent fidèle qui fait sa force. Magnifique et vraiment empressé, tu donnes et de nombreux et de vaillants coursiers.

» Agni, pour qui t'honore tu es Dravinôdas ; tu es le divin Sâvitri (1), et l'auteur de toute opulence....... tu es le maître de tout, en toi sont rassemblés d'innombrables biens.

» Agni, toi dont le corps s'enveloppe de tant d'éclat, vénérable, tu es le maître de l'abondance et de la prospérité. Tu brilles et tu brûles. C'est toi qui ordonnes le sacrifice, c'est toi qui l'offres.

» Agni, ton serviteur trouve par toi la plus belle des existences. Dans tes splendeurs si éclatantes, si désirables, se rencontrent toutes les beautés. Tu nous donnes la nourriture et le salut, ô grand ! Tu es riche, magnifique, présent partout (2). »

Si, dans le tableau et les idées que nous présentent ces quelques strophes, dans ce père sacrificateur, couvrant son autorité et sa fortune du prestige de son culte, on ne reconnaît pas, trait pour trait, l'asile de Vico, je ne sais plus que dire.

Unique dieu des âryens primitifs et des irâniens, successivement particularisé et dispersé par le peuple

...... *curvæ in terras animæ et cælestium inanes* (3)

en une foule de Dêvas, et généralisé par les sages dans une notion de plus en plus concentrée et abstraite, Agni fut produit par le besoin d'expliquer le monde par ses causes. Il est d'abord conçu comme un azura, cause de mouvement, mû lui-même, un partout, immortel, lumière et chaleur, puis intelligence et vie, qui, par une abstraction suprême, devint

(1) Producteur des formes.
(2) Gritsâmada, I.
(3) Pers. II, 60.

enfin le neutre indivisible, indéterminé, Brahma. Principe universel, latent dans toute la nature, « comme un brigand dans sa caverne, » cause des formes (Savitri), autour de la pensée, εἶδος, idée, principe mâle fécondant, c'est lui qui donne l'impulsion à ce grand *circulus* vital, Çakra, auquel, en réalité, sous le nom d'*Alma Venus*, Lucrèce adresse son hymne éblouissant.

Æneadum genitrix, hominum divumque voluptas.

« L'organisation, le mouvement spontané, la vie, n'existent qu'à la surface de la terre, dans les lieux exposés à la lumière. On dirait que la fable du flambeau de Prométhée était l'expression d'une vérité philosophique qui n'avait pas échappé aux anciens. Sans la lumière la nature était sans vie, ou était morte et inanimée. Un Dieu bienfaisant, en apportant la lumière, a répandu sur la surface de la terre l'organisation, le sentiment et la pensée. »

N'y a-t-il pas dans ces paroles comme un écho du Véda? Elles sont de Lavoisier.

Remarquez aussi le mythe greco-latin d'Athéné-Minerva ou Menerfa (radical *mens)*, fille de Zeus, lequel est la lumière éclatante; souvenir conservé dans l'expression *sub dio*.

« *In ipso vita erat, et vita erat lux hominum* (1). »

La notion d'Agni, conçue par une série de généralisations, comme l'identification du feu, du mouvement, de la vie et de la pensée, successivement expliqués l'un par l'autre, est donc le point central de cette grande philosophie qui plus tard enfanta l'idée de Brahma, lequel est la pensée affranchie de toute détermination. Celle-ci n'y apparaît que tout-à-fait à la fin de la période, sous forme dubitative, dans un hymne extrêmement beau que je demande la permission de transcrire.

(1) S. Jean, I, 4.

« Alors rien n'existait, ni le non-être ni l'être, ni monde, ni air, ni région supérieure. Quelle était donc l'enveloppe de toutes choses? Où était, quel était le réceptacle de l'eau? Où était la profondeur impénétrable de l'air? Il n'y avait point de mort, point d'immortalité, pas de flambeaux du jour et de la nuit. Mais lui seul respirait sans respirer (1), absorbé dans la Svadha, dans sa propre pensée. Il n'entendait rien, absolument rien autre que lui. Les ténèbres étaient au commencement enveloppées de ténèbres; l'eau était sans éclat. Mais l'être reposait dans le vide qui le portait, et cet univers fut enfin produit par la force de sa dévotion. D'abord son désir se forma dans son esprit, et ce fut là la première semence.

» C'est ainsi que les sages, méditant dans leurs cœurs, ont expliqué le lien de l'être au non-être dans lequel il est. Le rayon lumineux de ces sages s'est étendu partout; il a été en bas, il a été en haut. C'est qu'ils étaient pleins d'une semence féconde, c'est qu'ils avaient une grande pensée. La Svadha de l'être survivra à tout, comme elle a tout précédé.

» Mais qui connaît exactement ces choses? Qui pourra les dire? Ces êtres, d'où viennent-ils? Cette création, d'où vient-elle? Les dieux ont été produits parce qu'il a bien voulu les produire. Mais lui, qui peut savoir d'où il vient lui-même? Qui peut savoir d'où est sortie cette création si diverse? Peut-elle, ne peut-elle pas se soutenir elle-même? Celui qui, du haut du ciel, a les yeux sur ce monde qu'il domine, peut seul savoir si cela est ou savoir si cela n'est pas. »

Brahma est encore désigné dans les strophes suivantes : « ... En lui, sept rishis (prêtres) ne font qu'un seul être supérieur; en son honneur ils offrent avec allégresse l'offrande et la prière.

(1) La respiration est la communication avec le dehors.

» Celui qui est notre père, qui a engendré et qui contient tous les êtres, connaît chaque monde ; unique, il fait les autres dieux. Tout ce qui existe le reconnaît comme maître.

» Les eaux ont porté dans leur sein celui qui est supérieur au ciel et à la terre, aux dieux et aux azuras, celui qui donne la lumière à tous les astres brillants.

» Oui, les eaux ont porté dans leur sein celui qui donne la lumière à tous les êtres brillants. Sur l'ombilic de l'incréé reposait un germe dans lequel se trouvaient tous les mondes.

» Vous connaissez celui qui a fait toutes ces choses, c'est le même qui est au-dedans de vous. Mais à nos yeux tout est couvert comme d'un voile de neige. Nos jugements sont obscurs. Et l'on s'en va, offrant des holocaustes et chantant des hymnes. »

Dès l'aurore du védisme, les fondements sont posés de l'idée de ce dieu consubstantiel au monde, et s'y incarnant par une continuité d'épiphanies, qui dit de lui-même : « J'ai eu bien des naissances. » En lui réside la science sacrée et profane ; elle n'est autre que Dieu qui se pense lui-même dans l'homme.

A une époque très postérieure, sous sa forme poëtique et populaire, voici comment la doctrine est présentée dans la grande épopée sanscrite :

« Je lui fis l'adoration et, les mains réunies au front, je lui dis ces mots : Dieu ! je désire te connaître...... toi et ce monde des choses immobiles et mobiles...... Divinité aux yeux de lotus, toi qui es irréprochable...... pourquoi tout ce monde est-il renfermé dans ton corps ?

» A ce langage de moi, le fortuné dieu des dieux, à la vaste splendeur, me répondit ces mots en me caressant :.... Je vais te dire comment je procède à la création. C'est une grande leçon des Védas qui t'est donnée ici.

» L'eau intellectuelle fut avant les eaux matérielles. Cette œuvre d'intelligence fut opérée par moi ; c'est pour cela que je m'apelle Narâyana..... ma naissance est éternelle. Je suis le créateur et le destructeur de tous les êtres ; je suis Vischnou, Brahma et Çakra.... et le monarque des morts Yama. Je suis Çiva et Soma et le Pradjâpati ; je suis Dhâtri et Vidhâtri ; je suis le sacrifice, ô le plus grand des brahmes.

» Le feu est ma bouche, la terre est mes pieds, la lune et le soleil sont mes yeux, le ciel est ma tête, l'atmosphère des points de l'espace est mes deux oreilles ; ma sueur est la source des eaux ; le ciel et ses plages sont mon corps ; le vent est placé dans ma respiration.

» Sous la forme de Çésha, c'est moi qui soutiens cette terre qui a pour limites les quatre mers et pour ornement le grand Mandara et le mont Mérou. Jadis, revêtant le corps d'un sanglier, je retirai par ma vigueur, brahme, ce monde qui était submergé sous les eaux. Sous la forme du feu sous-marin, je suis Agni.

» Je bois les eaux accrues et je les revomis. Le brahme est ma bouche ; le Xattrya est mes bras ; les Vaïçyas sont mes cuisses, les Çoudras sont mes pieds. Le Rig-Véda, le Sâma-Véda, l'Iadjour-Véda et l'Atharva sont émanés de moi. Je suis le feu qui s'allume, je suis le vent qui s'élève, je suis le soleil, je suis Agni qui s'embrase. Ces clartés, ô le plus vertueux des brahmes, que l'on voit briller sous la voûte du ciel sous forme d'étoiles, sache que ce sont les pores de ma peau...... L'amour, la colère, la joie, la crainte, la folie même, sache, très vertueux anachorète, que toutes ces affections, ce sont mes poils...... Les hommes n'agissent pas volontairement, car leur intelligence est dominée par moi. A chaque fois, Bharatide, qu'il y a un affaiblissement dans la vertu et que le vice s'élève, alors je me crée moi-même et je descends sur la terre (1). »

(1) Mahâ Bhârata, t. IV, p. 217, 220.

Il est à remarquer que cette grande doctrine, à son début comme dans les phases postérieures de son existence, demeure étrangère à toute considération d'ordre moral. Elle explique le monde; mais l'homme est trop peu de chose pour qu'elle en prenne souci.

La grandeur métaphysique de ces conceptions, nulle part formulées avec plus de précision, d'ampleur et de fermeté qu'aux lieux mêmes où elles ont pris naissance, est évidente, et je ne songe pas à la nier; mais aussi leur faiblesse, qui est précisément cette absence de doctrine morale.

Les habiles et les philosophes nous disent, je le sais, que cela ne tire pas à conséquence, que l'objet d'une religion est uniquement d'expliquer ce qui existe, rattacher le fini à l'infini, et non de tracer une règle aux volontés; que cette règle viendra plus tard, l'expérience nous apprenant que toute religion se moralise à vieillir, et c'est ce que les Hellènes ont exprimé par le mythe des Titans, forces aveugles détrônées par Zeus. Ils nous disent que la morale est, non pas la règle, mais l'expression des mœurs d'une société, et que chacune se donne celle qu'il lui faut. C'est ainsi que les doctrines védiques, réformées et complétées, six siècles av. J.-C., par Çakya Muni, ont produit une morale qui supporte la comparaison avec les plus belles, les plus pures.

Je ne suis ni habile, ni philosophe,

Rusticus, abnormis sapiens crassaque Minerva,

mais qu'il en soit ainsi, je ne le puis admettre. J'ai toujours été appris à croire qu'entre la pensée et la volonté de l'homme, entre la métaphysique et la morale, il y a un lien nécessaire; que ce lien n'a rien d'arbitraire; que de telle métaphysique découle telle morale et non une morale quelconque; telle morale, dis-je, et nulle autre, comme une conséquence de ses prémisses. Et cette croyance, j'y persiste.

Sans connaître suffisamment la morale de Çakya Muni, que cette morale soit belle, je suis disposé à l'admettre ; que son auteur doive être compté parmi les plus grandes âmes et les plus grands esprits de l'humanité, je suis disposé à le penser et lui rendre respectueusement hommage. Mais, je le demande, avec cette belle et pure morale, qu'a-t-il fait? Hélas! la société la plus immorale, la plus corrompue jusqu'à la moëlle des os qui se puisse concevoir. Douce, si vous le voulez, jusqu'à un certain point, mais, par ailleurs, rongée par une démoralisation effrayante, même pour les Européens de la conscience la plus facile. Ceci est un fait que l'on ne saurait nier, et nul n'ignore que les familles anglaises résidant en Asie ont coutume de s'imposer le sacrifice de se séparer de leurs très jeunes enfants, et les expédier en Europe pour les soustraire à la profonde et inévitable gangrène de leur domesticité.

A ceux qui pensent comme moi sur les rapports nécessaires de la métaphysique et de la morale, pourquoi, je le demande encore, ne serait-ce pas à ce signe que l'on jugerait de la valeur comparative des religions et des sectes? Sur le terrain de la métaphysique pure et de l'exégèse, les recherches sont difficiles, pénibles, accessibles à peu d'esprits, exigent des études de longue haleine. Si la morale, qui s'aperçoit et se juge immédiatement par un sens intime et sans étude préalable, est le *criterium* infaillible de la métaphysique, pourquoi, nous qui sommes les simples,

Nos numerus sumus, et fruges consumere nati (1)

γαστέρες οἶον, dit Hésiode (2),

pourquoi ne pas nous y tenir? Pourquoi opérant à la façon des algébristes qui, pour la commodité de l'analyse, transforment

(1) Ep. I, II, 27.
(2) Théog. 26.

successivement leurs équations (1), pourquoi ne pas nous borner à demander à une religion, à une secte : Qu'avez-vous fait de la société qui s'est jetée dans vos bras? Qu'avez-vous fait pour son développement moral, sa faculté de se gouverner elle-même? Qu'avez-vous fait pour la grandeur de la société — puisque la politique est une partie de la morale, — la force et la dignité de l'individu? A l'œuvre, je jugerai l'outil. Je ferai comme Pascal dans ses Provinciales. Je ne compterai pas vos moines, talapoins s'entend. Je mesurerai la valeur morale de la société façonnée par vous, et à ce signe, je vous jugerai.

Et pourquoi la grande et belle morale de Çakya-Muni, moine lui-même, comme son nom l'indique, et père de la plus nombreuse famille monacale qui existe (2), a eu si peu de prise effective sur la société bouddhique, il est, ce me semble, facile d'en voir la cause; parce qu'elle est sans relation fondamentale avec la doctrine métaphysique d'où elle est issue, et que, pur hors-d'œuvre, dans cette doctrine, elle est dénuée tout à la fois de cause et de sanction. Dans la doctrine védique, bien qu'on y rencontre, je ne sais pourquoi, un Paradeça (paradis), impossible de fonder la personnalité divine et humaine. Dans le Bhagavad-Gita, Krishna dit à Ardjouna en termes effroyablement concis : « Je suis toi. » Et sans personnalité quel moyen de fonder une morale effective, qui ne demeure pas spéculative et pénètre dans les mœurs assez avant pour brider la volonté de toute une masse, et ne soit pas simplement le rêve généreux d'une âme grande et sainte? Si je ne suis qu'un fragment de l'âme uni-

(1) Le procédé des chimistes, opérant sur les substances au moyen de leurs réactifs, est le même.

(2) Parce que l'Asie est la terre propre du panthéisme, et que dans ce genre de vie il y a une certaine dose de panthéisme, de cette forme de panthéisme mystique qui absorbe le monde dans Dieu; il y en avait une très forte dose dans le couvent fondé, huit siècles av. J.-C., par Lycurgue, mais de celui qui absorbe Dieu dans le monde.

verselle, je ne suis pas une personne. Vous avez beau chercher une sanction à votre morale, dans je ne sais quelle transmigration des âmes, je ne croirai pas à ma responsabilité, et votre morale glissera sur ma volonté.

J'honore très fort le Nirwâna qui est en soi une très belle chose ; mais je le crois sans valeur pratique en ce qui concerne la trempe et le gouvernement de cette volonté dans son rapport avec les actes journaliers de la vie réelle, et lui appliquerai facilement le mot de Pascal : qui fait l'ange, fait la bête. Sur ce fondement, par trop dénué de principe actif, vous ne ferez jamais ni grande morale, ni grande politique. L'une et l'autre — car encore un coup, la seconde est la conséquence de la première — exigent une certaine dose d'initiative, de confiance en soi, de ce que les Américains appellent le *go a head,* et Voltaire appelait — je demande pardon du terme — le diable du corps. En toute chose, il en faut un peu.

M. le Dr L. Büchner, dans son livre de Force et Matière, expression paraît-il assez approximative de la pensée philosophique actuelle au-delà du Rhin, nous dit à ce propos :

« L'expérience prouve, depuis que le monde existe, que ceux qui ont toujours la morale sur les lèvres, la portent le moins dans le cœur, et que la vertu ne demeure pas là où brille son enseigne. Le matérialisme scientifique et le matérialisme de la vie diffèrent du tout au tout. La méchanceté ou la petitesse d'esprit peuvent seuls les confondre. Les idées les plus fécondes de l'histoire sont émanées d'hommes contre lesquels ont été portées en leur temps les mêmes accusations qui ont cours aujourd'hui.

» Si les soi-disants matérialistes avaient le pouvoir sur la terre, l'on n'entendrait bientôt plus parler d'une maladie qui peut être appelée le typhus de la faim, les établissements pénitentiaires ne formeraient plus le moteur principal du mécanisme social, et chaque jour n'apporterait pas à la surface de la société des phénomènes qui laissent entrevoir un abîme de misère et de dépravation. Une morale publique sous l'égide de laquelle de pareilles choses se passent tous les jours aura beau se rengorger, elle ressemblera toujours au pharisien priant dans le temple, et elle sera jugée selon la mesure de félicité dont jouit le genre humain sous sa domination. Le bonheur de la société humaine est l'unique autel sur lequel doit sacrifier la véritable morale. La nôtre se résume en ces mots : amour de l'humanité. »

En ce qui concerne son honorabilité personnelle, il se peut que M. le Dr Büchner ait ici mille fois raison, et nul moins que l'auteur de ce travail n'est disposé à la contester. Je ne connais pas de pire manière de raisonner que d'injurier ceux avec lesquels on n'est pas d'accord. Mais on me permettra de dire qu'il ne s'agit pas ici de juger le caractère individuel de M. le Dr Büchner, ni des philosophes de son école, ni d'apprécier leurs honorables personnes, mais bien leur doctrine qui ne l'est pas du tout, en ce qu'anéantissant la liberté et la responsabilité, anéantissant la personne humaine, elle anéantit du même coup la morale. « La science, nous dit M. le Dr Büchner, fait abstraction des personnes pour n'envisager que les choses. » La tâche est donc pour lui de nous démontrer que son système n'anéantit pas l'identité permanente libre et responsable de la personne humaine, cette personne dont l'être matériel est renouvelé par le tourbillon vital avec une rapidité telle « qu'il suffit de quatre semaines, dit-il, pour en faire un être entièrement nouveau, » et cette identité détruite, qu'une morale quelconque subsiste.

Or, voilà ce qu'il ne fera pas, par la raison que c'est impossible ; « aussi impossible qu'au soleil de s'abattre sur la terre. »

Rien de plus fréquent que les personnes valant plus ou moins que leurs idées. Cela se voit tous les jours. Mais ce que l'on n'a jamais vu, ce que l'on ne verra jamais, c'est une doctrine n'arrivant pas avec le temps à produire ses conséquences logiques, toutes ses conséquences logiques, même celles que l'on désirerait intercepter. Il ne se peut pas qu'avec le temps cela ne soit. Le plus grand, le plus impitoyable logicien qu'il y ait au monde, c'est tout le monde. Une fois lancé sur une idée, soyez certain que ce logicien ne s'arrêtera pas en route, que pratiquement il ira jusqu'au bout. Or, ici, la conséquence logique du système, quelle est-elle ?

M. le Dr Büchner insiste sur l'impossibilité de concevoir la force sans un *substratum* matériel, et la définit *une simple propriété de la matière,* ce qui, subordonnant la force à la matière, suffit, si cela est vrai, à lui donner gain de cause. Ne serait-ce pas possible de renverser sa proposition, et de considérer la matière comme *une manifestation de la force?* Lequel des deux? « Concevez-vous, dit-il, une force sans matière ? » Parfaitement. Vous niez le libre arbitre avec Moleschott et Spinoza. Moi, je l'admets et j'y crois. J'affirme que je possède en moi-même la pleine et intime conscience de cette liberté morale ; c'est ici une question que vous ne résoudrez ni avec la balance, ni avec le compas, ni avec la chimie, ni avec le scalpel, ni avec la mathématique, qui ne relève en rien des sciences naturelles et subsiste pour moi comme fait de conscience dont j'ai la certitude. C'est ici, remarquez-le, la clef de voûte du système de M. le Dr Büchner, puisque toute sa métaphysique — en disant qu'il n'y en a pas il en a une, tout le monde a la sienne, — toute sa métaphysique, dis-je, repose sur cette thèse de la coexistence nécessaire de la matière et de la force.

Nous voici donc lui et moi arrivés à cette question dernière à laquelle nous donnons chacun pour notre part une solution diamétralement contraire : la volonté est-elle une force libre ?

Si elle l'est, elle n'a rien de commun avec la matière qui ne l'est pas, ainsi que M. le Dr Büchner lui-même nous le démontre dans un chapitre très éloquent. Cette force a un sujet d'inhérence immatériel, et Dieu-Esprit a pensé le monde.

Si elle ne l'est pas, M. le Dr Büchner, qui n'est pas homme à « renier lâchement les conséquences de ses idées, » devra reconnaître que la conséquence logique nécessaire de l'anéantissement de la liberté sera l'anéantissement de la morale, l'humanité absolument affranchie de toute règle morale quelconque, de toute politique.

Il me semble qu'il y a ici où faire reculer les esprits les plus intrépides, car il est prouvé que l'on ne fonde pas une société sur la force matérielle.

A prendre donc les choses humaines, non dans leurs oscillations journalières, ni dans les circonstances particulières de temps et de lieux, mais dans leurs grands ensembles, leurs lignes générales, les politiques seraient en quelque sorte le manomètre des religions, les grandes politiques, la conséquence et le signe, l'aiguille indicatrice des grandes religions, de la façon plus ou moins vraie dont elles ont résolu le grand problème fondamental de la création, c'est-à-dire des relations entre l'un et le plusieurs, l'être toujours le même et l'être toujours autre du Timée de Platon, la substance et le phénomène, l'autorité et la liberté, je dis la liberté politique sans laquelle il n'y a rien de grand dans le monde, les conditions de l'essor individuel et de l'ordre général. Cette idée, dans le monde antique où chaque peuple avait ses dieux particuliers, la symbolique l'exprima en expliquant la supériorité relative des peuples par la supériorité et le triomphe de leurs dieux locaux. Le dieu vainqueur, qu'on y prenne garde, ne fut jamais, n'est et ne sera autre que la doctrine métaphysique gisant au fond de chaque société, et même, je le montrerai en finissant, de chaque famille, sa notion propre de l'un et du plusieurs.

Aussi bien, s'agissant des religions proprement dites, celles qui se distinguent des philosophies en ce qu'elles procèdent d'une révélation, rien ne sert de se dissimuler que, pour une tête sérieuse, elles sont, dans l'ordre logique de la pensée, précédées par les philosophies, en ce sens que, fondées sur une révélation, par cela seul que cette révélation est un fait qui s'est produit dans le monde, qu'elle a été faite non à moi mais à d'autres hommes qui me l'ont transmise, la condition logique préalable, nécessaire, rigoureuse, de cette révélation est la preuve purement philosophique de l'existence du monde. Car, si l'existence du monde étant requise à établir une révélation, vous employez un élément révélé quelconque à établir l'existence de ce monde, vous faites une pétition de principes. Or, en philosophie pure, la preuve du monde n'est pas petite affaire. Il n'y faut rien moins que le cycle entier, sauf la morale, de la philosophie, psychologie, théodicée et ontologie.

Εἰ δὲ, σὺ μὲν μευ ἄκουσον, ἐγὼ δὲ κέ τοι καταλέξω (1).

Dressons le programme et mesurons la route.

Il est reconnu que le fondement le plus solide de notre connaissance est l'enthymème de Descartes. Mais cet enthymème, prenez-y garde, ne nous donne rien de plus que l'identité de la pensée et de l'être, l'existence de l'être pensant au moment où il pense. L'existence substantielle du sujet d'inhérence de la pensée, l'identité permanente du moi, sa personne persistante à travers les diverses phases de sa pensée antérieure, présente ou future, est une question toute autre qui reste à prouver, et qui comporte un très long, très délicat, très ardu travail philosophique.

Passons. Voici enfin l'identité du moi solidement constituée; moi, dis-je, moi seul. Car tout autre homme étant par rapport

(1) Iliad. IX, 262.

à moi un non-moi, est du monde et relève de l'ontologie dont de grands espaces nous séparent encore.

Il s'agit de déterminer les attributs de ce moi, ce qui le constitue essentiellement, où réside sa permanence au milieu des évolutions incessantes et des tempêtes de la matière vitale, son âme, la simplicité de celle-ci, partant, sa spiritualité, sa personnalité, son intelligence et les catégories de celle-ci, sa volonté, sa liberté, où réside cette liberté, où elle ne réside pas. Nous voici en pleine psychologie, et comme tout le reste repose sur ce fondement, il importe de n'y rien omettre.

Passons. La psychologie constituée, aborderons-nous l'ontologie, c'est-à-dire l'existence du monde? pas encore, ce me semble. Je suis de ceux qui pensent que l'on ne saurait passer directement de la première à la seconde, qu'il y faut l'intermédiaire de la théodicée, que celle-ci seule donne passage à une solide théorie de l'existence du monde. C'est pourquoi je ne saurais prêter créance à la preuve, si chère à de certains esprits, de l'existence de Dieu par celle du monde, son ordre, ses causes finales, etc. Car s'il est vrai que le monde ne se prouve que par Dieu, il s'en suit que Dieu ne saurait se prouver par le monde.

La vraie et solide preuve dans l'ordre logique de l'idée philosophique est celle de S. Anselme et Descartes, qui, de l'être imparfait que nous sommes, dégage la notion et la preuve de l'être infini qui résume en lui, dans leur absolue perfection les attributs dont nous étudions en nous-mêmes la pâle image, en qui résident substantiellement toutes les vérités qu'aperçoivent nos esprits (1) : la bonté absolue, la

(1) « *Quis mente tam cæcus est qui non videat istas figuras quæ in geometria docentur, habitare in ipsa veritate.* (S. August. Solil. l. II, chap. XVIII.) — Voici d'autres textes également précis de S. Augustin, (*Quæst.* 46). *Ideæ sunt formæ, quædam principales et rationes rerum stabiles atque incommutabiles, quæ ipsæ formatæ non sunt et per hoc*

justice absolue, la beauté, l'intelligence, la volonté, la liberté, et où tous ces attributs en leur point suprême viennent se confondre harmonieusement dans l'unité, comme les lignes au sommet d'un cône. « *Est ergo aliquid unum, quod, sive essentia, sive natura, sive substantia dicitur, optimum et maximum est, et summum omnium quæ sunt* (1). » « Car si l'idée du parfait et de l'infini ne supposait pas l'existence réelle et substantielle d'un être parfait et infini, c'est seulement parce que ce serait moi qui aurais fait cette idée. Mais si je l'avais faite je pourrais la défaire, je pourrais du moins la modifier ; or, je ne puis ni la défaire ni la modifier, je ne l'ai donc pas faite, elle est donc en moi sans m'appartenir ; elle se rapporte donc à un modèle étranger à moi et qui lui est propre, à savoir Dieu. De sorte que, par cela seul que j'ai idée de Dieu, il s'ensuit que Dieu existe (2). »

Remarquez, je vous prie, que la preuve métaphysique de Dieu est, comme méthode, toute semblable à la preuve physique et n'est que l'application du même raisonnement à un autre ordre d'idées, avec cet avantage que, dans la preuve physique, nous partons de ce que nous ne connaissons pas, dans l'autre de ce que nous connaissons.

De même que, de l'existence du monde matériel, nous eussions légitimement affirmé, si nous l'eussions connu lorsque nous avons abordé la théodicée, que ce monde a

æternæ ac semper eodem modo sese habentes, quæ in divina intelligentia continentur......... Has autem rationes ubi arbitratum est esse nisi in mente Creatoris?......... Quod si hæ rerum creandarum creaturumque rationes in divina mente continentur, neque in divina mente quidquam nisi æternum atque incommutabile potest esse, atque has rerum rationes principales appellat Ideas Plato, non solum sunt Ideæ, sed ipsæ veræ sunt.

Dans le IVe liv., ch. II, de ses nouveaux essais sur l'entendement humain, Leibnitz expose et développe la même opinion, à peu près identiquement dans les mêmes termes.

(1) *Monologium S. Anselmi.*

(2) V. Cousin.

une cause, un auteur, un sujet actif et vivant dont il est l'acte et la manifestation, de même, du monde de ces grandes vérités qui illuminent nos intelligences, nous affirmerons légitimement qu'il a un sujet d'inhérence, qui est Dieu. Ces vérités ne sont pas un simple attribut sans sujet, concept impossible et en soi incompatible avec les lois constitutives de notre intelligence, surtout s'agissant de la vérité dont l'essence est d'être. Or, cet être substantiel de la vérité, c'est Dieu. *Ego sum qui sum* (1).

Et ce Dieu que je connais par l'image que j'en retrouve en moi, comme ma propre personne par l'image que j'en verrai dans l'onde troublée d'un fleuve qui passe, je le concevrai personnel, sans quoi il serait inférieur à sa créature.

Nantis d'une bonne théodicée et pourvus de la vraie connaissance du Dieu vrai, nous pouvons enfin aborder l'ontologie, et par Dieu prouver l'existence du monde. Mais

(1) Sur cet argument capital, si l'on est curieux de comparer le langage de saint Anselme avec celui de Descartes lui-même, de Leibnitz et de Spinoza, voici les divers textes :

Democriti quod sancta viri sententia dixit.

« *Dire que quelque attribut est contenu dans la nature ou le concept d'une chose, c'est le même que de dire que cet attribut est le vrai de cette chose, et qu'on est assuré qu'il est en elle.*

» *Or, est-il que l'existence nécessaire est contenue dans la nature ou dans le concept de Dieu?*

» *Donc, il est vrai de dire que l'existence est nécessaire en Dieu, ou que Dieu existe.* » (Descartes, Réponses aux secondes objections.)

« *Ens ex cujus essentia sequitur existentia, si est possibile, id est, si habet essentiam existit, (est axioma identicum demonstratione non indigens), atqui Deus est ens, ex cujus essentia sequitur existentia (est definitio); ergo, si Deus est possibilis, existit (per ipsius conceptus necessitatem)* » (Leibnitz, lettre à Bierling).

« *Dieu, c'est-à-dire une substance constituée par une infinité d'attributs dont chacun exprime une essence éternelle et infinie, existe nécessairement.*

» *Démonstr. Si vous niez Dieu, concevez, s'il est possible, que Dieu n'existe pas ; son essence n'envelopperait donc pas l'existence. Mais cela est absurde, donc Dieu existe nécessairement. C. Q. F. D.* » (Spinoza, Éthique.)

c'est ici, dans les rapports de Dieu au monde que se rencontrent les grands écueils. Car, sauf quelques rares et ternes exceptions, en matière de psychologie et de théodicée, le scepticisme ne consiste pas proprement à nier l'être, mais à nier que notre intelligence soit de force à l'atteindre. C'est une doctrine purement négative ou, pour parler plus juste, suspensive et semblable à l'opinion de ceux qui, dans une assemblée délibérante, s'abstiennent de voter. En ce qui concerne les rapports de Dieu et du monde, nous rencontrons deux doctrines positives, mais affirmant le contraire l'une de l'autre : celle-ci enseignant que Dieu est distinct du monde et qu'il l'a librement créé, celle-là qu'il lui est consubstantiel et que le monde en procède par voie d'émanation nécessaire. Ici, le meilleur guide est, je crois, d'abord dans une bonne psychologie qui, de la conscience de ma liberté et de ma personnalité, déduira la certitude de celle de Dieu, et de ma spiritualité, celle de l'immatérialité de Dieu; et secondement, l'impossibilité absolue de fonder une morale sur l'unité de la substance de Dieu et du monde. « Celui, dit Krishna à Ardjouna, qui a déposé le fardeau de l'action dans le sein de la dévotion, et qui a tranché tous les doutes avec la science, celui-là n'est plus retenu dans les liens des œuvres. Fusses-tu chargé de péchés, tu pourras passer l'abîme dans la barque de la sagesse. Sache, Ardjouna, que comme le feu naturel réduit le bois en cendres, ainsi le feu de la vraie sagesse consume toute action. Je suis le même pour tous les êtres; nul n'est digne de mon amour ou de ma haine, mais ceux qui me servent sont en moi comme je suis en eux. Le plus criminel, s'il me sert sans partage, est purifié et sanctifié par là. Le présomptueux se croit l'auteur de ses actions; mais toutes ses actions viennent de la force et de l'enchaînement nécessaires des choses. » (1). « Le vrai dévôt est

(1) Bhagavad-Gita. trad. lat. A. G. Schlegel. Bonn. 1823, p. 146, 145, 160 et 141.

indifférent au bien comme au mal (1). » Ce que dit ici le dieu Krishna est, à son point de vue, logiquement sans réplique, mais on conviendra que voilà de quoi se mettre à l'aise. Voici cette fois des logiciens d'une autre trempe que nos panthéistes européens, qui vont jusqu'au bout de leur idée, ne s'embarrassent pas des honnêtes et puériles timidités de Spinoza et du Dr Büchner, et savent bien nous dire que proprement il n'y a pas de morale.

De vous à moi, vous n'êtes pas comme le Spinoza de Voltaire à son Être suprême.

Pour avoir une morale, nous concevrons donc Dieu comme distinct du monde, communiquant toutefois avec lui et non relégué dans l'impassible neutralité, l'être sans attribut de Brahma, contenant en lui l'un et le plusieurs, sans lequel la liberté ne saurait exister, la pluralité des personnes et l'unité de substance.

Telle est la route à parcourir avant que vous puissiez légitimement me parler de révélation. Arrivés à ce point, vous pouvez enfin entrer dans cet ordre d'idées, m'exposer et me démontrer la vérité historique de cette révélation qui est un fait, et je vous croirai; mais pas avant, et pas un point du programme que je viens d'effleurer ne peut être omis. Que cette route préalable soit longue, obscure, que le terme ne s'en atteigne qu'au prix de pénibles efforts, que l'humanité ait mis bien du temps à l'atteindre et y ait usé bien des générations, bien des esprits, personne ne songe à le nier; mais qu'est-ce que cela prouve contre l'arrêt qui nous condamne à la parcourir? Que le flambeau de la raison soit une lumière qui vacille souvent entre nos mains, à le constater et à en gémir vous n'apprendrez rien à personne. Que dans le firmament de notre intelligence cette étoile se recouvre souvent de nuages qui nous en dérobent la vue, hélas! rien

(1) Bhagavad-Gita, p. 137.

de plus vrai, et nul ne le conteste. Elle brille cependant toujours, semblable à celle conduisant les Mages au berceau du Christ; elle indique la route et, pour atteindre le terme que nous venons d'assigner, sans lequel il n'y a pas à connaître Dieu, nulle autre lumière que la sienne ne saurait nous assister. Pourquoi donc la renier, puisqu'elle est le fondement de tout le reste? Qu'y gagne-t-on? Vous voyez de nos jours des gens nombreux, passionnés, rattachés les uns aux autres par le lien d'un journal puissant qui, sans avoir le sombre et profond génie de notre grand Pascal et les nobles amertumes d'où jaillissent les foudres de son éloquence, nous parlent comme lui de nous abêtir et de nous noyer dans l'eau bénite. A ces virtuoses pleins de bravoure, à ces Pascal au petit pied qui voudraient, semble-t-il, réduire nos esprits à ne faire que répéter une leçon estampillée *cum privilegio Regis,* et apprise par cœur, tout au plus à en être les paraphrastes, tirant gloire jusque de la stérilité de leurs doctrines, puisque leur prétention est précisément d'éteindre l'esprit, je voudrais faire comprendre que tout ce qu'ils enlèvent au crédit de la raison, ils le retranchent du même coup au domaine de la foi. Je dis que c'est avoir le raisonnement court que se persuader servir la foi en injuriant et mettant en suspicion la raison, puisque la raison précède et soutient nécessairement la foi, qu'elle est proprement ce qu'on appelle son introductrice dans le monde, et que l'œuvre de l'apologétique contemporaine serait de renverser le titre de saint Anselme, et s'appeler *intellectus quærens fidem*. Qu'est-ce à dire, en somme?

Devant le spectacle des choses contemporaines je ne voudrais pas, essayant d'exprimer ma pensée en une matière si capitale, si glissante, m'exposer à l'extrême péril de la dépasser et dire une parole de trop, étant mille fois préférable de rester en deçà que d'aller au-delà. Je ne me pardonnerais pas d'écrire ici une parole portant atteinte au juste et salutaire crédit des religions, fondement et ciment nécessaire de tout ordre social. Mais à cette famille trop nombreuse de têtes ardentes et étroites, dont l'apanage est de compromettre par leurs intempérances, ἀμείνω δ'αἴσιμα πάντα, les causes mêmes qu'elles ont à cœur de servir, peut-être, au jour où nous vivons, n'est-il pas oiseux de rappeler, chose cependant triviale et presque lieu commun à force d'être élémentaire, que notre intelligence étant l'instrument de toute notre connaissance, πῶς γὰρ οὐ, dirait Démosthène, même de celle dont la source est surnaturelle, et l'intermédiaire par où tout a passé du peu que nous savons, il est nécessaire de constater, au préalable, la valeur subjective et objective de cet instrument, absolument de la même façon que, avant de commencer ses opérations, le chimiste s'assure de la régularité de ses balances et de la pureté de ses réactifs. Plaisant chimiste qui, nous présentant ses analyses, commencerait par nous avertir qu'il les a faites avec une balance détraquée. *Ridicolosissimo eroe.*

Donc, s'il est vrai que le caractère propre du temps où nous vivons soit le criticisme, l'application de plus en plus généralisée, le perfectionnement progressif et continu de ses méthodes; s'il est vrai que cette disposition d'esprit, qui nous rend de plus en plus difficiles et exigeants en fait de doctrines, soit un dissolvant redoutable et des plus actifs; s'il est vrai que le sol tremble, au point où nous en sommes, je ne sache d'autre moyen de le raffermir et asseoir les fondements que de fortes études philosophiques. Pour guérir les erreurs de la science, il y a que la science elle-même, une science plus grande.

Parlant, si incidemment que ce soit, de ces grandes conceptions védiques, je n'ai pas cru pouvoir passer outre sans faire mes réserves et formuler mon jugement à l'endroit de leur morale. Ai-je besoin d'ajouter, puisqu'il ne s'agit pas ici de personnes mais d'idées, que ce qu'il peut y avoir d'érudition dans les pages qui précèdent ne m'appartient pas, *nec meus hic sermo est* (1), et que presque tous les faits cités ici sont empruntés aux livres de MM. Grote, Burnouf et Max Müller. La modeste tâche de ce travail, dont l'auteur est incapable de puiser directement aux grandes sources sanscrites,

fontes et adire supremos,

est uniquement de recueillir ces faits inconnus à Vico, de les rapporter à sa théorie, principalement à ses asiles, de montrer combien les résultats les mieux établis de la critique moderne s'accommodent facilement à sa théorie des évolutions de l'histoire générale humanitaire, et s'y coordonnent exactement. A ce point que, si, adoptant pour un instant — que cela ne tire pas à conséquence — la méthode positiviste, nous considérions l'histoire comme pure matière expérimentale, et à l'exemple des sciences physiques, admettions comme loi l'hypothèse qui suffit à expliquer un certain ordre de faits, quelle loi historique nous paraîtrait plus solidement établie que celle des évolutions humanitaires de Vico et particulièrement de ses asiles !

Or, les asiles, c'est le droit inégal dans son plus entier, plus parfait, plus absolu épanouissement.

Si l'auteur de cette étude ne s'était imposé la loi de demeurer étranger autant que possible aux matières purement religieuses, toujours délicates et périlleuses à toucher, à moins d'études spéciales, il ferait observer combien les patriarches de la Genèse, Abraham, Loth, Melchisédech, roi et pontife, Job, représentent fidèlement la physionomie des pères hellènes et âryens, et combien le type de ceux-ci est identique à celui des patriarches sémites, entourés également de hordes sauvages dont nul n'a parlé plus fièrement que les pères

(1) II, II, 2.

sémites (1). Et sur toute la surface du monde, partout l'on verrait le premier germe de la civilisation se déposer et surgir dans les asiles et la formule, de plus en plus généralisée, dépouiller tout soupçon de caractère particulariste âryen. Et de même que, dans le monde physique, la cellule est l'élément primordial et générateur de toute vie organique, de même, dans le monde social, l'asile — dont les rapports avec la cellule sont manifestes — est l'élément primordial et générateur de toute vie civile ; et ainsi se manifeste, dans tout ce qui existe, l'unité de plan, cette grande loi des lois.

Je professe une estime particulière pour le livre sagement et fortement pensé de M. Fustel de Coulanges, plein de vues neuves et profondes ; et l'on peut voir que, sur une foule de points, son sentiment est le mien. Toutefois, je ne saurais admettre son opinion fondamentale sur la religion des premiers hommes, laquelle se résume tout entière dans les deux thèses suivantes : « La religion des morts paraît être la plus ancienne qu'il y ait eu dans cette race d'hommes (2) » et, ch. III : « On peut penser que le foyer domestique n'a été à l'origine que le symbole du culte des morts, que sous cette pierre du foyer un ancêtre reposait, que le feu y était allumé pour l'honorer,

(1) .... personnes dont j'aurais dédaigné autrefois de mettre les pères avec les chiens de mon troupeau ;

Dont la force des mains était nulle à mes yeux, et je ne les trouvais pas même dignes de vivre ;

Desséchés de pauvreté et de besoin, défigurés par les chagrins et la misère, ils allaient chercher de quoi ronger dans un désert ;

Et ils mangeaient l'herbe et les écorces des arbres, et la racine de genièvre était leur nourriture ;

Ils allaient ravir ces choses dans le fond des vallées, et en ayant trouvé quelqu'une, ils y accouraient avec de grands cris ;

Ils habitaient dans les déserts des torrents, dans les cavernes de la terre, ou sur le gravier ;

Ils trouvaient même leur joie dans cet état, et faisaient leurs délices d'être sous les ronces et les épines.

Fils d'hommes insensés et de basse condition, rebut de la terre. (*Job*, XXV, 1, 8.)

(2) I liv. ch. II.

et que ce feu semblait entretenir la vie en lui ou représentait son âme toujours vigilante. »

Je ne conteste pas la religion des morts, χθόνιων θεῶν d'Hérodote, ni surtout le culte du foyer domestique ; je conteste leur identification, et que le premier sentiment religieux des premiers hommes ait été pour chaque famille le culte de ses ancêtres propres. Je crois que le sentiment religieux a dû débuter et a en effet débuté par une idée beaucoup moins particulière, et qu'avant de se poser le problème de la mort, nos pères se sont posé celui de la vie. Le premier n'existe qu'à condition de présupposer le second.

Que le culte des ancêtres puisse devenir un lien social, il faut bien reconnaître que cela n'est pas, et M. Fustel de Coulanges lui-même, par instants, n'est pas fort éloigné d'entrer dans ce cours d'idées. Je renvoie au chapitre II de son troisième livre. Historiquement, l'étymologie indique que cela n'a pas été.

Dans les langues latine, grecque et sanscrite, le mot dieu est le même : *deus*, θεος, *dêva ;* donc l'idée est antérieure à leur séparation du tronc primitif, chez lequel d'ailleurs seul existe le radical significatif dont le mot est dérivé.

Dans le rameau le plus antique, nous savons avec certitude que ce Dieu n'est pas l'expression de la personnalité d'une certaine existence particulière de tel groupe, mais bien celle de la vie universelle du monde, identifiée à l'idée de feu comme le radical significatif l'indique. Son nom est *Agni.* Il est adoré, non par tel ou tel chantre védique, mais par tous. Chacun d'eux a ses rites particuliers, ses hymnes, mais Agni est le dieu commun de tous. Par où il a pu les relier, constituer une religion, et fonder une grande société.

Les Latins ont retenu le mot, puisque chez eux Agni est

devenu *ignis* (1). Ils ont en partie retenu l'idée puisque, chez eux, le culte du foyer, profondément distinct du culte des morts, est un souvenir pâli de l'idée et du culte d'Agni.

Il y a plus : le dieu italique primitif, Janus, commencement de tout, on sait maintenant que sa vraie étymologie est Dianus (masc. de Diana), le dieu du jour et du soleil, dont les deux têtes sont tournées vers l'orient et l'occident, Dieu des sources, créateur de la vie organique, *duonus cerus (bonus creator)*, des Saliens, il me semble qu'il a de fortes ressemblances avec Agni.

Parallèlement, de même que l'on retrouve Agni chez les branches âryennes occidentales, on retrouve le culte des morts sous le nom de Çraddha chez les Hindous. « Lorsque le Çraddha se fait suivant les rites, les ancêtres de celui qui offre le repas éprouvent une satisfaction inaltérable (2). »

Ces deux cultes, celui d'Agni et celui des morts, loin de s'identifier, expriment, que l'on y prenne garde, deux idées philosophiques diamétralement opposées. L'une s'efforce d'atteindre le phénomène de la vie dans son essence la plus abstraite ; elle mène droit au panthéisme, et absorbant toutes les existences individuelles, finit par enfanter le concept de Brahma.

L'autre exprime la résistance opposée à cette absorption par la conscience de l'existence individuelle. Grâce au ciel, l'âme humaine est à ce point tournée vers la vérité et la lumière, que la doctrine la plus absolue, la plus grandiose, si elle méconnait quelques parties de sa vraie nature, ne saurait

(1) Qui ne reconnaîtrait également l'Agni des Védas dans cette strophe d'un hymne orphique :

« Rends-nous toujours florissants, toujours heureux, ô foyer ! ô toi qui es éternel, beau, toujours jeune, toi qui nourris, toi qui es riche, reçois de de bon cœur nos offrandes, et donne-nous en retour le bonheur et la santé qui est si douce. » (84).

(2) Lois de Manû. I, 95.

la subjuguer tout entière, et le Çraddha prouve qu'aux bords du Gange, le Brahmanisme n'a pu tarir jusqu'à sa dernière source le sentiment indestructible que tout homme possède de sa propre personnalité.

Les âryens occidentaux d'Athènes et de Rome, sont assurément, par le fond de leurs idées, panthéistes comme leurs frères de l'Hindus ; et le panthéon grec et romain n'a guère pour objet que de représenter les forces générales de la nature, inéluctables comme le destin qui commande à tous leurs dieux. Mais, dans la lutte éternelle entre le général et le particulier, l'un et le plusieurs, il faut convenir qu'à l'Est l'esprit s'est plus fortement porté vers l'abstraction, à l'Ouest, vers l'individualisme.

Il suffit d'évoquer ici le stoïcisme. Que le fond de cette doctrine soit panthéiste, cela n'est pas douteux ; et dans le feu toujours vivant, πῦρ ἀεὶ ζῶον de Zénon et Chrysippe, aussi bien que dans le πῦρ τεχνικόν d'Héraclite et des Ioniens, principe universel des choses, cause de toute vie et toute intelligence, σπέρμα νοερόν, foyer de toutes les forces de la nature qui, partout répandu, anime tous les corps, inhérent à toute chose, sans lequel nul corps n'existe, comme nulle force sans corps, *Kraft und Stoff*, dira de nos jours le docteur Büchner, il me semble peu difficile de reconnaître l'Agni des Vêdas.

Et cependant, dans ce panthéisme stoïcien, dans ce mouvement qui emporte les choses au gré de la fatalité, combien est vivant et énergique le sentiment de la personnalité humaine ! Fut-il jamais une plus sublime protestation en faveur de la liberté morale !

C'est pourquoi, dans notre vieil occident, les conséquences morales de l'idée d'Agni se sont moins accusées ; les âmes y ont conservé plus de ressort. Vesta est fille d'Agni, mais elle est aussi le foyer domestique de chacun de nous, et les vertus qui en émanent. Agni est le feu universel qui n'appartient à personne ; il anime le monde ; son autel est sur la cime des montagnes.

En résumé, je crois que la première idée religieuse a été celle d'Agni, non le culte des morts.

Je ne crois pas que ces deux idées soient réductibles l'une dans l'autre ; tout au contraire. Sur la nature et la source du sentiment religieux dans le monde antique, je ne saurais donc adopter les idées de M. Fustel de Coulanges; sur ses effets et les évolutions sociales qui en sont résultées, les causes, les procédés et les phases de ces révolutions, en somme les trois quarts de son livre, je ne crois pas, je l'ai déjà dit, que l'on puisse mieux dire ni mieux penser. En regard des plus savants livres d'outre-Rhin, celui-ci, aussi solide et sage que hardi, fait assurément le plus grand honneur à l'érudition française contemporaine.

Je me persuade que, dans leur domaine patriarcal, préservé de toute atteinte par le prestige du culte, les premiers pères ont cultivé la terre, rassemblé des troupeaux et créé ainsi des moyens assurés d'existence. A des générations décimées par la faim, bestialisées par la misère, ils ont présenté le merveilleux spectacle de la sécurité et de l'abondance. Objet d'admiration et de convoitise, ils imposent en même temps respect et crainte par les cérémonies répétées du culte dont ils sont l'organe. Cependant, pressés par les sollicitations de la faim, des malheureux implorent la faveur d'être admis dans leur asile. Le père les accueille, mais en faisant ses conditions ; il se réserve le pontificat, *auspicia esse sua* (1), il se réserve la plénitude du droit sur son domaine, *jus optimum, jus quiritum,* il se réserve la plénitude de l'autorité

(1) 440 ans av. J.-C. le sacerdoce était encore le privilége exclusif des nobles romains.

« *Interrogante tribuno, cur plebeium consulem fieri non oporteret? Respondit quod nemo plebeius auspicia haberet.* (Tit.-Liv. IV, 6).

Sous Appius Claudius, les plébéiens exclus du sacerdoce public, demandèrent le sacerdoce privé. (Tit.-Liv. VI, 41).

du père de famille. Tous ceux auxquels il donne accès dans son asile, en échange de la subsistance qu'il leur assure, aliènent leur liberté ; ils se reconnaissent enfants, esclaves, et demeurent ce qu'ils étaient précédemment *ex-lex*. La puissance politique dérive de son titre paternel et se confond avec lui, ainsi que l'exprime le nom même de patriarche. Le travail, la vie de tous lui appartiennent. Que si de telles conditions semblent exorbitantes, quel autre moyen pour dompter des bêtes féroces? Et d'ailleurs, ces esclaves ont spontanément résigné leur liberté pour échapper aux angoisses de la faim. Je ne saurais trouver leur marché mauvais. Qui de nous voudrait, pour leur sauver la vie, accueillir chez soi une troupe de bandits, sans se réserver et s'assurer sur eux droit de vie et de mort? Quelle autre sûreté possible? Non. Dans la société antique, librement consentie entre les pères et les esclaves, ceux-ci ont obtenu les seules conditions auxquelles ils eussent droit de prétendre, les seules qui fussent dans la nature des choses; ou pas de société, ou celle-là; de part et d'autre il y a eu bénéfice, et nulle justice n'a été lésée. L'état antérieur a été transformé en un état préférable. La souveraineté qui triomphe n'est pas celle de la force, mais de l'idée. En gardant la plénitude de leur droit, les pères n'enlevèrent rien à personne et gardèrent ce qui était à eux.

Est-ce ici un roman? En tout cas, je sais un livre qui peut en disputer l'invention à Vico ; ce livre, précisément parce qu'il est vrai, a fait les délices de notre enfance à tous, et je ne présume pas qu'aucun de nous cherche à s'inscrire en faux contre lui. C'est Robinson Crusoé. A cela près que, fait par un auteur protestant, les cérémonies du culte y sont remplacées par une carabine. Par ailleurs, sauf la famille que le dieu-carabine était impuissant à sanctionner (1), sans qu'il

(1) De Foë a donc fait preuve de judiciaire en donnant à son héros un disciple plutôt qu'une compagne. Le rôle probable de celle-ci eût été de renouveler l'histoire de Judith.

y paraisse, tout y est : l'homme civilisé devant les barbares, l'asile, le patriarchat. L'exégèse est complète dans ses éléments. Une fois les barbares mis en contact avec Robinson, il devait nécessairement advenir de deux choses l'une : vaincu, Robinson devait être dévoré, et son œuvre anéantie; vainqueur, il ne pouvait être que roi, père et civilisateur; chef absolu sans doute, mais pour le plus grand bien de tous.

Partout les premiers pères ont été les premiers rois, les premiers pontifes, les premiers propriétaires, les premiers nobles,

Rex Anius, rex idem hominum, Phœbique sacerdos,

dit Virgile (1). Ils ont fondé la religion des peuples, l'autorité et la propriété. Réservant pour eux seuls le *connubium stabile,* que le tribun Canuleïus en était encore à réclamer pour le peuple, 300 ans av. J.-C., ils ont eu le privilége de se perpétuer dans une race distincte, et de transmettre leurs prérogatives à leur descendance. Si vous voulez savoir quels sentiments ces patriarches païens inspirèrent aux acteurs de l'engagement primitif et à quel titre leur mémoire a traversé les âges dans le souvenir des fils de ceux qu'ils accueillirent dans leurs asiles, consultez l'histoire. Elle vous dira que les plus illustres familles de l'antiquité étaient regardées comme issues des dieux, à Rome les Fabiens et les Jules de Jupiter, les fondateurs de sociétés,

Post ingentia facta, deorum in templa recepti (2),

Belus à Babylone, Romulus à Rome, Minos en Crète. L'Olympe des dieux est le seul séjour digne de ces grandes âmes saluées par la vénération et la reconnaissance des peuples fils de leur pensée.

Que maintenant une seconde noblesse, issue de la conquête, se soit fréquemment substituée à la noblesse primitive, ce n'est pas la question. Il n'en demeure pas moins que le type

(1) Æneid. III, 80.
(2) Epist. II, 1.

de l'aristocratie est primitif, et que les premiers nobles furent les premiers qui affirmèrent la vérité sociale. J'adopte l'idée de Vico sous cette réserve que je vois dans les asiles autre chose qu'une enceinte matérielle. Je crois que les vrais asiles furent les idées.

Et, sans pousser à bout les hypothèses, sans remonter jusqu'à la manifestation des vérités fondamentales au sein d'une horde barbare, que parmi nous, gens civilisés, un homme fasse faire un pas aux vérités les plus secondaires, aux sciences, aux arts, — non pas même à la vérité, aux intérêts, — qu'en faisons-nous? un ancêtre a dit Cicéron. Même cause et même résultat sur une moindre échelle.

« Ceux qui furent les premiers bienfaiteurs des peuples par leur vertu guerrière, par l'invention de quelques arts, *ou pour avoir réuni les citoyens*, dit Aristote, obtinrent de leur consentement la royauté qu'ils transmettaient à leurs enfants. Aussi disposaient-ils de la suprême autorité dans la guerre et de tout ce qui tient au culte à l'exception des fonctions sacerdotales. » *(Pol.* III, IX, 7.) Sur ce dernier point, l'erreur d'Aristote est complète, vu que la première fonction de ces fondateurs de sociétés a précisément été le sacerdoce, mais non constitué sous la forme de profession distincte.

L'aristocratie est donc, dans son essence, le droit inégal, un fait primordial. Et par là s'explique le trait caractéristique de la physionomie des noblesses qui semble constituer leur nature : toutes s'efforcent de remonter d'antérieur en antérieur au primitif. Par inspiration, par instinct, elles prétendent se rattacher au primitif, retrouver le primitif dans l'actuel, l'actuel dans le primitif. En toute chose et à tout propos, regardez-y de près, vous verrez que leur méthode d'esprit sera de faire appel à la tradition (1), de tout rapporter à la tra-

(1) Elles ne sont même pas incapables, pour se vieillir, de la falsifier. « *Vitiatam memoriam funebribus laudibus reor, falsisque imaginum titulis, dum familia ad se quæque famam rerum gestarum honorumque fallenti mendacio trahunt.* » (Tit.-Liv. l. VIII, ch. XL.)

dition, et comme, une fois prouvée, la tradition, qui est un fait, ne se discute pas, mais là où elle existe commande et s'impose; comme elle est à l'autorité ce que la raison est à la liberté, son terme corrélatif, toute noblesse sera facilement autoritaire, naturellement traditionnaliste (1). Elle penchera vers la tradition, y versera, si elle n'y prend garde. Elle aura des complaisances infinies pour toute doctrine traditionnaliste; à défaut de tradition, s'accommodera parfois d'autorité et tiendra en suspicion naturelle la raison et son corrélatif la liberté. Cette façon de sentir est chez elle instinctive, et plus un gentilhomme sera affranchi des soucis et des problèmes de l'intelligence, plus vous le verrez livré sans contrepoids à ces sortes de tendances; réflexivement, rien de plus logique et rationnel. Il y a toujours profit à se retremper à ses sources; et le zénith des aristocraties est à leur aurore; après quoi leur déclin a été immédiat et continu; elles appartiennent à la catégorie de ce que la mécanique appelle les forces mortes, qui subsistent et agissent en vertu d'une impulsion première, laquelle ne se renouvelle plus et s'amortit graduellement par les résistances.

Résumons en quelques lignes. Ce ne sont pas les sociétés qui, par une convention, ont fait les aristocraties; ce sont, au contraire, les aristocraties qui ont fait les sociétés.

Salve, magna parens!

Comme le droit inégal est la construction sociale primitive, l'organisme primordial nécessaire de toute civilisation, que nulle autre ne lui est, ne lui peut être antérieure, il est proprement ce que, empruntant la formule et le style d'Hégel, j'appellerai la thèse, *l'idée en soi*, le premier des moments de l'évolution humanitaire.

(1) C'est précisément pourquoi chez nous, elle est en général ce que l'on appelle légitimiste, et là où elle se figure obéir à une idée, obéit à un intérêt.

CHAPITRE XVIII.

DES BOURGEOISIES.

..... *Etsi adeo omnes*
Ditescant pejoribus orti.
(Pers. VI, 14.)

Si les noblesses, qui se constituent et existent par le droit inégal, sont la thèse, les bourgeoisies, qui existent par son contraire, le droit égal, sont l'antithèse; elles sont le second des moments, *l'idée hors de soi*. Car, une fois formées, par l'inéluctable force des choses, le droit égal s'empare de leur âme, de leur cœur, devient le suprême objectif de leur pensée, de leurs efforts, leur arme, leur drapeau, leur symbole; qu'elles jettent les yeux au-dessus d'elles, sur les noblesses, au-dessous d'elles, sur la masse confuse du peuple, partout le droit égal leur apparaît comme le trophée de leurs passions les plus vives, la sanction de leurs intérêts les plus chers, le ressort le plus actif de leur puissance, la rançon de leurs mauvais jours; leur orgueil y est engagé non moins que leur sécurité. Entre les noblesses et les bourgeoisies, l'antithèse est générale, universelle, constante. Non moins que sur la mesure relative du droit, sur sa distribution, elle porte sur sa source, ses origines, son histoire, sa marche, ses notions fondamentales. A ce point que, si l'on a jamais pu voir quelque part la symétrie dans le contraire, ou je me trompe fort, ou elle est là.

La noblesse, je l'ai remarqué dans les pages qui précèdent et constaté dans la mesure de mes forces, est un fait primordial. Les aristocraties sont closes de leur nature, et si elles ouvrent leurs barrières à ceux du dehors, elles n'augmentent la garnison de la place qu'à condition d'affaiblir ses remparts et d'y faire brèche. Rien ne témoigne mieux de la décadence des noblesses que les anoblissements. Voilà pourquoi toutes celles qui existent ont souci de se vieillir, pourquoi nous voyons chaque jour ce qu'on appelle la petite noblesse, sans fortune ni illustration, si elle est authentiquement ancienne, se préférer aux nouvelles, riches et illustres. Un homme illustre anobli, est un homme illustre, mais n'est pas un noble. Les deux choses ont leur valeur que chacun appréciera selon la couleur de son esprit et l'étoffe de son caractère, mais l'opération est longue et complexe qui les ramène au même dénominateur. La prétention de toutes les noblesses, plus ou moins justifiée, est de remonter d'antérieur en antérieur au primitif; elles s'appuient sur la tradition, s'en font tout à la fois un bouclier et une arme offensive. Les bourgeoisies, au contraire, sont une grosse armée qui campe en rase campagne; elles ont leurs frontières ouvertes de toutes parts, se grossissent sans cesse et de tous les côtés. Il n'est pas une vertu, que dis-je, pas un vice, qui ne conspire en leur faveur; mais elles ne sont pas antiques; la plupart même sont récentes; leur histoire date d'hier; elles se forment chaque jour sous nos yeux. A Dieu ne plaise que, par cette observation, je prétende les ravaler dans l'esprit de qui que ce soit; en tout cas, ce ne serait que dans l'esprit des sots dont il n'y a pas à se troubler. Il faut donc convenir qu'elles sont jeunes, que leur origine est humble, leur berceau plus que modeste. Elles ne dérivent pas de la tradition et ne s'illuminent pas du prestige du temps ; elles dérivent de sources également dignes de respect, également augustes, également sacrées : du grand et universel créateur de nos fortunes, le travail; de cette lumière vraie qui illumine tout homme venant en ce monde, la raison humaine; du fonds le plus intime de toute personnalité, la volonté. Elles existent en puissance dans la volonté libre de chaque individu. Elles ne sont pas nées et n'ont pas vécu à l'ombre hiératique de la tradition ; elles se sont épanouies, comme des enfants sauvages, au grand soleil de la liberté. Par des séries continues d'actes d'énergie et d'intelligence, aidées des bénédictions de la Providence, par des prodiges de volonté et des patiences de plusieurs vies, comme le disait Saint-Simon du duc de Savoie, elles se sont fait une à une des positions indépendantes du travail manuel, et l'humble ruisseau, ainsi formé goutte à goutte, est devenu le fleuve puissant que nous voyons, presqu'une mer.

L'on ne saurait trop insister sur cette divergence native des noblesses et des bourgeoisies, par ce qu'elle est la clef d'un nombre infini de problèmes politiques. Le contraste absolu de leurs origines explique seul l'opposition absolue de leurs goûts et de leurs tendances, de leurs caractères, de leurs actes. Il arrive fréquemment, la remarque en a été faite, que les grandes individualités apparues sur la scène du monde reproduisent les traits du caractère de leur mère. Dans l'ordre d'idées et de faits où nous sommes, l'observation ne cesse pas d'être vraie. Filles de la tradition, les noblesses ont dans le sang quelque chose des vertus comme aussi des vices et des faiblesses de leur mère : sa stabilité, son repos superbe, son esprit exclusif. Filles de la raison, les bourgeoisies sont héritières de son activité inquiète, turbulente, indomptable, de ses intempérances, ses audaces.

μητρός τοί μένος ἐστὶν ἀάσχετον, οὐκ ἐπιεικτὸν (1).

(1) Iliad. v, 892.

Toutes deux se sachant, chacune pour sa part, unique héritière, ont au fond de l'âme je ne sais quels appétits d'exagérer parfois jusqu'à l'extravagance l'héritage de leur mère. Il ne faut guère compter sur leur modération, et leurs prétentions rivales, souvent outrées par l'une comme par l'autre au-delà de toute mesure, de toute justice, ont fait couler des flots de sang sur la planète que nous habitons.

Dans le monde homérique, nous voyons des femmes élever, pour faire honneur à leur mari, ses bâtards avec la même tendresse que leurs propres enfants.

> ὅς ῥα νόθος μὲν ἔην, πύκα δ'ἔτρεφε δῖα Θεανὼ
> ἶσα φίλοισι τέκεσσι, χαριζομένη πόσεϊ ᾧ (1).

Voilà des sentiments auxquels la tradition et la raison sont également étrangères ; à l'une comme à l'autre les enfants de sa rivale sont facilement odieux et elle les tient pour illégitimes ; l'honneur que Théano faisait à son mari, elles ne le feront jamais à l'humanité.

Le caractère propre des bourgeoisies est d'aimer la liberté, d'être ce qu'on appelle libérales, et la cause en est facile à saisir. De même que le corrélatif de la tradition est l'autorité, de même celui de la raison est la liberté. La liberté est l'atmosphère où se meut la raison, l'air qu'elle respire, la substance dont elle vit. S'il n'y avait pas de liberté, la raison serait dénuée de son attribut constitutif ; s'il n'y avait pas de raison, à quoi bon la liberté ? Les deux termes sont essentiellement corrélatifs, et l'on sait que, dans une démonstration demeurée justement célèbre, l'existence de l'une sert à Kant à prouver l'autre. C'est pourquoi les noblesses étant instinctivement autoritaires, les bourgeoisies sont instinctivement libérales, parce que la liberté est la condition nécessaire de la raison, hors laquelle elle expire. Comme leur éducation laisse à désirer ainsi que celle des parvenus, que leur

(1) Iliad. v, 70.

intelligence, naturellement vive et fine, est encore obscurcie par un nuage d'idées fausses, d'enthousiasmes factices, de jalousies rentrées, de rancunes mal satisfaites, de vanités puériles, il est peu difficile, en abusant des passions de la bourgeoisie, de la lancer pour un temps sur une pente contraire à tous ses instincts naturels. Elle est, d'ailleurs, assez sensible aux tristes suggestions de la peur et en de certaines déroutes, — il n'est pas besoin de regarder loin derrière soi, — nous l'avons vue se livrer à d'étranges apostasies. Ce sont, ne vous y trompez pas, des vertiges passagers, des frénésies temporaires qui ne changent rien aux conditions et à la nature fondamentale de son caractère qui est orienté vers la liberté.

Naturam expellas furca, tamen usque recurret.

Après une défaillance plus ou moins longue, plus ou moins complète, sachez que vous la verrez de nouveau faire volte-face et reprendre son essor vers la liberté, comme les plantes vers le soleil. L'expérience que l'on a faites sur celles-ci en les forçant à se contourner sur elles-mêmes, on la verra se reproduire, si les circonstances s'y prêtent, dans les évolutions de la bourgeoisie vers la liberté.

A de certaines époques déjà un peu éloignées de nous, mais qui reviendront peut-être, on a beaucoup parlé dans un certain monde de ce qu'on appelait la fusion. De la façon dont on posait le problème, il m'a toujours semblé insoluble. Il faut bien voir que ce ne sont pas ici questions de personnes, mais d'idées, et que, comme idée, à moins de surprise qui ne durera pas et n'aboutira qu'à compliquer les choses par un malentendu impossible à prolonger, jamais on n'amènera la bourgeoisie à reconnaître franchement, sans équivoque, sans réticence, sans retour, une légitimité composée essentiellement et uniquement de l'élément traditionnel. Pourquoi cela? parce que n'en dérivant pas, ce serait se proclamer elle-même illégitime, se renier elle-même. Voilà une concession qu'on ne lui arrachera pas. On pourra équivoquer sur les termes où se posera le problème, de manière à paraître s'entendre, bien qu'au fond on ne s'entende pas du tout. Ces sortes d'accords ont peu de valeur et ne vont pas loin. Lorsqu'on voudra faire une vraie fusion, que ce soit sur le terrain des idées, en y mettant la plus grande franchise, et s'expliquant aussi à fond que possible. Tout en souhaitant cette solution — ce serait un crime et une folie de ne pas y aspirer, — on peut douter que l'heure en soit venue, et que les esprits soient parvenus à ce degré de maturité et de sang-froid qui permette d'aborder, dans des sentiments de concessions mutuelles d'idées, et de résoudre heureusement cet immense problème, un des plus ardus qu'il y ait au monde, et dont ceux qui le résolvent le plus cavalièrement sont précisément ceux qui en comprennent moins les dimensions.

On est stupéfait du nombre des gens qui ne soupçonnent pas le premier mot de la portée philosophique des problèmes politiques, et prétendent les résoudre par je ne sais quels tripotages de consciences, je ne sais quelles satisfactions données à des convoitises personnelles. On demeure confondu de l'importance que ces gens s'arrogent ;

Corpore majorem rides Turbonis in armis
Spiritum et incessum (1).

Ils se décernent à eux-mêmes le titre d'hommes sérieux et pratiques, et affublent les autres du sobriquet de rêveurs ; à voir leurs actes et la façon respective dont ils gouvernent leurs affaires, parfois on ne s'en douterait pas.

Dans l'ordre des choses de l'esprit, qui précède toujours celui des faits, on n'aperçoit pas, tant sans faut, l'aurore du jour qui éclairera cette grande transaction. Et en dehors des conditions de maturité qui rendront la solution philosophique

(1) Sat. II, III, 309.

du problème possible, le reste est une vision chimérique d'honnêtes esprits légèrement naïfs, paladins de la chimère. Dans ces sortes de questions, pour qui ne consent pas à se payer de mots et d'apparences, une seule méthode est efficace : aborder la question en face, et saisir, comme l'on dit, le loup par les oreilles Or, il est bon de savoir qu'il y a ici un loup qui ne se laissera pas facilement couper les oreilles, ni passer le collier, et, pareil à celui de fable,

Qui ne voudrait pas même à ce prix un trésor;

quand on parlera à la raison d'abdiquer définitivement devant la tradition, je doute qu'on réussisse. Tout atome de terrain qu'on proposera aux bourgeoisies de céder sur le domaine de la raison et de la liberté, elles le regarderont comme injustement ravi à leur héritage, et se tiendront pour victimes d'une usurpation. A mon humble avis, il sera sage de leur demander la dose de concessions strictement nécessaire pour assurer les conditions essentielles de conservation sociale.

Pauvres et courts esprits, ceux qui ne voient dans cette fusion que la conciliation personnelle de tel ou tel prince, et n'aperçoivent pas, derrière les personnes, un système d'idées, et dans chaque système un groupe d'intérêts qui s'y incarnent. Pauvres esprits, ceux qui croient trancher la question par ce que nous appelons en France le baiser de Lamourette, et ne comprennent pas que le problème n'est rien moins que la conciliation philosophique de la tradition et de la raison, de l'autorité et de la liberté, et que là où vous n'aurez fait que rapprocher les personnes sans résoudre les idées dans une formule acceptée de part et d'autre par les intelligences supérieures, les anciennes divergences subsisteront aigries par le ressentiment d'un malentendu imputé à injure nouvelle, et que, privés de leurs anciens chefs, les partis s'en seront bientôt fait un autre.

Τεθνήκε Φίλιππος. Οὐ μὰ Δί, ἀλλ' ἀσθενεῖ. Τί δ' ὑμῖν διαφέρει; καὶ γὰρ ἂν οὗτός τι πάθῃ, ταχέως ὑμεῖς ἕτερον Φίλιππον ποιήσετε. (1) Si Philippe meurt, un autre Philippe paraîtra bientôt.

En dehors de la solution philosophique du problème, solution prodigieusement difficile et délicate, analogue à celle vainement tentée par le génie de Leibnitz pour rapprocher l'une de l'autre, les deux grandes communions chrétiennes, il existe, il est vrai — faut-il en parler? — une autre solution purement pratique, d'une efficacité immédiate, souveraine, réalisant ce qu'on appelle la fusion *ipso facto,* et qui consiste, ne pouvant résoudre le dualisme, à le faire disparaître en supprimant l'un des deux termes qui le constituent. Lequel? De ces deux termes, veuillez remarquer qu'un scul est à la merci de celui qui en est l'expression présente. Car si l'idée nouvelle n'a ni forme, ni expression, ni personne à quoi elle s'enchaîne, si, mobile par essence, elle est toujours libre de se choisir à son gré son expression, si la marchandise, pour emprunter un mot de Proudhon, est plus facile à vendre qu'à livrer, il n'en est pas de même de l'idée traditionnelle laquelle n'a et ne peut avoir qu'un représentant nécessaire emportant en lui-même les destinées de son parti et le tenant tout entier dans sa main. Des deux contractants, il est le seul qui puisse livrer sa marchandise. Pratiquement donc, il n'y a prise que sur un seul terme, l'autre échappe, et la seule solution pratique du problème qui paraisse possible, est de faire déclarer (implicitement ou explicitement) par le représentant de la tradition que ce qu'on appelle son principe n'en est pas un, qu'il ne se présente pas comme l'expression d'un principe indéfectible, inhérent à sa personne, venant ressaisir un droit qu'il n'a jamais perdu, mais qu'il demande à être simplement *le fondé de pouvoirs* de son pays, et qu'à ses yeux, pour que le chef du pouvoir exécutif soit légitime, il n'est pas absolument nécessaire qu'il émane de

(1) Philipp. I, II.

la tradition. Cela est désirable, bon en soi, excellent; mais absolument nécessaire, non,

ἡ Μακεδονικὴ δύναμις ἐν μὲν προσθήκης μέρει ῥοπὴν ἔχει ..... καὶ χρῆσιν, αὐτὴ δὲ καθ' αὑτὴν ἀσθενής ἐστι (1).

De ce seul mot, sans qu'il soit besoin de diplomatie ni de négociations quelconques, ni du bon ou mauvais vouloir de ceux-ci ou de ceux-là, le problème est résolu et la fusion définitivement accomplie.

Sic placet? an melius quis habet suadere? (2)

Si c'est vraiment la fusion que l'on veut et [illegible], sous cette étiquette, quelque chose de moins honorable, afin que le pavillon couvre la marchandise, la seule actuellement possible, la voici.

Merveilleuse solution, me dira-t-on, à peu près comme si vous entrepreniez de concilier les communions catholique et protestante en proposant au pape de se faire protestant. Aussi bien, ce ne serait pas la première fois que l'on verrait un Bourbon, représentant par sa naissance l'autorité traditionnelle, mais appartenant par ses antécédents et ses attaches à un système d'idées répudiées par son pays, comprendre, pour le bonheur de la France que la légitimité politique consiste essentiellement dans un rapport, renier son passé pour dégager son avenir, abjurer son vieux symbole pour en adopter un nouveau, et à ce prix, de chef de parti devenir roi de France.

Nil Claudiæ non perficient manus
Quas et benigno numine Jupiter
Defendit (3).

Un esprit observateur ne saurait [illegible]

(1) [illegible] Philipp. épi[illegible]

(2) [illegible] xi, 23.

(3) Od. iv, iii, 73.

grande maison de Bourbon, une très forte dose de sens politique, de cette saine appréciation des grands courants d'idées et d'intérêts qui entraînent le monde, et, à ce point de vue, une vraie supériorité sur celle des Bonaparte dont l'horizon politique ne s'est guère étendu au-delà d'un cercle restreint autour de leur personnalité, et lorsqu'ils en ont voulu sortir, — car c'est une justice à rendre au dernier des Napoléons, — s'est lancée dans la chimère et perdue dans le faux. A ce point de vue, si quelque Plutarque de l'avenir essaie la συγκρισίς, il ne saurait méconnaître la très grande supériorité des Bourbons, éminemment doués du sens politique, de la solidité d'esprit et de caractère qui discerne le vrai du faux, sur la race toute italienne des Bonaparte. En dépit de son immense génie militaire et administratif, et abstraction faite de la douceur relative de son caractère, le grand Napoléon lui-même n'est au fond que l'un de ces tyrans italiens du moyen-âge et, proportion gardée, quelque chose comme un Sforza ou un Castruccio. La puissance individuelle diffère, mais le fond moral, les mobiles d'action, l'objectif, sont identiques. C'est le même type, la même monnaie frappée d'un métal supérieur.

Fille de la raison, par nature et tempérament amante de la liberté, la bourgeoisie aperçoit promptement qu'elle ne s'assurera à elle-même, vis-à-vis des aristocraties préexistantes et encore maîtresses des sociétés, la jouissance de celle-ci, et ne garantira les droits de celle-là que par la solide possession du droit égal. C'est par lui que s'opère son avènement politique, par lui qu'elle se distingue des noblesses. Mais en même temps que le droit égal, elle veut, d'une volonté plus intense encore, le fait inégal; car c'est là pour elle le *to be or not to be;* c'est la barrière, l'unique barrière qui la sépare du chaos, du gouffre d'où elle n'a émergé qu'au prix de tant d'efforts, et où une défaillance peut la replonger. Or, remarquez ceci : la conquête d'un droit exige le travail collectif de tout un peuple durant plusieurs générations. Trop souvent il ne s'acquiert que de vive force, et parfois rien ne suffit, pas même le génie et l'héroïsme. Au contraire, la conquête du fait n'implique que l'effort d'une volonté individuelle.

Comme droit donc, sous peine de se travestir en noblesse bâtarde, ce à quoi elle est assez disposée pour réserver à son profit exclusif le monopole du budget dont elle est fort jalouse, elle ne peut songer à se distinguer du peuple. Chaque droit qu'elle a conquis, elle l'a conquis pour le peuple, et c'est pourquoi le peuple aime à la suivre. De la façon dont elle est parvenue à la fortune, nul des plus humbles n'est exclus. Tous y peuvent parvenir comme elle et par les mêmes moyens. Tous, une fois nantis, en jouiront de la même façon, participeront aux mêmes charges comme aux mêmes avantages. Par où elle se sépare du peuple, ce n'est donc pas par le droit, c'est par le fait. Elle est aussi jalouse de maintenir le fait que de revendiquer le droit. Son symbole est : droit égal, fait inégal. Une nuance de plus : égalité de fait et de droit, nous avons la formule anti-sociale qui nous conduit aux abîmes.

Puisque le peuple est la population, je rencontre ici un livre célèbre, non moins par le nombre et l'ardeur des adhésions qu'il a obtenues, par la portée morale et politique de ses théories, que par la violence des critiques qu'il a soulevées : le livre de Malthus sur le principe de la population. Je prie que l'on me permette d'ouvrir ici un épisode pour en exprimer mon opinion que je crois particulière. Elle est très simple, et peu de pages me suffiront à l'exposer. Si j'ai raison, la matière est grave et vaut la peine qu'on s'arrête à y chercher la vérité ; si je me trompe, ce sera courte perte de temps pour le lecteur. Je ferai tout d'abord un aveu : avant d'avoir lu le livre lui-même, sur les expositions que j'en avais rencontrées dans différents livres spéciaux, j'étais disposé à le tenir pour vrai, dans une certaine mesure du moins ; quelques parties de la construction n'étaient pas, il est vrai, sans me paraître un peu légères, un peu chancelantes.

Ainsi, admettant comme suffisamment solide le théorème relatif à l'établissement de sa progression géométrique, puisqu'il est certain et indiscutable qu'à moins de l'intervention d'un facteur étranger, que je n'apercevais pas encore, toute série de termes où chacun possède une puissance génératrice identique à celle du terme qui le précède, constitue véritablement une progression géométrique ; admettant, dis-je, ce théorème de la puissance de développement géométrique de la population comme suffisamment établi, je ne sais quel instinct m'avertissait que le théorème de la progression arithmétique du développement des subsistances laissait à désirer. Je m'en prenais à l'exposition de seconde main comme défectueuse, et c'est même pourquoi je résolus de remonter aux sources. Quoi qu'il en soit, avant d'avoir lu le livre de Malthus lui-même, j'inclinais à admettre comme vraie la grande thèse fondamentale de son livre, en ce sens, du moins, que ses deux progressions représentent l'une le développement de la population, l'autre celui des subsistances; qu'entre les deux il y a divergence progressive, et qu'à défaut d'équilibre volontaire, la force des choses, par ce qu'il appelle les obstacles répressifs, ramène nécessairement la première progression au niveau de la seconde et rétablit un équilibre qui est la loi finale des choses. J'inclinais à admettre cette thèse, surtout en considérant ses forces, aussi bien celles perturbatrices de l'équilibre que celles le ramenant, non comme des forces mécaniques agissant sur des quantités matérielles concrètes, ou même abstraites comme des signes algébriques ou des chiffres, mais à la façon de tendances seulement, sur des êtres moraux doués de liberté.

Quant au reproche d'immoralité adressé si durement aux idées malthusiennes, et même à la personne si honorable de leur auteur, cela me paraissait chose fâcheuse assurément, mais dont il fallait prendre son parti. Qu'un aérolithe, parcourant son orbite, tombe sur un homme et le tue, voilà une pierre qui fait une bien méchante action sans doute, bien triste du moins ; cette pierre n'est cependant pas immorale. Les lois naturelles ne sont ni morales ni immorales ; elles sont ou ne sont pas. Contre une loi naturelle vraie découverte par Malthus, il me paraissait donc oiseux de récriminer.

J'en étais là, lorsque, sur ce livre tant contesté, je résolus de ne m'en fier qu'à moi-même et de fixer mon opinion par une lecture directe, la dégageant autant que possible de toute influence étrangère. Ma surprise fut extrême, mais de celles dont on ne se plaint pas. En général, les livres qui traitent de cette science comme des autres, ne sont pas d'une lecture précisément agréable, et il faut un peu de cette âme de chasseur dont parle Lessing pour aller au bout. Or, à cet attrait austère et puissant qu'offre en toutes choses la recherche de la vérité, le livre de Malthus joint le mérite de n'avoir rien de rebutant. Il se fait lire avec plaisir et intérêt, et, de toute la bibliothèque économique, nul autre, à ce point de vue, ne rivalise avec lui. C'est aussi, proprement, plutôt un livre d'histoire que d'économie politique. Il présente une masse énorme de recherches puisées dans les livres d'histoire et de voyages, coordonnées par rapport à de certaines idées, et présentées de l'accent le plus sympathique, le plus honnête, de la façon la plus ingénieuse, la plus intéressante. Pour prouver la loi du rétablissement de l'équilibre détruit par les causes perturbatrices, il accumule une masse de preuves tout-à-fait écrasante ; presque tout le livre y est consacré. Il y a là ce qu'en style de forestier, je serais tenté d'appeler une branche gourmande et très gourmande ; mais en fait d'art dans la composition, il ne faut pas trop exiger des livres anglais. Celui de Malthus est tel qu'à cette partie de son œuvre il est tout-à-fait impossible de refuser créance. La loi du rétablissement de l'équilibre existe, on n'en saurait douter. Elle est une loi naturelle nécessaire devant laquelle il faut s'incliner quelle qu'elle soit.

Autant cette partie du livre qui en est le couronnement et la conclusion est forte, autant les prémisses qui la supportent, les deux premières thèses, théoriquement les deux tiers du livre, lequel en tout n'en contient que trois, autant, dis-je, ces prémisses sont faiblement, je dirais volontiers négligemment établies : 300 pages pour la dernière thèse, 10 pages pour les deux premières. Les éclaircissements relatifs aux obscurités des deux progressions y font absolument défaut. Les deux thèses sont posées à peu près comme évidentes, développées dans 3 à 400 lignes, après lesquelles c'est fini. On n'y reviendra plus.

Impossible pour un esprit un peu exact de ne pas éprouver ici un mécompte, de ne pas avoir le sentiment d'un *desideratum* considérable que la lecture très attachante des riches développements de la troisième thèse ne parvient pas à faire oublier.

Quoi qu'il en soit, l'équilibre troublé se rétablit. On n'en saurait douter. Comment? par les guerres, les famines, les maladies, les fléaux de toute sorte.

En lisant les preuves accumulées ici par l'auteur, une pensée saisit irrésistiblement l'esprit, et à mesure qu'on poursuit la lecture du livre, s'accentue davantage. Sous ces fléaux, on aperçoit, confusément d'abord, bientôt distinctement, des causes premières plus profondes : l'ambition, la folie des hommes, leurs paresses, leurs vices. Or, qu'est ceci, sinon le mal moral (1)?

Ce mal moral, qui rétablit ainsi l'équilibre troublé entre les deux progressions en déprimant l'essor de la première, la géométrique, est-il sans action sur la seconde, le développement des subsistances? Qui le pourrait dire? Il est bien évident qu'il agit sur les deux et dans le même sens, les déprimant l'une et l'autre.

(1) Καὶ τοῦτο τὸ λυμαινόμενον πάνθ' εὑρήσομεν, καὶ ταύτην ἀρχὴν οὖσαν πάντων τῶν κακῶν, τὸ μὴ θέλειν τὰ δίκαια πράττειν ἁπλῶς (*Démosth. Mégalop.* 24.)

Cependant, puisqu'il rétablit l'équilibre, ce qui n'est pas douteux, le raisonnement démontre facilement qu'il doit agir sur la première, la population, plus promptement, plus énergiquement que sur la seconde, les subsistances. Sans quoi, si son action était identique, l'écart entre les deux ne s'effacerait pas, le parallélisme persisterait.

Si le mal moral agit ainsi sur les deux progressions, mais surtout sur la première, que penserons-nous de son contraire, le bien moral, la modération et la justice mère de la paix au lieu de l'ambition mère de la guerre, le travail créateur des fortunes au lieu de la paresse cause des famines, la sagesse et la bonne conduite de la vie au lieu des vices et des maladies qui leur font escorte ? Ces vertus sont-elles sans action sur la progression géométrique de Malthus ?

A Dieu ne plaise ! et si j'avais ici la place, l'ὕδωρ de Démosthène — coutume fort sage des Athéniens de déterminer le temps de parole de leurs avocats, — je me ferais fort de prouver que, de même que le mal moral agit plus promptement, plus intensivement sur la première série, la population, son contraire, le bien moral, le travail intelligent, la bonne conduite des existences privées et nationales, par une juste symétrie, agit principalement sur la prompte et abondante production des subsistances.

Voilà donc deux facteurs qu'une analyse un peu plus rigoureuse que celle de Malthus découvre avec certitude et évidence dans ses deux progressions : l'un qui influe plus énergiquement sur la première, l'autre sur la seconde, tous deux assez intensifs pour que l'un en quelques jours, l'autre en quelques années, rétablisse l'équilibre, si grandes qu'en aient été les perturbations.

Et maintenant, ces deux facteurs intervenant ainsi avec une énergie dominante dans les deux séries, allez les soumettre au calcul mathématique. Dites : le bien moral opère pour la création des subsistances selon une progression arithmétique dont la raison est x. Le mal moral agit à l'inverse sur les populations selon une progression géométrique dont la raison est x'. Ces deux progressions se suivent, se correspondent terme par terme. Le bien est le logarithme du mal. Quelle logomachie !

O here, quæ res
Nec modum habet neque consilium, ratione modoque
Tractari non vult (1).

L'antagonisme naturel des deux séries est-il, d'ailleurs, aussi fondamental que vous le dites ? J'en doute. Il existe, cela est certain; mais il ne me paraît pas clair que sa cause soit là où vous la mettez. Je soupçonne que votre série arithmétique des subsistances est presque aussi géométrique que l'autre; car, dans toute création de valeurs, vous êtes forcé de faire intervenir l'œuvre du travail et celle du capital. L'œuvre de celui-ci est géométrique, puisque chaque capital créé possède une efficacité génératrice identique à celle du capital antérieur qui l'a engendré. Et si la population procède, comme vous le dites vous-même, par série géométrique, est-ce que le travail n'est pas proportionnel à la population? est-ce que, par conséquent, son œuvre n'est pas géométrique ? Je parle ici du travail manuel; si je parlais du travail intellectuel et scientifique et de l'impulsion qu'il donne à la production, qui ne voit que c'est ici une force rebelle à tout calcul mathématique. Reste le troisième élément de production, le rôle des agents naturels dont la loi d'élasticité n'est pas encore bien connue, et se complique, pour une grande part, des effets du monopole. On sait seulement que, au-delà d'une certaine mesure, tout au moins, la loi de sa puissance élastique est absolument irréductible à une formule géométrique. Là et non ailleurs, dans le rôle particulier de ce troisième élément de production, et tout-à-fait au fond de

(1) Sat. II, 3, 265.

son organisme, est la cause de la perturbation des deux séries; je ne crois pas qu'il y en ait d'autre. L'antithèse que l'on pose entre elles est pour une grande part imaginaire. Outre que toutes deux subissent l'action d'un facteur étranger dominant, le bien ou le mal moral, toutes deux sont, pour une forte part, aussi géométriques l'une que l'autre.

Il y a des choses auxquelles c'est une erreur d'appliquer les procédés mathématiques, et, si je ne me trompe, celle-ci en est une. S'il est vrai que, dans les deux premières thèses de Malthus, celles qui se réfèrent au développement de la population et des subsistances, l'élément moral positif ou négatif soit la cause efficiente prépondérante, cet élément moral se refuse absolument à donner prise au calcul.

Que subsiste-t-il donc de la théorie malthusienne? Sa troisième thèse seule qui est d'une solidité inébranlable : l'équilibre nécessaire et forcé entre les subsistances et la population, d'où, par suite, l'action indirecte de l'une sur l'autre. C'est là un résultat considérable par ses conséquences qui demeure acquis à la science. Pour ce qui est de ses deux progressions, je les considère comme vaine fantasmagorie.

Voilà ce que j'avais à dire sur le livre de Malthus. Si sa théorie est vraie, il me semble oiseux d'en critiquer la valeur morale; mais précisément elle ne l'est pas; dans son ensemble, je la crois absolument fausse. Je nie ses deux progressions, surtout la seconde.

Et maintenant, revenons aux bourgeoisies. Après avoir déterminé leur origine, leur nature, leur caractère, voyons l'être qui en résulte, ses forces et ses faiblesses.

Ses forces sont grandes, et l'on peut croire qu'elle en a pleine conscience; elles consistent en ce que, fille de la raison, la bourgeoisie représente dans le monde l'intelligence, la liberté, le travail, possède presque partout le capital, qui est de la volonté accumulée sous forme concrète, et par le réactif du droit égal, agit sans cesse sur la masse populaire pour en dégager à son profit tout ce qui s'y trouve de métal pur, se l'assimiler et en accroître sa propre masse. Or, on sait qu'en politique, comme en mécanique, les corps agissent en raison directe de leur masse.

Elles représentent l'intelligence. Est-ce à dire que les bourgeoisies aient plus d'esprit que telle ou telle autre catégorie d'individus ? non certes. Je n'exprime pas même ici cette pensée, rigoureusement vraie pourtant, que dans cette région moyenne de l'intelligence, qui se compose d'instruction acquise et de l'activité donnée aux facultés par l'exercice des professions, la bourgeoisie, stimulée tout ensemble par l'inquiète ambition de son caractère et la besoigneuse médiocrité de ses ressources héréditaires est parvenue à se constituer un apanage prépondérant. Je dis que, par cela seule qu'elle émane de l'âme humaine, de ses énergies et de ses facultés, elle représente l'intelligence qui en est une. Les aristocraties et les religions peuvent à l'occasion faire alliance avec l'intelligence ; mais cette alliance sera toujours temporaire, jamais sans réserve. Elles savent que, dans des circonstances données, l'intelligence peut leur devenir alliée suspecte, que dis-je, ennemie redoutable, et qu'au fond elle leur est un dissolvant. Entre les bourgeoisies et l'intelligence, l'alliance est, au contraire, intime, sans réserve, indissoluble. Quelles que soient les défaillances des bourgeoisies, jamais l'intelligence ne cessera de leur être secourable, de les relever si elle le peut, d'identifier sa cause avec la leur. Quels que soient les excès et les torts de l'intelligence, jamais les bourgeoisies n'en viendront à la renier. De cette identification résulte que les deux alliées combattent l'une pour l'autre, et que tout développement d'intelligence amènera, dans un temps donné, un développement des bourgeoisies.

De la même façon et pour les mêmes motifs elles représentent la liberté ; celle-ci leur est intrinsèque et fait partie de leur être. Pour tout ce qui n'est pas elles, la liberté n'aura jamais qu'un caractère adoptif. Le peuple sans fortune ni instruction, la πληθύς du poëte grec, la lie de Romulus et la *turba Remi* du poëte latin, hormis celles de nos grandes villes dont le libéralisme est la chose du monde la mieux faite pour compromettre et discréditer la liberté, le *tunicatus popellus* d'Horace, « épouvantable si on ne l'épouvante » dit Spinoza, est rarement libéral, et dans tous les temps, avec un peu d'intrigue, rien n'a jamais été plus facile que d'en faire un instrument de despotisme et de barbarie. L'histoire nous présente quelques exemples, surtout dans le monde antique, d'aristocraties contractant alliance avec la liberté politique, et l'on sait quel grand rôle elles ont alors joué sur la scène du monde. Par la force des choses, ces alliances sont l'exception pour les noblesses, la règle pour les bourgeoisies, et quelle que soit le nature de la liberté, son œuvre est de travailler au profit des bourgeoisies, de leur élever le caractère, de leur préparer les voies.

Je n'insisterai pas sur ce qu'elles représentent le travail; mais je ferai observer que les habitudes actives de l'enfance, suite de l'insuffisance de ressources heréditaires, deviennent, pour les bourgeoisies, leur fortune, leur position sociale, la source de bénédictions infinies. C'est à lui qu'elles doivent le capital, lequel, une fois créé, devient entre leurs mains une hypothèque sur la volonté d'autrui (1); tandis que les noblesses, qui dérivent de l'objectif, s'efforcent, en enfonçant leurs racines au plus profond du sol, de se personnifier dans la plus permanente, la plus immuable des propriétés, celle de la terre, les bourgeoisies, essentiellement subjectives, comme dit l'école, se personnifient dans la plus mobile, la plus variable des propriétés, celle du capital. Par lui elles s'emparent

(1) Τὸ γὰρ χρημάτων πολλῶν . . . . ἄνθρωπον . . . . . . εᾶν εἶναι κύριον ἀφορμὴν ἐστιν ἐφ' ὑμᾶς αὐτοὺς δεδωκέναι. (*Meidias*, 98.)

d'abord du commerce et de l'industrie. Si plus tard, dans leur progressif épanouissement, elles parviennent jusqu'à la propriété du sol, c'est après avoir passé par celle du capital. Les noblesses suivent la voie inverse et parviennent à la propriété du capital en passant, au préalable, par celle du sol.

Enfin leur dernière force est d'opérer à leur profit, par le réactif du droit égal sur la masse totale du peuple. Du sein de la multitude vivant au jour le jour du labeur de ses bras, agitée par les mille aspirations contraires d'une nature qui n'a pas su répondre à ses fins, victime de l'ignorance, de l'imprévoyance et des passions, vaste et mobile océan dont il n'a été donné à personne de sonder les profondeurs et dont les vagues tumultueuses se soulèvent au vent des tempêtes, du sein de cette multitude, dis-je, surgissent chaque jour des individualités plus vigoureuses qui, par les efforts de l'intelligence et de la volonté, réagissant dans le sens du bien sur les circonstances extérieures, s'élèvent au-dessus des étreintes du besoin. Le capital est le trophée de leur victoire, et l'aptitude à le créer est ce qui distingue les races fortes des races légères. Celles-ci se fondent peu à peu devant les autres, passent à l'état de prolétaires, reculent pas à pas, et livrent le sol pièce à pièce.

Dans cette immense masse, tout ce qui se rencontre d'intelligences et de caractères, auxquels les circonstances propices ou leurs propres facultés natives permettent de surgir à la science ou à la fortune, la bourgeoisie les recrute à son profit et en grossit sa propre masse. Elle opère par le droit égal comme par un réactif sur un bloc de minerai pour en dégager le métal pur, et par cela seul que le droit est égal pour tous, s'applique à tous, le réactif agit sur chaque atôme de l'immense masse de tout ce qui compose la nation; même les femmes n'en sont pas exclues, puisque notre bienfaisante loi française les autorise à exercer le commerce et les appelle à l'instruction. La société tout entière est ainsi comme un immense laboratoire où l'opération s'effectue sur des quantités tout-à-fait inépuisables, puisque, grâce aux énergies de l'âme humaine, les gangues elles-mêmes peuvent se raviver. Au fond de chaque scorie impure réside une magicienne capable de la transformer subitement en ce minerai d'où, le droit opérant, sortira le pur lingot de fin or : la volonté, semblable à cette enchanteresse des mythes antiques qui se faisait un jeu de transformer les hommes en bêtes et de restituer aux bêtes leur qualité d'hommes,

ῥάβδῳ πεπληγυῖα, κατὰ συφεοῖσιν ἐέργνυ (1),

Τῶν δ'ἐκ μὲν μελέων τρίχες ἔῤῥεον, ἃς πρὶν ἔφυσεν (2).

A ce titre, tant que la volonté subsiste, il n'est pas de créature si dégradée qui ne soit encore digne de respect.

Telles sont les forces de la bourgeoisie. Dirai-je sa faiblesse ?

Elle est mobile comme la raison, entreprenante et téméraire comme elle. De même que, dans le domaine de l'idée, la raison passe d'un système à l'autre sans pouvoir définitivement se fixer à aucun, de même, en politique, la bourgeoisie est incapable de faire à elle seule une construction qui dure. Or, il y a des choses dans le monde qui doivent durer autant que le monde lui-même, qui ne doivent connaître, dans leur fonds essentiel, ni mobilité, ni ébranlement, ni vicissitude. De la bourgeoisie rien ne dure ; pas même ses familles qui souvent disparaissent après un petit nombre de générations (3). Ses édifices sont formés de grains de sable sans cohésion que le vent d'orage emporte. A ces édifices il faut un ciment, et ce ciment, qui est la tradition, elle

(1) Odyss. x, 238.

(2) *Ibid.* 393.

(3) *τὸ διευτυχεῖν συνεχῶς τῃ οὐσίᾳ οὐ πολλοῖς τῶν πολιτῶν διαμένειν εἴθισται.* (*Démosth. Phænip.* 4.)

doit savoir qu'elle n'en possède pas en elle, qu'elle n'en possédera jamais le dépôt ;

Inde alia ex aliis, nusquam consistere ut ausis (1).

et cependant ses audaces sont sans bornes et ses appétits. Si je lui rappelle ici son échec de 1830, que ce soit pour l'engager à en méditer les causes. Puisse-t-elle se convaincre que tout système qui ne parviendra pas à faire une place suffisante à la tradition, aux intérêts qui en émanent, aux catégories sociales qui la représentent plus spécialement, est une vaine tentative que, ni les merveilles du talent, ni l'éclatante honorabilité des caractères ne réussiront à rendre viable. On rencontre des gens attribuant l'échec du système à mille petites causes, qu'une dose plus grande d'habileté dans le maniement du pouvoir eût pu conjurer. Je tiens cette opinion pour complètement erronée. Je crois que l'habileté des hommes de 1830 fut très grande, et j'aime à rendre justice à leurs caractères, à m'incliner respectueusement devant quelques-uns ; mais je pense avec Aristote que, si les grands évènements peuvent se produire à l'occasion de petites circonstances, ils ne naissent au fond que de grandes causes et générales, et que leur objet a toujours de l'importance.

Γίγνονται δὲ αἱ στάσεις οὐ περὶ μικρῶν, ἀλλὰ ἐκ μικρῶν (2).

J'aperçois chez les anciens des particuliers riches assez semblables à nos bourgeois opulents, tel, par exemple, ce Pythias d'Hérodote (3), ce Yakowleff lydien, qui, outre ses terres et ses esclaves, possédait en valeur mobilière 2,000 talents d'or, et 3,993,000 statères dariques, soit 85 millions (4),

(1) Rer. nat. II, 981.

(2) Pol. V, III, 1.

(3) Polymn. XXVIII.

(4) La propriété foncière de l'Attique n'en valait pas la moitié au temps de Démosthène, seulement 33 millions. *(Démosth. Syntax. 30.)*

— mettez au moins le quintuple en valeur actuelle (1), soit 420 millions, — et dont Xercès fit scier le fils entre deux planches parce qu'il lui avait demandé son exemption du service militaire. J'aperçois, dis-je, quelques gros bourgeois, mais pas de bourgeoisie, le droit égal n'existant pas. A tout prendre, la bourgeoisie française, encore adolescente, tout-à-fait à la première période de sa carrière, et toute imprégnée des défauts d'une éducation mal faite, est à mes yeux la première de l'Europe, celle où le droit a subi son développement le plus extensif, où ce développement, dans le domaine des fortunes, a produit ses résultats les plus considérables, où ces fortunes, s'incorporant au sol lui-même, ont acquis leur forme la plus stable, et où la propriété a reçu son assiette la plus large. Dans cette diffusion de la propriété aux mains des bourgeois et des paysans, il y a, ce me semble, une force de conservation sociale que l'esprit de système le plus absolu ou l'esprit de parti le plus aveugle peuvent seuls méconnaître, et j'y vois une inappréciable cause de stabilité pour notre société française, dont, au choc des évènements que l'avenir recèle, telle ou telle portion, dans des positions assez aventurées, pourront, je le concède, être ébranlées, mais qui, dans son ensemble, forme un bloc d'une solidité à braver les tempêtes. Je voudrais qu'elle sût avoir conscience de cette solidité, et que cette conscience lui inspirât le sang-froid qui trop souvent lui fait défaut aux heures critiques.

(1) Au VIe siècle av. J.-C., nous savons, par un passage de Plutarque *(Solon.* XXIII, 5), que le blé valait 1f,80 l'hectolitre. L'argent avait donc alors dix à onze fois sa valeur actuelle. Cette même somme, 1f,80 par jour était le traitement d'un ambassadeur athénien près le roi de Perse. (Aristoph. Acarn. act. I, sc. II, v. 65).

Au IVe siècle av. J.-C., nous savons par un passage de Démosthène (I. *Aphob.* 36), que l'entretien de deux jeunes Athéniens, frère et sœur, y compris les frais d'une éducation très distinguée, était évalué à 700 fr. par an. Ce serait aujourd'hui au moins cinq fois plus.

Je suis donc certainement au-dessous de la vérité en évaluant la fortune mobilière de Pythias à 420 millions. Au taux où était alors l'intérêt, elle devait lui rapporter un revenu annuel de 80 millions.

En outre de quoi, il avait sa fortune immobilière et ses esclaves.

Le cœur lui manque facilement, et nulle autre autant qu'elle ne se laisse intimider et faire la loi par une poignée de gredins. Alors éperdue, au lieu de se sauver elle-même, nous la voyons se jeter au bras d'un sauveur escorté de charlatans. Fatale aventure dont, à l'heure amère où j'écris ces pages (1)

.... *Patriai tempore iniquo,*

nous savourons la lie; réveil terrible et trop mérité des peuples qui, lâchement et stupidement, pour s'épargner la fatigue de faire leurs propres affaires, s'endorment sur l'oreiller empoisonné du Césarisme (2). On dit : « Ce n'est pas moi; je n'y suis pour rien. » Mauvaise raison, mauvais langage, mauvais sentiment. Qu'est-ce, je vous prie, que le mot de patrie, ce mot si doux et si amer aux jours où nous sommes, si plein d'angoisses, si cher toujours? Qu'est-ce que l'idée de patrie, sinon l'expression de cette solidarité qui, nonobstant la divergence de leurs actes personnels et de leurs sentiments propres, rattache les uns aux autres les membres d'une même société, et non-seulement les personnes, mais les générations, qui relie le présent au passé et à l'avenir. Renier cette solidarité aux jours où elle semble amère, c'est renier la patrie en ses jours de deuil. Non, non; la chute de 1852 nous est commune à tous. *Remember.* Ὁ μὴ δαρεὶς ἄνθρωπος οὐ παιδεύεται. La leçon est bonne; elle peut compter;

(1) Septembre 1870.

(2) « Loin d'adoucir les traits d'un tel principe, et d'écarter par là une partie de la haine populaire ou des terreurs naturelles qui l'accompagnent, *je serais fâché qu'il ne produisît pas instantanément le plus grand des maux qu'il contenait en germe par sa nature.* C'est en restant endormi pendant longtemps que le pouvoir arbitraire surprend un peuple. Quand le beau monde sera prêt à dire : vos prophéties sont ridicules, vos craintes sont chimériques, voyez combien il arrive peu de ces maux que vous prédisiez; par degrés, cette manière adroite d'adoucir le pouvoir arbitraire, la prétendue rareté ou le cercle étroit de son action seront reçus comme une sorte d'aphorisme; et M. Hume ne paraîtra pas singulier en nous disant que ce pouvoir ne trouble pas plus l'humanité que les tremblements de terre, ou le tonnerre, ou les autres accidents de la nature. » *(Burke Works,* vol. III, p. 146, 150, édit. in-8°. — *Letter to the sheriffs of Bristol.)*

nous sommes écorchés au vif. Instruisons-nous donc une bonne fois.

Quand je songe à la marche historique du droit dans les noblesses et les bourgeoisies et à leurs destinées respectives, je me persuade qu'il en est de l'humanité comme de la croûte terrestre qui lui sert de demeure. A de certaines époques terribles, celle-ci s'agite et se déchire sous l'effort du feu intérieur qui sourdement la dévore. Les montagnes se dressent alors d'un seul jet avec leurs ramifications, les mers changent de lit, les continents s'engloutissent. Lorsque enfin la nature épuisée s'arrête, le globe apparaît sillonné, dominé de toutes parts, déchiré en tous sens, et portant l'empreinte des révolutions qu'il a subies. Dès-lors commence un travail en sens inverse que je ne saurais mieux caractériser qu'en transcrivant les lignes suivantes d'un mathématicien écossais.

« Tout descend et rien ne remonte. Tous les corps durs se décomposent, et aucune masse molle, aucune terre meuble ne se consolide. Les forces qui tendent à conserver et celles qui tendent à modifier l'état de la surface du globe ne sont pas en équilibre : ces dernières sont les forces vives. Les autres sont comme des forces mortes. Cette loi de dégradation est de celles qui ne souffrent pas d'exception.

» On ne saurait objecter, contre la réalité de cette marche, sa lenteur qui la rend comme insensible aux yeux de l'homme. Ce que nos observations en peuvent constater est une quantité évanescente en comparaison du tout, ce n'est que l'accroissement instantané d'une immense suite qui n'a d'autres limites que celle de l'existence du monde. Le temps intègre, cet élément infiniment petit; et la grandeur des résultats étonne notre imagination (1). »

Bourgeoisie française, ma pensée est rappelée sans cesse vers vous comme vers l'énigme qui renferme en son sein la

(1) Playfair. Ilustrations of the Huttonian theory.

destinée de la civilisation européenne. Je ne sais si je dois vous haïr pour vos vices ou vous aimer pour vos vertus, vous honorer pour votre force ou vous mépriser pour votre faiblesse, vous plaindre pour vos erreurs ou vous maudire pour vos crimes. Être complexe et inqualifiable, mélange de bien et de mal, de ruse et de naïveté, de lâcheté et de courage, de ténacité et d'inconséquence, de sagacité et d'aveuglement, de générosité héroïque et de bassesse, plus je vous sonde, moins je vous comprends. En considérant ce que vous avez, je m'étonne que l'on ait la pensée de vous résister ; en considérant ce qui vous manque, je m'étonne que vous ayez la pensée d'être quelque chose. Vous ne savez ni occuper la première place, ni vous contenter de la seconde, et les choses allant ainsi, vous ne serez bientôt plus capable que de servir. Vos qualités sont telles que je ne sache pas un de vos rivaux auquel vous ne mettiez le pied sur la gorge; vos défauts, tels que, si vous parvenez à les extirper, vous êtes perdue, mais tous avec vous. Vous vous être créée vous-même, vous avez grandi par des prodiges de volonté et de persévérance, et tout-à-coup, prise de vertige, vous abdiquez aux mains de vos ennemis les plus impitoyables. Ferme et tenace en vos desseins chaque fois qu'il a fallu attaquer, quand vous avez dû vous défendre, vous avez défailli et perdu la tête. Votre âme est pleine de fiel, dévorée de jalousie, bourrelée de méfiances, étroite comme le soupçon, profonde comme la vengeance, cauteleuse comme la vieillesse, madrée comme la chicane, souple comme la peur. Et cependant vous avez fait de grandes choses, conçu de nobles pensées, accompli de généreux desseins. Vous vous êtes à vous-même le témoignage de votre puissance; votre front rayonne de la double auréole de l'héroïsme et du génie. Nulle patience ne vous lasse, nul fardeau ne vous accable, nulle blessure ne vous épuise, nulle ambition ne vous est étrangère. Mais à de certaines heures vous fléchissez parce que, dans le temple élevé par vous à votre fortune, vous vous êtes posée comme votre propre idole.

Souffrez, ma mie, que je tire votre horoscope comme aux princesses dans les contes de fées. Vous aurez l'empire de la terre; vous brillerez par tous les dons de l'esprit, par toutes les splendeurs de la fortune, par toutes les merveilles de la science, par tous les prestiges de la force, par toutes les séductions de la beauté; vous vivrez très vieille et aurez beaucoup d'enfants, à une seule condition que voici : que vous ne périssiez pas comme les dindons au moment de prendre le rouge.

CHAPITRE XIX.

DES GRANDES FAMILLES DANS LES DÉMOCRATIES.

. . . . *Sanctam filius omni*
Aspiciat sine labe domum . . . . . .
. . . . . *patriæ sit idoneus, utilis agris*
Utilis et bellorum, et pacis rebus agendis.
(Juv. XIV, 58-62).

ὥσπερ γὰρ οἰκίας, οἶμαι καὶ πλοίου καὶ τῶν ἄλλων τῶν τοιούτων τὰ κάτωθεν ἰσχυρότατ' εἶναι δεῖ, οὕτω καὶ τῶν πράξεων τὰς ἀρχὰς καὶ τὰς ὑποθέσεις ἀληθεῖς καὶ δικαίας εἶναι προσήκει. (II, *Olynth.* 10.)

Depuis 89 les vicissitudes n'ont pas manqué à la fortune politique de notre pays. Les constructions s'y sont succédé, les unes n'atteignant leur couronnement que pour le voir en un instant rouler dans la poussière, les autres n'ayant pas même l'honneur ou l'audace de poser leurs dernières assises; toutes encombrant le sol de leurs ruines à ce point qu'il est besoin d'un œil attentif pour discerner, dans cet amas confus de débris, les fragments qui se transmettent intacts des unes aux autres, et que, dans ce tourbillon d'évènements contraires, dans cette alternative de flux et de reflux, de *corsi* et de *ricorsi*, on se demande si l'esprit de la France, livré aux vertiges passagers d'une époque de transition, parviendra à se fixer et s'affirmer lui-même, ou si, planète dévoyée, nous sommes condamnés à errer éternellement dans les espaces,

. . . . . *magnum per inane vagantur*
Consiliis rerum quæ sunt rejecta (1).

Que l'on me permette de détourner ma pensée de perspectives amères auxquelles je ne crois pas, convaincu que, chez nous, l'esprit public est troublé plutôt qu'indécis, hésitant à s'affirmer sous une certaine forme plutôt qu'ambigu dans ses tendances intimes. Et si je parle tout d'abord de ce triste sujet, de la constante instabilité de nos formes politiques, c'est seulement pour constater que, sous cet ouragan superficiel, une chose est demeurée stable, constante dans notre société francaise : son organisation civile. Dans cette période si troublée de plus de trois quarts de siècle (2), plusieurs tentatives inutiles à rappeler ont été essayées pour y porter atteinte. Des mains, quelques-unes puissantes, d'autres simplement maladroites, se sont efforcées d'introduire dans notre organisme social quelques éléments de privilége : plantations éphémères qui n'ont pu prendre racine, et pour quelques jours n'ont tenu au sol que par la main qui les y avait posées. A ce point de vue, l'esprit français ne saurait être douteux : sa passion est l'égalité. Tout le reste peut se nier de lui, sauf ce caractère empreint dans les plus intimes profondeurs de son âme. Il en a d'autres peut-être, mais nul doute que ce ne soit ici la passion maîtresse. Pour elle il oubliera tout, fermera les yeux, et s'en ira au bout du monde.

(1) Rer. nat. II, 108.

(2) Ἀσθασμητότατον πρᾶγμα τῶν πάντων καὶ ἀσυνθετώτατον ὥσπερ ἐν θαλάττῃ κῦμ' ἀκατάστατον ὡς ἄν τύχῃ κινούμενος, ὅ μὲν ἦλθεν, ὁ δ' ἀπῆλθεν. *(Démosth. fals. Leg. 136.)*

Dans cette voie de l'égalité, l'Europe nous suit; la civilisation tout entière y marche. Le très obscur auteur de ces pages, humble disciple d'un livre célèbre, est de ceux qui regardent la démocratie comme l'avenir commun de tous les peuples civilisés modernes, et il adhère à cette pensée de M. de Tocqueville : « Le développement graduel de l'égalité est un fait providentiel. Il en a les principaux caractères; il est universel, il est immuable, il échappe chaque jour à la puissance humaine. Tous les événements comme tous les hommes ont servi à son développement. »

Oui assurément ! nous allons de plus en plus à l'égalité. Chimère que de vouloir y échapper. Chaque jour a pour tâche de détruire en quelque coin de l'Europe quelque débris de privilége et d'y substituer le droit commun. Que l'on contemple cette grande phase d'un œil ami ou ennemi, peu importe ; on n'y fera rien ; il s'y faut résigner.

Mais entendons-nous. Cette égalité progressive, notre destinée fatale, celle qui se présente comme « le fait générateur dont tous les faits particuliers actuels semblent descendre, » quelle est-elle? Est-ce égalité de conditions matérielles entre les hommes, ce que j'ai appelé — que l'on veuille bien me comprendre — égalité de fait ? non certes. Cela a été dit mille fois et dernièrement d'une façon excellente par M. Thiers dans un discours politique, et si je reproche quelque chose au livre profond autant que vrai de M. de Tocqueville, c'est de n'avoir pas suffisamment mis en lumière une distinction fondamentale que son esprit pénétrant admettait sans nul doute, mais sur laquelle on ne saurait trop insister. L'égalité de fait des hommes entre eux est une utopie malsaine autant qu'impossible, et je n'aime même pas qu'on vienne me parler de l'égalité des conditions, parce que, auprès d'esprits mal faits, cette expression peut prêter à équivoques très périlleuses. L'égalité de fait, nous l'aurons lorsque moralement et intellectuellement tous les hommes seront égaux, sinon, la nature humaine y répugne absolument. A moins que vous ne supprimiez jusqu'au dernier atôme de liberté, — et quel triste troupeau que l'humanité sans cette divine hôtesse ! — les hommes, naturellement inégaux dans leurs facultés, autant dans leur intelligence que dans l'emploi qu'ils en font, seront, par suite, toujours et nécessairement inégaux dans leurs conditions matérielles d'existence : les uns riches de tous les trésors de l'intelligence, de tous les fruits d'une volonté maîtresse d'elle-même, les autres déshérités de toute lumière d'esprit, de toute sagesse d'action. Par suite, les uns opulents, les autres pauvres. Et remarquez ceci : plus la liberté sera grande et la carrière largement ouverte, plus les inégalités de conditions matérielles correspondront à celles de valeur intellectuelle et morale. Or, celles-ci, qui pourrait le nier? sont extrêmes.

Donc l'égalité de fait, il ne saurait en être question que pour la repousser avec dégoût comme un outrage aux parties les plus nobles, les plus hautes de l'âme humaine (1). La vraie et saine démocratie, vers laquelle nous avançons sans cesse, est tout autre; quoi donc?

Son unique essence est d'être l'égalité de droit, par où elle est l'antithèse de l'aristocratie. Plus de privilége d'aucune sorte, même loi pour tous. Dans le domaine politique, comme dans celui purement social, égale faculté à tous de se produire à des conditions universellement identiques. Plus de classes héréditaires distinctes. Partage égal entre les enfants, devenu la plus chère de nos lois civiles.

Il y a paru lorsque quelques esprits, peu aptes à discerner les signes du temps, au nom de deux idées très saintes, le respect de l'autorité paternelle et celui de la propriété, ont voulu dernièrement élargir les étroites barrières qui, chez nous, restreignent le droit de tester. Ils ont mal attaqué, se

(1) Voir chap. IV.

sont mal défendus, et, en somme, on les a ramenés assez rudement. Dans les réponses qui leur ont été faites, dont la plus forte, à ma connaissance, est le discours de M. Franck à la Sorbonne, on aperçoit, semble-t-il, la crainte du privilége et de la résurrection des grandes familles, obsédant les esprits comme l'ombre de Banquo. Les uns semblent invoquer le droit de tester pour les reconstruire, les autres le repoussent de peur de les avoir.

Or ici, oserai-je le dire, je suis d'une opinion très différente de celle des autorités que je respecte et honore le plus. J'adhère très fortement au symbole démocratique de l'égalité de droits; mais je suis fort éloigné de croire que les grandes familles soient incompatibles avec les démocraties de droit égal. Je ne suis pas convaincu qu'elles soient impossibles dans notre état social actuel, avec nos lois de partage égal telles qu'elles sont. Osons dire notre pensée tout entière : je suis convaincu qu'elles sont possibles. Je trouve les entraves apportées par nos lois à la liberté de tester un peu rigoureuses, un peu étroites; mais je repousse péremptoirement toute relation entre l'inégalité de partages et la formation des grandes familles. La loi de cette formation, je la mets sur un terrain où les réglementations légales n'ont pas prise.

Non-seulement je crois à la possibilité des grandes familles — et ici pas d'équivoques, il n'y a de grandes familles que celles où de grandes existences terriennes

.... *quorum*
Conspicitur nitidis fundata pecunia villis (1)

sont, je ne dirai pas perpétuées, rien, hélas! de perpétuel sur cette terre que notre instabilité, mais prolongées durant plusieurs générations, et il est bien entendu que les écus, surtout ceux viagers, n'y suffisent pas; — je crois, dis-je, à la possibilité des grandes familles dans les démocraties; mais,

(1) Ep. I, XV, 45.

de plus, je ne les considère pas comme un mal, comme un fléau; je crois que, à ces grandes familles telles que je les entends, les démocraties n'ont rien qui répugne absolument et soit antipathique; si elles sont éclairées, bien au contraire.

Βούλομαι τι καὶ παράδοξον εἰπεῖν (1).

De grandes familles, avec le droit égal, une sorte d'aristocratie démocratique, je crains que ces mots ne semblent hurler : quelque chose en France comme les grandes familles anglaises, non pas en tout semblables mais analogues, j'ai bien peur que ces opinions jugées à première vue et sur étiquette ne semblent autant d'incohérences et de paradoxes. Et d'autre part, si, descendant sur le terrain pratique, on me permet de continuer et d'exposer mes raisons, mes méthodes, j'ai bien peur, tant ces raisons sont évidentes, ces méthodes simples, que l'on ne voie dans mes paroles et mes idées de purs lieux communs, et que, paradoxales par leur but, triviales par les moyens auxquels elles font appel, ces pages n'apparaissent, au demeurant, comme un infructueux effort pour entasser des banalités en forme de paradoxe. *Circum compita pugnax.*

Soit. Si la méthode est simple, à ce point qu'elle aille de soi, veuillez l'admettre. Il ne s'agit pas ici de l'humble auteur de ces pages, qui μεσαιπόλιος πέρ ἐών (2), est fort dégagé de tout amour-propre d'auteur, mais de ses idées auxquelles il est fort attaché et dont il est fort convaincu. Passez-lui sa méthode. Appliquée avec suite et réflexion, vous verrez où elle vous mènera. A l'inverse du poëte : *Vulgatas artes,* mais *nova verba,* nouvelles conséquences. Raisonnons, s'il vous plaît. Après tout, notre époque n'en est pas à s'effaroucher d'antinomies.

(1) Coron. 199.
(2) XIII, 361.

Ceux qui, de bonne foi, persisteraient à s'effaroucher, puissé-je les calmer de ce seul mot : « Vous ne voulez pas de privilége légal, ni moi non plus. Je ne demande rien à la loi. Je n'indique ni ne trace aucune route nouvelle, je me borne à éclairer celle que nous suivons, à montrer le but que l'avenir nous prépare, je crois, sans peut-être que plusieurs s'en doutent. » « Si le philosophe n'est au but, dit Sieyès, il ne sait où il est; si l'administrateur ne voit le but, il ne sait où il va. »

Je n'ignore pas cette opinion générale qu'il ne saurait y avoir de grandes familles sans remaniement complet de notre loi de partage égal et institution de majorats. Je sais que les auteurs du code, gens d'esprit auxquels je rends hommage, et fort avisés, ont institué la loi actuelle précisément pour qu'il n'y en eût pas. Napoléon lui-même était, je le sais, de cet avis.

Voilà de bien grandes autorités et je suis bien peu de chose,

Neque ego istas vostras leges urbanas scio (1)

cependant je dirai ma pensée.

κἀξ' ἀγεννήτων ἄρα μῦθοι καλῶς πίπτουσιν (2).

II.

Sous l'ancien régime, chacun le sait, notre loi civile de même que notre mécanisme politique concouraient à se proposer cet unique but : concentrer le pouvoir et la fortune terrienne dans un petit nombre de familles. Le moyen était le privilége poussé impitoyablement à ses dernières outrances. Réservant dans les familles nobles les deux tiers de la fortune aux aînés, il avait fallu ou déclasser les cadets comme nos voisins, ce à quoi l'on ne sut se résoudre, ou, victimes

(1) Rudens. 930.
(2) Trachin. 61.

du système, leur ménager comme compensation l'apanage à peu près exclusif des grades dans l'armée et la marine, la haute église, l'Ordre de Malte, et au prix de mille iniquités, au prix de haines et de jalousies contre les castes privilégiées, non encore peut-être assouvies, on obtint quoi? des résultats, sachons-le bien, misérables. La montagne enfanta une souris, et, pour parler comme le vieil Hérodote, la jument accoucha d'un lièvre (1). Vingt ou vingt-cinq mille familles nobles (y compris les anoblis) pour toute la France (Lavoisier dit 83,000 têtes); sur quoi combien de riches? combien simplement au-dessus de la médiocrité, souvent du besoin? Je ne poserai pas de chiffres, n'ayant pas de données certaines; mais nul n'ignore (il suffit, hélas! à ceux dont les familles datent d'un peu loin de consulter ici leurs propres archives), nul n'ignore dans quel état voisin de la pauvreté vivaient avant 89 les familles de petite noblesse de province, — Mme de Sévigné est pleine là-dessus de traits que l'on n'oubliera pas, — à quel point les familles de cour étaient rongées de dettes et d'hypothèques, et combien, sous leurs splendeurs mensongères, rançon de leur dégradante domesticité, se cachaient de plaies secrètes, profondes. Chacun sait que les familles nobles vraiment riches, à finances liquides — il en était quelques-unes, sans doute, — que ces familles étaient en France fort peu nombreuses; et celles-là même, combien de temps eussent-elles résisté à l'esprit de leur temps et de leur ordre, aux appels de la cour, aux obligations des grandes charges où l'honneur faisait une loi de se ruiner en prodigalités folles. Lisez les mémoires du temps. Voyez le colonel à son régiment, le gouverneur dans sa province. Je sais qu'une fois ruiné, il y avait des passes à refaire sa fortune, pour la reperdre ensuite. Mais j'affirme que, s'il était possible d'établir en un seul chiffre le bilan de la fortune nette et liquide de ces vingt mille familles nobles, telle

(1) VII, 57.

qu'elle était à la veille de 89, ce bilan de la fortune de la noblesse française, la veille de son décès, serait incroyablement modeste. Et pourtant, elle l'avait payée cher.

ἐπεὶ μάλα πόλλ' ἐμόγησεν (1).

Je me représente ce petit jardin du vieux roi Laërte, qu'il s'était donné tant de mal à gagner. Elle avait livré sa propre indépendance, abdiqué les sentiments de justice naturelle empreints au plus profond des cœurs, accepté les haines furieuses du reste de la nation, haines non encore entièrement éteintes et survivant à leur objet, *ignes suppositos cineri doloso.*

Telle fut l'œuvre du privilége.

Sur cette première considération j'appelle les recherches, convaincu que toutes confirmeront cette assertion qu'au prix de mille servitudes, mille haines, le privilége, après avoir pétri tout entière, et imprégné du levain amer de l'iniquité, l'ancienne société française d'avant 89, n'avait pu lui constituer qu'une dotation réelle infime, et produire, en dernière analyse, en dépit de l'immobilisation partielle du sol aux mains des nobles, que des résultats misérables, rendus plus odieux encore par l'appauvrissement général, suite d'une organisation sociale défectueuse.

Croit-on qu'une des causes, — non la seule, ni même la principale, — je dis une des causes de l'évanescence politique de cette noblesse ne soit pas sa défaillance financière? Riche, elle eût fait, n'en doutez pas, plus grande figure à ce drame terrible de la Révolution. Qu'on se représente la noblesse anglaise faisant tête à une attaque subite ; ce ne serait pas petite affaire que d'en venir à bout. Puissance politique et richesse, ces deux choses se tiennent ; l'une entraîne

(1) Odyss. XXIV, 207.

l'autre. « Avec l'argent on a les soldats, disait César, avec les soldats l'argent. »

Ad summas emergere opes, rerumque potiri

a dit le poëte (1).

Cet état social, le regrette qui voudra. Si vous rencontrez de braves gens qui, dans une mesure quelconque, à un degré quelconque, dans le secret de leur cœur, caressent encore la pensée d'une restauration, si mitigée et déguisée qu'elle soit, des priviléges, passez outre, φρένας ἐξέλετο Ζεύς (2).

Dès 1836, le profond auteur du livre de la démocratie en Amérique écrivait les lignes suivantes : « Dans le dix-huitième siècle, les lois féodales relatives à la substitution des biens étaient encore en vigueur ; mais elles n'offraient à la fortune des nobles qu'un faible abri.

» Je suis tenté de croire qu'on s'exagère souvent l'influence qu'exercent ces lois. Je pense que, pour produire de grands effets, elles ont besoin de circonstances particulières qu'elles ne font pas naître, et qui ne dépendent pas d'elles. »

Oui, sans doute ; c'est ici une vue très juste, très pénétrante, et valant, je crois, la peine d'être approfondie. Il est très vrai que depuis longtemps la noblesse française prise en corps allait s'appauvrissant sans cesse, et n'était plus qu'une ombre. Il est très vrai que la mécanique légale à priviléges, comme il l'appelle quelque part, dont le moindre défaut est d'être diamétralement antipathique à toutes les tendances de la civilisation moderne, et, dans les circonstances présentes, radicalement impossible,

Τριχθά τε καὶ τετραχθὰ διατρυφὲν ἔκπεσε χειρός (3).

est encore, fut-elle possible, d'une irrémédiable et ridicule

(1) Rer. nat. II, 83.
(2) VI, 234.
(3) III, 363.

impuissance. J'accusais plus haut quelque complaisance pour un élargissement de la liberté de tester. Si cette complaisance ressemble à un débris de bagage aristocratique, je le jette à la mer sans hésiter, et repousse avec dédain les derniers tronçons d'une vieille mécanique désorganisée, qui, dans ses meilleurs jours, ne valut jamais rien.

Quelles sont ces circonstances dont les lois de privilége ont besoin pour produire de grands effets, que ces lois ne font pas naître, et qui ne dépendent pas d'elles?

Ces circonstances, si elles ne dépendent pas des lois, de quoi dépendent-elles? De l'aveugle fortune, du hasard, des évènements, ou de ce fonds éternel de liberté morale dont l'usage relève de la seule volonté individuelle?

Que les lois aient besoin de ces circonstances pour produire de grands effets, est-ce assez dire? Celles-ci ont-elles besoin des lois pour en produire?

Ce sont ici de bien grossses questions. Car si, d'une part, les lois ne peuvent rien sans les circonstances, si, de l'autre, les circonstances peuvent tout sans les lois, qu'importent les lois.

III.

Quiconque observera d'un œil attentif le spectacle des choses humaines se convaincra facilement de leur diversité.

Varia vita 'st (1).

Je ne parle pas ici de la diversité des existences rapportées les unes aux autres, mais de celle de chaque existence rapportée à elle-même. Rien de plus dissemblable que la suite de nos jours, dit le vieil adage, de plus ondoyant, dirait Montaigne. Pas de jeu qui ne lève des atouts pas de jeu qui

(1) Truculentus 192.

ne les épuise; pas de ciel si pur qui n'ait ses nuages, pas de si sombre qui n'ait ses pointes d'azur; pas de prospérité si continue qui n'ait connu ou ne doive connaître ses mauvais jours, pas de vie si infortunée à qui Dieu n'ait accordé ses veines de salut. Mais si la variété des choses de la vie est pour tous à peu près semblable, sous l'action de cette liberté morale, apanage distinctif et signe d'excellence de la condition humaine, les résultats sont profondément dissemblables, et c'est par-là que chacun de nous met en sa vie le signe personnel de son individualité. Les uns ne font que traverser les faveurs du sort, pour devenir, après les avoir stérilement dissipées, la facile proie de ses rigueurs, et tels que des agneaux, succombent à peu près sans résistance.

. . . . . . *decies centena dedisses*
. . . . . . *quinque diebus*
Nil erat in loculis (1).

Les autres, au contraire, ont tout à la fois l'art d'user habilement des bonnes veines de fortune et de faire tête vaillamment aux mauvaises.

. . . . . . *nec mediocris*
Jacturæ te mergit onus (2).

Ceux-ci, taillés pour résister aux épreuves des évènements, grandissent en quelque sorte d'une sève continue; ceux-là sont à la merci de la première bourrasque qui les viendra assaillir. Est-ce étoile, fatalité? Je ne l'admettrai pas. Les anciens croyaient facilement au *fatum*, et chacun sait quels grands effets leurs poëtes ont su tirer de cette donnée. Nous, modernes, gens de prose, sans nier tout-à-fait la part du hasard ou pour mieux dire de la Providence, de cette force extérieure à l'homme qui intervient à chaque instant dans la trame de son existence, et lui met les cartes à la main pour

(1) I, III, 15.
(2) Juv. XII, 7.

jouer sa partie, sommes disposés à croire que, dans le succès final, cette part est beaucoup moindre qu'un vain peuple ne pense. Chacun, disons-nous volontiers, est l'artisan de sa destinée, en ce sens qu'il est peu de succès qui ne soient le fruit d'un certain esprit apporté dans la conduite des choses, peu de naufrages irrémédiables et définitifs qui n'aient été précédés de quelque faute, ordinairement de plusieurs fautes antérieures. A ce point de vue, grands et petits, rois et sujets, gouvernement et particuliers, relevons de la même loi générale, prospérons par nos qualités et tombons par nos fautes. Le succès est surtout affaire de méthode. La bonne et mauvaise fortune dépendent plutôt des qualités de la personne que des circonstances extérieures; elles sont plutôt subjectives qu'objectives, dirait l'école; et par là, nous entrons à pleines voiles dans les doctrines spiritualistes.

Parlant de chaque homme, nous nous mettrons facilement d'accord à reconnaître l'influence à peu près souveraine de sa valeur propre sur la contexture de sa destinée. Mais l'observation n'a-t-elle pas une portée plus grande, et l'empire de l'esprit sur la matière s'arrête-t-il sur le seuil des existences individuelles? Les mêmes lettres, selon l'expression de Platon, ne pouvons-nous pas les retrouver ailleurs en plus grands caractères? S'il est vrai que le dernier fond, la suprême cause efficiente de la prospérité de cette existence soit dans l'esprit dont elle a été animée, dans cette *mens agitans molem* qui l'a conduite, ce que j'admets comme vrai d'un homme pris à part, pourquoi ne l'admettrais-je pas d'une série d'hommes se transmettant de l'un à l'autre, de père en fils, ce grand enjeu : fortune, considération, position sociale, dont toutes les lois civiles civilisées — qu'on me passe la locution — ont pour objet de constituer la transmission héréditaire?

Supposez un certain esprit, un certain ensemble d'idées et de croyances sur ce qui constitue le bien et le mal, une certaine méthode pratique dans l'emploi du temps et la conduite des choses, que, dans une même famille, les générations se passent l'une à l'autre comme la lampe des coureurs de Lucrèce. L'hypothèse est-elle gratuite? Tant s'en faut. Je toucherai ceci plus loin; que l'on me fasse crédit en attendant; qu'on me permette, posant simplement une hypothèse, d'en poursuivre les conséquences.

Or, si l'esprit, tel que je l'entends, pris dans son acception la plus générale, est le grand ordonnateur de la bonne ou mauvaise issue d'une existence individuelle, pourquoi son influence serait-elle moindre à déterminer la prospérité d'une famille? Bien au contraire. Plus la partie se prolonge, plus l'habileté du joueur y fait. Plus vous variez les coups et vous donnez carrière dans le temps, plus la part du hasard s'amoindrit, plus celle du savoir-faire devient certaine, considérable. Pour une courte destinée j'admettrai encore quelques cas foudroyants de hasard; pour une longue période, à combinaisons multiples, je n'en admettrai plus.

Dans cette terrible scène de jeu de la grande épopée sanscrite, Çakouni jette les dés, et dit au Bharatide : « Tu as perdu. » C'est l'affaire d'un instant et d'une surprise du sort,

horæ
Momento cita mors venit, aut victoria læta.

Dans une partie de durée séculaire, telle que sont appelées à la jouer les familles sur la scène du monde, il n'en va pas ainsi. Dans des accents d'une éloquence qui retentissent dans toutes nos mémoires, Pascal applique le calcul des probabilités aux choses du salut. Avec la révérence due à un si grand homme, me permettra-t-on d'appliquer modestement ce même calcul aux choses de la terre, après tout, plus de leur élément, et de dire que, pour une partie engagée pour plusieurs jours, obligé de gager pour l'un ou l'autre des joueurs, je préférerai sans nul doute l'habile avec petit jeu, à l'ignorant avec gros jeu. Je ne partage en aucune façon cette opinion de Montaigne « que la fortune surpasse en réglements les règles de l'humaine prudence. » Si vous admettez mon sentiment d'un jeu dont la durée se mesure par heures, que penserez-vous de celui dont la durée se mesure par siècles ?

Autre face de la même thèse. Vérifions-la par induction et par déduction. La grandeur des peuples, tous les bons esprits, ceux ne s'arrêtant pas à la surface des choses, s'accordent à en poser les racines dans les peuples eux-mêmes, dans des causes principalement d'ordre moral. En quoi encore la bonne méthode est la spiritualiste. Les uns s'en prennent aux constitutions, en sondent le fort et le faible et les comparent ; les autres, sans nier l'importance de l'organisme pour exécuter les actes de la vie, descendent jusqu'aux profondeurs où résident les causes morales de cette vie elle-même, convaincus qu'une fois arrivée à avoir conscience d'elle-même, cette vie saura bien se traduire par un mécanisme organique correspondant, et c'est à ceux-ci qu'appartient l'aphorisme qu'un peuple a toujours la constitution qu'il mérite d'avoir. Aucun n'hésite à placer la source dernière de la grandeur de tous les peuples qui ont été grands dans un certain ensemble d'idées et de croyances, dans l'énergie et l'esprit de suite avec lequel ce système d'idées a été mis en pratique.

Or, encore une fois, ce qui est vrai d'un peuple, pourquoi ne l'admettrai-je pas vrai de l'atome, élément intégrant de toutes les sociétés politiques, de la famille ! N'est-elle pas proprement une micropole ? Les lois générales qui président à la grandeur et à la décadence des États, est-il déraisonnable de penser qu'elles président également au développement et à la chute des familles, et que, par l'une de ces grandes portées des lois générales providentielles que la science moderne vérifie chaque jour davantage dans le domaine du monde physique et moral, ce qui est vrai dans l'un s'applique analogiquement dans l'autre, et que la symétrie dans l'ordonnance universelle subsiste. J'indiquerai plus loin cet aperçu que la loi de prospérité des États n'est autre dans son essence que celle de la prospérité individuelle. Cette grande loi donc, que nous retrouverons identique en-deçà comme au-delà de la famille, à ce point de la chaîne sociale, la trouverons-nous brisée ? Ce n'est pas à croire.

IV.

Ainsi donc, cette loi de la création, du prolongement et du progrès — trois idées identiques sous des faces diverses — des grandes familles, et je répète que je ne tiens pour telles que celles où je rencontre de grandes existences terriennes héréditaires, ce problème dont notre vieille société avait vainement tenté la solution par voie de privilége légal, et dont M. de Tocqueville avait si justement pressenti qu'il fallait demander compte à des circonstances particulières que les lois ne font pas naître et qui ne dépendent pas d'elles, je me persuade qu'il la faut chercher ailleurs que dans une sorte de mécanisme légal : dans une cause purement morale, non pas au-dehors mais au-dedans d'elles-mêmes, dans la détermination d'un certain esprit. Quel esprit ? Tout est là. Ici les analogies nous guideront.

De même que, s'agissant du monde physique, nous le voyons se maintenir par l'équilibre de deux forces contraires, de même suis-je porté à croire avec beaucoup d'autres, que la grande loi de santé du corps social est en une sorte d'équilibre entre deux forces diverses : l'esprit de conservation et l'esprit de progrès, le Vichnou et le Çiva du panthéon hindou, ce que les Anglais, avec leur manie de sobriquet en toutes choses, ont appelé de ces deux noms bizarres de Tory et de Whig ; l'un procédant de la tradition, l'autre de la raison ; l'un fondement de l'autorité, l'autre de la liberté ; ressortissant ainsi, l'un à la volonté, l'autre à l'intelligence ; je dis une sorte d'équilibre, car il est clair que ces choses-là ne se mesurent pas comme les matérielles par formules d'équations mathématiques. Ces forces se confondeut dans leurs résultats, mais restent elles-mêmes dictinctes, et ne contractent même pas ce *connubium stabile,* produit d'affinités natives immédiates et définitives. Leur loi est de coexister partout en se repoussant toujours, semblables aux deux électricités qui sont confondues en toute chose, qui ne se dégagent que pour se porter immédiatement aux pôles contraires. Je suis de ceux qui, dans la politique, demandent une certaine proportion, un certain dosage entre ces deux grandes forces dont le balancement, la lutte, le triomphe alternatif forme la trame de l'histoire de toutes les sociétés humaines, antiques et modernes. J'effleure nécessairement, car il y aurait trop à dire. Je dois cependant, pour l'intelligence de ce qui suit, indiquer qu'appartenant à l'école qui ne saurait se contenter de l'une quelconque de ces deux forces à dose exclusive ou même fortement prépondérante, convaincu qu'où est la vérité, là est le droit, et que, dans le trésor des idées et des notions vraies dont nous vivons, si les unes, monnaies récentes, portent encore l'empreinte vive du coin qui vient de les frapper, qui les frappe chaque jour, les autres, transmises par la sagesse de nos pères,

Edita doctrina sapientum templa serena (1)

déjà frustes peut-être, et revêtues de la marque traditionnelle, ne sont pas d'un titre moins pur ni moins excellentes, je suis de ceux croyant que, pour une institution quelconque, vieille ou nouvelle, la question de légitimité, d'honneur, d'existence, est tout entière de se concilier l'une et l'autre. Car, comme la vérité a deux sources, le droit a deux branches dont l'une ne dispense pas de l'autre et ne la remplace pas.

Qu'est-ce à dire? Que la plus grande tâche, le grand art des gouvernements intelligents, expression de ce qu'il y a de

(1) Rer. nat. II, 8.

vrai et de juste dans une société, est d'appeler à soi ces deux éternels courants de la tradition et de la raison, de l'autorité et de la liberté, de capter leurs affluents dans les profondeurs de leurs plus secrètes ramifications, de les confondre dans une direction commune, et dans le même lit de faire couler leurs ondes à flots pressés. Œuvre délicate, tâche ardue.

οὐδ' ὅγε Πηνειῷ συμμίσγεται ἀργυροδίνῃ
ἀλλά τέ μιν καθύπερθεν ἐπιῤῥέει, ἠΰτ' ἔλαιον (1)

Mais pour eux, la grandeur est à ce prix. Ainsi en est-il des gouvernements, ainsi des sociétés elles-mêmes. Le problème de leur grandeur est toujours dans une coordination de la tradition et de la raison, et l'une de ces deux grandes sources ne saurait tarir, l'un de ces organes essentiels s'atrophier, sans qu'il en résulte une maladie sociale, tout au moins un grave péril imminent. Et si du général nous descendons au particulier, telle est encore le secret de la prospérité individuelle. La valeur de l'homme est-elle ailleurs que dans son intelligence et sa volonté ? A-t-il en lui quelque autre ressort ? Pour moi, à quelque point que je me pose de l'échelle de l'humanité, individu, famille, État, peuple, c'est toujours là que je trouve en dernière analyse le fond de toute grandeur. Elle me semble se résumer en ces deux conditions : développer les intelligences, discipliner les volontés (2). Dans le vrai et le bien, cela s'entend.

Les deux termes sont essentiels. Supprimez le développement des intelligences, nous voici dans un couvent entouré de marécages ; nous sommes moines ; l'on étouffe.

Supprimez la discipline des volontés, vous avez un navire sans lest, courant à toutes voiles. Ainsi se font les grands naufrages, corps et bien.

(1) II, 753.

(2) La tempérance est une manière d'être bien ordonnée, et comme on dit, un empire qu'on exerce sur ses plaisirs et ses passions. De là vraisemblablement l'expression que je n'entends pas trop : être maître de soi-même. (Pol. trad. Cous., liv. IV, p. 215.)

Ce sont ici des idées fort simples, nullement nouvelles; j'en conviens, presque des lieux communs, *publica materies.* Ce qui m'étonne, c'est qu'on n'en ait pas aperçu davantage les conséquences en ce qui concerne l'existence des grandes familles. L'opinion publique est ici à peu près unanime : l'on n'y croit plus. Un des points les moins contestés du symbole de nos idées égalitaires modernes est la déchéance successive des grandes familles dont la destinée commune, dans un temps donné, serait de s'absorber dans la masse, et d'y disparaître dans les abîmes sans fond de la démocratie. Le lumineux esprit de M. de Tocqueville partageait à cet égard l'opinion commune, et il constate dans son livre que, dans l'espace de peu d'années, dans l'État de New-Yorck, du nombre de cinquante, ces grandes familles se sont réduites à quelques unités, de même que, dans les Annales, Tacite mentionne que, dès le temps de Claude, la plupart des familles sénatoriales de César avaient disparu. Les vieilles noblesses elles-mêmes, le peu qui en a survécu aux vicissitudes de nos révolutions, ne sont pas éloignées d'avoir d'elles-mêmes ce même sentiment. On y est atteint de cette très dangereuse maladie qui consiste à douter de soi, désespérer de son avenir et jouer une partie que l'on tient pour perdue. Les uns acceptent avec une résignation triste l'idée de leur future déchéance; les autres s'efforcent d'écarter de fâcheuses perspectives, et, pour s'étourdir, savourant les amères joies du suicide, se précipitent dans des allures qui accélèrent leur prompte décadence; tous suspects, à tort sans doute, de reporter leurs regards vers ces vieilles rives du privilége auxquelles il faut bien se dire que nos sociétés modernes ont dit un adieu sans retour. Je voudrais que ma faible voix eût la force de les rappeler à de nouvelles idées et de nouvelles espérances,

. . . . . . *sumant nova consilia et spes.*

L'on se relève de loin, et Saül, fils de His, parti pour

chercher les ânesses de son père, revint roi d'Israël (1). Je voudrais leur indiquer de nouvelles voies, leur rendre surtout cette confiance en soi, mère de la bonne fortune.

θαρσαλέος γὰρ ἀνὴρ ἐν πᾶσιν ἀμείνων
ἔργοισιν τελέθει. . . . . (2)

C'est pour cela que j'écris, pour cela seul, je supplie qu'on veuille bien me croire, que je romps le silence séant si bien à mon obscurité et mon indolence.

Et d'abord, les grandes familles sont-elles désormais impossibles ? je proteste. Cette question, je l'aborde par une autre face ; je la pose en d'autres termes et je dis : y a-t-il entre les familles disparité morale et intellectuelle ?

Posant plus haut cette disparité comme hypothèse, j'en ai déduit les conséquences. La question est maintenant celle-ci : comme fait existe-t-elle ?

Notre école historique moderne insiste volontiers sur les aptitudes de race, et en une certaine mesure nul doute qu'elle n'ait raison (3). La tête d'un nègre et d'un chinois, celle d'un chinois et d'un hindou ne se ressemblent assurément ni par le contenant ni par le contenu. Leurs intelligences offrent des dissemblances parfaitement catégoriques. Que dis-je ? N'apercevons-nous pas des nuances tranchées entre les esprits français et allemands, les caractères anglais et italiens ?

Ainsi en est-il des familles. Il est patent que ce qu'on appelle l'atavisme n'est pas un simple phénomène physique, qu'il existe également, je serais tenté de dire qu'il existe surtout dans les âmes, dans les caractères, et l'on me permettra de rappeler qu'à cet égard, Goëthe professait des idées fort absolues. Quel cavalier, du reste, n'a mille fois

(1) Reg. I, IX.
(2) Odyss. VII, 51.
(3) Voir ch. XV.

reconnu dans son cheval le propre caractère du père dont il est issu? Par de certains côtés, hélas! plantes, bêtes et hommes, c'est tout un.

Dans sa πολιτεία, Pluton remarque fort justement que, chez l'homme comme chez les animaux, l'effet de l'éducation est d'accentuer les races « et de mettre au monde des enfants meilleurs que leurs pères » (1).

S'il y a d'habiles gens, il y a aussi, cela est visible, d'habiles et fortes familles, où le même esprit, cet esprit de sagesse qui crée les grandes choses, pénètre les générations successives, et où, dans le petit-neveu, je retrouve, visible encore, l'empreinte des idées, des méthodes de son aïeul. On peut même dire que, bon ou mauvais, ou médiocre, ce qui est le cas de la grande majorité, chaque famille a son cachet, son signe particulier. N'en point avoir est encore une modalité particulière. Chacune a donc la sienne. Il ne faut ici qu'ouvrir les yeux et regarder autour de soi. Il y a, quoi qu'on dise, des familles d'esprit et des esprits de famille.

ῥεῖα δ'ἀρίγνωτος γόνος ἀνέρος. .... (2)

Il y a, prenant le mot dans son acception morale, des caractères de race héréditaires. Comme des chevaux cela est vrai des hommes. Il y a surtout un certain ensemble d'idées pratiques sur la vie, dieu lare de chaque foyer domestique, présidant à l'éducation morale des jeunes générations, et leur transmettant de bonne heure des empreintes à peu près indélébiles. Croyez que chacun de nos fils, chacune de nos filles, porte sa marque de fabrique. Quelques-unes se perdent, la plupart subsistent. Telle école de naturaliste pousse la doctrine de l'influence du milieu jusqu'à ce point de modifier les types des espèces, et par voie de progrès successifs dans l'échelle de la création, en arrive à dériver le monde de l'œuf de Brahma. C'est aller un peu loin. Mais

(1) Trad. Cous. p. 201.
(2) Odyss. IV, 207.

sans pousser l'observation à de telles extrémités, chaque famille n'a-t-elle pas son atmosphère morale, et supposerez-vous que la première période de la vie puisse s'y plonger, s'y écouler, s'y développer, sans en rien retenir ? La nature, plus tard l'éducation, tout concourt à mettre sur chacun de nous ce cachet de race, qui rarement s'efface tout-à-fait (1).

Supposez donc, ainsi que cela est indubitablement, des inégalités de valeur morale et intellectuelle prolongées durant plusieurs générations; supposez que, dans une race, durant une période de quelque durée, les pères transmettent à leurs fils une certaine supériorité relative intellectuelle, accompagnée, condition de rigueur, d'un certain commandement de soi-même. Car l'empire de la volonté sur elle-même, ou pour mieux dire, le gouvernement de la volonté par la raison — les parlementaires reconnaîtront ici le gouvernement constitutionnel — est proprement le sceau des fortes races, ce qui les distingue des petites.

Vim temperatam Di quoque provehunt
In majus. . . .

Supposez que, dans cette race, les femmes, *genius loci,* dont la valeur morale est plus essentielle encore que celle des hommes à la prospérité du foyer où elles viennent s'asseoir, que ces femmes, dis-je, taillées sur le patron de la matrone antique, apportent des alluvions successives, je ne dirai pas de fortune, ni surtout de ce déplorable esprit de futilité et d'extravagance qui semble s'emparer des jeunes filles d'aujourd'hui, mais, tout au contraire, de cet esprit de conservation et de bon conseil qui forme un des meilleurs apanages de leur sexe, et que nous voyons chaque jour faire le salut des maisons chancelantes; admettez que ces conditions subsistent et agissent durant seulement un siècle, — l'hypothèse est-elle impossible? — non; — sans exemple ? —

(1) Dans son dialogue sur les délais de la justice divine, Plutarque dit que, dans une famille, toutes les générations sont solidaires les unes des autres.

non encore ; sans appel quelconque au privilége, sans loi spéciale d'aucune sorte, par la seule force des choses, et par cela seul que, dans cette famille, se sera maintenu durant un certain temps un foyer plus actif de vie morale et intellectuelle, je vous défie d'empêcher que, tout naturellement, par une je ne sais quelle gravitation irrésistible, la fortune et la puissance, ce que Pascal *(Disc. r la condition des grands)* appelle « la grandeur d'établissement », s'y portent d'elles-mêmes, et s'y accumulent comme l'eau dans les vallées. Si vous voulez l'empêcher, une seule ressource vous reste : faites une loi contre les supériorités morales et intellectuelles ; empêchez, pour employer le langage de Platon, que Poros soit fils de Métis ; sinon, prenez-en votre parti, messieurs les bourgeois aristophages,

ὠμὸν βεβρώθοις Πρίαμον Πριάμοιό τε παῖδας (1)

chaque fois que l'hypothèse se réalisera, vous aurez une grande famille. La proportion de sa grandeur est affaire de temps et de circonstances ; mais si vous me passez la durée, sachez qu'il n'y a pas de limites.

Cela ne durera pas, me dit-on.

Pourquoi cela, je vous prie. Tant que la cause subsistera, elle produira nécessairement ses effets. Rien sans doute n'est éternel en ce monde,

ἔσσεται ἦμαρ, ὅτ'ἄν ποτ'ὀλώλῃ Ἴλιος ἱρὴ (2).

Mais je ne vois pas de raison pour que les sources de valeur morale, une fois créées, viennent à tarir, à la façon des ruisseaux qui disparaissent dans les sables du désert. Cela est possible, sans doute ; mais logiquement il y a plus de motifs de croire à leur continuité qu'à leur défaillance.

et amnis
Labitur, et labetur in omne volubilis ævum.

(1) IV, 35.
(2) VI, 448.

Regardez-le couler, si c'est votre goût. Comme il vous plaira.

Le poëte dit cependant :

Rade volte discende per li rami
L'umana probitate, e questo vuole
Quel che la dà, perchè da lui si chiami.

Je maintiens et professe que la sève ne se perd dans les rameaux qu'après que les racines ont cessé de la puiser dans *quel che la da*. Presque toujours donc, c'est au tronc qu'il faut s'en prendre.

Fortes creantur fortibus et bonis.

Cela ne durera pas, réplique-t-on ; nous avons une de nos lois (sous-entendu la meilleure de toutes) qui y met bon ordre : celle du partage égal, Napoléon, le Code civil, etc., etc.

Ah ! nous y voici à cette loi. Parlons-en donc tout à notre aise. Vous l'aimez ; moi aussi ; elle a beapcoup de bon. Mais, en ce qui concerne la thèse présente, la confiance que vous mettez en elle pour disséminer les fortunes et vous garer des grandes familles, vous êtes trahis. Je crois qu'elle est fort loin de mériter la confiance que vous avez en elle, d'avoir l'efficacité et l'importance que vous lui donnez. Je ne veux même pas répondre qu'elle ne passe pas à l'ennemi. Parlons franchement. Je le crois.

Napoléon, je le sais, a écrit quelque part dans sa corréspondance (1) : « Je veux avoir à Paris cent fortunes, toutes s'étant élevées avec le trône et restant seules considérables, parce que ce sont des fidéi-commis, et que ce qui ne sera pas elles va se disséminer par l'effet du Code civil.

» Établissez le Code civil à Naples. Tout ce qui ne vous est pas attaché va se détruire alors en peu d'années, et ce que vous voudrez conserver se consolidera. Voilà le grand avantage du Code civil. »

(1) Lettre au roi de Naples, 5 juin 1806.

Prétention d'auteur qui s'exagère la portée de son œuvre. Les intuitions du génie ne sont pas infaillibles, tant s'en faut, hélas ! on en a vu de déplorables. Il y a une chose au monde plus forte que les plus grands esprits : ce sont les chiffres; et pour juger de ce qui, comme les lois, opère sur les masses, je ne sache que les moyennes. Les vues partielles, pleines d'erreur, ne méritent nulle confiance, n'apprennent rien, ne résolvent rien. Jugeons à l'œuvre notre loi de partage égal. Rapportons-la à la moyenne des familles en France. Quelle est cette moyenne? Ici la statistique n'a rien de compliqué, ni de vague, ni de complaisant. On sait au juste le nombre moyen des enfants dans une famille française. Ce nombre, hélas? sous l'imp[illegible]ion d'un sentiment que l'éminent esprit de M. Rossi signalait, il y a déjà trente ans, à l'horizon de nos lois de partage, et qualifiait d'un nom dont je lui laisse la responsabilité, ce nombre tend plutôt à baisser qu'à grandir. Nos familles ne sont pas prolifiques comme celles anglaises et allemandes. J'ignore la proportion précise actuelle, mais ce doit être quelque chose comme 3 1/3 ou 3 1/4 tout au plus. Et veuillez remarquer que les familles opulentes, par cela même que le sentiment qualifié par M. Rossi y est plus énergique, ne sont pas, en général, les plus chargées d'enfants. En leur appliquant la moyenne générale comme mesure du partage de leur fortune, comme diviseur de leur dividende, je dépasse certainement la vérité.

Qu'est-il besoin, du reste, de rechercher cette moyenne et de nous battre sur ce chiffre? Il y en a un, accepté de tous, sur lequel nous ne nous battrons pas : celui de l'accroissement annuel de la population française qui n'est, malheureusement, que d'un 300e. Ce qui prouve que le diviseur de la fortune publique ne varie pas sensiblement. Mais revenons à la moyenne des enfants, et admettons la proportion la plus forte, 3 1/3.

Si donc, dans une famille, en même temps que la masse

des biens se partage dans la proportion de 2 (car il y a le père et la mère qui, en vertu de notre loi, apportent une fortune égale) à 3 1/3, si dans la période administrative d'une génération, par une cause quelconque, savoir-faire du père de famille, ou mouvement ascensionnel des valeurs formant la fortune publique, cette même masse des biens de la susdite famille s'est accrue dans la même proportion de 2 à 3 1/3, si le dividende s'est augmenté du même train que le diviseur, il n'y a plus décadence ni dissémination des fortunes, grands mots flattant de petites passions dont il ne faut pas être dupe ; il y a plutôt concentration ; car les 3 enfants 1/3 ne feront pas tous tige de race. L'expérience apprend qu'une partie des rameaux se dessèche, et verse sa sève dans ceux qui survivent ; et c'est ici que le chiffre de l'accroissement annuel de la population rectifie celui de la moyenne des enfants. Par le fait, il est rigoureusement vrai, mathématiquement établi, à prendre les choses dans leurs catégories générales et non en de certains aspects particuliers où la vue n'a rien d'assez précis pour donner prise à aucun raisonnement, il est, dis-je, mathématiquement établi que, prenant la société française en bloc, pour que la puissance dissolvante (j'écris ce mot sans y attacher aucune idée de réprobation) de notre loi de partage égal soit en équilibre statique avec la puissance créatrice de la fortune publique, de telle sorte que le dividende et le diviseur multipliés par le même coëfficient, le quotient ne varie pas, puisque, dans l'état, la population s'accroît annuellement de un trois-centième, il suffit que la fortune publique s'accroisse d'autant, et que, si cette proportion d'accroissement de la fortune se maintient, la loi de partage égal ne fera pas, à prendre des catégories un peu générales, que les enfants soient moins riches que leurs pères. Si la proportion d'accroissement de fortune dépasse annuellement un 300e, les enfants seront plus riches que leurs pères.

Le mirage vient ici de ce que, prenant au sérieux la

fameuse formule de ce pauvre Malthus, et l'antagonisme de ses deux progressions, on opère mentalement sur l'une en raison arithmétique et sur l'autre en raison géométrique. Il est certain que l'on arrive ainsi à des résultats de dissémination prodigieux. Mais la formule est fausse, rationnellement fausse. L'antagonisme des deux progressions est une chimère. L'une des deux tout au moins, celle arithmétique, n'existe pas. J'ai déjà touché ce point (1). Ici je n'ai besoin que de rester sur le terrain de la réalité et de consulter les faits eux-mêmes. Cette loi de partage égal, faisant échec à la formation des grandes familles dans la proportion de un 300e par an, qu'est-ce autre chose qu'une plaisanterie? Dans l'appréciation du mouvement général des choses, permettez-moi, en vérité, tant son influence est minime, de n'en pas tenir compte. Comparez la force centrifuge à la force centripète et calculez la résultante. J'ose dire que cette loi, inoffensive et anodine, n'est pas faite pour inquiéter beaucoup les grandes ambitions ni troubler leur sommeil. Elle a d'ailleurs du bon. Sans parler du mérite décisif d'être la seule juste, elle a cet autre mérite très inférieur, très appréciable cependant, d'indiquer clairement à chaque famille qu'elle n'a pas à compter sur un mécanisme légal indépendant de sa valeur propre pour subsister, de poser ainsi le problème dans ses termes véritables et, substituant la vérité à l'illusion, de mettre sur la voie de la vraie solution. Elle agit ainsi puissamment, provoque l'effort de chacun et développe la valeur individuelle; c'est ici à mes yeux un mérite considérable. Les résultats positifs qu'elle obtient indirectement en agissant sur la valeur morale sont démesurément supérieurs à ses résultats négatifs directs en ce qui concerne la formation des fortunes.

Voulez-vous, en chiffres purement approximatifs, la balance de ces deux résultats précisément inverses? Tandis que la

(1) Voir chap. XVIII.

population s'accroît annuellement chez nous d'un 300e, la fortune mobilière et immobilière n'y met certainement pas un siècle à doubler. L'une des deux forces est donc au moins triple de l'autre. Je ne crois pas qu'il y ait au monde un second pays où la puissance qui concentre les fortunes agisse avec une semblable intensité. Quel est ici le ressort moteur? précisément notre loi de partage. Je la considère donc, n'en déplaise à l'illustre auteur d'André et aux colères grotesques de son marquis de Morand, à l'inverse de l'opinion de ses amis comme de ses ennemis, comme une loi très propice à la formation des grandes familles (1). Si je ne l'aimais comme la plus naturelle, la plus équitable des lois, je l'aimerais

(1) Presque trop. Car c'est en elle, sachez-le, et non ailleurs qu'on doit chercher la vraie cause entravant le mouvement de la population française; et comme il faut reconnaître que cette stagnation est un mal, un très grand mal, comme en toutes choses la vérité produit le bien, en bonne logique, il en faut absolument déduire que notre loi de partage laisse à désirer, que des droits qu'elle a pour mission de concilier, droit du père, droit des enfants, droit de propriété, qui n'aime pas en général l'intervention de l'État, elle ne tient pas juste compte, n'établit pas le juste équilibre, et n'a pas su dégager du problème de ces trois forces leur vraie résultante. Pour ma part, j'incline à croire qu'elle ne se fie pas assez à la bienfaisante action du grand principe de la liberté, et que, plus on restreindra cette liberté, plus la loi aura des conséquences restrictives de la population, plus elle concentrera les fortunes, plus elle sera aristocratique. Lorsqu'on la voudra attaquer, ce sera par ce côté, après avoir déblayé la question de cette vaine évocation, cette fantasmagorie des grandes familles, épouvantail des petites âmes et des petits esprits,

Somnia, terrores magicos, miracula. . . . .

auxquelles la loi précisément que l'on a faite contre elles a peut-être le tort de faire la partie trop belle et trop facile.

S'il est vrai qu'il existe dans les mœurs un je ne sais quel sentiment aristocratique, qu'essayez-vous de le comprimer par vos lois? Tâche ingrate autant que stérile. Il se fera jour quelque part malgré vous, et voyez : le voici qui éclate aux dépens de la population. Vous avez calculé l'effet direct de votre loi dans le vide sans tenir compte de la réfraction du milieu dans lequel elle devait opérer. C'est pourquoi votre calcul est faux, les résultats que vous obtenez sont mauvais et frustrent votre attente.

« Les paysans aisés . . . . . ont moins d'enfants qu'autrefois, parce qu'ils ont compris les conséquences du code civil, ce qui est bien plus nuisible au développement de la population que le chiffre de nos contingents. »

(Gal de la Rue, séanc. sénat., 27 janvier 1867).

encore pour les raisons précisément qui font que plusieurs la haïssent. Je diffère donc ici beaucoup de l'opinion de presque tous ; d'un côté sur les effets de la loi, de l'autre sur sa valeur. En somme, je m'en arrange très fort, et si j'avais à y toucher, ce ne serait que sur de très petits détails ; mais ceux qui compteraient sur elle pour intercepter les effets nécessaires, financiers et politiques des différences héréditaires de valeur morale dans les familles, je suis en conscience obligé de leur déclarer que leur illusion est complète. Ils confondent deux choses fort distinctes : le chiffre d'une fortune et ses éléments. Dans l'état de stagnation de la population française, je ne vois pas pourquoi, en bloc, le chiffre de la fortune diminuerait du père au fils. Le dividende, qui est la fortune nationale, étant en voie d'accroissement continu, si le diviseur reste le même, le quotient tendra à s'accroître sans cesse. Mais il est clair que la loi appelant à partage les cadets et les filles concurremment avec les aînés, aura pour résultat de rendre les éléments de ce quotient, de cette fortune d'une famille à chacune de ses générations infiniment plus mobiles. Les grandes terres auront tendance à disparaître et à se morceler en domaines d'une dimension médiocre qui s'accomode à circuler aisément d'un héritage à l'autre. Les mêmes terres ne s'immobiliseront plus, ou difficilement, dans les mêmes familles. Elles passeront de l'une à l'autre comme une sorte de grosse monnaie, de coupure appropriée à la dimension commune des héritages. Les riches en auront beaucoup, les pauvres peu. Mais cette mobilité et ce morcellement n'entraînent nullement l'amoindrissement du chiffre total de l'héritage où elles viendront s'accumuler. Il y a des écus d'or et d'argent qui passent d'une main à l'autre, et telle bourse en petite monnaie peut valoir mieux que telle autre où se trouve un billet de banque.

Chose étrange ! En cette matière, le but semble ne pouvoir s'atteindre que par le tir à ricochets. Les lois qui se sont proposé de l'atteindre directement l'ont manqué d'abord et, ridicules autant qu'odieuses, n'ont servi qu'à fonder l'esprit diametralement contraire à ce qu'elles voulaient produire (1). Tandis que celles qui se proposaient d'entraîner les sociétés civiles dans les voies contraires, fondant l'esprit qui fonde les grandes familles,

Mirantur que novas segetes et non sua poma,

il se trouve qu'indirectement elles les créent. « Il est bon quelquefois, dit Montesquieu, que les lois ne paraissent pas aller si directement au but qu'elles se proposent. » C'est ici le cas ou jamais.

Est-ce ici une doctrine aristocratique? comme on voudra. Dans son humble sphère, le modeste auteur de ces pages est de ceux auxquels les gros mots ne font pas peur. Mais il maintient fermement que cela n'est pas.

Il prétend qu'ainsi entendu, et restreint dans les limites du droit commun, l'esprit de famille, qui rattache les générations les unes aux autres, celles d'aujourd'hui à celles d'hier autant qu'à celles de demain, établit entre elles un lien moral et les rend solidaires, qui allonge les perspectives de l'égoïsme individuel, agrandit ses œuvres, et transforme l'atome personnel, molécule d'Épicure,

Quæ porro magnum per inane vagantur (2),

en la monade d'un monde organique et harmonieux; il prétend que cet esprit est la plus féconde et la plus bienfaisante des forces sociales, la plus digne des sympathies et du respect de toute tête bien faite, et si son humble opinion avait besoin de garant, depuis Platon jusqu'à M. Guizot, il ne serait pas embarrassé d'en trouver. Il n'ignore pas que, dans la grande

(1) Parce qu'elles ont « introduit l'oisiveté dans une classe sociale, et avec elle l'ignorance et l'orgueil, la pauvreté et le luxe, ... énervé les forces de l'intelligence et endormi l'activité humaine. (Tocquev. Démocr. ch. II).

(2) II, 104.

république américaine, ce sentiment est relativement peu développé. La question est de savoir si ce lui est une force ou une faiblesse, et si, supposant que les sentiments d'indépendance individuelle et de vanité nationale y soient exaltés à ce point de fournir à la machine sociale un moteur équivalent, ce ne sont pas là des conditions particulières et transitoires, trop en dehors des conditions générales de l'humanité pour que l'on doive faire fond sur elles d'une façon générale et permanente. La politique vraie prendra l'homme à sa vraie mesure.

Toutefois, convenons-en. Si les idées qu'il vient d'exprimer ont quelque fondement, il faut s'attendre à voir leur effet se produire et les grandes familles surgir proportionnellement beaucoup plus nombreuses des rangs clairsemés de l'ancienne noblesse que de l'épaisse couche de notre active et intelligente bourgeoisie, et en ce sens, la doctrine tourner au profit de la première beaucoup plus que de la seconde ; quiconque aura du flair, je serais surpris qu'il n'eût pas de ceci une perception intinctive. Il y en a, si je ne me trompe, une cause philosophique assez profonde, que je crois entrevoir, trop longue à développer ici, que j'indiquerai d'un mot en rappelant que les bourgeoisies sont filles de la raison (1), les noblesses de la tradition, ayant la prétention de remonter d'antérieur en antérieur jusqu'au primitif, toutes deux fortement marquées du signe de leur race.

Le fait est patent que les fortunes nouvelles tombent souvent aux mains de fils dissipateurs, et sur cette donnée fort juste, on se souvient qu'un écrivain anglais contemporain, M. Anthony Trolloppe, a basé un de ses romans. Le pressentiment de cet état de choses empêchera sans doute quelques esprits d'adopter mes idées, mais ne les empêchera pas d'être justes ni de porter coup. Si, dans un combat loyal, le *fair play* des

(1) Voir le chap. XVIII.

Anglais, chacun réduit à ses aptitudes propres, sous un régime de lois identiques pour tous, il arrive que les vieux nobles, naturellement trempés d'esprit conservateur et habitués à des visées plus larges, comprennent les horizons que leur ouvre la culture intellectuelle; s'il arrive, dis-je, que, dans cette lice ouverte librement à tous, ils prennent la tête et que, comme le disait jadis en plaisantant notre ami Antiloque,

ἀθάνατοι τιμῶσι παλαιοτέρους ἀνθρώπους (1),

que faire à ceci? Rien. La faute en est aux dieux, non à celui qui écrit ces pages. Oui, Messieurs, quand il s'agira de viser un peu plus haut qu'un bout de galon ou de ruban, nous vous battrons et de bonne guerre, et vous n'aurez rien à dire.

Voyons les choses comme elles sont. L'aristocratisme ne consiste pas dans des inégalités de fortune et de pouvoir, même héréditaires. Il consiste uniquement dans un système de lois concertées dans le but de faire de la fortune et du pouvoir l'apanage, sinon exclusif du moins principal, d'une certaine caste. Son essence est le privilége héréditaire, le droit inégal (2). Avec ceux qui poursuivraient la théorie démocratique sur un autre terrain que celui du droit égal et de la liberté, de ce je ne sais quoi pressenti par le génie de Thucydide sous le nom de ὀλιγαρχία ἰσόνομος, le même droit départi à tous, le pouvoir délégué à quelques-uns, je décline,

(1) XXIII, 788.

(2) Me trompé-je en voyant un lambeau d'aristocratie privilégiée, grâce au ciel sans héritage, sans quoi nous aurions caste, là où on n'irait peut-être pas le chercher? Nous avons force comtes et marquis, mais de nom seulement, de courtoisie, disent nos voisins, dont aucun ne possède plus de privilége légal, ni de monopole, ni de seigneurie, sauf deux seuls : M. le marquis Purgon et M. le comte Fleurant, lesquels, tout en usant avec rigueur de leur privilége seigneurial, se passent le genre d'avoir, en général, des opinions assez avancées. Anomalie. M. le baron Dandin, bien qu'il ait fait la loi, bon prince, abandonne au public une province de son monopole : les conseils de guerre.

je repousse toute communion d'idées et de sentiments. Or, dans les pages qui précèdent, voit-on quelque trace d'un appétit de priviléges sous-entendu à l'état latent ? S'il en est ainsi, je passe condamnation. Mettons-nous à deux pour l'effacer. Mais non. Je fais appel à tous les hommes d'énergie et d'intelligence sans m'enquérir de leur naissance. Je leur dis : si vous voulez conquérir de grandes positions pour vos fils, ne comptez que sur vous-mêmes. Je leur rappelle ce mot de Socrate

λέγων ὅτι οὐκ ἐκ χρημάτων ἀρετὴ γίγνεται, ἀλλ'ἐξ ἀρετης χρήματα καὶ τἄλλα ἀγαθὰ τοῖς ἀνθρώποις ἅπαντα καὶ ἰδίᾳ καὶ δημοσίᾳ (1).

Est-ce ici de l'aristocratisme ?

Je prétends bien davantage et que les vrais amis de la vraie démocratie sont ceux qui, s'efforçant, comme c'est notre devoir rigoureux à tous et notre honneur, de relever le niveau général, d'alléger le fardeau de misères qui écrasent l'humanité, d'améliorer l'existence de tous, la fortune de tous, même des plus humbles, par tous les moyens justes et légitimes, surtout ceux d'ordre moral, vraie source de tout bien, surtout par le bienfait libéralement départi d'une bonne, large et chrétienne instruction, je prétends, dis-je, que ceux-là sont les vrais amis de la démocratie qui se réjouissent de voir à sa tête des familles considérables où la grandeur héréditaire n'ait d'autre fondement que la supériorité morale. Contre elles, que peut avoir à dire la démocratie la plus ombrageuse ? Aux dépens de qui se sont-elles faites ? Rien à leur reprocher ; beaucoup à en attendre, surtout au point de vue que voici.

Par nécessité, si ce n'est par goût, nous devons sans doute tous rendre franchement les armes à la démocratie moderne ; mais cela n'empêche pas de lui dire ses vérités et de reconnaître ses défauts. Elle en a plusieurs : un des principaux est la mo-

(1) Plat. apol. Socr. 17.

bilité extrême des positions sociales à laquelle nos lois, par la nature spéciale de l'institution démocratique, ne peuvent entreprendre d'apporter un frein direct, qui ne serait peut-être pas un mal en elle-même (1), qui en est un très grand par l'obstacle qu'elle apporte à la formation des influences traditionnelles. Celles-ci sont un bien partout et, sous condition qu'elles ne dérivent pas du privilége, dans les démocraties plus qu'ailleurs. Il n'est pas un petit marchand, ennemi juré des nobles et lecteur dévot du *Siècle,* qui, dans sa boutique, n'ait le sentiment de l'avantage de transmettre

(1) A Dieu ne plaise que je sois étranger à cet ordre d'idées et de sentiments que l'antique Hellade avait exprimés dans le gracieux mythe de l'éternelle virginité d'Histia. J'écris Histia parce que tel est son nom dans les cantiques homériques, archives officielles du culte, et parce que, sous cette forme, le mot se rapproche davantage de son étymologie ἱστίον. La femme antique s'aseyait près du foyer pour tisser sa toile et tourner ses fuseaux

. . . . . ἡ δ'ἧσται ἐπ'ἐσχάρῃ ἐν πυρὸς αὐγῇ
ἠλάκατα στοφῶσα. . . . .

Tandis que vis-à-vis d'elle, ponté sur un siége d'honneur de l'autre côté du foyer, son époux buvait comme un dieu

Ἔνθα δὲ πατρὸς ἐμοῖο θρόνος ποτικέκλιται αὐγῇ
τῷ ὅγε οἰνοποτάζει ἐφήμενος ἀθάνατος ὥς *(Odyss.* VI, 305, 310).

Je n'accepte donc pas l'étymologie, formulée par de plus savants que moi, qui dérive ἱστία de ἵστημι, *stare; (Plutarq. de primo frigido,* 21) et j'appuie mon opinion sur l'identité d'accentuation dans un cas, la différence dans l'autre, ἱστία et ἱστίον, ἱστία et ἵστημι. Si l'étymologie que je préfère est vraie, elle implique que, pour constituer véritablement un foyer, la résidence de l'homme ne suffit pas; il y faut une femme.

Pour ceux qui tiennent à la forme ἑστία, Vesta, on reconnaît qu'elle dérive du sanscrit *Was*, habiter. Peut-être est-il permis de penser qu'en grec les deux formes ἱστία et ἑστία, dérivés de deux radicaux différents, ont fini par se confondre dans le même sens.

ὤμοσεδὲ μέγαν ὅρκον, ὃ δὴ τετελεσμένος ἐστὶν
παρθένος ἔσσεσθαι πάντ'ἤματα. . . . . (εἰς Ἀφροδ. . . 26-28)

Heureux de nos jours les foyers d'où cette virginité ne s'envole pas à chaque génération. Notre administration de l'enregistrement, son grand ennemi, prétend, je crois, qu'en moyenne il ne lui faut qu'une période de vingt ou trente ans pour marier Histia sur toute la surface du sol français.

son commerce et sa clientèle à son fils. En quoi je l'approuve. Le commerce en ira mieux et probablement aussi monsieur son fils; car les sociétés vivent de tradition à peu près autant que de raison. Leur atmosphère respirable est formée de l'une et de l'autre, et c'est par toutes deux qu'elles peuvent

. . . . . *hilaro grandescere adauctu* (1).

Dans une société comme la nôtre, dont le vice n'est pas une dose trop forte de traditionnalisme, les éléments traditionnels sont cependant plus nombreux qu'on ne pense. A regarder de près, on se convainc qu'ils existent en foule, sous mille formes diverses, épars, sans cohésion, inertes. L'avantage des grandes familles est de leur fournir en quelque sorte un noyau de cristallisation, et dans une société plus que tout autre dénuée de racines et d'esprit de suite, d'allumer et d'entretenir un foyer où se rencontre ce qui lui manque le plus. Et, à ce point de vue, si l'on m'échauffe la bile, j'irai jusqu'à dire que les grandes familles sont l'essence des démocraties.

καί τοι σμικροὶ μεγάλων χωρὶς,
σφαλερὸν πύργου ῥῦμα πέλονται·
μετὰ γὰρ μεγάλων βαιὸς ἄριστ' ἂν,
καὶ μέγας ὀρθοῖθ' ὑπό μικροτέρων.
ἀλλ' οὐ δυνατὸν τοὺς ἀνοήτους
τούτων γνώμας προδιδάσκειν (2).

Si je dis que la meilleure aristocratie est celle où l'on voit les bourgeoisies les plus fortes, les plus nombreuses, les plus riches, vous battez des mains, vous acclamez.

Prenant la même idée par une autre face, si je dis : les meilleures démocraties sont celles où l'on voit le plus de

(1) Rer. nat. II, 1106.
(2) Soph. Ajax, 158 et seq.

grandes familles et où elles tiennent le plus de place ; — en quoi est-ce plus étrange ? En quoi est-ce moins vrai ?

εἰ μὲν γάρ τις ἔχει πολλὰ μηδὲν ὑμᾶς ἀδικῶν · οὐχὶ δεῖ δή που τοῦτο βασκαίνειν (1).

Faut-il rappeler ici que le plus glorieux chef de la plus glorieuse des démocraties était — garçon tailleur, direz-vous, — non. Rien moins qu'un Alkmaionide (2). Et ceux qui ne pensent pas ainsi, l'on voit que le poëte athénien, démocrate lui-même, ne se gêne pas pour les qualifier de l'épithète d'*imbéciles*, *ἀνοήτους*.

Les démocraties bien avisées ont donc toute autre chose à faire que les entourer de haines jalouses et s'efforcer de les étouffer. J'avoue que la tendance naturelle de leur caractère ne les porte pas précisément de ce côté à la confiance et au respect ; et rien ne s'accomode mieux à l'esprit de notre temps que cette parole de je ne sais quel hymne du Véda : « j'enfante mon père. » Cette exclusion contre tout ce qui ne dérive pas purement de soi-même, ne vaut pas mieux que toutes les autres exclusions et étroitesses. C'est un mal, et tous nous devons réagir contre nos petitesses et les côtés fâcheux de nos caractères ; sinon il n'y a plus société d'hommes, mais troupeau de brutes.

Il faut, du reste, se persuader que, s'il n'est pas interdit de penser qu'avec le temps se forment en France des familles nobles opulentes, vieilles à l'égal des plus grandes d'Angleterre, — généralement elles le sont assez peu —

. . . . . *quis tibi quartus*
Sit pater ; aut prompte, dicam tamen ; adde etiam unum
Unum etiam, Terræ est jam filius (3). (Pers. VI. 57).

(1) Leptin. 24.

(2) Par sa mère.

(3) Comme ancienneté, comme valeur nobiliaire proprement dite, convenons que nos noblesses occidentales, les plus authentiques, les plus illustres, les Guelphes, les Wittelsbach, sont à une distance écrasante des noblesses

Comme il est bien difficile, ainsi que je l'ai remarqué plus haut, que jamais se puissent constituer chez nous ces immenses Estates de l'aristocratie anglaise (1), nos grandes fortunes, formées d'éléments plus mobiles, plus disséminés, seront par là moins apparentes et, partant, de forme moins provocatrice. Au temps où nous vivons, je n'estime pas que ce soit ici petit avantage.

Je résume ma pensée d'un seul mot : je m'en tiens purement et simplement à la doctrine spiritualiste, et professe que le vrai, l'unique fondement un peu solide, l'unique garantie de la grandeur des familles comme de toute grandeur humaine, est leur valeur morale et intellectuelle, ce certain esprit

In quo consilium vitæ regimenque locatum est (2).

d'Orient, de ces familles s'enfonçant à perte de vue dans la nuit des temps, de ces Bagration qui se rattachent à un officier des Achéménides, de ce Hatzé Johannes, fils de Salomon, de ces brahmes hindous plus vieux que David et issus de la propre tête de Brahmâ.

Je me représente le duc de Saint-Simon, un fier gentilhomme celui-là, en face des descendants de la reine de Saba : dans les abîmes sans fonds de son incommensurable vanité, comme il savoure délicieusement le sentiment intime de sa propre supériorité ! Comme avec son habit doré, son chapeau à plumes et sa petite épée, il regarde d'un œil hautain le rustre en souquenille humblement posé, les yeux à terre, devant lui.

Quel est donc, lui dirai-je, Monsieur le Duc, le fondement de cette supériorité à laquelle je m'empresse de rendre hommage ? Elle existe, cela est certain. Quelle cause lui assignez-vous ?

A dire vrai, avec notre civilisation récente et nos courts stemmates, nous sommes tous plus ou moins des parvenus.

ἐγὼ δ'ἐμαυτόν παῖδα τῆς τύχης νέμων (*Œdip. tyr.* 1080).

(1) Naguère encore — postérieurement à 1860, — dans les registres de l'*Income Tax*, le nombre des familles anglaises atteignant un revenu, en rentes ou profits quelconques, de 50,000 livres et au-dessus, n'était que de 47 (Himly, cours profess. en décembre 1863 à la faculté des lettres de Paris).

On peut donc, en l'état actuel, considérer le chiffre de 50,000 livres (1,260,000 fr.) de rente terrienne, comme celui des très grandes fortunes anglaises. — Le nombre de celles supérieures à 10,000 livres était de 512.

(2) Rer. nat. III, 95.

Autant les lois anciennes ont été vaines et chimériques à vouloir dispenser leurs grandes familles de valeur morale, autant les nôtres actuelles le seraient elles-mêmes à vouloir empêcher cette valeur morale de produire ses conséquences naturelles et nécessaires : la grandeur des familles. Des deux parts, c'est agir à la façon des Talapoins dans leurs prières et prétendre substituer le jeu d'un mécanisme à l'action de l'âme ou à son efficacité.

Sur ce terrain d'une sorte d'aristocratie démocratique, de grandes familles sans priviléges ni castes, où sans sortir de chez soi tous peuvent se rencontrer, aurai-je l'heureuse fortune de voir quelques esprits libres de passion, élargissant leurs horizons, surpris et charmés de sentir de vieilles antinomies se fondre dans une synthèse plus compréhensive, dernier terme de l'évolution sociale et conciliation de la thèse et de l'antithèse? Si petit qu'en fût le nombre, ce serait ici le comble de mes vœux

si tibi vera videtur,
Dede manus, aut si falsa est, accingere contra (1).

A se placer dans le système de Hégel, ce serait donc ici le dernier terme du rythme trimétrique — il n'y a que les Allemands pour mettre ainsi la philosophie en Walse, comme Mascarille l'histoire romaine en madrigal — de son *Processus* et ce qu'il appelle l'Idée pour soi.

V.

Je n'ai pas fini. Il me reste, ou plutôt il me resterait à toucher la dernière partie de ma tâche, la plus difficile, la plus pratique, celle malheureusement où ma vue est la moins nette. Que la grandeur des races repose uniquement sur le fondement de leur valeur morale, je n'en ai pas le moindre

(1) Rer. nat. II, 1042.

doute et crois l'avoir solidement établi. J'ai tâché de définir dans ses deux éléments constitutifs, l'esprit créateur des familles. Il me resterait à dire comment se fonde cet esprit lui-même. Mais ici je suis fort embarrassé ; je dirai simplement à chacun de faire selon sa puissance, de suivre sa propre inspiration.

Il est toutefois un point dont l'évidence ressort : l'importance de l'éducation. L'esprit, Dieu seul le donne, mais un esprit, un certain esprit,

> ἥ τ' ἄνδρας μέγα σίνεται, ἠδ' ὀνίνησιν (1),

l'éducation y peut immensément, et sans vouloir blâmer personne, l'on me permettra de dire qu'à ce point de vue, l'état de choses actuel laisse à désirer.

Je m'adresse à un groupe qui m'est très cher, aux débris de notre vieille noblesse décimée par les siècles et les révolutions. Je leur dis : σφὶν εὐφρονέων

> ὦ φίλοι ἥρωες Δαναοί,

vous suffit-il de vous affubler de vains titres, vains oripeaux aux yeux de ce public qui *stupet in titulis et imaginibus*, celui d'autrefois ; car aujourd'hui il ne s'ébahit plus de rien. D'ailleurs la monnaie est si frelatée qu'elle n'a plus guère cours.

Votre unique ambition est-elle de vivoter vous-mêmes, sans idées suivies, sans système,

> *An passim sequeris corvos, testaque, lutoque,*
> *Securus quo pes ferat, atque ex tempore vivis* (2) ?

et d'espérer que vos fils vivoteront comme vous, à la merci des incidents, au petit bonheur, résignés à ce que finalement il en soit d'eux comme de ces petits ermites du poëte sans-

(1) Iliad. XXIV, 45.
(2) Pers. III, 61.

crit (1), hauts d'un pouce, et s'embourbant, cinquante à la fois, dans un pas de vache, fières gens d'ailleurs et dont il n'y avait pas à rire.

Ou, fils de vieilles races, songez-vous à être pères d'une race nouvelle, trempée à de nouvelles sources

. . . . . *Romanam condere gentem.*

Je vous propose, je vous apporte une méthode. Est-ce la vraie et la bonne? Je le crois. En fût-il autrement, jusqu'à ce que votre esprit se soit rallié à une différente, sous bénéfice d'inventaire, n'hésitez pas à pratiquer celle-ci, sur ce principe très incontestable que, en quoi que ce soit, quelqu'œuvre qu'il s'agisse d'aborder, la pire méthode est de n'en pas avoir, et que mille fois mieux vaut celle défectueuse qu'absence de méthode. Scepticisme est stérilité, et c'est pourquoi, à se contenter du petit bonheur il n'y a que les petites cervelles.

καὶ σοὶ σάφ' ἴσθι. . . . .
ἐκ τῶν πόνων τῶνδε εὐκλεᾶ θέσθαι βίον (2).

Vous avez commencé par les asiles (3) ; vous y êtes nés, vous les avez fondés et maintenus par votre seule supériorité morale, non par les lois qui n'existaient pas, que vous avez faites *a posteriori*, et qui n'ont eu d'autre sanction que le prestige de votre propre valeur ; et c'est alors que votre étoile a atteint son zénith. Accomplissez le cycle et finissez par où vous avez commencé. Rentrez dans vos asiles, dans

(1) Adi Parva, 1445.

(2) Soph. Philoct. 1421.

(3) Peut-être se rappellera-t-on que, dans les idées des pères âryens, la famille est constituée et conservée par la *foi*, c'est-à-dire une certaine doctrine. Cette doctrine, comme elle a été leur cause efficiente, elle demeure la source vive de leur puissance. Théorie profondément philosophique, et, je crois, vraie ; au fond, dans tout ce chapitre, je ne dis pas autre chose. (Voir chap. XVII.)

le plus puissant de tous, celui qui les a tous créés, la supériorité morale, retrempez-vous à vos sources

Meaque
Virtute me involvo.

et ne doutez pas que les mêmes causes ne produisent de rechef les mêmes effets.

Renoncez d'abord, je vous en conjure, à tout espoir, à toute idée, qu'un mécanisme légal quelconque puisse asseoir et perpétuer la grandeur des familles, à cette chimère qu'il y ait un procédé quelconque efficace pour les dispenser de cette condition essentielle et suprême de toute vraie grandeur : la supériorité relative de valeur morale. Si vous l'avez, vous n'avez pas besoin d'autre talisman ; si vous ne l'avez pas, les lois n'y feront rien, et ne prétendez pas, avec des toiles d'araignées, arrêter la force des choses. Ces lois, d'ailleurs, se paient cher ; au dedans comme au dehors, la rançon du privilége, comme celle de l'esclavage, est amère ; leurs conséquences morales sont déplorables sur ceux-là mêmes qui en bénéficient et le système tout entier se résume dans ce vers du poëte :

propter vitam vivendi perdere causas (1) ;

ce que notre vieux proverbe gaulois appelle : lâcher la proie pour l'ombre. Détachez donc, détachez vos yeux et votre pensée de ce vieil engin impuissant, détraqué, odieux, fatal. Voguez à pleines voiles vers de nouvelles terres plus fortunées

Arva petamus arva
Divites et insulas
Reddit ubi cererem tellus inarata quotannis ;

et sous des cieux nouveaux, gardez votre ancien esprit.

Αἰὲν ἀριστεύειν, καὶ ὑπείροχον ἔμμεναι ἄλλων (2).

(1) Juv. VIII, 84.
(2) XI, 784.

Ne craignez pas de viser au grand ; car sachez que, si l'on ne vise au-dessus du but, on tombe au-dessous, et que, si vos ambitions ne sont pas un peu hautes, si elles ne prennent pas pour instrument une méthode précise et déterminée, comme un général qui s'en irait en guerre sans avoir un plan d'opérations dans sa tête, votre race est irrémédiablement destinée à s'engloutir, un peu plus tôt, un peu plus tard, dans les bas-fonds du prolétariat, d'où, une fois plongés, il est fort difficile d'émerger

Haud facile emergunt quorum virtutibus obstat
Res angusta domi. . . . . . (1)

Ne mesurez pas d'un œil complaisant la distance matérielle qui vous en sépare. Ne vous fiez pas à celle-ci qui n'a pas de substance par elle-même et peut s'évanouir en un instant, mais seulement à la distance morale, dont la maîtresse pièce est incontestablement l'éducation des enfants. Si, sans souci de la valeur morale et intellectuelle, vos fils se contentent de vivre endormis dans le giron de notre mère l'orthodoxie traditionnaliste, il est fort à craindre que bientôt, en dépit de leurs titres et de leur naissance, ils ne se trouvent réduits à de fâcheuses extrémités.

Baro, regustatum digito terebrare salinum
Contentus perages, si cum Jove vivere tendis (2).

S'ils n'ont pas tout à la fois une bonne conduite et une instruction forte, à défaut de celle-ci, à tout le moins, un profond respect des choses de l'esprit, avec quoi souvent les pauvres veines peuvent attendre les meilleures, ils sont sur la grande route des décadences, le germe en est inoculé à leur sang,

Thrax erit, aut olitoris aget mercede caballum.

(1) Juv. III, 149.

(2) Pers. V, 148.

La supériorité morale et intellectuelle, veuillez, je vous supplie, me prêter créance, comme elle est votre seule racine permanente, elle est aussi, aux jours où le ciel nous appelle à vivre, votre seule justification, et bien exposée, bien précaire me semble toute grande position qui, raisonnant autrement que l'intelligent Sarpédon, ne se proposerait pas de faire dire d'elle-même

> *οὐ μὰν ἀκληεῖς Λυκίην κάτα κοιρανέουσιν*
> *ἡμέτεροι βασιλῆες, ἔδουσί τε πίονα μῆλα*
> *οἶνόν τ' ἔξαιτον, μελιηδέα· ἀλλ' ἄρα καὶ ἲς*
> *ἐσθλή* (1).

La valeur morale, c'est vous qui la donnez directement, d'une façon presque exclusive. C'est vous qui donnez un certain pli aux volontés et aux caractères, qui apprenez à considérer la vie sous de certains aspects, qui lancez d'une certaine manière vos enfants dans un certain monde, après leur avoir appris, ou ne leur avoir pas appris, le gouvernement contitutionnel de la volonté par la raison.

La valeur intellectuelle, après Dieu, indirectement, c'est encore vous qui la donnez, présidant à leur instruction, déterminant ses directions, fixant à peu près sa quantité et sa qualité.

Parlons de vos fils, et puissiez-vous, selon le vœu du poëte,

> . . . . . . *bona natorum excellere fama* (2).

Trouvez-vous qu'en ce qui concerne leur instruction, leur activité d'esprit et leur sagesse, tout soit au mieux? Je ne tiens pas à vous persuader le contraire; cependant il m'est impossible de n'en pas apercevoir un grand nombre dont l'existence roule uniquement du club à l'hippodrome,

> *magni Messalæ lippa propago* (3),

(1) XII, 318.
(2) Rer. nat. VI, 13.
(3) Pers. II, 72.

et si, de cette école, souvent précédée d'un stage illusoire dans les collèges pour aboutir à une vie de campagne embaumée de fumiers, si de cette école, dis-je, ils rapportent la discipline et les aptitudes qui font les hommes forts, cela se peut, j'en convient, cela se voit, mais vous avez de la chance. La valeur morale et l'intellectuelle se tiennent de plus près qu'on ne pense, et un certain branle d'esprit, comme dit notre aimable vieux Montaigne, est fort utile pour empêcher le moral de s'avarier aux séductions de la jeunesse ;

Cumque iter ambiguum est et vitæ nescius error
Diducit trepidas ramosa in compita mentes (1).

Ce branle d'esprit est difficile à obtenir si vous ne lui assignez un but déterminé; et c'est en ce sens que les carrières sont surtout utiles. Leur meilleur fruit est moins en elles-mêmes que dans les efforts qu'elles provoquent, la trempe et le support qu'elles donnent aux caractères (2).

Parlerai-je de vos filles? oui; comme l'eût fait de la mer ce chevrier assis solitaire sur la cime des rochers du rivage.

Ὡς δ'ὅτ' ἀπὸ σκοπιῆς εἶδεν νέφος αἰπόλος ἀνὴρ,
ἐρχόμενον κατὰ πόντον ὑπὸ Ζεφύροιο ἰωῆς·
τῷδε τ', ἄνευθεν ἐόντι, μελάντερον, ἠΰτε πίσσα,
φαίνετ' ἰὸν κατὰ πόντον, ἄγει δέ τε λαίλαπα πολλήν,
ῥίγησέν τε ἰδών....... (3)

A vrai dire, je crains fort que ce ne soit ici notre point le plus malade, et que l'éducation des filles — je parle des riches, étant entendu et convenu que les autres sont des anges — ne laisse encore plus à désirer que celle des fils.

En général, on cultive peu leur esprit. On s'occupe plutôt de leur donner ce qu'on appelle des talents que des connaissances, comme s'il importait davantage de développer

(1) Pers. v, 34.
(2) L'âme qui n'a pas de but estably, elle se perd *(Montaigne)*.
(3) IV, 275.

leur vanité, toujours chatouilleuse chez les femmes, que leur intelligence. Est-ce parfaitement sensé? Certes, je ne méconnais pas la vertu de l'art pour élever les âmes et embellir la vie, et, d'ailleurs, tout est bon qui leur servira plus tard à se suffire à elles-mêmes et ne pas se faire besoin de ces extravagantes distractions dont parle si amèrement notre grand Pascal. Mais sans vouloir ériger nos femmes en docteurs en jupons, ni en faire des façons d'hommes, comme ce judicieux La Bruyère, qui s'est trompé en ceci, verriez-vous quelque inconvénient à leur donner, selon l'excellente expression de Molière, ces lueurs de tout qui leur permettraient de ne pas demeurer complètement étrangères à la vie intellectuelle d'un mari intelligent, tel que, sans doute, toutes le prétendent avoir, d'y pénétrer, s'associer à son mouvement d'idées, et rendre ainsi, au grand profit de l'un et de l'autre, leur commerce plus intime et plus doux. « Être en commerce de paroles et de pensées, dit Aristote (1), c'est là ce qui s'appelle pour les hommes vivre ensemble, et non pas comme pour les animaux, pour qui c'est seulement paître dans le même lieu. » Je me persuade que Montaigne, aujourd'hui, n'approuverait plus le bon duc François de Bretagne « qui, comme on luy parla de son mariage avec Isabeau d'Écosse, et qu'on luy adiousta qu'elle avoit esté nourrie simplement et sans aucune instruction de lettres, respondit : qu'il l'en aymoit mieulx, et qu'une femme estoit assez sçavante quand elle sçavoit mettre différence entre la chemise et le pourpoinct de son mary. » Heureux à ce compte de n'avoir pas épousé une servante. Nous avons d'autres goûts et ne comptons plus comme grâce aux femmes, et charme pour se faire aimer, l'ignorance et la bêtise.

Que faisons-nous, cependant, et comment les préparons-nous à entrer un jour en communion d'idées et de sentiments avec leurs maris? Toutes jeunettes,

ἀταλὰ φρονέουσαι

(1) Moral. à Nicomaq. IX, 10.

on les lance dans le tourbillon du monde. L'on se fait, à cet égard, de stupides obligations. Leur intelligence, à peu près développée comme celle d'un médiocre écolier de collége, on les y plonge. Elle s'y fige. Leur petite cervelle, naturellement peu solide, n'y résiste pas, et nulle fibre sérieuse n'y subsiste plus. Elle ne rêve plus que chiffons et pirouettes,

Hoc discunt omnes ante alpha et beta puellæ (1).

Il en ressort des oiseaux charmants qui gazouillent, et même assure-t-on, babillent, plus tard incapables autant d'une conversation suivie que d'un sentiment sérieux et d'une conduite sensée.

Ψυχρὸν παραγκάλισμα......
γυνὴ κακὴ ξύνευνος ἐν δόμοις (2).

Que deviendront entre leurs mains la joie et la dignité du foyer domestique? que deviendront les fortunes?

Prodiga non sentit pereuntem fœmina censum (3).

Que deviendront les familles? Quelle figure font aujourd'hui nos femmes du grand monde, si ce que la voix publique en murmure est vrai?

Cette discipline des femmes, non universelle, sans doute, mais beaucoup trop répandue, est tout à la fois un très grand malheur pour nous, une très grande erreur de leur part, une méconnaissance de leur vraie nature, une abdication de leur vraie supériorité.

Intellectuellement, il n'y a pas de doute que la femme ne soit très inférieure à l'homme (4). Cette parole est un peu dure à dire, mais rigoureusement vraie. Plusieurs provinces de l'esprit humain, et les principales, leur sont closes, et

(1) Juv. XIV, 190.
(2) Antig. 650, 351.
(3) Juv. VI, 218.
(4) C'était le sentiment de Platon. *(Banquet, trad. Cousin,* p. 256).

dans les petites provinces où nous les voyons pénétrer, elles occupent des places en somme modestes. Le domaine des sciences leur est interdit; celui de la philosophie également, et c'est à peine si nous en voyons une seule, la plus grande des femmes, Mme de Staël, — *mascula Sappho*, — qui de nos de jours a pu mettre le pied sur les marches du temple; l'histoire également; la grande poésie également; l'épopée ni le drame ne connaissent l'étreinte d'une main féminine, et les plus humbles vallées du Parnasse, comme disaient nos pères, sont les seules où nous les voyons parfois voltiger avec grâce. En somme, c'est une opinion très fausse de beaucoup de jeunes esprits que d'attribuer la poésie aux femmes. Dénuées, en général, de toute puissance d'abstraction, elles n'ont ni les grandes audaces, ni les grandes inspirations, ni le souffle, ni la portée, ni la richesse d'imagination. Faute de leur éducation, direz-vous; erreur, et la preuve est que, dans les arts proprement dits, élevées comme nous, elles nous cèdent également le pas. La grande peinture, la grande musique leur sont étrangères.

> . . . . . *nam longe præstat in arte*
> *Et solertius est multo genus omne virile* (1).

Au demeurant, leur intelligence est profondément autre que la nôtre, et je hausse les épaules sur qui voudrait élever les sœurs comme les frères, mêmes leçons et mêmes maîtres; vous ferez des garçonnes. Les femmes n'ont jamais excellé que dans la prose, avec Mme de Sévigné, par exemple, et quelques autres. Des trois femmes qui, dans le monde ancien et moderne, se sont seules élevées en poésie d'un certain essor, (dont deux que je sache n'ont jamais écrit en vers), il en est deux, quelle que soit leur honorabilité privée que je n'entends point contester, l'hellénique Sapho et l'illustre auteur de Lélia, dont nul de nous, je présume, ne voudrait ni pour femme, ni pour fille, ni pour mère. Encore une fois,

(1) v, 1353.

leur domaine propre, le seul où leur esprit, fort différent du nôtre (1), excelle à l'égal de celui des hommes, en même temps que leur caractère y reste dans son assiette, est la prose, une certaine prose, c'est-à-dire cet ensemble de qualités solides, sensées, piquantes, gracieuses, qui font la bonne prose. Leur poésie n'existe en nous que comme le monde de Kant, subjectivement.

Sed in teipso est (2).

Moralement, je crois qu'elles nous sont supérieures. Elles savent mieux que nous se commander elles-mêmes et gouverner leurs volontés ; nous sommes plus désordonnés

faciunt hi plura (3).

Or, de toutes les facultés humaines, la volonté est la première (4).

Vous voyez en Europe je ne sais combien de races mieux douées que l'anglaise au point de vue intellectuel ; l'hellénique d'abord, la première des races humaines, cette merveilleuse race primant toutes les autres dans le domaine de l'intelligence, des arts et de la beauté (5), l'italienne et tant

(1) *γυνὴ θῆλυς ἐουσα, κοὐκ ἀνδρὸς φύσιν,* (*Trach.* 1062.)

(2) Hor. Sat. II, II, 20.

(3) Juv. II, 29.

(4) *τὸ γὰρ πράττειν του λέγειν. . . . . ὕστερον ὂν τῇ τάξει, πρότερον τῇ δυνάμει καὶ κρεῖττόν ἐστιν.* (*Démosth.* III. *Olynth.* 15.)

(5) Parlant des Hellènes, je ne puis me défendre de faire une observation qui me semble caractéristique. On fait, et à juste titre, grand honneur au chancelier Bacon d'avoir écrit le premier cette belle pensée : « *Homo minister et interpres naturæ; quantum scit, tantum potest.* » Ne retrouvons-nous pas la même idée dans le vieil Homère lorsque, voulant expliquer pourquoi la puissance de Jupiter est supérieure à celle de Neptune, il dit :

πρότερος γεγόνει καὶ πλείονα ᾔδη, (XIII, 355)

et non-seulement la puissance de la science, mais aussi son charme. Que disent les syrènes ?

Ἴδμεν γὰρ τοι πάνθ' (*Odyss.* XII, 189).

d'autres, et l'épaisse lourdeur d'une intelligence anglaise, même cultivée, à peu près rebelle aux généralités métaphysiques pures comme aux aptitudes artistiques, sauf la poésie, faire petite figure en regard de celle d'un Grec ou d'un Napolitain, et il ne sera pas difficile à un lazzarone de faire pâlir un lord. Cependant, jetant les yeux sur le vaste théâtre de l'univers, nous voyons ces deux brillantes races ramper à la surface du sol, et le terne Anglais, une façon de rustre et de parvenu mal dégrossi à côté du Grec, s'emparer partout à grands pas du premier rôle sur la scène du monde. Pourquoi? uniquement parce que nulle autre race n'est, autant que la sienne, maîtresse de sa volonté. En quoi que ce soit que vous voyez la supériorité anglaise s'attester, allez au fond, vous trouverez comme source la possession de

Race grossière que la nôtre, toujours disposée à voir la puissance dans la force, et à qui les syrènes de nos jours se gardent bien, pour la séduire, de tenir ce langage. Non-seulement la science morale de la vie, la science du bien et du mal, comme le tentateur de l'Eden, mais la science de tout, πάντ' ἴδμεν, l'universelle curiosité de l'esprit.

Il est curieux de voir ici la syrène des poëtes sanscrits. « Elle donna à Rishyaçringa beaucoup de mets très savoureux, très odorants et qui excitaient son appétit. Elle lui donna des guirlandes bien parfumées, des habits variés, resplendissants, et des breuvages exquis. » (1) Un peu comme les nôtres.

C'est aussi le moyen que Draâupadî donne à Satyabhâmâ pour gagner le cœur de son époux. « Concilie-toi donc le cœur de Krishna par tes badineries aimables et sans cesse par ta toilette, par des mets excellents, — la cuisine est une science divine, — de belles et précieuses guirlandes, des manières polies et des senteurs diverses. « Je suis son époux, » dira-t-il à la fin de ces choses; il te serrera dans ses bras; tiens cela pour assuré. » *(Vana parva, 14,713 à 14,714.)*

« Gagne le cœur de ton époux avec de suaves parfums, avec la beauté des parures et des bouquets précieux. » (14,721)

De toute façon, l'avantage est aux Hellènes.

Dans son beau livre, l'illustre M. Grote parle ainsi de la race hellénique : « Le Grec étant non-seulement capable d'ouvrir tant pour lui que pour le genre humain les voies les plus hautes de l'intelligence et la pleine action créatrice de l'art, mais encore étant beaucoup plus doux dans ses sympathies privées et dans sa conduite que ses contemporains vivant sur les bords de l'Euphrate, du Jourdain ou du Nil. » (2e part. ch. I.)

(1) Vana parva. 10,040.

soi-même, don suprême que ne sauraient balancer ni la profondeur germanique, ni ces mille aptitudes de l'esprit français, susceptible, comme son sol, de toutes les cultures.

Si donc la possession de soi-même est une si grande chose, si les femmes nous y sont supérieures, que penserons-nous de celles qui, abdiquant cette supériorité bienfaisante pour nous autant que glorieuse pour elles, troquant leur aînesse pour des lentilles, et destinées à être l'esprit conservateur du foyer, rabbatront leurs visées aux succès d'une jolie poupée?

> Ὡς οὐκ αἰνότερον καὶ κύντερον ἄλλο γυναικὸς
> ἥτις δὴ τοιαῦτα μετὰ φρεσὶν ἔργα βάληται (1).

Ce sont, dit le vieil Hésiode (2), des tisons qui consument à petit feu la vie d'un honnête homme, des bourdons introduits dans une ruche, qui la dévorent (3).

L'esprit conservateur, qu'elles le sachent bien, telle est leur essence. Aristote le leur a dit il y a plus de vingt siècles (4). Dans l'humanité nous représentons plutôt l'élément Whig,

> αἰετοῦ οἴματ' ἔχων μέλανος (5),

elles l'élément Tory. Souvent l'on a vu les femmes faire de grandes choses par l'esprit de conservation, très rarement par esprit d'innovation. Autant le premier leur est naturel, autant le second est antipathique à leur caractère non moins qu'à leur intelligence. Merveilleuse idée de ces novateurs qui leur voudraient départir le droit politique. Comme routine, comme reculades, nous en verrions de belles, et l'on peut être assuré qu'il ne serait plus question de l'audacieuce race

(1) Odyss. XI, 427.
(2) Opp. 704, 705.
(3) Théog. 599.
(4) Pol. liv. III, ch. II, § 10.
(5) XXI, 252.

de Japhet. Tricoteuses, Blœmeristes, Vésuviennes, Bas-bleus, femmes auteurs à forte tête, petite troupe égarée dont il n'y a pas à tenir compte. La masse est à tout jamais enrôlée sous la bannière de l'esprit conservateur. Singulier progrès donc, qui s'en va chercher ce qu'il y a de plus stationnaire au monde, feu qui va quérir l'eau pour s'éteindre. Je me représente l'oiseau se chargeant de plomb pour voler, le navire mouillant ses ancres pour marcher. C'est ce que Montaigne appelle *brider l'âne par la queue.*

Un dernier mot. La meilleure route de la volonté est l'intelligence ; ne craignez donc pas de faire comprendre de bonne heure à vos enfants le vrai fondement et le seul solide de la prospérité des familles, afin qu'ils se fassent, dès leurs jeunes ans, un point d'honneur d'y associer leurs efforts. Il est facile d'enflammer de jeunes âmes bien nées à la poursuite de grandes causes suivies de grands effets, si on a su leur en démontrer la connexion, et de les engager de toutes leurs forces dans une partie dont on leur a fait voir les enjeux. L'essentiel est d'acquérir l'adhésion de leurs esprits, cette adhésion sans réserve, fruit, non d'une volonté mâtée et frémissante, mais d'une évidence pleinement perçue, de leur faire toucher du doigt et de l'œil l'œuvre solidaire à laquelle on les convie, et à laquelle, sauf de rares exceptions infiniment douloureuses, vous pouvez espérer qu'ils s'associeront, le rôle qui leur est dévolu, la route à suivre pour l'atteindre. Quelle que soit la méthode employée, si vous laissez après vous un foyer actif et persistant d'intelligence, et des volontés maîtresses d'elles-mêmes, si l'impulsion donnée est assez vigoureuse pour traverser, sans s'amortir, plusieurs générations,

Immensi validas ævi contemnere vires (1),

fermez les yeux avec calme, il n'y aura pas décadence. Le ferment de vie et de progrès continu est déposé ; laissez-le

(1) Rer. nat. v, 380.

agir. Quel que soit votre héritage matériel, votre héritage moral vaut mieux encore, mieux dans l'ordre des choses purement humaines.

Hac arte Pollux et vagus Hercules
Enisus arces attigit igneas,
Quos inter Augustus recumbens,
Purpureo bibit ore nectar.

ÉPILOGUE.

Dans un chapitre précédent (1), j'ai fait allusion à l'histoire des deux horlogers. Pour qui ne la connaîtrait pas, je donne ici la traduction textuelle d'une pièce assez bizarre que je ne sais comment qualifier, recueillie au couvent de Mégaspilaion, en Arcadie. Ce couvent, dans une situation des plus pittoresques, est célèbre par son image authentique et miraculeuse de la Panaya taillée par saint Luc dans un méchant billot de bois noir, objet de l'extrême vénération des Orthodoxes.

Peut-être ne se douterait-on pas que l'original est une poésie, en tant qu'il est écrit en vers, même en vers hexamètres, à l'imitation visible des hymnes homériques. Bien que le dialecte employé soit aussi celui d'Homère, il n'y a nul doute que l'œuvre ne soit très moderne, même contemporaine, et n'appartienne à un bon kaloyer du monastère connaissant son Homère, pillé par lui à tort et à travers, possédant son grec littéraire, et même susceptible de l'écrire avec une correction suffisante pour faire un mauvais pastiche. Le rythme y est, mais l'inspiration fait absolument défaut. La poésie est de la dernière platitude, et prouve surabondamment que le bon kaloyer s'est entièrement mépris en donnant à son œuvre la forme poétique. Mais la pensée ne m'a pas paru complètement dénuée de sens. Que le public en soit juge.

(1) Chap. XVI.

LES DEUX HORLOGERS.

Muse, redis-moi l'histoire des deux horlogers qui naguères habitaient la grasse ville (1) de Patras, tous deux fort habiles dans leur profession, mais peu fortunés, puisque le modeste établissement où chacun d'eux travaillait seul, sans ouvriers, formait tout leur avoir. Tous deux avaient eu des malheurs, avaient fait plusieurs fois banqueroute, et n'étaient pas mieux pourvus de crédit que de vénérable or (2). Leurs établissements étaient contigus ; cependant ils ne se connaissaient pas, ne frayaient pas ensemble, et, stimulés par la jalousie de métier et les aiguillons de la concurrence, avaient l'un pour l'autre des sentiments peu bienveillants, s'attribuant réciproquement leurs catastrophes de fortune. L'un d'eux était étranger (3), venu des bords lointains de l'Amérique τηλοθ'ἐούσης, et s'appelait Jonathas Koinon ; l'autre appartenait à une très vieille race hellénique et se nommait Basile. Il prétendait même descendre de Zeus, et qu'aux temps héroïques, ses ancêtres avaient régné sur la contrée

θεὸς δ'ὣς τίετο δήμῳ.

Autant celui-ci brillait par sa belle prestance, l'honorabilité de son caractère et l'aménité de ses manières, autant Koinon se distinguait par sa rusticité, sa rudesse. Il avait même eu de fâcheuses aventures de jeunesse, et passait pour violent. Le premier avait sa clientèle parmi les anciennes familles, le second surtout dans le commerce et la petite bourgeoisie.

Maintenant, muse, dis-moi comment se noua leur relation. Tous deux avaient l'usage de se pourvoir de leur marchandise

(1) ἐν πίονι δήμῳ.

(2) χρυσοῖο τιμήεντος.

(3) βαρβαρόφωνος.

à Genève, chez la maison J. Bonhomme et Cie, laquelle leur faisait ses expéditions *via* Venise et Corfou, par le packet anglais. Car on sait que bien peu d'horlogers fabriquent leurs montres de toutes pièces ; à parler rigoureusement, cela est même impossible, puisque celui qui façonne la pièce, la façonne d'un métal qu'il reçoit tout fait et qui lui vient d'ailleurs. Parmi les différentes pièces, il en est une, à tout le moins, la plus capitale de toutes, et que, pour cette raison, l'on appelle le grand ressort, laquelle exige une longue série de préparations antérieurs. La prétention serait donc vaine de l'horloger qui se targuerait de fabriquer toute sa montre. Les plus habiles ne font que mettre en œuvre des matériaux préexistants.

Basile et Koinon, hommes de sens l'un et l'autre, opérant avec un faible capital qui les contraignait à réduire le champ de leurs opérations, ne se faisaient pas à cet égard d'illusions. L'un et l'autre, recevant les matériaux fournis par l'excellente maison Jacques Bonhomme, très honorablement connue dans le monde, se bornait à donner de certaines façons à de certaines pièces, les disposer, les monter et les mettre en marche. Mais une bizarrerie commune, provenant sans doute des goûts et des tempéraments de leur clientèle, leur faisait attacher une importance capitale à la fabrication de leur cadran qu'ils façonnaient eux-mêmes sur des modèles entièrement dissemblables. Basile, selon la méthode italienne, donnait au sien 24 heures ; Koinon n'en donnait que 12.

Le 8 février 18..., le packet anglais, touchant aux rives de Patras, y déposa une caisse expédiée par la maison J. Bonhomme à MM. Koinon et Basile, et portant leur adresse commune. C'est ainsi que MM. Koinon et Basile, appelés à l'office du packet pour prendre livraison de la caisse, se rencontrèrent pour la première fois.

Tous deux signèrent la décharge, et le premier nom inscrit étant celui de Koinon, il fut convenu que la caisse serait transportée à son domicile où se ferait le partage et l'attribution définitive. Les deux horlogers ne s'aimaient pas; toutefois, les choses se passèrent fort convenablement (1), avec la dose de politesse et de savoir-vivre voulue. Ils déposèrent la caisse sur le chariot qui la devait transporter,

καὶ τὴν μὲν κατέθηκαν ἐϋξέστῳ ἐπ' ἀπήνῃ.

Ils marchaient tous deux en silence

ὥστε λέοντε δύω.

Les femmes s'avançaient sur leurs portes pour les regarder passer

αἱ δὲ γυναῖκες
ἱστάμεναι θαύμαζον ἐπὶ προθύροισιν ἑκάστη.

« Vous en êtes venu à vos fins ἔπρηξας καὶ ἔπειτα, dit Basile, de me faire aller chez vous, et l'on croira que je me fournis à votre boutique. »

« Αἰνότατε Βασιλὶ ποῖον τὸν μῦθον ἔειπες ;

« Qu'avez-vous dit, mon voisin, reprit Koinon, comment pouvez-vous me rendre responsable d'une confusion qui me nuit autant qu'à vous, puisqu'on croira que vous venez m'apporter votre marchandise, et dont le vrai coupable est cet étourdi de J. Bonhomme, qui n'a jamais rien su faire correctement, et brouille tout. »

Basile avait l'esprit juste. L'observation de son voisin lui sembla fondée, et ils retombèrent dans leur premier silence

ἀκὴν ἐγένοντο σιωπῇ.

« Je prévois, mon voisin, reprit bientôt Koinon, que notre collaboration devra forcément se prolonger; car je ne demande pas mes montres toutes faites, ni vous non plus, je crois. Je demande un certain nombre de pièces ayant reçu seulement leur première préparation. Je les termine, fabrique

(1) κατὰ μοῖραν.

celles qui manquent, les pose et les fais marcher. Il serait donc difficile de reconnaître dans la caisse ce qui est à vous ou à moi. Si vous y consentez, nous monterons nos montres ensemble, et lorsque la tâche sera terminée, nous verrons à partager le total et y trouver chacun notre lot. » Les choses se passèrent ainsi. La caisse fut déposée dans un appartement spécial de la maison de Koinon où tous deux firent en commun le travail nécessaire qui fut long. Car il y avait beaucoup de montres, et beaucoup de pièces accessoires y manquaient. Le jour ils travaillaient ensemble et ne se quittaient pas. La nuit, pour assurer l'intégrité du dépôt commun, ils fermaient la porte à deux serrures différentes, dont chacun gardait la clef et posaient des scellés.

A se pratiquer de près, ils reconnurent, ce qu'ils n'eussent certainement pas soupçonné, qu'ils comprenaient tous les deux le même type de montre et avaient identiquement les mêmes idées sur l'horlogerie. Ils ne s'abstinrent pas, selon le constant usage des ouvriers, de critiquer les matériaux mis à leur disposition, de se plaindre des fournitures de la maison Bonhomme; mais il est cependant remarquable que leurs critiques furent identiques. Ils jugèrent de certaines pièces trop légères de métal, les cuivres trop mous, pas assez d'aciers. Mais quoi, il faut employer ce que l'on a. Les rouages qu'ils eurent à fabriquer, ils s'entendirent au mieux pour les construire sur un modèle commun. Toutefois la similitude de leurs idées n'amena pas chez eux la sympathie des caractères, et après s'être très facilement accordés à construire des montres entre lesquelles nul œil, si perçant qu'il fût, n'eût pu signaler la plus petite différence d'organisme ni de travail, pas une seule fois l'idée ne leur vint d'associer leur commerce pour les débiter. Tout au contraire, ils ne semblaient se hâter de terminer leur tâche que pour répartir entre eux l'assortiment et se séparer.

Après de longs mois de travail commun, ils en étaient

venus à ce point qu'il ne restait plus qu'à pourvoir les montres, désormais terminées et marchant, de leurs cadrans.

— « Combien d'heures y inscrirons-nous? dit Koinon.

— Vingt-quatre, dit Basile.

— Vous rêvez, mon voisin, tout à l'heure vous constatiez avec moi que les ressorts de la maison Bonhomme sont un peu faibles.

— Sans doute, mon voisin, je reconnais avec vous que dans les cinq à six dernières expéditions qu'elle m'a faites, je n'ai pas vu une montre qui ait pu marcher plus de 15 à 20 heures de suite sans s'arrêter, et que, de ce côté, il n'y a pas de raison pour croire que cette fois il en soit autrement. Je crois comme vous que les montres que nous venons de faire ne marcheront pas plus de 15 à 20 heures au maximum; mais cela ne fait rien, raison de plus pour en inscrire 24 au cadran.

— Comment cela ne fait rien! Mais l'acheteur de votre montre, persuadé sur l'indication du cadran qu'elle marchera 24 heures, la verra s'arrêter chaque jour, et tel cas pourra survenir où il ne sache plus d'où il en est. Puisque nous savons que la montre ne marchera que 15 à 20 heures, n'est-il pas plus simple, afin que le client ne perde jamais la notion et la mesure du temps, pour laquelle précisément la montre est faite, de n'en marquer que 12 au cadran?

— Ce que vous dites est insensé, mon voisin. Dans votre système, si vous avertissez le client qu'il devra remonter sa montre après chaque révolution de 12 heures vous l'effarouchez; beaucoup trop de peine et de fatigue pour lui. Dans le mien, je laisse les choses ce qu'elles sont. Si la montre s'arrête on la remontera. Voilà tout. Vous oubliez ceci : que notre métier est beaucoup moins de faire des montres que d'en vendre et pour cela d'entrer dans les goûts du public qui aime les choses de longue haleine. Nous ne sommes pas ici une académie de savants, ni de rêveurs, mais des marchands et des hommes pratiques. Avec des cadrans de 24 heures, je suis certain de débiter plus de montres que vous avec vos cadrans de 12 heures. Mon système est donc préférable au vôtre.

— Mon voisin, reprit gravement Koinon, c'est ici pour moi une question de principe. Le cadran est le principe de la montre, puisque la montre est faite pour le cadran.

— Assurément, dit Basile, je pense là-dessus tout-à-fait comme vous; et une autre preuve que le cadran est le principe de la montre est que, si vous mettez celle-ci à plat, la cuvette en l'air, elle repose alors sur son cadran qui est son fondement, partant son principe. Or, sur les principes on ne transige pas.

— Qu'importe tout ceci, dit, en frappant sur sa cuisse (1), Koinon dont la violente nature commençait à s'échauffer? Comme vous l'avez dit, nos montres sont ce qu'elles sont. Si les chiffres inscrits à leur cadran devaient allonger le temps de leur marche, je vous concèderais qu'il vaut mieux en mettre plus que moins. Mais cela n'est pas, et en inscrivant plus d'heures que la montre n'en marchera, vous êtes un charlatan, un imposteur public.

— Vous n'en savez rien, reprit Basile. Il est vrai que depuis 80 ans toutes les montres sorties de la maison Bonhomme n'ont jamais pu marcher plus de 20 heures sans s'arrêter. Mais ce que marchera celle-ci, vous ne le savez pas, ni moi non plus. Je dois même, pour que vous ne me traitiez pas de charlatan, vous dire que je suis en possession d'un secret pour lui assurer le mouvement perpétuel et en faire une montre qui marchera jusqu'à la fin des temps sans jamais s'arrêter, sans exiger qu'on se donne la fatigue de la remonter. Je ne suis pas un aventurier américain comme

(1) θαλερῷ πεπλήγετο μηρῷ.

vous, ni un champignon poussé d'hier. Mes ancêtres, qui dérivent en ligne droite d'Agamemnon, ἄναξ ἀνδρῶν, m'ont transmis dans cette petite ampoule ce que vous voyez

δῶκεν δὲ χρυσέῃ ἐν ληκύθῳ ὑγρὸν ἔλαιον,

un élixir de mouvement perpétuel, fait d'or potable, béni par le patriarche de Constantinople, où il suffit de tremper la montre pour lui communiquer la perpétuité.

— Et vous croyez à cette billevesée de mouvement perpétuel ! Si vous êtes assez inepte pour dire ces choses-là de bonne foi, il ne me reste que ceci à vous répondre : j'ai pris brevet pour le cadran de 12 heures, j'ai de nombreux enfants à pourvoir, très endentés, dont l'existence repose sur l'exploitation de mon brevet. Dans ces conditions vous comprenez que je ne souffrirai pas que les montres où j'ai mis la main servent à ma ruine et à celle de mon intéressante famille.

— Homme sceptique et cupide, lui répondit Basile, vous avouez donc que votre mobile est un intérêt plus encore qu'une idée. Sachez que, comme vous, j'ai pris brevet pour l'exploitation du cadran de 24 heures. J'ai autant d'enfants que vous, aussi affamés, aussi intéressants. Pourquoi n'y songerais-je pas autant que vous aux vôtres ? »

O misère de l'espèce humaine ! O aveuglement des mortels ! Voici deux pères de famille des plus honorables chacun en son genre, objet de la considération de leurs concitoyens, membres du conseil des démoyéruntes, qui, après avoir coopéré à une œuvre commune heureusement accomplie, celle-ci menée à bien, lorsqu'il ne s'agit plus que de la produire en lui donnant son étiquette, comprenant combien en matière commerciale l'étiquette est une grosse affaire pour ce qui concerne le débit de la marchandise et le profit du marchand, transportés de fureur

ἐπισπόμενοι μένεϊ σφῷ

se prennent à la gorge et semblent vouloir s'exterminer. Muse, redis-moi lequel des deux finit par triompher de son adversaire, et l'expédier au royaume d'Hadès aux solides portes (1), d'où l'on ne revient plus. Fut-ce le magnanime Basile qui triompha du vaillant Koinon, ἠύστε μεγάστε? Fut-ce le brillant (2) Koinon qui triompha de l'irréprochable (3) Basile? Dis-moi aussi ce que devinrent la respectable épouse et les enfants de celui qui périt en ce jour mémorable, victime de l'attachement qu'il leur portait.

Hélas! tous deux succombèrent. La Hellade est un pays rempli de malfaiteurs et de brigands. Lorsque les deux infortunés se prirent ainsi à la gorge, après une journée de travail prolongée, il était tard. Une nuit sombre couvrait la terre et voilait le ciel,

δύσετό τ' ἠέλιος σκιόωντοτε πᾶσαι ἀγυιαί,

à cette heure, les rue de l'aimable Patras, non éclairées comme celles d'Occident, sont désertes. Un brigand de la pire espèce, rôdant dans l'ombre et attiré par les clameurs des deux horlogers, se tenait coi à leur porte εἰς λόχον, suivant tous leurs mouvements d'un œil attentif par le trou de la serrure. Lorsqu'il les vit à terre l'un et l'autre, haletants de fureur, les bras, les jambes, les têtes enserrés dans une étreinte mutuelle, sans défense, il ouvrit brusquement la porte qui était entrebaillée, se précipita sur eux, les tua tous les deux

ὥς τίς τε κατέκτανε βοῦν ἐπὶ φάτνῃ,

pilla les montres et disparut.

Les veuves infortunées et les orphelins furent entraînés vers la montagne et réduits en esclavage. Elles s'en vont

(1) πυλάρταο.

(2) φαίδιμος.

(3) ἀμύμων.

gémissant puiser de l'eau à la fontaine Messéide ou à celle Hypérie.

Telle est l'histoire des deux horlogers de Patras. Hommes de principes, grandes âmes, petits esprits; ils moururent pour leur foi, l'honneur de leur boutique, l'amour de leur famille à laquelle ils firent beaucoup de mal pour lui avoir voulu faire trop de bien. La ville célébra leurs obsèques; on les déposa dans une tombe commune, et l'on fit un illustre (1) festin

τὸ γὰρ γέρας ἐστὶ θανόντων.

L'on institua en leur honneur des jeux qui subsistent encore aujourd'hui avec grand éclat. Là, sur le rivage de la mer aux teintes vineuses (1), se rassemblent les Achéens aux brillantes toilettes accompagnés de leurs enfants et de leurs respectables épouses; l'assemblée formée, ils se réjouissent par les exercices du corps, la danse et le chant (3).

(1) ἐρικυδέα δαῖτα.

(2) οἴνοπα πόντον.

(3) οἱ σφᾶς πυγμαχίῃ τε καὶ ὀρχηθμῷ καὶ ἀοιδῇ μνησάμενοι τέρπουσιν, ὅτ᾽ ἂν στήσονται ἀγῶνα.

ERRATA.

Page	2,	19,	cadi	*lisez*	cade
	3,	l. 30,	que	—	qui
	7,	3,	Spinosa	—	Spinoza
	13,	5,	Dardanus	—	Dandamis
	14,	30,	de Plutarque	—	et Plutarque
	22,	25,	préexistant,	—	préexistant;
	34,	17,	*proscetus*	—	*projectus*
	56,	1,	du capital,	—	du capital;
	91,	17,	nation	—	notion
	95,	34,	*è*	—	*e*
	96,	11,	Τεῦκρον	—	Τεῦκρος
	97,	25,	de citoyens	—	le citoyen
	125,	29,	Panathenau	—	Panathenaïc.
	129,	11,	*atque.... Deos*	—	*atque Deos*
	155,	9,	elle à savoir	—	elle : à savoir
	165,	10,	*Mydonias*	—	*Mygdonias*
	166,	17,	η Νισαία	—	Νισαία
	169,	17,	Sont-ils	—	Sont-elles
	180,	39,	le	—	les
	189,	26,	Θεορικῶν	—	Θεωρικῶν
	194,	14,	tous	—	tout
	»	16,	*aleptes*	—	*aliptes*

Page	Ligne	Au lieu de		Lisez
Page 206,	27,	Les deux vers grecs se mettent à la suite de la note (4).		
237,	31,	Iliad. III	—	Iliad. XIII
238,	10,	*beni*	—	*bene*
»	28,	ἀζηχὲς, μεμακυῖαι	—	ἀζηχὲς μεμακυῖαι
244,	20,	intellectuelle	—	individuelle
249,	1,	Chapitre XVIII	—	Chapitre XVII
»	8,	inconvénient	—	inconvénients
278,	8,	deux de chaud (2)	—	deux de chaud » (2)
»	24,	harata	—	Bharata
299,	9,	pas comme	—	pas, comme
351	20,	les lois.	—	les lois?
353	9,	gouvernement	—	gouvernements
373	11,	δυμοσία	—	δημοσία
400,	25,	demoyéruntes	—	demoyérontes

TABLE.

www.ingramcontent.com/pod-product-compliance
Ingram Content Group UK Ltd.
Pitfield, Milton Keynes, MK11 3LW, UK
UKHW020153250726
13967UKWH00003B/1038